MÉMOIRES

POUR SERVIR A

L'HISTOIRE DE MON TEMPS

PAR

M. GUIZOT

TOME SIXIÈME

PARIS
MICHEL LÉVY FRÈRES, LIBRAIRES ÉDITEURS
RUE VIVIENNE, 2 BIS, ET BOULEVARD DES ITALIENS, 15
A LA LIBRAIRIE NOUVELLE
—
1864
Tous droits réservés.

MÉMOIRES

POUR SERVIR

A L'HISTOIRE DE MON TEMPS

CHAPITRE XXXIV

LES OBSÈQUES DE NAPOLÉON. — LES FORTIFICATIONS DE PARIS.

Ma situation et ma disposition personnelles dans le cabinet du 29 octobre 1840.—Des amis politiques.—Des divers principes et mobiles de la politique extérieure.—Quelle politique extérieure est en harmonie avec l'état actuel et les tendances réelles de la civilisation. — Caractère de l'isolement de la France après le traité du 15 juillet 1840.—Débats de l'Adresse dans les deux Chambres à l'ouverture de la session de 1840-1841.—Arrivée à Cherbourg du prince de Joinville ramenant de Sainte-Hélène, sur la frégate *la Belle-Poule*, les restes de l'empereur Napoléon.—Voyage du cercueil du Havre à Paris. —État des esprits sur la route.—Cérémonie des obsèques aux Invalides.—Conduite du gouvernement de Juillet envers la mémoire de l'empereur Napoléon.—Fortifications de Paris.— Vauban et Napoléon. — Études préparatoires. — Divers systèmes de fortifications.—Comment fut prise la résolution définitive.— Présentation, discussion et adoption du projet de loi.—Opinion de l'Europe sur cette mesure.

Quand le ministère du 29 octobre 1840 se forma, je ne me faisais point d'illusion sur les difficultés, les périls et les tristesses de la situation où j'entrais. Comme en 1831, nous entreprenions de résister, dans une question de paix ou de guerre, à l'entraînement national. On commençait à reconnaître qu'on s'était trop engagé dans la cause du pacha d'Égypte, qu'on avait trop compté sur sa force pour se défendre lui-même, et qu'il n'y avait là, pour la France, ni un intérêt, ni un point d'appui suffisant pour affronter une guerre européenne. Mais bien que sérieux et sincère, ce tardif retour au bon sens devant la brusque apparition de la vérité était partiel et pénible; ceux-là même qui s'y empressaient ressentaient quelque trouble de leurs vivacités de la veille; et une portion considérable du public restait très-émue des revers de Méhémet-Ali, de l'échec qu'en recevait la politique française, et irritée sans mesure, quoique non sans motif, contre le traité du 15 juillet et les procédés qui en avaient accompagné la conclusion. La lumière qui éclaire les esprits n'apaise pas les passions, et une erreur reconnue ne console pas d'une situation déplaisante. Les adversaires de la réaction pacifique la repoussaient d'autant plus vivement qu'ils n'étaient plus chargés de mettre en pratique leurs propres velléités belliqueuses et de répondre des résultats. J'avais la confiance que, dans la lutte qui se préparait, l'appui des grands, vrais et légitimes intérêts nationaux ne me manquerait point; mais je me sentais de nouveau aux prises avec des préjugés et des sentiments populaires dont je reconnaissais la force, tout en les jugeant mal fondés et en les combattant.

Il y avait de plus, dans ma situation personnelle au moment où je reprenais le fardeau du pouvoir, quelque embarras. Je succédais à un cabinet auquel j'avais été associé huit mois en restant, selon son vœu et sous sa direction, ambassadeur à Londres. Pour moi-même et dans mes plus rigoureux scrupules, cet embarras n'existait point; j'avais nettement établi, dès le premier jour, à quelles conditions et dans quelles limites, soit à l'intérieur, soit à l'extérieur, je donnais, au cabinet présidé par M. Thiers, mon adhésion; tant que nous étions demeurés dans ces limites, j'avais loyalement soutenu et secondé sa politique; dès que j'avais vu le cabinet près d'être entraîné hors des voies dans lesquelles je lui avais promis mon concours, je l'avais averti que je ne pourrais le suivre sur cette pente, et après lui avoir communiqué tout ce que je pensais de l'état des affaires, extérieures et intérieures, j'avais demandé et reçu de lui un congé pour venir à Paris, à l'ouverture des Chambres, et m'y trouver en mesure de manifester ma pensée. En racontant, dans le précédent volume de ces *Mémoires,* mon ambassade en Angleterre, j'ai fait connaître en détail et à leurs dates ces réserves et leurs preuves [1]. J'avais donc fidèlement accompli mes engagements et j'étais, quand le nouveau cabinet s'installa, en pleine possession de ma liberté. Mais le public, dans les Chambres et hors des Chambres, n'était point alors au courant de ces relations intimes entre le précédent cabinet et moi, ni de leurs vicissitudes, et tant qu'elles n'avaient pas été mises au grand jour, on pouvait s'étonner de me voir succéder, avec une politique différente, au ministère que j'avais servi. Il y avait là des apparences qu'un exposé public des

[1] Tome V, p. 17-25, 365-409.

faits et des situations devait infailliblement, mais pouvait seul dissiper.

Une autre circonstance, plus intime encore, m'affectait tristement. Je prévoyais que mon acceptation du pouvoir et la politique que j'y venais pratiquer me feraient perdre des amis qui m'étaient chers. Il faut avoir vécu au milieu des passions et des luttes d'un gouvernement libre pour connaître le prix et le charme des amitiés politiques. Dans cette ardente arène où les hommes mettent en jeu et aux prises, sous les yeux du monde, leur amour-propre et leur renommée aussi bien que leur fortune, la vie est sévère et dure; le combat est sans ménagement ni repos ; les succès sont incessamment contestés et précaires, les échecs éclatants et amers. Nulle part l'union des esprits et la constance des relations personnelles ne sont plus nécessaires; nulle part on ne sent plus le besoin d'être soutenu par des amis chauds et fidèles, et d'avoir la confiance qu'une large mesure de sympathie vraie se mêle aux âpretés et aux chances de cette guerre impitoyable. Et quand on a possédé ces biens, quand on a longtemps marché avec de généreux compagnons, c'est une grande tristesse de les voir s'éloigner et entrer dans des voies où la séparation s'aggravera de jour en jour. J'eus, en 1840, cette tristesse à subir : le groupe d'amis politiques au milieu duquel j'avais vécu jusque-là se divisa profondément : MM. Duchâtel, Dumon, Villemain, Vitet, Hébert, Jouffroy, Renouard, restèrent sous le même drapeau que moi ; MM. de Rémusat et Jaubert, qui avaient tous deux siégé dans le cabinet de M. Thiers, MM. Piscatory et Duvergier de Hauranne, qui l'avaient approuvé et soutenu jusqu'au bout, entrèrent, par des impulsions très-diverses et à des profondeurs très-inégales, dans les rangs de l'opposition qui m'attendait.

Bossuet en dit trop lorsqu'il signale et foudroie avec un pieux dédain « les volontés changeantes et les paroles trompeuses des politiques, les amusements des promesses, l'illusion des amitiés de la terre qui s'en vont avec les années et les intérêts, et la profonde obscurité du cœur de l'homme qui ne sait jamais ce qu'il voudra, qui souvent ne sait pas bien ce qu'il veut, et qui n'est pas moins caché ni moins trompeur à lui-même qu'aux autres.» Ce peintre sublime des faiblesses humaines et des mécomptes de la vie a trop de rigueur ; tout n'est pas fluctuation dans les volontés des politiques, ni tromperie dans leurs paroles, ni amusement dans leurs promesses, ni illusion dans leurs amitiés. Il y a, dans les esprits et les cœurs voués à la vie publique, plus de sérieux, de sincérité et de constance que ne le disent les moralistes, et pas plus là que dans la vie privée, les amitiés ne s'en vont toutes ni tout entières avec les années et les intérêts. Dans l'ardeur des luttes politiques, nous demandons aux hommes plus que nous n'en pouvons et devons attendre ; parce que nous avons besoin et soif de sympathie forte, d'affection efficace, d'union permanente, nous nous étonnons, nous nous irritons quand elles viennent à défaillir.

C'est manquer de liberté d'esprit et d'équité, car c'est oublier l'inévitable diversité des idées et des situations à mesure que les événements se développent et changent, l'incurable insuffisance des réalités pour satisfaire à nos désirs, et tout ce qu'il y a d'incomplet, d'imparfait et de mobile dans nos meilleures et plus sincères relations. Ces misères de notre nature ne sont ni plus communes, ni plus puissantes entre les politiques qu'entre les autres hommes ; et quand elles éclatent, les déchirements qu'elles entraînent n'abolissent pas les mérites qui avaient fondé entre eux les sympathies et ne doivent pas les leur faire oublier.

Je ressentis vivement la tristesse des séparations que je rappelle ; mais la tristesse fut bientôt refoulée et surmontée par l'importance et l'urgence de la cause et du rôle que j'avais à soutenir. C'est l'attrait et le péril de la vie publique que les intérêts qui s'y agitent sont si grands et si pressants que tout s'abaisse et s'efface devant leur empire : la paix ou la guerre à décider, des lois à donner aux nations, leur prospérité ou leur gloire à assurer ou à compromettre, ces nobles travaux absorbent toute l'âme, et portent si haut la pensée que tout ce qui se passe au-dessous lui semble insignifiant ou lui devient indifférent auprès de l'œuvre supérieure qu'elle poursuit. Je n'hésite pas à dire que cette froideur superbe, dont les hommes politiques sont si souvent accusés, ne m'a jamais atteint, et que j'ai toujours eu le cœur ouvert aux sympathies et aux regrets, aux joies et aux douleurs communes de la vie : mais dans le feu de l'action, en présence des questions souveraines que j'avais à résoudre et sous l'impulsion des idées qui remplissaient mon esprit, toute autre considération, toute autre préoccupation devenaient secondaires, et mes tristesses personnelles ne s'emparaient jamais de moi au point de me troubler ou de m'abattre.

J'ai d'ailleurs porté dans la vie publique une disposition optimiste et toujours prompte ou obstinée à espérer le succès; ce qui, au début, couvre d'un voile les obstacles et, plus tard, rend les épreuves plus faciles à supporter.

Indépendamment de ces considérations indirectes, j'avais, pour accepter pleinement la situation où j'entrais et pour m'y complaire, des raisons plus grandes et plus décisives. Dans la complication diplomatique qui agitait l'Europe, je voyais une occasion éclatante de pratiquer et de proclamer hautement une politique extérieure très-nouvelle et très-hardie au fond, quoique modeste en apparence; la seule politique extérieure qui convînt en 1840 à la position particulière de la France et de son gouvernement, et aussi la seule qui soit en harmonie avec les principes dirigeants et les besoins permanents de la grande civilisation à laquelle aspire et tend aujourd'hui le monde.

L'esprit de conquête, l'esprit de propagande, l'esprit de système, tels ont été jusqu'ici les mobiles et les maîtres de la politique extérieure des États. L'ambition des princes ou des peuples a cherché ses satisfactions dans l'agrandissement territorial. La foi religieuse ou politique a voulu se répandre en s'imposant. De grands chefs de gouvernement ont prétendu régler les destinées des nations d'après de profondes combinaisons qu'inventait leur pensée plutôt qu'elles ne résultaient naturellement des faits. Qu'on jette de haut un coup d'œil sur l'histoire des rapports internationaux européens : on verra l'esprit de conquête, ou l'esprit de propagande armée, ou quelque dessein systématique sur l'organisation territoriale de l'Europe, inspirer et déterminer la politique extérieure des gouvernements. Et soit que l'un ou l'autre de ces esprits ait dominé, les gouvernements ont disposé arbitrairement du sort des peuples; la guerre a été leur indispensable moyen d'action.

Que ce cours des choses ait été le résultat fatal des passions des hommes, et que, malgré ces passions et les maux qu'elles ont infligés aux peuples, la civilisation européenne n'ait pas laissé de grandir et de prospérer, et puisse grandir et prospérer encore, je le sais; c'est l'honneur du monde chrétien que le mal n'y étouffe pas le bien. Je sais aussi que le progrès de la civilisation et de la raison publique n'abolira point les passions humaines, et que, sous leur impulsion, l'esprit de conquête, l'esprit de propagande armée et l'esprit de système auront toujours, dans la politique extérieure des États, leur place et leur part. Mais je tiens en même temps pour certain que ces divers mobiles ne sont plus en harmonie avec l'état actuel des mœurs, des idées, des intérêts, des instincts sociaux, et qu'il est possible aujourd'hui de combattre et de restreindre beaucoup leur empire. L'étendue et l'activité de l'industrie et du commerce, le besoin du bien-être général, l'habitude des relations fréquentes, faciles, promptes et régulières entre les peuples, le goût invincible de l'association libre, de l'examen, de la discussion, de la publicité, ces faits caractéristiques de la grande société moderne exercent déjà et exerceront de plus en plus, contre les fantaisies guerrières ou diplomatiques de la politique extérieure, une influence prépondérante. On sourit, non sans raison, du langage et de la confiance puérile des *Amis de la paix*, des *Sociétés de la paix;* toutes les grandes tendances, toutes les grandes espérances de l'humanité ont leurs rêves et leurs badauds, comme leurs jours de défaillance et de démenti ; elles n'en poursuivent pas moins leur cours, et à travers les chimères des uns, les doutes et les moqueries des autres, les sociétés se transforment, et la politique, extérieure comme intérieure, est obligée de se transformer, comme les sociétés elles-mêmes. Nous avons assisté aux plus brillants exploits de l'esprit de conquête, aux plus ardents efforts de l'esprit de propagande armée; nous avons vu manier et remanier, défaire, refaire et défaire encore, au gré de combinaisons plus ou moins spécieuses, les territoires et les États. Qu'est-il resté de toutes ces œuvres violentes et arbitraires? Elles sont tombées, comme des plantes sans racines, comme des édifices sans fondement. Et maintenant, quand des entreprises analogues sont tentées, à peine ont-elles fait quelques pas qu'elles s'arrêtent et hésitent, comme embarrassées et inquiètes d'elles-mêmes : tant elles sont peu en accord avec les besoins réels, les instincts profonds des sociétés modernes, et avec les tendances persévérantes, quoique combattues, de notre civilisation.

Je dis « les tendances persévérantes, quoique combattues. » Nous sommes en effet dans une crise singulière : en même temps que les idées générales, les mœurs publiques, les intérêts sociaux, tout l'ensemble de notre civilisation invoquent, à l'intérieur, le progrès par la paix et la liberté, à l'extérieur, l'influence patiente par le respect du droit et les exemples de la bonne politique au lieu de l'intervention imprévoyante de la force, en même temps, dis-je, notre histoire depuis 1789, tant de secousses, de révolutions et de guerres nous ont laissé un ébranlement fébrile qui nous rend la paix fade et nous fait trouver, dans les coups imprévus d'une politique hasardeuse, un plaisir aveugle. Nous sommes en proie à deux courants contraires, l'un profond et régulier, qui nous porte vers le but définitif de notre état social, l'autre superficiel et agité, qui nous jette de côté et d'autre à la recherche de nouvelles aventures et de terres inconnues. Et nous flottons, nous alternons entre ces deux directions opposées, appelés vers l'une par notre bon sens et notre sens moral, entraînés vers l'autre par nos routines et nos fantaisies d'imagination.

Ce fut, dès ses premiers jours, le mérite et la gloire du gouvernement de 1830 de ne point hésiter devant cette alternative, de bien comprendre le véritable et supérieur esprit de la civilisation moderne, et de le prendre pour règle de sa conduite, malgré les tentations et les menaces de l'esprit de propagande armée et de conquête. De 1830 à 1832, cette bonne et grande politique avait triomphé dans la lutte. En 1840, quand le cabinet du 29 octobre se forma, elle fut mise à une nouvelle épreuve. Tout notre régime constitutionnel, roi, Chambres et pays eurent de nouveau à décider s'ils feraient la guerre sans motifs suffisants et légitimes, par routine et entraînement, non par intérêt public et nécessité.

Malgré la pesanteur du fardeau, je m'estimai heureux et honoré de devenir, dans cette circonstance, l'interprète et le défenseur de la politique qui avait mon entière et intime adhésion. J'ai goût aux entreprises à la fois sensées et difficiles, et je ne connais, dans la vie publique, point de plus profond plaisir que celui de lutter pour une grande vérité nouvelle encore et mal comprise. Rien, à mes yeux, n'importait plus à mon pays que de sortir des ornières d'une politique extérieure aventurière et imprévoyante pour entrer dans des voies plus dignes en même temps que plus sûres. Pendant mon séjour à Londres, j'avais acquis la conviction que, pour la plupart des puissances qui l'avaient signé, le traité du 15 juillet 1840 n'était point l'œuvre d'un mauvais vouloir prémédité envers la France et son gouvernement, et que, malgré le procédé dont nous avions à nous plaindre, le cabinet anglais n'avait pas cessé de mettre, à ses bons rapports avec nous, beaucoup de prix. L'Autriche et la Prusse avaient grandement à cœur le maintien de la paix. L'empereur Nicolas lui-même se souciait peu que sa malveillance fût obligée de devenir hardie. Loin donc de craindre qu'on essayât, en Europe, d'aggraver et d'exploiter, contre nous, l'isolement où nous nous trouvions, j'avais lieu d'espérer qu'on s'appliquerait à le faire cesser, et que ma présence aux affaires ne serait pas inutile à ce résultat. Le ferme et sincère appui du roi Louis-Philippe m'était assuré : enclin, dans les premiers moments, à ne pas combattre, quelquefois même à partager les impressions populaires, il ne tardait pas à en reconnaître l'étourderie et le péril, et il leur résistait alors avec un persévérant courage. Il avait cru que Méhemet-Ali se défendrait mieux et que le cabinet anglais n'agirait pas sans le concours de la France. Mais, avant même d'être revenu de cette double illusion, il pressentait que, dans cette affaire, la paix européenne, base de sa politique générale, pourrait finir par être compromise, et je ne pouvais douter qu'il ne fût résolu à ne pas se laisser dériver jusqu'à cet écueil. Il me témoigna sur-le-champ une confiance et une bienveillance si marquées que personne autour de lui ne put s'y méprendre et ne crut pouvoir se permettre ces froideurs frivoles ou ces petites hostilités voilées qui sont l'impertinent plaisir des oisifs de cour. Il me tenait au courant des moindres incidents et de toutes ses propres démarches, ne voulant rien faire qu'à ma connaissance et avec mon conseil : « Je reçois à l'instant même, m'écrivait-il le 31 octobre 1840, une lettre d'hier du roi Léopold qui me fait des questions auxquelles je voudrais pouvoir répondre par la poste d'aujourd'hui. Cependant, avant de le faire, je désire en causer un instant avec vous, et je vous prie de venir un moment chez moi, si cela vous est possible. » Et le surlendemain, 2 novembre : « Les articles du *Morning-Chronicle*, du *Times* et du *Globe*, que je viens de lire, me paraissent importants, et je désire que vous me fournissiez l'occasion d'en causer avec vous le plus tôt que vous pourrez. Je ne sortirai pas de chez moi avant que vous n'y soyez venu, afin qu'on n'ait pas à m'aller chercher, et de vous prendre le moins de temps possible. » Il m'avertissait des germes de dissentiment, des susceptibilités ou des embarras qui semblaient poindre dans l'intérieur du cabinet, et mettait tous ses soins à les étouffer. Dans les premiers temps, il eut, sous ce rapport, peu à faire ; mes amis particuliers, MM. Duchâtel, Humann et Villemain occupaient les principaux postes de l'administration ; le maréchal Soult était content de sa position et sans prétentions importunes ; MM. Cunin-Gridaine et Martin (du Nord) représentaient fidèlement ce centre de la Chambre des députés qui ne m'avait pas suivi, en 1839, dans la coalition contre M. Molé, mais qui, en 1840, se ralliait franchement à moi, pressé par ses inquiétudes pour l'ordre et la paix. Je pouvais compter sur l'harmonie et l'action commune du cabinet comme sur l'appui du roi.

Dès le début de la session, dans la discussion des

adresses de l'une et de l'autre Chambre en réponse au discours du trône, la question fut nettement posée : « Pourquoi le cabinet du 29 octobre a-t-il remplacé celui du 1er mars ? dit M. Thiers : parce que le cabinet du 1er mars pensait que, dans certains cas, il faudrait faire la guerre. Pourquoi le cabinet du 29 octobre est-il venu ? Il est venu avec la paix certaine. » Je lui répondis sur-le-champ : « L'honorable M. Thiers vient de dire : « Sous le ministère du 29 octobre, la question est résolue, la paix est certaine. L'honorable M. Thiers n'a dit que la moitié de la vérité : sous le ministère du 1er mars, la guerre était certaine. » Nous avions tous deux raison ; les deux politiques en présence après le traité du 15 juillet 1840 menaient en effet l'une à la guerre, l'autre à la paix. Mais après avoir ainsi accepté, pour l'une et pour l'autre, leur vrai nom, je m'empressai d'ajouter : « Maintenant, ne nous jetons pas mutuellement à la tête ces mots : — La guerre à tout prix, la paix à tout prix. — Gardons tous deux la justice. Non, vous n'étiez pas le cabinet de la guerre à tout prix, pas plus que nous ne sommes le cabinet de la paix à tout prix. Vous étiez un cabinet de gens d'esprit et de cœur qui croyaient que la dignité, l'intérêt, l'influence de la France voulaient que la guerre sortît de cette situation, et qu'elle s'y préparât aujourd'hui pour être prête au printemps. Eh bien, j'ai cru, je crois que vous vous trompiez ; je crois que, dans la situation actuelle, l'intérêt et l'honneur de la France ne lui commandent pas la guerre, que le traité du 15 juillet ne contient pas un cas de guerre. Voilà, entre vous et nous, la vraie question, la question honnête, celle que nous avons aujourd'hui à discuter. »

Ce fut là en effet l'objet du débat. Une autre question, toute personnelle, s'y joignait. Avais-je bien pressenti les chances de la négociation dont j'étais chargé? En avais-je bien informé le cabinet du 1er mars? Lui avais-je fait connaître ma dissidence dès que les événements et son attitude l'avaient suscitée? Avais-je rempli tous les devoirs d'un ambassadeur en gardant mon indépendance comme député? En racontant, dans le précédent volume de ces *Mémoires*[1], les détails de mon ambassade, j'ai déjà dit ce que j'eus à répondre à ces questions; dans l'une et l'autre Chambre, le débat porta essentiellement sur ma correspondance diplomatique; j'en ai déjà publié tout ce qu'elle avait d'important et de caractéristique; je n'ai pas à y revenir aujourd'hui; j'ai mis en plein jour ma pensée sur les causes comme sur le sens du traité du 15 juillet 1840 et sur ma conduite personnelle dans la négociation. Mes raisons, mes explications, mes citations satisfirent les deux Chambres. En même temps, elles sentirent et reconnurent que je ne pouvais ni ne devais encore parler des événements qui suivaient leur cours en Orient et des nouvelles négociations entamées à leur sujet. Les 18 novembre et 5 décembre 1840, une majorité considérable et fermement résolue donna, dans les deux Chambres, sa sanction à la politique que je soutenais;

[1] Tome V, chapitres xxxi, xxxii et xxxiii.

et après le solennel débat des deux adresses, le cabinet du 29 octobre 1840 se trouva bien établi.

Au même moment où la politique de la paix triomphait ainsi par la discussion publique et libre, le génie de la guerre avait aussi son triomphe. Le 30 novembre 1840, à cinq heures du matin, la frégate *la Belle-Poule*, commandée par le prince de Joinville, mouilla devant Cherbourg, rapportant de Sainte-Hélène les restes de l'empereur Napoléon ; et le 3 décembre, au milieu de la population empressée autour du prince de Joinville débarqué la veille, un simple prêtre [1], aumônier de la marine, lui disait avec une émotion qui était celle de tous les assistants : « Votre Altesse Royale permettra-t-elle au fils d'un laboureur, devenu aumônier de la marine, d'offrir ses respectueux hommages au fils de son roi ? Vous me pardonnerez peut-être d'unir ma faible voix à la grande voix de la France, et de préluder au jugement de la postérité qui vous tiendra compte de votre expédition de Sainte-Hélène, et gravera votre nom à côté du nom du roi, votre auguste père, sur le cercueil glorieux du grand homme. Honneur à vous, prince ! Honneur au roi dont vous êtes le digne fils ! Ce cri n'est pas de moi seul ; je vous l'apporte fraîchement sorti de la bouche de deux cents braves invalides que les fatigues de la mer retiennent dans l'enceinte de l'hôpital maritime de Cherbourg. C'est *le vivat* dont ils ont salué hier, avec le canon national, votre entrée dans notre port. » Les invalides de Cherbourg et leur

[1] L'abbé Rauline.

aumônier exprimaient vraiment ainsi le sentiment public : au premier moment, en présence de cette généreuse sympathie du roi, de ses fils et de son gouvernement pour les grands souvenirs nationaux, toute haine des partis, toute rivalité des personnes se taisaient ; on ne voyait, on n'entendait que la justice rendue par tous à tous, aux vivants et aux morts, aux vainqueurs et aux vaincus, à Louis-Philippe et à Napoléon, à la guerre et à la paix. *La Belle-Poule* passa huit jours dans le port de Cherbourg, pendant qu'on faisait, sur la route du Havre à Paris et à Paris même, les préparatifs pour le voyage et la réception du cercueil. Nous avions résolu, avec la pleine adhésion du roi, de donner à cette cérémonie la plus grande solennité et aux manifestations populaires la plus grande liberté. Le 8 décembre, en présence de toutes les autorités, des troupes de terre et de mer, de la garde nationale de Cherbourg et d'une nombreuse population, le cercueil fut transbordé de *la Belle-Poule* sur le bateau à vapeur *la Normandie*, qui partit aussitôt pour le Havre, escorté de deux autres bâtiments. Un petit incident, bien inconnu aujourd'hui, quoique rapporté par les journaux du temps, attesta, dans cette circonstance, le concours universel de tous les sentiments généreux : le pavillon français, qui flottait au haut du grand mât de *la Normandie*, avait été brodé par des mains anglaises : c'était le travail des dames de Sainte-Hélène offert par elles au prince de Joinville, qui leur avait promis qu'il ombragerait jusqu'à Paris le cercueil du grand prisonnier rendu par l'Angleterre à la France. Entre le Havre et Rouen, au Val-de-la-Haye, *la Normandie* ne put plus remonter la Seine; une flottille de dix petits bateaux à vapeur l'attendait; on procéda à un nouveau transbordement. Le bateau destiné à recevoir le cercueil[1] avait été pompeusement orné; le prince de Joinville, avec un tact sympathique, fit supprimer tout ornement et substituer le deuil à la pompe; son ordre portait: « Le bateau sera peint en noir; à tête de mât flottera le pavillon impérial; sur le pont, à l'avant, reposera le cercueil couvert du poêle funèbre rapporté de Sainte-Hélène; l'encens fumera; à la tête s'élèvera la croix; le prêtre se tiendra devant l'autel; mon état-major et moi derrière; les matelots seront en armes; le canon tiré à l'arrière annoncera le bateau portant les dépouilles mortelles de l'Empereur. Point d'autre décoration. » Ainsi réglé, le convoi funèbre remonta lentement la Seine, trouvant partout, dans les campagnes comme dans les villes, la population accourue sur les deux rives, et partout accueilli avec une admiration reconnaissante, curieuse, respectueuse, étrangère à toute passion de parti. Le 14 décembre, comme il arrivait dans les eaux de Neuilly, on remarqua, du bord de *la Dorade*, un groupe de quatre ou cinq dames réunies sur le rivage et qui le saluaient vivement de leurs mouchoirs : « C'est ma mère! » s'écria le prince de Joinville. C'était en effet la reine Marie-Amélie, la première à accueillir, à l'entrée de Paris, avec sa généreuse joie

---

[1] *La Dorade*, n° 3.

maternelle, son fils ramenant de Sainte-Hélène les restes mortels de Napoléon.

Le mardi 15 décembre, avant midi, le roi, la reine, la famille royale, les Chambres, les ministres, une foule solennelle et silencieuse étaient réunis dans l'église des Invalides, sous le dôme et autour du catafalque, attendant le convoi funèbre qui était parti à dix heures du rivage de Courbevoie, et s'avançait lentement entre les rangs de l'armée et de la garde nationale, précédé, entouré, suivi, pressé, à perte de vue, par tout un peuple avide de l'apercevoir et de l'approcher. Le froid était rigoureux, l'atmosphère glacée, le vent perçant; la foule n'en avait point été découragée; et pourtant, au fond et dans l'ensemble, cet océan d'hommes était tranquille, étranger à toute fermentation politique, adonné au spectacle seul. Seulement, de distance en distance et de temps en temps, au sein de petits groupes dispersés dans la garde nationale et dans la multitude, les passions politiques s'étaient donné rendez-vous et se manifestaient par des cris : *A bas Guizot! à bas les ministres! à bas les Anglais! à bas les forts détachés!* Ces cris ne se propageaient point et personne ne s'inquiétait de les réprimer; ils éclataient librement et se perdaient dans l'air, sans contagion comme sans résistance, symptôme à la fois sérieux et vain des luttes auxquelles la France et son gouvernement étaient encore réservés. A deux heures, le convoi arriva devant la grille de l'hôtel des Invalides; le clergé alla le recevoir sous le porche; une marche à la fois funèbre et triomphale annonçait son approche ; le canon retentissait au dehors ; la garde nationale présentait les armes ; les invalides serraient leur sabre à l'épaule ; le cercueil entra, porté par les soldats et les marins ; le prince de Joinville conduisait le convoi, l'épée à la main ; le roi s'avança à sa rencontre : « Sire, lui dit le prince en baissant la pointe de son épée jusqu'à terre, je vous présente le corps de l'empereur Napoléon. — Je le reçois au nom de la France, répondit le roi, » et recevant des mains du maréchal Soult l'épée de l'empereur Napoléon, il la remit au général Bertrand en lui disant : « Général Bertrand, je vous charge de placer l'épée de l'empereur sur son cercueil. » Puis, se tournant vers le général Gourgaud : « Général Gourgaud, placez sur le cercueil le chapeau de l'empereur. » Ces soins accomplis, le roi retourna à sa place et le service funèbre commença. Il dura deux heures, au milieu d'un profond et universel silence qui couvrait la diversité des émotions suscitées par ce grand spectacle dans l'âme des spectateurs. A cinq heures la cérémonie était terminée ; le roi rentrait aux Tuileries ; la foule s'écoulait tranquillement. Le soir, le calme le plus complet régnait dans Paris.

Je ne veux pas ne parler du passé qu'avec l'expérience que j'ai acquise et les impressions qui me restent aujourd'hui. Je retrouve, dans une lettre que j'adressai trois jours après, le 18 décembre, à l'un de mes amis, le baron Mounier, alors absent de Paris, l'expression fidèle de l'effet qu'au moment même produisit sur moi cet incident et du jugement que j'en portais : « Nous voilà, mon cher ami, lui écrivais-je, hors du second défilé. Napoléon et un million de Français se sont trouvés en contact, sous le feu d'une presse conjurée, et il n'en est pas sorti une étincelle. Nous avons plus raison que nous croyons. Malgré tant de mauvaises apparences et de faiblesses réelles, ce pays-ci veut l'ordre, la paix, le bon gouvernement. Les bouffées révolutionnaires y sont factices et courtes. Elles emporteraient toutes choses si on ne leur résistait pas ; mais, quand on leur résiste, elles s'arrêtent, comme ces grands feux de paille que les enfants attisent dans les rues et où personne n'apporte de solides aliments. Le spectacle de mardi était beau. C'était un pur spectacle. Nos adversaires s'en étaient promis deux choses, une émeute contre moi et une démonstration d'humeur guerrière. L'un et l'autre dessein ont échoué. Tout s'est borné à quelques cris évidemment arrangés et pas du tout contagieux. Le désappointement est grand, car le travail avait été très-actif. Mardi soir, personne n'aurait pu se douter de ce qui s'était passé le matin. On n'en parle déjà plus. Les difficultés générales du gouvernement subsistent, toujours les mêmes et immenses. Les incidents menaçants se sont dissipés. Méhémet-Ali reste en Egypte et Napoléon est aux Invalides. »

Mon premier mouvement, en relisant aujourd'hui cette lettre, est de sourire tristement de ma confiance. L'âme et la vie des peuples ont des profondeurs infinies où le jour ne pénètre que par des explosions imprévues, et rien ne trompe plus, sur ce qui s'y cache et s'y prépare, qu'un succès à la surface et du moment.

En décembre 1840, à l'arrivée des restes de Napoléon, les choses se passèrent bien réellement comme je viens de les décrire ; une grande mémoire et un grand spectacle ; rien de plus ne parut, et les amis du régime de la liberté et de la paix eurent droit de croire que le régime impérial était tout entier dans le cercueil de l'Empereur. Je ne regrette pas notre méprise : elle n'a pas fait les événements qui l'ont révélée ; ce n'est pas parce que le roi Louis-Philippe et ses conseillers ont relevé la statue de Napoléon et ramené de Sainte-Hélène son cercueil que le nom de Napoléon s'est trouvé puissant au milieu de la perturbation sociale de 1848. La monarchie de 1830 n'eût pas gagné un jour à se montrer jalouse et craintive, et empressée à étouffer les souvenirs de l'Empire. Et dans cette tentative subalterne, elle aurait perdu la gloire de la liberté qu'elle a respectée et de la générosité qu'elle a déployée envers ses ennemis. Gloire qui lui reste après ses revers, et qui est aussi une puissance que la mort n'atteint point.

En même temps que nous accomplissions ainsi avec éclat les obsèques de Napoléon, nous portions devant les Chambres une autre question, plus politique et moins populaire, soulevée aussi par le cabinet précédent et qu'il nous avait laissée à résoudre, la question des fortifications de Paris. Près de deux siècles auparavant, au milieu des grandes guerres de Louis XIV, Vauban l'avait posée. Napoléon s'en était préoccupé, même avant qu'après avoir envahi toutes les capitales de l'Europe, il eût à défendre celle de la France : « La crainte d'inquiéter les habitants et l'incroyable rapidité des événements l'empêchèrent, a-t-il dit lui-même dans ses *Mémoires*, de donner suite à cette grande pensée. » Sous la Restauration, en 1818, le maréchal Gouvion-Saint-Cyr, après avoir recréé l'armée, chargea une grande commission, dite *commission de défense*, d'examiner l'état des places fortes et d'indiquer tout ce qu'il y avait à faire pour la sûreté du royaume. Au bout de trois ans et demi d'études, cette commission remit au ministère de la guerre un travail dans lequel elle insistait vivement sur la nécessité de fortifier Lyon et Paris. Après la révolution de Juillet, de 1830 à 1834, la pensée fut reprise ; le roi Louis-Philippe l'avait à cœur ; le maréchal Soult mit la main à l'œuvre ; des travaux furent commencés et des fonds demandés aux Chambres, d'abord sur une petite échelle et sans bruit. Mais lorsque, en 1833 et par la demande d'un crédit spécial de trente-cinq millions, l'entreprise se fit entrevoir dans sa grandeur, les objections économiques et les inquiétudes populaires éclatèrent ; les financiers secouaient tristement la tête ; les bourgeois de Paris flottaient entre leur zèle patriotique et les alarmes d'un siége. Dans les Chambres et dans les journaux, l'opposition s'empara de ces appréhensions diverses et les fomenta avec ardeur. Les hommes de guerre, partisans déclarés de la mesure, lui fournirent eux-mêmes des armes ; ils étaient divisés entre eux ; les uns réclamaient, pour la défense de Paris, une forte enceinte continue et bastionnée; les autres, un certain nombre de forts détachés, établis à distance de la ville, selon la configuration des terrains, et qui suffiraient, disaient-ils, pour en couvrir les approches. L'un et l'autre systèmes avaient pour défenseurs des militaires d'un grand renom; le général Haxo et le maréchal Clauzel voulaient l'enceinte continue; les généraux Rogniat et Bernard et le maréchal Soult lui-même soutenaient les forts détachés. L'opposition attaqua passionnément le dernier projet, imputant au pouvoir le dessein de se servir des forts pour opprimer Paris bien plus que pour repousser l'étranger. Au milieu de cette lutte des théories et des partis, les travaux demeurèrent suspendus. En 1836, et pour mettre fin à cette paralysie agitée, le maréchal Maison, alors ministre de la guerre, institua une seconde commission de défense qu'il chargea d'examiner à fond les deux systèmes et de proposer une décision définitive. Après trois ans encore d'études et de discussions, cette commission déclara que, l'un sans l'autre, les deux systèmes étaient imparfaits et insuffisants, et que, pour devenir efficaces, ils devaient être réunis et rendus solidaires l'un de l'autre dans une certaine proportion, selon les rôles différents qui leur seraient assignés. Le travail où ce nouveau plan et ses motifs étaient exposés fut remis au roi Louis-Philippe en mai 1840 ; et deux mois à peine écoulés, le traité du 15 juillet vint en provoquer la soudaine exécution.

Le jour même où la signature de ce traité à Londres

était annoncée dans *le Moniteur* à Paris[1], M. le duc d'Orléans fit appeler à Saint-Cloud l'un de ses aides de camp, M. de Chabaud-Latour, alors chef de bataillon du génie, dont il estimait également la capacité et le caractère : « Eh bien, lui dit-il, nous avons souvent causé de la fortification de Paris; nous voilà au pied du mur; comment comprenez-vous que nous devions résoudre cette grande question? — Monseigneur, répondit M. de Chabaud, vous savez ce que je pense ; il faut, pour fortifier Paris, une enceinte continue et des forts détachés : une enceinte pour que l'ennemi ne puisse espérer de pénétrer par les larges trouées de deux ou trois mille mètres que les forts laisseront entre eux ; des forts pour que la population n'ait pas à souffrir les horreurs d'un siége, et pour que le rayon d'investissement de Paris soit si étendu qu'il devienne comme impossible, même aux armées les plus nombreuses. — C'est tout à fait mon avis, reprit le prince ; voici la carte et un crayon ; tracez-moi l'enceinte. » Le jeune officier qui, depuis son retour de la campagne d'Alger en 1830, avait été employé aux travaux commencés pour la défense de Paris et avait fait de cette question sa principale étude, traça sur-le-champ le contour que devait suivre approximativement l'enceinte : « C'est bien, dit le duc d'Orléans ; à présent, placez-moi les forts. » M. de Chabaud marqua, sur les deux rives de la Seine, l'emplacement de quinze forts, selon lui indispensables. « Maintenant, dit le duc d'Orléans, emportez ce plan et allons chez

---

[1] Le 27 juillet 1840.

M. Thiers. » Tous deux en effet se rendirent sur-le-champ à Auteuil où M. Thiers habitait alors. M. de Chabaud exposa alors en détail au président du conseil le plan qu'il venait de tracer sur la carte, et qu'avait adopté la commission de défense instituée en 1836 par le maréchal Maison, comme le seul système complet et efficace. Les trois interlocuteurs discutèrent le chiffre de la dépense, la durée des travaux, le nombre d'ouvriers qu'ils exigeraient, l'emploi des troupes à leur exécution : « Pouvez-vous nous rédiger un projet d'ensemble, demanda M. Thiers au jeune officier, et quel temps vous faut-il ? — Six jours me suffiront, je crois. — Prenez-les ; nous avons bien des questions préliminaires à résoudre d'ici là pour cette grande affaire ; dès que vous serez prêt, nous la porterons au conseil. »

Aidé de tous les documents recueillis au ministère depuis Vauban jusqu'au général Dode de la Brunerie, rapporteur de la commission de 1836, M. de Chabaud-Latour, au bout de six jours, avait accompli son œuvre, tracé le plan complet des fortifications, enceinte et forts, discuté les moyens d'exécution, et évalué avec détail la dépense qui ne devait pas, selon lui, dépasser cent quarante millions. Avant de porter ce mémoire à M. le duc d'Orléans, il lui demanda la permission de le soumettre au maréchal Vaillant, alors général de brigade, commandant de l'École polytechnique, longtemps aide de camp du général Haxo, et déjà regardé, dans le corps du génie, comme l'un des officiers les plus éminents de cette arme. Après avoir sévèrement examiné le travail du jeune chef de bataillon : « Je suis prêt, lui dit le général Vaillant, à signer des deux mains ce projet; dites-le à M. le duc d'Orléans, et ajoutez que je lui demande, comme une faveur dont je serai profondément reconnaissant, d'être appelé à concourir, dans le poste qu'il voudra, à l'exécution de cette œuvre si nationale et qui a toutes mes convictions. » Forts de cet assentiment, le prince et son aide-de-camp retournèrent chez M. Thiers qui approuva sans peine un travail conforme aux idées qu'il avait lui-même conçues et déjà exprimées à ce sujet. Restait à le faire accepter du roi qui n'était pas encore bien convaincu de la nécessité de l'enceinte continue, et inclinait à croire les forts suffisants pour la défense de Paris à laquelle il tenait d'ailleurs avec passion. La question fut débattue devant lui à plusieurs reprises, soit dans le conseil des ministres, soit dans diverses conférences spéciales. Pendant ce temps, les journaux de l'opposition, instruits de la prédilection du roi pour le système des forts, l'attaquaient tous les matins et réclamaient ardemment l'enceinte continue. Un jour enfin, à Saint-Cloud, après une longue conversation entre le roi, le duc d'Orléans, M. Thiers, le général Cubières, alors ministre de la guerre, et le jeune rédacteur du plan proposé, le roi s'écria, avec cette gaieté familière qu'il portait souvent dans ses résolutions : « Allons, Chartres, nous adoptons ton projet. Je sais bien que, pour que nous venions à bout de faire les fortifications de Paris, il faut qu'on crie dans les rues : « A bas Louis-Philippe ! Vive l'enceinte continue ! »

CHAPITRE XXXIV.

La résolution prise, on sait quels en furent aussitôt les résultats. Des crédits extraordinaires furent ouverts; de nombreux ouvriers et de vastes approvisionnements réunis. Le général Dode de la Brunerie, alors le plus ancien des lieutenants généraux du génie et président du comité des fortifications, fut chargé de l'entreprise. Officier savant et éprouvé, aussi consciencieux qu'habile, et très-soigneux de sa dignité personnelle en même temps que dévoué à tous ses devoirs de militaire et de citoyen, il n'accepta cette grande mission qu'après en avoir sévèrement discuté le plan, les conditions, les moyens, et choisi ses collaborateurs. Ils se mirent tous et sur le champ à l'œuvre. Quand le cabinet du 29 octobre 1840 se forma, la question des fortifications de Paris était tranchée, le plan adopté, les travaux partout commencés et poussés avec ardeur.

Nous acceptâmes sans hésiter cet héritage. Je ne m'en dissimulais pas les charges. A des titres très-divers, la fortification de Paris et le système adopté déplaisaient à beaucoup de mes amis politiques et aux plus ardents fauteurs de l'opposition. Les premiers y voyaient un reste de la politique du cabinet précédent, une chance de guerre par la confiance qu'en prendraient les partisans de la guerre, et tous les périls d'un siége pour Paris, si la guerre venait à éclater. Les seconds s'alarmaient de la force qu'y trouverait le pouvoir contre les mouvements populaires de Paris. Pour les uns, il y avait là une sorte de défi à l'Europe; pour les autres, un grand obstacle à la liberté des révolutions. En temps de guerre, l'enceinte continue faisait de Paris une prison; en temps de paix, les forts détachés étaient autant de Bastilles dont on l'entourait. Les hommes d'ordre dans les finances s'épouvantaient d'une si forte dépense, impossible, disaient-ils, à évaluer et à limiter exactement. Ces objections et ces résistances trouvaient, au sein même du cabinet, un dangereux appui : M. Humann laissait clairement entrevoir son déplaisir, et le maréchal Soult, en présentant le projet de loi, avait expressément déclaré, quant à l'enceinte continue, sa dissidence persistante : « Je n'ai point abandonné, disait-il, l'opinion que j'ai été appelé à émettre, sur la même question de fortifier Paris, en 1831, 1832 et 1833; mais j'ai pensé que ce n'était pas le moment de la reproduire. Ainsi je l'ai écartée avec soin, afin que la question se présentât tout entière devant la Chambre. Mais je lui dois et je me dois à moi-même de déclarer que je fais expressément la réserve de cette opinion antérieure que ni le temps, ni les circonstances n'ont affaiblie. »

Pour surmonter ces difficultés, deux conditions étaient indispensables. Au dehors et dans nos relations avec l'Europe, il fallait que les fortifications de Paris eussent évidemment le caractère d'une mesure défensive, destinée à prévenir la guerre bien loin de la provoquer, et en harmonie avec la politique pacifique que nous soutenions. A l'intérieur et dans les Chambres, il fallait qu'un parfait concert s'établît, sur ce point, entre le cabinet tombé et le cabinet nouveau, et qu'ils défendissent ensemble la mesure contre ses divers adversaires. A ce prix seulement une majorité pouvait être formée et l'adoption du projet de loi obtenue. Il y avait là une question diplomatique et une question parlementaire également pressantes et délicates.

Pour résoudre la première, je ne me contentai pas de saisir, dans le cours du débat, toutes les occasions de bien établir le sens politique du projet de loi et l'effet moral que la fortification de Paris, une fois accomplie, ne pouvait manquer de produire au profit de la paix européenne. Dès que la loi eut été votée dans la Chambre des députés, j'écrivis aux représentants de la France en Europe, spécialement au comte Bresson, ministre du roi à Berlin, que je savais zélé et habile à répandre en Allemagne nos vues et nos paroles : « Voilà Paris à moitié fortifié. J'ai mis une extrême importance à restituer au projet de loi son vrai et fondamental caractère. Gage de paix et preuve de force. Il le fallait pour le dehors; il le fallait pour la Chambre elle-même. Si je n'avais pas convaincu les trois quarts du parti conservateur que la mesure était en harmonie avec sa politique, avec notre politique, elle aurait infailliblement échoué. Appliquez-vous constamment, dans votre langage, à lui maintenir la physionomie que j'ai voulu lui imprimer : point de menace et point de crainte; ni inquiétants, ni inquiets; très-pacifiques et très-vigilants. Que pas un acte, pas un mot de votre part ne déroge à ce double caractère de notre politique. C'est, pour nous, la seule manière de retrouver à la fois de la sécurité et de l'influence. »

La question parlementaire nous causa plus d'embarras que la question extérieure. L'embarras n'eut point pour cause la difficulté de faire marcher d'accord, dans la discussion et le vote, l'ancien et le nouveau cabinet; cet accord fut complet et constant. M. Thiers et ses collègues y étaient les premiers intéressés; c'étaient leurs résolutions et leurs actes qu'il s'agissait de faire sanctionner par les Chambres; en prenant à notre compte ces résolutions et ces actes et en présentant le projet de loi qui les sanctionnait, nous en avions accepté pour nous-mêmes la responsabilité, mais sans en décharger leurs premiers auteurs, et ils devaient désirer, au moins autant que nous, que le projet de loi et son double système de fortification fussent adoptés. Cette situation mutuelle fut, des deux parts, bien comprise et loyalement acceptée : M. Thiers et ses collègues soutinrent fermement le projet de loi que nous avions fermement présenté. Ce fut du sein même du cabinet et de l'attitude de son président que provint l'embarras. Comme on l'a vu, le maréchal Soult, en présentant le projet de loi, avait formellement réservé son opinion personnelle contre l'enceinte continue et en faveur des seuls forts détachés. Partageant sa conviction et peut-être aussi croyant plaire à son désir secret, un de ses intimes confidents, le général Schneider, son ministre de la guerre dans le cabinet du 12 mai 1839, fit de cette idée l'objet d'un amendement formel et proposa, dans le projet de loi, la suppression de l'enceinte continue. Les adversaires de ce système ressaisirent vivement cette chance de le faire écarter. Un long débat se ralluma. Le maréchal Soult s'y engagea pour expliquer sa situation en maintenant, sur ce point, son opinion contre le projet qu'il avait lui-même présenté. Ses explications aggravèrent, au lieu de la dissiper, la confusion du débat; on put croire, et les adversaires de l'enceinte continue s'efforcèrent de donner à croire que le président du conseil laissait attaquer et verrait volontiers mutiler le projet de loi. La méfiance gagnait les partisans de l'enceinte continue; la loyauté du cabinet paraissait suspecte, et le sort du projet de loi devenait très-douteux. Je pris sur-le-champ la parole: « Je tiens, m'écriai-je, à la clarté des situations encore plus qu'à celle des idées, et à la conséquence dans la conduite encore plus que dans le raisonnement. Que la Chambre me permette, sans que personne s'en offense, de dire, au sujet de ce qui se passe en ce moment, tout ce que je pense. La situation est trop grave pour que je n'essaye pas de la mettre, dans sa nudité, sous les yeux de la Chambre. C'est le seul moyen d'en sortir. M. le président du conseil avait, il y a quelques années, exprimé, sur les moyens de fortifier Paris, une opinion qui a droit au respect de la Chambre et de la France, car personne ne peut, sur une pareille question, présenter ses idées avec autant d'autorité que lui. Qu'a-t-il fait naguère? Il s'est rendu, dans le cabinet, à l'opinion de ses collègues; il a présenté, au nom du gouvernement du roi, le projet de loi que, dans l'état actuel des affaires, ses collègues ont jugé le meilleur, et en même temps il a réservé l'expression libre de son ancienne opinion, le respect de ses antécédents personnels. Un débat s'élève ici à ce sujet. M. le président du conseil me permettra, j'en suis sûr, de le dire sans détour : il n'est pas étonnant qu'il n'apporte pas à cette tribune la même dextérité de tactique qu'il a si souvent déployée ailleurs; il n'est pas étonnant qu'il ne soit pas aussi exercé ici qu'ailleurs à livrer et à gagner des batailles. Il est arrivé à des hommes qui avaient de la tribune plus d'habitude que M. le président du conseil, de se trouver dans la situation où il vient de se trouver; M. Pitt, M. Canning ont plusieurs fois parlé contre des mesures proposées par le cabinet dont ils faisaient partie ; ils n'ont pas seulement réservé leur opinion, ils ont formellement combattu les propositions de leur cabinet. M. Pitt, M. Canning étaient des hommes de chambre, exercés à se tirer des difficultés d'une telle situation. M. le président du conseil a cherché et trouvé sa gloire ailleurs; il n'y a rien aujourd'hui que de parfaitement simple dans sa conduite; en maintenant son ancienne opinion, il n'a fait qu'user d'un droit consacré par les institutions et les mœurs des pays libres. Mais le projet de loi qu'il a présenté au nom du gouvernement reste entier; c'est toujours le projet du gouvernement; le cabinet le maintient; M. le président du conseil le maintient lui-même comme la pensée, l'acte, l'intention permanente du cabinet. Il vient de le redire tout à l'heure. Je le maintiens à mon tour; je persiste à dire que, dans la conviction du gouvernement du roi, le projet de loi tout entier est la meilleure manière, techniquement la manière la plus efficace, et politiquement la seule manière efficace de résoudre la grande question sur laquelle nous délibérons. »

De retour à mon banc, je dis à M. Duchâtel assis à côté de moi : « Je crois la loi sauvée. — Oui, me dit-il à l'oreille, vous avez sauvé la loi, mais vous pourriez bien avoir tué le cabinet. — Soyez tranquille, repris-je ; le maréchal est un peu susceptible, mais il tient encore plus à la durée du cabinet qu'au rejet de l'enceinte continue. » L'amendement du général Schneider fut rejeté, et il n'y eut plus de doute sur l'adoption du projet de loi. J'allai le soir même chez le maréchal ; je le trouvai seul avec la maréchale, faisant des patiences : « Mon cher président, lui dis-je, je suis sûr que vous m'avez compris et approuvé ce matin ; si l'amendement du général Schneider avait passé, notre loi était perdue et le cabinet aussi. » Il me répondit avec une gravité narquoise : « Vous avez très-bien manœuvré ; vous avez tiré le gouvernement d'un grand embarras ; en sortant de la Chambre, je suis allé chez le roi et je lui en ai fait mon compliment. Je vous le fais à vous. » Je trouvai en effet, en rentrant chez moi, un billet du roi qui m'écrivait : « Mon cher ministre, je suis impatient de vous féliciter sur le brillant succès que vous avez obtenu aujourd'hui, et de vous remercier en outre du grand service que vous avez rendu à la France et à moi. Et je suis heureux d'ajouter que le maréchal, qui est venu m'en donner les détails, partage ma satisfaction. »

Soit par nature, soit par l'habitude du commandement, le maréchal Soult avait, en fait de gouvernement et sur sa propre situation, de grands instincts qui suppléaient à ce qui lui manquait quelquefois en élévation d'esprit et en sévère dignité.

Au dehors, l'adoption des fortifications de Paris produisit tout l'effet et précisément l'effet que nous y avions cherché. Le comte Bresson m'écrivit de Berlin, le 5 février 1841 : « Vous auriez plaisir à entendre comme on s'exprime sur vous de toutes parts et les vœux que l'on forme pour le succès de l'administration à laquelle vous appartenez. Ces vœux ne seront pas stériles ; votre triomphe dans la discussion de la loi des fortifications de Paris en est un gage ; vous l'avez bien faite *vôtre*, et (ou je me trompe radicalement) vous avez rendu un service incalculable à notre pays. J'ai moins de droit que qui que ce soit de me constituer juge des systèmes ; mais je vois clairement que le parti que nous avons pris renverse bien des calculs et déjoue au dehors bien des espérances. Les plus mal intentionnés vont jusqu'à dire : « Pourquoi les laisser mettre à profit les cinq années nécessaires à l'accomplissement de leur œuvre ? Il faut les prévenir. » Mais ces conseils ardents ne trouvent point accès chez les hommes qui dirigent ici le cabinet. Vos paroles ont d'ailleurs calmé une partie de leurs inquiétudes ; on désire seulement que vous restiez longtemps en position de les mettre personnellement en pratique. » Et le 14 février suivant, au moment où le projet de loi, présenté le 1er février à la

Chambre des pairs, semblait devoir y rencontrer une assez grave résistance : « Je ne puis imaginer, m'écrivait encore M. Bresson, que la Chambre des pairs refuse à la France un gage *de paix et de force* qu'on vous doit en si grande partie. Je répéterai jusqu'à extinction que rien ne pouvait, autant que les fortifications de Paris, imposer à l'étranger, le contenir, et donner de la liberté et de l'aisance à l'exercice de notre juste influence. »

En 1844, dans la visite où j'accompagnai le roi Louis-Philippe au château de Windsor, le duc de Wellington me dit un jour : « Vos fortifications de Paris ont fermé cette ère des guerres d'invasion et de marche rapide sur les capitales que Napoléon avait ouverte. Elles ont presque fait pour vous ce que fait pour nous l'Océan. Si les souverains de l'Europe m'en croyaient, ils en feraient tous autant. Je ne sais si les guerres en seraient moins longues et moins meurtrières ; elles seraient, à coup sûr, moins révolutionnaires. Vous avez rendu, par cet exemple, un grand service à la sécurité des États et à l'ordre européen. »

CHAPITRE XXXV

AFFAIRES D'ORIENT.—CONVENTION DU 13 JUILLET 1841.

Situation de la France après le traité du 15 juillet 1840.—Caractère de son isolement et de ses armements.—Dispositions des cabinets européens. — Dépêche de lord Palmerston du 2 novembre 1840.—Son effet en France.—Prise de Saint-Jean d'Acre par les Anglais.—Méhémet-Ali est menacé en Égypte. —Mission du baron Mounier à Londres.—Paroles du prince de Metternich. — Le commodore Napier arrive devant Alexandrie, décide Méhémet-Ali à traiter, et conclut avec lui une convention qui lui promet l'hérédité de l'Égypte.—Colère du sultan et de lord Ponsonby en apprenant cette nouvelle. — La convention Napier est désavouée à Constantinople, quoique approuvée à Londres.—Conférence des plénipotentiaires européens à Constantinople avec Reschid-Pacha. — Hattishériff du 13 février 1841, qui n'accorde à Méhémet-Ali qu'une hérédité incomplète et précaire de l'Égypte.—Entretien de lord Palmerston avec Chékib-Effendi. — Notre attitude expectante et nos précautions.—Projet d'un protocole et d'une convention nouvelle pour faire rentrer la France dans le concert européen. — Conditions que nous y attachons. — J'autorise le baron de Bourqueney à parafer, mais non à signer définitivement les deux actes projetés.—Travail du prince de Metternich à Constantinople.—Changement du ministère turc. — Nouvelles hésitations de la Porte. — Elle cède enfin et accorde l'hérédité de l'Égypte à Méhémet-Ali, par un nouveau firman du 25 mai 1841.—Nouveau délai à Londres pour la signature du protocole et de la convention. — La chute du ministère whig est imminente.—Méhémet-Ali accepte le firman du 25 mai 1841.—J'autorise le baron de Bourqueney à signer la convention; elle est signée le 13 juillet 1841. — Résumé de la négociation et de ses résultats.

En même temps que nous discutions les adresses des Chambres et que nous recevions aux Invalides le cercueil de Napoléon, l'exécution du traité du 15 juillet 1840 suivait en Orient son cours, et nous prenions en Europe la situation que ce traité nous avait faite. Je m'empressai, dans ma correspondance avec nos agents au dehors, de bien déterminer cette situation et l'attitude qu'elle leur prescrivait. J'écrivis le 10 décembre 1840 au comte de Sainte-Aulaire, ambassadeur du roi à Vienne : « De tout ce qui s'est passé, deux faits restent pour nous, notre isolement et nos armements. A l'isolement franchement accepté, nous gagnons de la dignité et beaucoup de liberté. Cette liberté nous est bonne et deviendra chaque jour meilleure, car, pour les autres puissances, après le succès viendront les embarras, les dissidences, les jalousies; et à mesure que tout cela viendra, viendra aussi, aux uns et aux autres, l'envie de se rapprocher de nous. Nous verrons venir cette envie-là. L'isolement n'est pas une situation qu'on choisisse de propos délibéré, ni dans laquelle on s'établisse pour toujours ; mais quand on y est, il faut s'y tenir avec tranquillité jusqu'à ce qu'on puisse en sortir avec profit.

« Nous n'avons nul dessein de rester en dehors des affaires générales de l'Europe. Nous sommes convaincus qu'il nous est bon d'en être et qu'il est bon pour tous que nous en soyons. On s'est passé de nous; il faut qu'on sente et qu'on nous dise qu'on a besoin de nous. Dans l'état de l'Europe, je crois, pour les grandes affaires, à la nécessité du concert entre les grands gouvernements. Pour aucun d'eux, ni l'isolement, ni le fractionnement et la formation en camps séparés ne sont une bonne politique. Il y a des intérêts supérieurs qui commandent, pour longtemps, à l'Europe le concert et l'unité ; et il n'y a point de concert, il n'y a point d'unité en Europe quand la France n'en est pas.

« Je viens de me battre pour le maintien de la paix. Dans ma pensée, au delà du maintien de la paix, j'ai toujours eu en perspective le rétablissement du concert européen. Mais nous l'attendrons ; et c'est pour l'attendre avec sécurité comme avec convenance que nous avons fait nos armements.

« Ils étaient nécessaires. Notre matériel, notre cavalerie, notre artillerie, nos arsenaux, nos places fortes n'étaient pas dans un état satisfaisant. Ils sont désormais et ils resteront tels qu'il nous convient. La portion permanente de notre établissement militaire, celle qui ne s'improvise pas, sortira de cette crise grandement améliorée.

« Quant à notre force en hommes, nous la garderons sur le pied actuel aussi longtemps que la situation actuelle se prolongera.

« Plus j'y pense, plus je me persuade, mon cher ami, que c'est là la seule conduite, la seule attitude qui nous conviennent. Le roi en est très-persuadé. Faites en sorte qu'on le croie bien à Vienne. C'est, pour le moment, la seule instruction que je donne aussi à Berlin, à Londres et à Pétersbourg. »

Nous n'eûmes pas longtemps à attendre pour voir combien ces deux faits, l'isolement et les armements de la France déplaisaient et pesaient à l'Europe. Le nouveau cabinet était à peine formé qu'à Vienne, à Berlin, et même à Londres, les politiques cherchaient quelque moyen de mettre promptement un terme à cette situation. La cessation de l'intimité entre la France et l'Angleterre convenait au prince de Metternich, mais pourvu qu'elle n'allât pas jusqu'à menacer la paix européenne, et quoique décidé à ne point se séparer du cabinet anglais, il avait bien plus envie d'arrêter lord Palmerston que de le suivre. Il fit repartir pour Londres l'ambassadeur d'Autriche, le prince Esterhazy, en le chargeant à la fois d'adhérer constamment au traité du 15 juillet et d'en amortir les conséquences. On les redoutait encore plus à Berlin qu'à Vienne, et le baron de Bülow, qui avait quitté Londres en congé, y retourna précipitamment avec l'instruction et le désir personnel d'employer tout ce qu'il avait d'activité et de ressource dans l'esprit pour faire, sans délai, rentrer la France dans le concert européen. Parmi les membres du cabinet anglais qui, depuis l'origine de l'affaire, avaient témoigné, pour l'alliance française, un bon vouloir plus sincère qu'efficace, quelques-uns, lord Clarendon surtout, se montraient inquiets et empressés à seconder, dans leur travail pacifique, les diplomates allemands : « Le cabinet qui vient de se former à Paris pour le maintien de la paix ne peut vivre, disaient-ils, qu'avec un sacrifice des puissances signataires du traité du 15 juillet.—Oui, répondit le baron de Bourqueney que j'avais laissé à Londres chargé de cette délicate négociation, il faut à la France une concession en dehors de ce traité. » Mais quelle concession faire au pacha d'Égypte pour donner satisfaction à la France ? On proposa divers expédients, l'île de Candie laissée à Méhémet-Ali, le pachalik de Tripoli donné à l'un de ses fils, la suspension des hostilités et le *statu quo* territorial en Syrie jusqu'à l'issue de négociations nouvelles. Pendant que les débats des Chambres s'ouvraient à Paris, les diplomates réunis à Londres se livraient, avec plus de sollicitude que d'espérance, à ces essais de rapprochement. M. de Bourqueney me rendait un compte très-intelligent de leurs allées et venues, de leurs entretiens, de leurs ouvertures. Je lui répondais : « Deux sentiments sont ici en présence, le désir de la paix et l'honneur national. Le sentiment de la France, je dis de la France et non pas des brouillons et des factieux, c'est qu'elle a été traitée légèrement, qu'on a sacrifié légèrement, sans motif suffisant, pour un intérêt secondaire, son alliance, son amitié, son concours. Là est le grand mal qu'a fait le traité du 15 juillet, là est le grand obstacle à la politique de la paix. Pour guérir ce mal, pour lever cet obstacle, il faut prouver à la France qu'elle se trompe; il faut lui prouver qu'on attache à son alliance, à son amitié, à son concours beaucoup de prix, assez de prix pour lui faire quelque sacrifice. Ce n'est pas l'étendue, c'est le fait même du sacrifice qui importe. Qu'indépendamment de la convention du 15 juillet, quelque chose soit donné, évidemment donné au désir de rentrer en bonne intelligence avec la France et de la voir rentrer dans l'affaire, la paix pourra être maintenue et l'harmonie générale rétablie en Europe. Si on vous dit que cela se peut, je suis prêt à faire les démarches nécessaires pour atteindre à ce but et à en accepter la responsabilité; mais je ne veux pas me mettre en mouvement sans savoir si le but est possible à atteindre. La politique de transaction est préférable à la politique d'isolement, s'il y a réellement transaction; mais si la transaction n'est, de notre part, qu'abandon, l'isolement vaut mieux. En tout cas, voici, à mon avis, vos deux règles de conduite : traiter bien réellement avec lord Palmerston, et non pas contre lui; ne rien négliger pour que l'atmosphère où vit lord Palmerston pèse sur lui dans notre sens. C'est de lui que dépend l'issue. »

A ce moment même, un incident nouveau, suscité par lord Palmerston, rendit le rapprochement encore plus difficile. On sait que, le 8 octobre, par sa dernière communication au cabinet anglais, M. Thiers avait déclaré que « la France, disposée à prendre part à tout arrangement acceptable qui aurait pour base la double garantie de l'existence du sultan et du vice-roi d'Égypte, ne pourrait consentir à la mise à exécution de l'acte de déchéance prononcé contre Méhémet-Ali, le 14 septembre, à Constantinople. » On sait également que, le 15 octobre, poussé par l'impression qu'avait faite, sur ses collègues et sur lui-même, cette déclaration du gouvernement français, lord Palmerston avait enjoint à lord Pousonby de se concerter avec les représentants de l'Autriche, de la Prusse et de la Russie à Constantinople, pour qu'ils allassent tous ensemble « recommander fortement au sultan, non-seulement de rétablir Méhémet-Ali comme pacha d'Égypte, mais de lui donner aussi l'investiture héréditaire de ce pachalik, conformément aux conditions spécifiées dans le traité du 15 juillet, pourvu qu'il fît sa soumission au sultan et qu'il s'engageât à restituer la flotte turque et à retirer ses troupes de toute la Syrie, d'Adana et des villes saintes [1]. » D'après cette démarche du gouvernement anglais, j'étais pleinement autorisé, en prenant, le 29 octobre, la direction des affaires étrangères, à regarder l'établissement héréditaire de Méhémet-Ali en Égypte comme assuré, pourvu qu'il satisfît aux conditions prescrites. Mais le 5 novembre, lord Granville vint me communiquer une dépêche de lord Palmerston, en date du 2, qui semblait avoir pour but de m'enlever cette assurance : lord Palmerston revenait sur la dépêche de M. Thiers du 8 octobre, en discutait les arguments, et établissait que « le sultan, comme souverain de l'empire turc, avait seul le droit de décider auquel de ses sujets il confierait le gouvernement de telle ou telle partie de ses États ; que les puissances étrangères, quelles que fussent à cet égard leurs idées, ne pouvaient donner au sultan que des avis, et qu'aucune d'elles n'était en droit de l'entraver dans l'exercice discrétionnaire de l'un des attributs inhérents et essentiels de la souveraineté indépendante. »

[1] Voir le tome V de ces *Mémoires*, p. 337-340.

C'était détruire, en principe, le conseil qu'en fait lord Palmerston avait donné à la Porte, et provoquer le sultan à maintenir cette déchéance absolue de Méhémet-Ali que, quinze jours auparavant, on l'avait engagé à révoquer.

Lord Palmerston ne se contenta pas de me faire communiquer sa dépêche ; elle fut publiée, le 10 novembre, dans le *Morning Chronicle.* L'effet en France en fut déplorable; j'écrivis, le 14 novembre, au baron de Bourqueney : « On prend ici cette pièce comme une rétractation voilée de la démarche faite, il n'y a pas un mois, auprès de la Porte, pour l'engager à ne pas persister dans la déchéance de Méhémet-Ali. Je combats cette idée ; je soutiens que lord Palmerston n'a voulu, comme il le dit en finissant, que traiter une question de principes et poser nettement les siens. Mais l'effet n'en est pas moins produit; nos adversaires l'exploitent; nos propres amis en sont troublés. C'est la première communication que lord Palmerston ait adressée au nouveau cabinet. En quoi diffère-t-elle de ce qu'il aurait écrit à l'ancien ? Comment cette dépêche a-t-elle été publiée dans le *Morning Chronicle,* et avec tant d'empressement? Témoignez, mon cher baron, et au cabinet anglais et à nos amis à Londres, le sentiment que je vous exprime et le mal qu'on nous fait. »

M. de Bourqueney n'eut point d'embarras à porter vivement ma plainte : la dépêche de lord Palmerston avait excité à Londres, parmi les amis de la paix, presque autant de surprise et de blâme qu'à Paris ; on se demandait s'il n'y avait là que la manie de la controverse, et si cette manie ne cachait pas le désir de pousser jusqu'au bout la ruine de Méhémet-Ali et de faire échouer toute espèce d'arrangement : « Je sors de chez lord Palmerston, me répondit, le 18 novembre, M. de Bourqueney; il a commencé par s'excuser de la date de sa dépêche du 2 :—J'ai vivement regretté, m'a-t-il dit, que ma réponse à la dépêche du 8 octobre de M. Thiers se trouvât forcément adressée à son successeur; mais vous savez ma vie occupée; les jours se sont écoulés; le cabinet de M. Thiers s'est retiré, et ma réponse est parvenue dans les mains de M. Guizot. Mon intention était bonne en l'écrivant, je vous l'affirme; je croyais nécessaire, dans l'intérêt même de la politique de conciliation, de réfuter quelques-uns des arguments de la dépêche du 8 octobre, parce que ces arguments, en passant pour acceptés par nous, seraient devenus un encouragement à la prolongation de la lutte que nous avons à cœur de terminer. Mais, croyez-moi, mes précédentes déclarations subsistent; je n'en rétracte aucune; Méhémet-Ali est encore libre de conserver l'hérédité de l'Égypte. Si on a tiré de ma dépêche du 2 novembre une conclusion contraire, je la désavoue. »

Je fus et je reste persuadé que ce désaveu était sincère. Rien n'est plus rare, en politique, que les résolutions simples et la poursuite exclusive d'un but unique, sans distraction ni complaisance pour de secrets désirs qui dépassent le vrai et public dessein. Lord Palmerston ne préméditait pas la ruine complète de Méhémet-Ali;

il ne se proposait sérieusement que d'assurer et de grandir, à Constantinople et en Orient, la position de l'Angleterre en affaiblissant un sujet rival du sultan et un client favori de la France; mais quand la chance de l'entière destruction de Méhémet-Ali s'offrait à sa pensée, il ne l'écartait pas nettement, se donnant ainsi l'air de la poursuivre. Il ne pouvait d'ailleurs se résoudre à laisser passer les arguments d'un adversaire sans leur opposer les siens, et il acceptait volontiers un embarras politique pour obtenir un succès logique. Il avait écrit sa dépêche du 2 novembre 1840 sans se soucier de me seconder ni de me nuire, pour soutenir en thèse générale, contre M. Thiers tombé, les droits de souveraineté du sultan, et aussi pour déterminer Méhémet à la soumission en lui faisant entrevoir le péril extrême qui pouvait l'atteindre s'il persistait à s'y refuser.

Il eût pu s'épargner cette apparence de mauvais vouloir et d'arrière-pensée; les événements, qu'il avait bien prévus, le servirent mieux que les arguments qu'il se complaisait à étaler. Pendant qu'à Londres les diplomates se fatiguaient à chercher quelque combinaison qui, en faisant cesser l'isolement de la France, mît fin à leurs inquiétudes, l'insurrection, fomentée par lord Palmerston, éclatait en Syrie contre Méhémet-Ali; l'émir Beschir, naguère gouverneur du Liban au nom du pacha, abandonnait la cause Égyptienne sans se sauver lui-même par sa défection; Saïda, Tyr, Tripoli se rendaient à l'apparition de l'escadre anglaise et des troupes turques qu'elle débarquait; Ibrahim-Pacha et son armée démoralisée se repliaient successivement à l'intérieur. Le 3 novembre enfin, après quelques heures de résistance, Saint-Jean d'Acre tombait au pouvoir de l'amiral Stopford ; et sur cette nouvelle, le prince de Metternich écrivait au baron de Neumann chargé encore à Londres de la question égyptienne: « Ne laissons plus d'illusion à la France sur la Syrie ; la Syrie est irrévocablement perdue, perdue tout entière. C'est à l'Égypte qu'il faut songer ; le mal gagne de ce côté ; il n'y a pas un moment à perdre pour décider Méhémet-Ali à la soumission. »

Ces nouvelles ne produisirent à Londres d'autre effet que d'accroître la confiance de lord Palmerston en lui-même, son ascendant sur ses collègues, et de mettre fin au petit travail entrepris pour l'amener à quelque concession en dehors du traité du 15 juillet : « M. de Bülow est hors de selle, m'écrivait le 8 novembre M. de Bourqueney ; il m'a dit ce matin qu'il attendait de Berlin, sous peu de jours, une dépêche analogue à celle de M. de Metternich. Voilà, comme il le reconnaît lui-même, sa mission à néant. » Le lord-maire de la cité donna, le 9 novembre, un grand dîner auquel étaient invités les ministres et les diplomates ; sir Robert Peel, qui y assistait, se pencha vers le baron de Bourqueney et lui dit tout bas : « Les événements vont bien vite en Syrie. On dit que l'Égypte va être entreprise. Cela m'inquiète beaucoup pour la question européenne. » A Paris, la surprise égala et aggrava l'inquiétude ; la faiblesse de Méhémet-Ali en Syrie fut une révélation inattendue qui en présageait une semblable en Égypte. Un homme d'esprit qui séjournait depuis quelque temps en Orient, M. Alphonse Royer m'écrivit le 16 novembre de Constantinople : « Il est impossible de ne pas se demander avec un cruel serrement de cœur comment il se fait que le gouvernement français, qui entretient à grands frais de nombreux agents dans toutes ces contrées, n'ait pas connu, avant d'agir, l'état physique et moral de l'Égypte et de la Syrie. A-t-il donc cru à un empire arabe intronisé par un pacha turc, et à l'affection des Arabes pour un gouvernement dirigé d'après le vieux système turc où les indigènes ne peuvent obtenir le plus misérable commandement ni le plus chétif emploi ? A-t-il pensé qu'exploiter un pays comme une ferme coloniale, c'était le civiliser ? Ne lui a-t-on jamais fait le tableau des souffrances de ce malheureux peuple chez qui les mères éborgnent leurs enfants pour les soustraire à la corvée militaire ? Et quand les chrétiens du Liban, insurgés contre leurs oppresseurs, criaient grâce après leur défaite et qu'on leur répondait par de monstrueuses exécutions, comment se fait-il que leurs gémissements et leurs angoisses se soient trouvés transformés en un concert de louanges dans les rapports officiels envoyés au ministre français ? Cela se concevrait si le gouvernement du roi puisait ses renseignements aux mêmes sources que les journaux français auxquels ils sont envoyés directement d'Alexandrie, par ordre exprès de Méhémet-Ali. Le vice-roi a le talent de se concilier, par ses soins empressés, par ses attentions délicates, par son amabilité, toutes les personnes dont il peut attendre un éloge écrit ou verbal. Tous les voyageurs de quelque renom qui ont traversé l'Égypte ont subi cette influence. Les plus clairvoyants et les plus consciencieux se sont abstenus de juger. Quand on parle des prodiges opérés par le génie de Méhémet-Ali, celui-ci n'est assurément pas le moindre. »

En présence de ces mécomptes et dans la crainte d'en voir éclater d'autres, plusieurs de mes amis dans les Chambres, entre autres le chancelier Pasquier, le duc Decazes, le comte de Gasparin, M. Barthe, M. Laplagne-Barris se demandèrent et me demandèrent s'il ne serait pas bon que l'un d'entre eux, étranger à toute mission officielle, à tout caractère diplomatique, allât passer quelques semaines à Londres pour bien observer la disposition des esprits, causer librement avec les hommes considérables, et apprécier ainsi, sans prévention ni routine, les chances de l'avenir. Je ne pensais pas qu'une telle visite changeât rien aux informations que je recevais du baron de Bourqueney, ni aux idées que je me formais de l'état des choses ; mais je n'avais, pour mon compte, aucune raison de m'y refuser, et je connaissais assez M. de Bourqueney pour être sûr que le petit déplaisir qu'il en ressentirait n'altérerait ni son jugement ni son zèle. J'accueillis donc la proposition, et je priai le baron Mounier, l'un de mes plus judicieux et plus indépendants amis politiques, de se charger de cette mission d'observation libre. Il l'accepta avec un empressement amical, et partit le 21 novembre pour aller vérifier à Londres mes renseignements et mes pressentiments.

Loin de les détruire, ses observations les confirmèrent : soit dans le cabinet anglais, soit parmi ses adhérents, il trouva les plus sincères partisans de la paix convaincus que la soumission de Méhémet-Ali aux termes du traité du 15 juillet pouvait seule l'assurer : «Comment voulez-vous, lui dit M. Macaulay, alors secrétaire de la guerre, que nous ne poursuivions pas ce que nous avons commencé? En continuant les hostilités, Méhémet-Ali aurait, de son côté, la chance de reconquérir la Syrie ; si nous n'avions pas, du nôtre, celle de lui enlever l'Égypte, il n'y aurait ni égalité, ni justice, ni politique. Il ne peut être permis au pacha de suspendre ou de commencer la guerre à son choix. Il faut qu'il rende la flotte turque et qu'il renonce à toute prétention en dehors de l'Égypte. » Les inquiétudes des diplomates continentaux confirmaient le langage des ministres anglais : « Le prince Esterhazy est très-frappé de l'urgence de poser un obstacle à l'entraînement des événements, m'écrivit le 29 novembre M. Mounier ; il m'a assuré, hier au soir, qu'il allait s'efforcer d'obtenir la déclaration positive qu'aucune tentative quelconque ne serait dirigée contre l'Égypte sans que la nécessité et la convenance n'en eussent été préalablement reconnues entre les cabinets signataires du traité du 15 juillet. Le prince de Metternich écrit dans ce sens à l'ambassadeur, et de la façon la plus claire : « Il faut prévenir le cas, dit sa dépêche, où, la Syrie ayant été délivrée, Méhémet ne se soumettrait pas. Le *quid faciendum* alors est à chercher. »

Au même moment où il posait à Londres cette question, le prince de Metternich disait à Vienne, au comte de Sainte-Aulaire : « Assurez M. Guizot que nous agirons pour que tout s'arrête à la Syrie. D'accord avec l'Angleterre, j'en suis certain ; mais, m'expliquant dès aujourd'hui pour le compte de l'Autriche, je vous déclare qu'elle s'abstiendra de toute attaque contre l'Égypte, et qu'elle s'en abstiendra par égard pour la France. Si M. Guizot trouve quelque avantage à faire connaître cette vérité dans les Chambres, il peut la proclamer avec la certitude de n'être pas démenti par moi. »

Les amiraux anglais avaient d'avance épargné aux diplomates l'embarras dont se préoccupait le prince de Metternich. Le 25 novembre, le commodore Napier, avec une partie de l'escadre de l'amiral Stopford, était tout à coup arrivé devant Alexandrie, et avait écrit à Boghos-Bey, principal conseiller de Méhémet-Ali : « Le pacha sait certainement que les puissances européennes désirent lui assurer le gouvernement héréditaire de l'Égypte. Que Son Altesse permette à un vieux marin de lui suggérer un facile moyen de se réconcilier avec le sultan : que promptement et librement, sans imposer aucune condition, Elle renvoie la flotte ottomane et retire ses troupes de Syrie ; alors les malheurs de la guerre cesseront ; Son Altesse aura amplement de quoi se satisfaire et s'occuper, dans les dernières années de sa vie, en cultivant les arts et en posant probablement la base du rétablissement du trône des Ptolémées. Après ce qui s'est passé en Syrie, Son Altesse doit aisément pressentir combien peu Elle pourrait faire ici où le peuple est mécontent du gouvernement. En un mois, 6,000 Turcs et une poignée de marins ont pris Beyrouth et Saïda, battu les Égyptiens dans trois rencontres, fait 10,000 prisonniers ou déserteurs, et amené l'évacuation forcée des ports et des défilés du Taurus et du Liban; cela, en présence d'une armée de 30,000 hommes. Trois semaines après, Acre, la clef de la Syrie, est tombée entre les mains de la flotte alliée. Si Son Altesse se décidait à continuer les hostilités, qu'Elle me permette de lui demander si Elle est sûre de conserver l'Égypte. Je suis un grand admirateur de Son Altesse et j'aimerais mieux être son ami que son ennemi. Je prends la liberté de lui représenter que, si Elle refuse de se réconcilier avec le sultan, Elle ne peut espérer de conserver l'Égypte que bien peu de temps..... Un mécontentement général règne ici parmi les habitants et les marins; le vice-amiral de Son Altesse et plusieurs de ses officiers l'ont déjà abandonnée et sont à bord de ma flotte. Les soldats syriens qui se trouvent en Égypte aspirent à retourner chez eux. La solde des soldats égyptiens est fort arriérée, et ils n'ont pas de pain à donner à leurs familles. Que Son Altesse réfléchisse aux dangers qu'Elle courrait si ses soldats recevaient la promesse d'être, à sa chute, délivrés du service? Qui peut dire que l'Égypte serait invulnérable? Alexandrie peut être pris comme Saint-Jean d'Acre l'a été, et

Son Altesse, qui maintenant peut devenir le fondateur d'une dynastie, serait réduite à être un simple pacha. »

Après quelques heures de correspondance, tous les conseils du commodore Napier étaient acceptés. Méhémet-Ali prenait l'engagement de renvoyer la flotte turque à Constantinople dès que les puissances lui auraient assuré le gouvernement héréditaire de l'Égypte. Un envoyé égyptien partait à bord d'un bâtiment anglais, portant à Ibrahim-Pacha l'ordre d'évacuer la Syrie avec toute son armée. Une convention formelle consacrait ces arrangements. La soumission de Méhémet-Ali était entière, et le traité du 15 juillet avait reçu sa pleine exécution.

Arrivées à Londres le 8 décembre, ces nouvelles y produisirent tout l'effet qu'on en pouvait attendre; c'était l'accomplissement des prédictions de lord Palmerston et le triomphe de sa politique. Les diplomates, ses alliés, s'en félicitaient, non sans quelque surprise; ils se demandaient quelle cause avait déterminé cette action à la fois menaçante et pacifiante de la flotte anglaise, et précipité ainsi le dénoûment; le commodore Napier avait-il agi d'après des ordres de son cabinet, ou de concert avec l'amiral Stopford son supérieur, ou seulement de sa propre et spontanée impulsion? « Je ne pense pas, écrivis-je le 11 décembre à M. de Bourqueney, que Napier eût des instructions pour engager le pacha à rétablir *le trône des Ptolémées*, ni pour le menacer du bombardement d'Alexandrie. Si un agent français avait dit la première phrase, lord Palmerston se serait récrié sur ce mépris des droits du sultan, et si, sur le refus du pacha, Napier avait exécuté sa menace, j'aurais eu, moi, le droit de dire que lord Palmerston m'avait manqué de parole, car il avait bien donné sa parole qu'aucun acte, aucun commencement d'acte n'aurait lieu contre l'Égypte sans une délibération nouvelle des puissances signataires du traité du 15 juillet. Je ne fais nul cas des petites plaintes, ni des récriminations contre les faits accomplis; mais je fais attention à toutes les irrégularités, à toutes les façons d'agir peu conséquentes et peu mesurées; et il est bon qu'on sache que nous y faisons attention. »

Je pressentais qu'on s'empresserait de nous présenter le résultat ainsi obtenu comme définitif et devant faire cesser notre isolement armé, et qu'on nous demanderait de ne pas tarder à le reconnaître. Je pris sur-le-champ mes précautions contre de telles instances et pour bien établir la situation que nous entendions garder; j'écrivis le 18 décembre au baron de Bourqueney: « Nous sommes restés étrangers au traité du 15 juillet, c'est-à-dire au règlement des rapports du sultan et du pacha par l'intervention de l'Europe. Ni les bases territoriales, ni le mode coërcitif de ce règlement ne nous ont convenu. Ils ne doivent pas nous convenir davantage après qu'avant. Nous ne nous sommes pas matériellement opposés au fait; nous ne saurions nous y associer pour lui rendre hommage et le garantir. Nous resterons donc, en ce qui touche les rapports du sultan et du pacha, en dehors du traité du 15 juillet et de la coalition qui l'a signé. C'est, pour nous, un devoir de conséquence rigoureuse et de simple dignité.

« Mais le traité du 15 juillet une fois accompli et vidé, reste la grande question, la question des rapports de l'empire ottoman avec l'Europe. Les rapports du sultan et du pacha d'Égypte sont, pour l'empire ottoman, une question intérieure sur laquelle nous avons pu penser autrement que nos alliés et nous séparer d'eux. Les rapports de l'empire ottoman avec l'Europe sont une question extérieure, générale, permanente, à laquelle nous avons toujours l'intention de concourir, et qui ne peut être efficacement ni définitivement réglée sans notre concours.

« A côté de cette grande question extérieure et européenne peut se placer encore une question intérieure et ottomane, celle des garanties à donner à la Syrie rentrée sous le gouvernement du sultan, spécialement aux populations chrétiennes du Liban: question dans laquelle nous sommes prêts aussi à reprendre place.

« Loin donc de vouloir persister dans notre isolement, nous avons toujours en vue le rétablissement du concert européen, et nous savons par quelles portes, grande et petite, nous y pouvons rentrer.

« Nous savons aussi qu'on désire nous y voir rentrer, et nous croyons qu'on a raison. Notre isolement ne vaut rien pour personne. Il nous oblige, et pour notre sûreté, et pour la satisfaction des esprits en France, à maintenir nos armements actuels. Nous avons arrêté ces armements à la limite qu'ils avaient atteinte quand le cabinet s'est formé. Le cabinet précédent voulait les pousser plus loin; nous avons déclaré que nous ne le ferions point; mais pour que nous puissions réduire nos armements actuels, il faut que notre situation soit changée de manière à ce que la disposition des esprits change aussi et se calme. Et je parle ici des bons esprits, du parti conservateur qui, tant que la situation actuelle durera, ne s'accommoderait point de la réduction des armements actuels et pacifiques, pas plus qu'il n'a voulu s'accommoder des armements excessifs et belliqueux que demandait le cabinet précédent.

« Je dis que nos armements actuels sont purement de précaution et pacifiques. L'existence seule du cabinet en est une preuve évidente et permanente. Mais le taux même de ces armements le prouve; ils ne nous donnent que ce que nous avions dans les années 1831, 1832 et 1833, c'est-à-dire de 400 à 450,000 hommes. Et nous n'avions pas alors 70,000 hommes en Afrique.

« Il n'y a donc, ni dans la pensée, ni dans la mesure de ces armements, rien dont on puisse s'inquiéter, et nous n'avons nul dessein de prolonger indéfiniment et sans nécessité un état de choses onéreux. Mais tant que la situation qui l'a amené se prolonge, nous en acceptons la conséquence. Qu'une porte convenable s'ouvre devant nous pour sortir de cette situation, nous ne nous obstinerons point à y rester. »

Les faits ne tardèrent pas à prouver que j'avais raison de ne pas croire la question égyptienne définitivement résolue, et d'attendre encore avant de sortir de la situation que nous avions prise. Dès que la convention conclue le 27 novembre par sir Charles Napier avec le pacha fut connue à Constantinople, et par l'envoi qu'en fit le commodore à lord Ponsonby, et par une lettre de Méhémet-Ali lui-même au grand vizir, une vive colère éclata dans le divan, partagée et soutenue par lord Ponsonby, qui écrivit sur-le-champ[1] à lord Palmerston : « Votre Seigneurie a reçu le rapport du commodore : tout ce que j'ai à vous dire, c'est que la Porte a expressément déclaré la convention nulle et de nul effet, et que, mes collègues et moi, nous nous sommes associés à cette déclaration. Je n'ai pas besoin d'ajouter qu'aucun gouvernement, dans la situation de la Porte ottomane, ne pouvait tolérer un seul moment qu'un individu s'arrogeât le droit de traiter, pour lui, avec un pouvoir considéré, en droit ou en fait, comme un pouvoir rebelle. L'ambassadeur de Sa Majesté n'est nullement autorisé à reconnaître l'acte d'un individu qui n'avait reçu du gouvernement de Sa Majesté aucun pouvoir, et les ministres d'Autriche, de Prusse et de Russie n'y sont pas plus autorisés que moi. » Reschid-Pacha annonça le même jour, et à l'ambassadeur turc à Londres et aux ministres des quatre puissances à Constantinople, les résolutions de la Porte : « Comment pourrait-on, dit-il, après tout ce qui s'est passé, confier de nouveau l'autorité à un homme tel que Méhémet-Ali ? Toutefois, et quoique le sultan n'ait pas l'intention de rien accorder de sa propre volonté à Méhémet-Ali,

---

[1] Le 8 décembre 1840.

néanmoins, en cas d'une demande de la part des grandes puissances, il est possible que, par déférence pour elles, quelque faveur temporaire lui soit accordée. Mais serait-il possible aujourd'hui de revenir sur la question de l'hérédité, cette grande concession, déjà rejetée par lui, du traité d'alliance? Et comment les quatre puissances pourraient-elles concilier désormais cette concession avec le maintien de l'intégrité de l'empire ottoman qui forme le principal objet de leur sollicitude? En conséquence, la Sublime-Porte déclare protester, comme elle proteste par la présente, de la manière la plus formelle, contre la convention conclue le 27 novembre par le commodore Napier, convention qu'elle doit regarder et qu'elle regarde en effet comme nulle et non avenue. »

Quelques jours après, le drogman de la France à Constantinople, M. Cor, homme d'expérience et de considération, s'entretenant avec Reschid-Pacha de cette convention, l'engageait à ne pas confondre la forme et le fond de l'acte : « Vous êtes, lui disait-il, en droit de protester contre la forme; mais au fond, l'acte est généralement approuvé; il peut amener un rapprochement entre la France et les puissances qui ont signé le traité du 15 juillet; la Porte pourrait avoir à se repentir de sa conduite envers la France, son plus ancien allié; l'amour-propre de la France est engagé dans la question, et il faut trouver quelque moyen de l'y faire rentrer. — La Sublime-Porte, lui répondit Reschid-Pacha, trouve la substance de la convention aussi contraire aux intérêts de Sa Hautesse le sultan que la forme en est mauvaise; vous dites qu'il faut faire un acte auquel la France puisse prendre part; nous n'avons que deux choses à proposer, toutes deux diamétralement opposées à la politique qu'a adoptée la France, l'entière et absolue soumission de Méhémet-Ali comme sujet, non comme vassal, ou sa destruction. Comment pouvez-vous prétendre avoir à cœur l'intégrité et l'indépendance de l'empire ottoman quand vous cherchez à le démembrer? Si vous désirez tant de conserver Méhémet-Ali, vous n'avez qu'à le nommer gouverneur de l'une de vos provinces. »

La colère turque, et surtout la mauvaise humeur hautaine de lord Ponsonby, embarrassaient un peu lord Palmerston, sans dominer pourtant ses résolutions. Dès qu'il avait connu la conduite de sir Charles Napier, il l'avait approuvée, tout en déclarant que sir Charles avait agi sans instructions, et en faisant cette réserve que les puissances signataires du traité du 15 juillet ne pouvaient s'engager à garantir en Égypte à Méhémet-Ali l'hérédité qu'elles conseillaient à la Porte de lui accorder. Il avait en même temps informé lord Ponsonby de l'approbation qu'il donnait à la convention du 27 novembre et de la réserve qu'il y attachait. Le 15 décembre, causant avec le baron de Bourqueney de l'obstination du divan à maintenir la déchéance de Méhémet-Ali : « Il faudra bien, lui dit-il, que la Porte nous écoute : nous avons assez fait pour elle. » Les dépêches qu'il recevait de Vienne le confirmaient dans cette disposition : « Le prince de Metternich me charge de dire à Votre Seigneurie, lui écrivait lord Beauvale[1], que si la Porte hésite à accueillir la recommandation des puissances alliées qui l'engagent à conférer à Méhémet-Ali le gouvernement héréditaire de l'Égypte, la cour d'Autriche n'admet pas que les alliés puissent se laisser compromettre par une telle hésitation. Le prince de Metternich ne doute pas que la Porte ne défère à l'avis de ses alliés s'ils y insistent fermement et conjointement. » Et quelques jours plus tard[2] : « Les dépêches de l'internonce, M. de Stürmer, disent que les commissaires désignés pour Alexandrie n'ont pouvoir de donner aucune assurance quant à la succession héréditaire dans la famille de Méhémet-Ali, et qu'ils retarderont tant qu'ils pourront leur arrivée dans ce port, afin de donner, aux opérations militaires contre Ibrahim-Pacha et aux insurrections en Égypte, le temps d'éclater. Sur cette nouvelle, le prince de Metternich a envoyé au prince Esterhazy des dépêches où il lui annonce la ferme résolution de l'Autriche d'obtenir pour Méhémet-Ali la succession héréditaire, ajoutant que le refus de la Porte déterminerait l'Autriche à retirer au sultan son appui moral et matériel. Des copies de ces dépêches seront expédiées aujourd'hui à l'internonce à Constantinople pour régler sa conduite. »

La perplexité était grande à Constantinople. Hors

[1] Le 3 janvier 1841.
[2] Le 17 janvier 1841.

d'état de se décider seul et par lui-même, le sultan voyait ses alliés divisés et incertains. Lord Ponsonby était évidemment plus hostile à Méhémet-Ali que son chef lord Palmerston qui, à son tour, était moins décidé que le prince de Metternich à soutenir le pacha vaincu. La Prusse suivait pas à pas l'Autriche; la Russie flottait entre les puissances allemandes et l'Angleterre; et la France absente pesait sur les esprits autant que, présente, elle eût pu influer sur les délibérations. Dans l'espoir de sortir d'embarras, Reschid-Pacha réunit en conférence chez lui[1] les représentants des quatre puissances signataires du traité du 15 juillet, et après leur avoir rappelé le mémorandum par lequel, le 14 novembre précédent, leurs gouvernements avaient conseillé à la Porte d'accorder à Méhémet-Ali l'investiture héréditaire du pachalik d'Égypte pourvu qu'il se soumît sans délai aux conditions indiquées : « Le sultan m'a ordonné, dit-il, de vous demander si Méhémet-Ali, par sa lettre du 11 décembre dernier au grand vizir, s'est conformé à l'esprit de ce mémorandum, et si sa soumission doit être considérée comme réelle. » Sur cette question positive, lord Ponsonby refusa positivement de s'expliquer : « Je pense, dit-il, qu'au sultan seul il appartient de décider ce point. Quant à moi, je ne vois, pour le moment, rien devant moi qui m'autorise à énoncer une opinion. » L'internonce d'Autriche, le baron Stürmer, qui avait reçu de Vienne des instructions précises, fut moins bref et

---

[1] Le 20 décembre 1840.

plus décidé, quoique non sans ambages : « Dans le but, dit-il, de me décharger de toute responsabilité et de faire connaître les vues de mon gouvernement dans une circonstance aussi importante, j'ai cru convenable de mettre mon vote par écrit; je vais en faire lecture à la conférence.—J'ai lu et relu avec la plus scrupuleuse attention la lettre que Méhémet-Ali vient d'adresser au grand vizir. Je n'y ai rien trouvé qui ne soit correct. Le ton qui y règne m'a paru répondre à tous les sentiments de convenance. Il eût été désirable qu'il n'y eût pas été question de la convention du commodore Napier; mais nous sommes tous d'accord qu'il l'eût été bien plus encore que cette convention n'eût jamais été conclue; et Méhémet-Ali, en s'y référant, n'a fait que se prévaloir d'un avantage qui lui a été gratuitement offert. Dans sa lettre, le pacha déclare être prêt à faire tout ce qu'on lui demande, et sous ce rapport, sa soumission me paraît entière. Je serais donc d'avis que cette soumission fût acceptée. Je regarderais comme regrettable, à tous égards, toute hésitation de la Porte à se conformer aux conseils de ses alliés. Les plus brillants succès ont couronné leurs efforts en Syrie; ces succès ont dépassé nos calculs, nos prévisions, nos espérances. La Syrie est rentrée sous le sceptre de Sa Hautesse, et le principal objet de l'alliance se trouve ainsi rempli. Aller plus loin n'entre pas dans les vues des puissances alliées; la conférence de Londres s'est assez clairement prononcée à cet égard. La Sublime-Porte peut sans doute avoir de bonnes raisons pour désirer l'anéantissement de Méhémet-Ali ; mais n'ayant pas les moyens de l'effectuer elle-même, ce serait sur ses alliés qu'en retomberait la charge. Or, voudrait-elle, pour prix des services qu'ils lui ont rendus, les jeter dans une entreprise qui mettrait en péril la paix générale si ardemment désirée par tous les peuples et si heureusement maintenue jusqu'ici ? C'est vers la France surtout que se porte aujourd'hui l'attention de nos gouvernements ; cette puissance a droit à leurs égards et à leur intérêt ; et si l'attitude menaçante et belliqueuse du ministère Thiers n'a pu les arrêter dans leur marche vers le but qu'ils se proposaient et qu'ils ont atteint, ils semblent désormais vouloir vouer tous leurs soins à ménager le ministère qui lui succède, et dont le langage annonce une politique sage, modérée et conciliante. Ils doivent en conséquence entrer dans sa position, faire la part des difficultés dont il est entouré, et ne pas l'exposer à se voir entraîné, malgré lui, dans une fausse route. Dans l'état où sont les esprits en France, un incident imprévu peut tout bouleverser, et n'est-il pas dans l'intérêt de tous et dans celui de la justice qu'on s'unisse franchement à ceux qui la gouvernent, pour prévenir un pareil malheur ? »

Les ministres de Prusse et de Russie adhérèrent, avec quelques nuances, au vote de l'internonce d'Autriche. L'ambassadeur d'Angleterre répéta qu'il devait attendre la décision du sultan sur la valeur de la soumission de Méhémet-Ali pour donner le conseil qui lui était prescrit par les ordres de son gouvernement. Reschid-

Pacha fit de vains efforts pour amener les quatre plénipotentiaires à un avis plus formel et plus unanime; et la conférence se termina sans autre conclusion que les dernières paroles de l'internonce d'Autriche qui « fit remarquer encore une fois combien il serait regrettable que la Porte ne se conformât pas avec promptitude au vœu exprimé par les cours alliées dans le mémorandum du 14 novembre. »

Quelques jours après cette conférence [1], le baron de Stürmer écrivit à lord Ponsonby : « S'il a pu nous rester quelques doutes sur les véritables intentions de nos gouvernements, les dépêches que j'ai reçues hier du prince de Metternich sont bien faites pour les détruire complétement. Le prince est impatient de savoir quelle suite j'ai donnée à ses directions précédentes, et il me dit et me répète, de la manière la plus péremptoire, que les quatre cours se sont prononcées pour que l'hérédité dans les fonctions du gouvernement d'Égypte soit accordée à la famille de Méhémet-Ali. Je vais, en conséquence, adresser à ce sujet une lettre formelle à Reschid-Pacha, et la lui porter moi-même pour y ajouter de vive voix tous les développements nécessaires. La pensée de votre cabinet étant absolument identique avec celle du mien, je ne doute pas que vous ne jugiez à propos de vous expliquer dans le même sens envers la Porte. Je vous avoue que ce n'est pas sans quelque regret que je vois ainsi s'évanouir l'espoir que nous avions de voir la puissance de Méhémet-Ali s'écrouler

---

[1] Le 7 janvier 1841.

de fond en comble; mais mon rôle est fini, et il ne me reste plus qu'à attendre en silence les ordres que mon gouvernement voudra bien me faire parvenir, et à les exécuter scrupuleusement. »

M. de Stürmer fit sur-le-champ, auprès de Reschid-Pacha, la démarche qu'il annonçait. Le ministre de Russie, M. de Titow, se déclara décidé à agir comme l'internonce d'Autriche et en informa lord Ponsonby. L'ambassadeur d'Angleterre répondit, avec son dédain ironique : « Rien n'est plus indifférent que l'opinion particulière de tel ou tel d'entre nous sur cette question ; c'est l'affaire de nos gouvernements, et aucun de nous n'en est responsable. Mais autre chose est d'agir sans ordres; je n'encourrai pas cette responsabilité. Je refuse donc d'agir de concert avec vous tant que je ne serai pas autorisé, par des instructions formelles, à faire la démarche que vous me proposez. Il m'a été dit plusieurs fois, par les meilleures autorités, par vous-même, si je ne me trompe, que votre gouvernement n'était pas décidé à accorder à Méhémet-Ali l'hérédité, et dans notre conférence, il n'a pas paru que vous fussiez autorisé à faire mention de ce point. Mais ceci n'est pas de date récente, et il n'est pas du tout impossible que plus d'un changement soit survenu dans l'opinion de votre gouvernement; ce qui est erreur maintenant peut avoir été vérité jadis et pourra le redevenir, car il y a eu, dans cette affaire, une continuelle fluctuation de circonstances. Si mon gouvernement ne m'a point encore envoyé d'ordre, ce ne peut être faute de temps, car ses instructions auraient pu m'arriver par Vienne aussitôt que les vôtres à vous. »

Trois jours après, le 10 janvier 1841, lord Ponsonby écrivit à M. Frédéric Pisani, drogman d'Angleterre à Constantinople : « Vous informerez S. Exc. le ministre des affaires étrangères que j'ai ordre de donner à la Sublime-Porte, au nom du gouvernement britannique, le conseil d'accorder à Méhémet-Ali le gouvernement héréditaire de l'Égypte. » Et au même moment, en termes aussi brefs, il annonça à MM. de Stürmer et de Titow ses instructions et sa démarche.

En présence de toutes ces hésitations, contradictions et procrastinations de la diplomatie européenne, il était bien naturel que le sultan et ses conseillers hésitassent aussi, et qu'ils cherchassent, soit par des paroles vagues, soit par des lenteurs répétées, à repousser le calice que tantôt on approchait, tantôt on écartait de leurs lèvres. Après avoir protesté contre la convention de sir Charles Napier à Alexandrie comme nulle et de nul effet, le divan était pourtant rentré en négociation avec Méhémet-Ali, et le grand vizir, en lui envoyant Mazloum-Bey, l'un des principaux employés de la Porte, pour recevoir sa soumission, lui avait écrit que, dès qu'elle serait accomplie, le sultan « daignerait le réintégrer dans le gouvernement de l'Égypte, » mais sans faire aucune mention de l'hérédité. Quand lord Ponsonby eut déclaré à la Porte que le gouvernement britannique lui conseillait de faire au pacha cette concession, le sultan rendit[1] un hatti-shériff portant : « Par déférence pour les conseils des hautes cours alliées, et attendu que mon adhésion à l'hérédité dont il s'agit met fin à la question et contribue à la conservation de la paix générale, j'ai résolu de conférer de nouveau à Méhémet-Ali le gouvernement de l'Égypte, avec droit d'hérédité, lorsqu'il aura réellement fait sa soumission de la manière que le conseil l'a compris.... Il y a pourtant ceci à dire : l'expérience du passé a prouvé la nécessité que notre Sublime-Porte soit mise en parfaite sûreté de la part de l'Égypte, soit pour à présent, soit pour l'avenir, et ce but ne saurait guère être atteint qu'en attachant à l'hérédité des conditions fortes, des obligations nécessaires. Convaincu que la même sollicitude bienveillante dont les hautes puissances alliées ont déjà donné des preuves sera employée à cet effet aussi, je me suis empressé d'écouter leurs conseils et de les mettre à exécution. On mettra du zèle à faire ce qui est nécessaire. »

Le hatti-shériff fut envoyé, le jour même, à Méhémet-Ali; mais le zèle promis manqua, tout autant que la veille, pour le mettre à exécution. La Porte se flattait toujours qu'elle finirait par échapper à des exigences qu'elle ne croyait pas toutes également sincères. Contents d'avoir obéi à leurs instructions, lord Ponsonby et le baron de Stürmer ne pressaient pas beaucoup le divan de se hâter. Plus habile, Méhémet-Ali mettait le bon droit et les bonnes apparences de son côté en don-

[1] Le 13 février 1841.

nant tous les ordres nécessaires pour le renvoi de la flotte turque et l'évacuation de la Syrie. A Londres, le prince Esterhazy, le baron de Bülow, M. de Brünnow lui-même insistaient pour que la question égyptienne fût enfin vidée ; et dans le cabinet comme dans le public anglais, les amis de la paix témoignaient leur inquiétude de voir se prolonger, sans autre motif que des indécisions ou des lenteurs frivoles, une situation européenne lourde et précaire. Lord Palmerston sentit qu'il fallait conclure. Le 28 janvier 1841, Chékib-Effendi vint lui demander ce qu'il fallait écrire enfin à Reschid-Pacha sur l'établissement héréditaire de Méhémet-Ali dans le pachalik d'Égypte : « Je lui ai dit, écrivit le lendemain lord Palmerston à lord Ponsonby, que je ne pouvais pas ne pas admettre la force des objections élevées contre cette concession. Certainement il vaudrait beaucoup mieux, dans l'intérêt du sultan et de ses sujets égyptiens, que le sultan pût garder, pour le choix des gouverneurs futurs de l'Égypte, la même liberté qu'il possède quant au choix des gouverneurs des autres provinces de son empire. Mais, dans toutes les affaires, il faut se contenter de ce qui est praticable et ne pas compromettre ce qu'on a obtenu en courant après ce qu'on ne peut atteindre. Il est clair que Méhémet-Ali a fait sa soumission dans l'espérance qu'il obtiendrait l'hérédité en Égypte. Si maintenant on la lui refuse, qu'arrivera-t-il de sa part? Une nouvelle révolte, ou tout au moins une attitude de résistance passive. Quel sera le remède? Un tel état de choses ne saurait durer indéfiniment, car, s'il durait, il équivaudrait à l'Égypte séparée de l'empire turc. Mais le sultan n'a pas, quant à présent, des moyens maritimes ni militaires suffisants pour rétablir son autorité en Égypte. Il serait donc obligé de recourir à ses alliés. Or les mesures convenues jusqu'ici entre les quatre puissances, en vertu du traité de juillet, se bornent à chasser les Égyptiens de Syrie, d'Arabie et de Candie, et à refouler les troupes et l'autorité de Méhémet-Ali dans les limites de l'Égypte. Si donc le sultan s'adressait aux quatre puissances pour attaquer, avec leur aide, Méhémet-Ali en Égypte même, une nouvelle délibération de la conférence deviendrait nécessaire. Eh bien, ai-je dit à Chékib, si le sultan demande secours aux quatre puissances par suite de son refus d'accorder selon leur conseil, à Méhémet-Ali, l'hérédité du pachalik d'Égypte, je puis vous dire d'avance quel sera le résultat de la délibération. Je sais parfaitement que les quatre puissances refuseront de venir en aide au sultan. Qu'arrivera-t-il alors? Faute d'avoir lui-même des forces suffisantes, et après une tentative vaine, le sultan sera obligé d'accorder de mauvaise grâce à Méhémet-Ali ce qu'aujourd'hui il peut avoir le mérite de lui conférer volontairement; et ainsi, au lieu d'accomplir, à la suggestion de ses alliés, un acte de pouvoir souverain, il aura, aux yeux du monde entier, l'air de faire une concession arrachée par un sujet.

« Je n'essayerai pas, ai-je ajouté, de représenter comme sans importance ni valeur ce qui est incontestablement un grand sacrifice ; je ne convaincrais pas le sultan. Mais je vous demande de considérer quelle immense force morale et physique votre gouvernement a gagnée par tout ce qui s'est passé dans ces derniers mois, et de vous souvenir que, tout ce que le sultan a gagné, Méhémet-Ali l'a perdu. Leurs situations mutuelles sont donc changées; si le sultan sait tirer parti des stipulations du traité de juillet, s'il sait bien organiser son armée, sa marine, ses finances, et les mettre sur un pied respectable, Méhémet ne peut plus être pour lui un danger, ni même une inquiétude. Le sultan a recouvré, pour son autorité directe, toute la Syrie, l'Arabie et Candie, territoires qui, sous les points de vue militaire, financier et religieux, sont de la plus grande importance, et pour la possession desquels le sultan aurait fait, l'an dernier, à pareille époque, de grands sacrifices. Enfin, rappelez-vous que, fidèlement exécutée, la stipulation du traité de juillet qui dit que toutes les lois et tous les traités de l'empire sont applicables à l'Égypte comme à toute autre province, est, pour l'autorité souveraine du sultan, une très-essentielle garantie. J'ai donc demandé à Chékib-Effendi d'insister fortement pour que son gouvernement mette fin, sans autre délai, à cette affaire, car il est d'une extrême importance pour toutes les parties intéressées, qu'elle soit définitivement réglée le plus tôt possible.

« Chékib-Effendi m'a promis d'écrire dans ce sens à Reschid-Pacha, et il ne doute pas, m'a-t-il dit, que le sultan ne se rende à l'avis de ses alliés. »

Le surlendemain de cet entretien, les représentants des quatre puissances à Londres adressèrent à Chékib-Effendi, et lord Palmerston envoya à lord Ponsonby une note développée par laquelle ils recommandaient au sultan « d'accorder à Méhémet-Ali le gouvernement héréditaire de l'Égypte, priant Chékib-Effendi de soumettre sans délai ces considérations à sa cour, et d'engager le gouvernement de Sa Hautesse à y vouer son attention la plus sérieuse. » Trois jours après l'arrivée de cette note à Constantinople, le 13 février 1841, le sultan signa définitivement le firman qui conférait en effet à Méhémet-Ali et à ses descendants l'hérédité du pachalik d'Égypte, en en déterminant les conditions.

Pendant tout le cours de cette négociation et à travers ses fluctuations, nous y étions restés complétement étrangers, bien résolus à ne pas sortir de notre isolement tant que le traité du 15 juillet vivrait encore et que la question égyptienne ne serait pas définitivement vidée. Mais, depuis l'acte de l'amiral Napier devant Alexandrie et l'approbation que lord Palmerston lui avait donnée, je ne doutais pas que l'hérédité de l'Égypte ne fût accordée à Méhémet-Ali. Il me revenait bien de Londres que la passion de lord Ponsonby contre le pacha ne déplaisait guère à lord Palmerston, et que, tout en reconnaissant ses engagements quant à l'hérédité, celui-ci laissait entrevoir quelque velléité à saisir les occasions d'y échapper. Je ne tins compte de ces bruits, et, jugeant que le moment était venu de bien marquer la conduite que nous tiendrions quand ils seraient bien et dûment tombés devant les faits, j'écrivis, le 13 janvier 1841, au comte de Sainte-Aulaire : « Je ne puis croire que le fantasque acharnement de lord Ponsonby l'emporte sur la prudence de M. de Metternich et sur la parole de lord Palmerston. Je ne doute pas que la Porte n'accorde au pacha l'hérédité qu'on lui a promis d'obtenir pour lui quand on a obtenu de lui sa soumission. N'admettez donc pas, à ce sujet, un doute que je n'admets pas moi-même, et persistez à regarder la concession héréditaire de l'Égypte comme une affaire conclue.

« Quand elle le sera en effet, où en serons-nous, et que restera-t-il à faire pour que l'Europe retire, en Orient, quelque profit de cette secousse, et rentre elle-même dans son état normal ?

« Nous n'avons, vous le savez, à cet égard, rien à faire, aucune initiative à prendre. Nous sommes seuls, nous sommes en paix et nous attendons. Mais vous savez aussi qu'en demeurant étrangers, après comme avant, au traité du 15 juillet, c'est-à-dire au règlement des rapports entre le sultan et le pacha, la France est disposée à reprendre, dans les affaires d'Orient, qui sont d'un intérêt général pour l'Europe, la place qui lui appartient, et à rentrer ainsi, sur des ouvertures convenables, dans le concert européen.

« Je suis seul moi-même dans mon cabinet, et en pleine liberté d'esprit. Je ne m'inquiète de personne. Je regarde uniquement aux choses pour m'en rendre compte nettement et bien savoir ce qu'elles conseillent ou ce qu'elles exigent. Voici quels sont, si je ne me trompe, les divers points qu'il importe de régler quant à l'Orient, et qu'il importe de régler en commun :

« 1° La clôture des deux détroits.

« 2° La consécration du principe que l'Angleterre, l'Autriche, la Prusse et la Russie ont admis par leurs notes des 23, 24, 26 juillet et 16 août 1839, en réponse à la note de la France du 17 juillet précédent, c'est-à-dire la reconnaissance du *statu quo* de l'empire ottoman, dans son indépendance et son intégrité. C'est là ce que les cinq puissances ont déclaré il y a dix-huit mois, au début de l'affaire. Elles pourraient, elles devraient consacrer aujourd'hui en commun ce qu'elles ont déclaré dès l'abord, et finir comme elles ont commencé.

« 3° Les garanties qu'on peut obtenir de la Porte pour les populations chrétiennes de la Syrie, non-seulement dans leur propre intérêt, mais dans un intérêt général, ottoman et européen; car si la Syrie retombe dans l'anarchie, la Porte et l'Europe peuvent retomber à leur tour dans l'embarras.

« 4° Certaines stipulations en faveur de Jérusalem. Cette idée s'est élevée et commence à préoccuper assez vivement les esprits chrétiens. Je ne sais ce qui est possible, ni sous quelles formes et dans quelles limites l'intervention européenne serait en mesure de procurer à Jérusalem un peu de sécurité et de dignité; mais les gouvernements, qui se plaignent avec raison de l'affaiblissement des croyances des peuples, devraient bien, quand l'occasion s'en présente, donner eux-mêmes à ces croyances quelque marque éclatante d'adhésion et d'intérêt. Que l'Europe et la politique de l'Europe reprennent la figure chrétienne ; personne ne peut mesurer aujourd'hui tout ce que l'ordre et le pouvoir ont à y gagner.

« 5° Enfin il y a, quant aux routes commerciales, soit entre la Méditerranée et la mer Rouge, par l'isthme de Suez, soit entre la Méditerranée et le golfe Persique, par la Syrie et l'Euphrate, des stipulations de liberté générale, et peut-être de neutralité positive, qui sont pour toute l'Europe d'un grand intérêt, et qui poseraient, pour les relations si rapidement croissantes de l'Europe avec l'Asie, des principes excellents que jamais peut-être on ne trouvera une si bonne occasion de faire prévaloir.

« Voilà ce qui me vient à l'esprit, mon cher ami, quand je laisse mon esprit aller comme il lui plaît. Prenez tout cela comme je vous le donne; dites-en, montrez-en ce que vous jugerez à propos. Mais, si je ne me trompe, il y aurait là, pour les cinq puissances et pour terminer en commun les affaires d'Orient, matière à un acte général qui ne manquerait ni d'utilité ni de grandeur. »

Je prenais les devants en tenant ce langage. Les plénipotentiaires réunis à Londres n'exprimaient pas aussi clairement leurs vues : « Je crois fermement qu'on viendra à nous sur la question générale, m'écrivait M. de Bourqueney; mais y viendra-t-on sur un terrain aussi large que nous pouvons le désirer? On est jusqu'ici un peu vague avec moi. Je ne puis donc utilement encore vous préciser des pensées qui peut-être ne sont pas d'ailleurs suffisamment caractérisées elles-mêmes. » J'étais décidé à ne point me préoccuper de cette obscurité des intentions et des paroles des alliés : quand on n'a point de parti pris, on a raison d'attendre et de garder en silence toute sa liberté pour se décider selon les circonstances ; mais quand on sait bien ce qu'on peut et veut faire, c'est agir sagement de s'en expliquer d'avance et sans réserve ; on s'épargne ainsi des embarras et des entraînements qui jettent souvent, quand on les laisse venir, dans des fautes et des périls graves.

Sous la pression des nouvelles d'Orient, on ne tarda pourtant pas, à Londres, à serrer les questions de plus près et à leur chercher des solutions précises. J'avais résolu d'envoyer le comte de Rohan-Chabot en mission à Alexandrie pour expliquer catégoriquement au pacha nos intentions et nos conseils. Je l'avais eu auprès de moi, en Angleterre, comme second secrétaire d'ambassade ; il s'était très-bien acquitté de sa mission à Sainte-Hélène, avec M. le prince de Joinville, et son caractère comme sa capacité m'inspiraient une entière confiance. Avant de partir pour l'Égypte, il fit une course à Londres, où il était aussi estimé que connu, et après s'en être entendu avec M. de Bourqueney, il me rapporta avec détail leurs informations et leurs conjectures communes sur la situation prochaine qui se préparait là pour nous. « Dans un assez long entretien, lord Palmerston, me dit-il, s'est renfermé dans la défense de sa politique envers la France et dans la discussion de celle du cabinet du 1er mars, évidemment décidé à ne pas admettre que rien de sa part ait pu justifier l'inquiétude et l'irritation françaises, et à ne pas entrer dans la question, qui pourtant apparaissait à chaque instant au fond de sa pensée, quelle devait être l'ouverture à faire à la France? Ce n'est donc pas sur ce que j'ai pu recueillir de lui que s'est formée mon impression; elle provient de mes conversations avec MM. de Bülow, Esterhazy et Brünnow, et surtout de ce que m'a confié M. de Bourqueney comme résultat de ses propres observations.

« Tous les membres de la conférence, sauf M. de Brünnow, désirent qu'une démarche de courtoisie soit faite prochainement envers la France pour l'engager à reprendre sa place dans le concert européen, et que cette démarche soit suivie d'un acte général sur les affaires d'Orient, conclu avec la France.

« Quand la question intérieure des rapports du sultan et du pacha serait considérée par le divan comme vidée, la Porte annoncerait aux quatre plénipotentiaires à Constantinople que le but du traité du 15 juillet est atteint. Sur cette déclaration venue à Londres, la conférence serait convoquée; elle en prendrait acte, et la question secondaire, à laquelle la France est restée étrangère, serait ainsi complétement close. On déciderait alors qu'une démarche serait faite auprès du gouvernement français pour l'inviter à aviser, de concert avec les alliés, à la solution définitive de la question générale. Protocole pourrait être dressé de cette décision, et l'organe naturel de la conférence, lord Palmerston, serait chargé de la communiquer au gouvernement français.

« La France ainsi invitée à reprendre sa place dans la conférence, voici quelles seraient la nature et la substance de l'acte général à conclure.

« On reproduirait dans le préambule les mots d'intégrité et d'indépendance de l'empire ottoman comme base de la politique des puissances. Un premier article consacrerait le principe de la clôture des droits. Dans un second, le sultan s'engagerait à n'accorder des firmans d'admission qu'à un seul bâtiment de guerre de chaque puissance à la fois. Un troisième article pourrait contenir quelques stipulations à l'égard des populations chrétiennes de la Syrie. Jusqu'ici, toutefois, lord Palmerston s'est prononcé contre cette idée, disant que les protections religieuses préparent les démembrements politiques, et les autres membres de la conférence paraissent incliner vers cette opinion.

« Sur la question des voies de communication avec l'Inde, aucune parole n'a encore été échangée à Londres ; mais il n'y aurait aucun inconvénient à la produire, de manière toutefois à écarter toute idée d'un soupçon contre la politique anglaise ou d'un succès poursuivi sur elle.

« On s'abstiendrait d'ailleurs avec soin de tout ce qui pourrait rappeler la question à laquelle la France est restée étrangère, et le succès obtenu sans sa coopération.

« Rien aujourd'hui n'autorise l'espoir de voir consacrer, dans un article spécial, le principe de l'intégrité et de l'indépendance de l'empire ottoman. Lord Palmerston, satisfait du rôle de la Russie dans ces derniers événements, ne paraît pas devoir mettre, sur ce point, beaucoup d'insistance. Le prince Esterhazy et M. de Bülow ne pousseront pas très-loin la leur, persuadés que, pour le moment, la résistance de M. de Brünnow, à cet égard, serait insurmontable. Dans son attitude et son langage, M. de Brünnow reste fort en arrière de sa cour; il se montre opposé à la démarche proposée envers la France et à l'entente avec elle. Toutefois, on croit savoir à Londres que le cabinet de Saint-Pétersbourg a, non-seulement dit, mais écrit qu'il s'associerait à la démarche et à l'acte général, à condition qu'aucune stipulation spéciale n'y serait introduite sur le principe de l'indépendance et de l'intégrité de l'empire ottoman. On compte qu'en définitive, et dans ces limites, M. de Brünnow se ralliera à l'opinion de lord Palmerston, dès qu'elle lui paraîtra arrêtée. »

De ce tableau des dispositions des plénipotentiaires à Londres, j'eus peu de peine à conclure qu'il ne sortirait de leurs délibérations aucune solution efficace des questions générales, aucun grand acte de politique vraiment européenne. Évidemment les cours de Vienne et de Berlin, inquiètes pour la paix du continent, ne se préoccupaient que de clore, tant bien que mal, la question égyptienne, et de mettre fin aux périlleux engagements que, par le traité du 15 juillet, elles avaient contractés. L'empereur Nicolas trouvait qu'il en avait assez fait en abandonnant ses prétentions de prépondérance exclusive sur Constantinople, et en laissant tomber le traité d'Unkiar-Skélessi pour rompre l'intimité de l'Angleterre avec la France; il ne voulait pas aller plus loin, ni ranimer, aux dépens de sa propre politique en Orient, l'influence de la France rentrée dans le concert européen. Lord Palmerston désirait de se retrouver en bons termes avec la France, mais pourvu que ce rapprochement ne lui fît rien perdre de la complaisance que la Russie venait de témoigner à l'Angleterre et des sacrifices qu'elle lui avait faits. Devant cette recrudescence des passions ou des intérêts personnels des diverses puissances, l'intérêt général de l'Europe pâlissait; les grandes questions de l'avenir européen s'éloignaient; ni la réelle indépendance des Turcs, ni le sort des chrétiens en Orient, ni la sécurité et la facilité des relations commerciales de l'Europe avec l'Asie n'étaient l'objet d'une sollicitude sérieuse. La grande et prévoyante politique ne tenait, dans les esprits, plus de place; on n'était pressé que de se délivrer des récents embarras sans se compromettre dans aucun nouveau dessein, et telle était l'impatience, que M. de Bourqueney m'écrivit, le 12 février : « Voici le danger en présence duquel nous sommes. Je ne crois pas, dans la conférence, à une égale sincérité, à une égale ardeur pour arriver aux *cinq signatures* sur le papier. Si les uns nous trouvent froids, les autres méfiants ou trop exigeants, on se réunira *à quatre;* on fera un protocole de clôture pour déclarer la conférence arrivée au terme de ses travaux par suite de l'accomplissement final du traité de juillet; et tout sera dit ici en fait d'actes diplomatiques. On n'en affirmera pas moins que la France n'a plus le droit de se dire isolée, que l'isolement a cessé avec l'expiration du traité de juillet et la dispersion de la conférence. Alors viendra la question de la paix armée. Rappelez-vous, monsieur, la situation de juin 1840; il y eut aussi un moment où vous sentîtes que vous alliez être débordé par une entente à quatre ; je vois poindre le même danger sous une autre forme ; alors c'était un traité à inaugurer; il s'agit aujourd'hui de l'enterrer, mais de l'enterrer en rendant tout autre traité impossible ! »

Je ne me dissimulai point le péril de cette situation et la nécessité de le prévenir. Je répondis à M. de Bourqueney : « Nous ne nous sommes point empressés vers la conclusion qui se prépare; mais si elle vient à nous, je pense, comme vous, qu'il serait puéril et qu'il pourrait être nuisible de la faire attendre.

« Avant tout, la question turco-égyptienne est-elle bien réellement, bien complétement terminée ? L'hérédité est accordée, la flotte turque restituée, la Syrie évacuée. Tout est-il réglé aussi quant au mode d'administration du pacha en Égypte ? Ne se propose-t-on aucun règlement nouveau au delà des conditions générales énoncées dans la note du 30 janvier dernier?.. Il ne faudrait pas que cette affaire se prolongeât après qu'on nous aurait déclaré que tout est terminé, et lorsque nous aurions agi nous-mêmes en vertu de cette déclaration. Regardez-y bien.

« Si tout est terminé en effet quant à la question turco-égyptienne, il convient, à mon avis, que les quatre puissances le déclarent par un protocole avant de nous inviter à régler ensemble ce qu'il y a à régler quant aux relations générales de l'Europe avec la Porte. Cela vaut mieux qu'une déclaration et une invitation directe de la Porte aux puissances européennes, la France comprise. Nous restons ainsi plus évidemment en dehors du traité du 15 juillet ; on ne vient à nous qu'après avoir proclamé que son objet spécial est accompli ; ce sont les quatre puissances qui viennent à nous, et leur démarche courtoise envers la France a toute sa valeur.

« Voilà pour la forme. Au fond et en thèse générale, il est désirable que l'acte ait autant de consistance et soit aussi plein qu'il se pourra; sa vraie valeur sera de mettre un terme à l'état de tension universelle et de rétablir le concert européen ; mais il faut que l'importance des stipulations spéciales que l'acte contiendra réponde, dans une certaine mesure, à la valeur politique de l'acte même.

« Il doit donc avoir pour premier mérite, et pour mérite incontestable, de faire tomber et de remplacer les actes ou traités antérieurs et particuliers relatifs à l'empire ottoman qui se trouvent désormais sans objet, le traité d'Unkiar-Skélessi comme celui du 15 juillet 1840.

« Il vaudrait mieux sans doute que le maintien de l'indépendance et de l'intégrité de l'empire ottoman fût l'objet d'un article spécial et d'un engagement positif. Mais je pense comme vous qu'il ne faut demander à cet égard que ce qu'on veut absolument et ce qu'on obtiendrait certainement. Si l'intention commune des cinq puissances doit être exprimée dans le préambule de l'acte, la rédaction de ce préambule est d'une grande importance. Ayez soin de connaître d'avance celles qui pourraient être préparées.

« Quant aux populations chrétiennes de la Syrie, j'en ai écrit naguère à M. de Sainte-Aulaire. M. de Metternich a pris assez vivement à cette idée, mais comme intéressant surtout les deux puissances catholiques, la France et l'Autriche, et pouvant réussir par leur action commune à Constantinople plutôt que par une délibération des cinq puissances à Londres. Il m'a donc fait témoigner le désir que cette affaire fût traitée entre Vienne et Paris plutôt que dans la conférence. Il pourrait bien avoir raison. Je ne crois donc pas qu'il faille insister vivement à ce sujet. Cependant il convient d'en parler et de demander si, dans le cas où des stipulations précises paraîtraient peu praticables, les cinq puissances ne devraient pas prendre, les unes envers les autres, l'engagement d'employer leur influence auprès de la Porte pour la décider à accorder aux populations chrétiennes des garanties de justice et de bonne administration.

« Les voies de communication entre l'Europe et l'Asie, soit par l'isthme de Suez et la mer Rouge, soit par la Syrie, l'Euphrate et le golfe Persique, pourraient être l'objet d'une stipulation formelle qui en garantirait le libre usage à toutes les nations européennes, sans faveur spéciale, ni privilége pour aucune. Quelles pourraient être l'étendue et les garanties de cette stipulation, cela serait à discuter, mais, dans aucun cas, elle n'aurait rien de gênant ni d'offensant pour aucune des nations contractantes.

« Je ne vous dis rien de la clôture des détroits et des restrictions apportées à l'admission des bâtiments de guerre; il ne saurait y avoir de contestation à cet égard.

« Voilà, mon cher baron, de quoi régler votre conduite et votre langage dans les préliminaires confidentiels de cette négociation. Continuez à ne vous point montrer pressé, à n'aller au-devant de rien; mais ne montrez non plus aucune hésitation, ni aucune envie de rien retarder. »

Mise ainsi à l'aise, la négociation marcha rapidement. Comme les plénipotentiaires d'Autriche et de Prusse s'étaient montrés les plus pressés, ce fut avec eux que s'entretint d'abord M. de Bourqueney et qu'il discuta confidentiellement les bases, soit du protocole qui devait clore la question égyptienne, soit du nouveau traité qui devait rétablir le concert européen. Informé par ses alliés des dispositions de la France, lord Palmerston dit un soir au baron de Bourqueney: « Eh bien, on m'assure que nous pouvons causer.—Je suis tout prêt, répondit M. de Bourqueney. — A demain donc, » dit lord Palmerston; et le lendemain en effet, 21 février 1841, le chargé d'affaires de France eut, avec le ministre d'Angleterre, un long entretien dont il me rendit compte le soir même. « C'est moi, m'écrivit-il, qui ai pris la parole : j'ai dit que mon gouvernement, averti de tous côtés que les quatre puissances croyaient le moment venu de lui proposer de faire en commun quelque chose d'européen, avait dû peser, à son tour, le fond et la forme de l'acte qu'ils pourraient conclure tous ensemble. J'ai donné votre pensée sur la forme, et passant au fond, j'ai indiqué les cinq points sur lesquels j'avais mission d'insister comme devant être les éléments essentiels d'un acte qui répondît à l'importance de son but.

« Lord Palmerston m'a répondu d'abord par quelques phrases générales sur la disposition sincère de son cabinet, disposition commune à toutes les puissances, à se replacer dans une position normale vis-à-vis de la France. Il a accepté, accepté vivement la forme d'une démarche de la conférence pour m'annoncer la rédaction du protocole de clôture de la question turco-égyptienne. Puis il a abordé les cinq points que je venais de toucher moi-même comme bases de l'acte à intervenir.

« 1° La garantie de l'indépendance et de l'intégrité de l'empire ottoman serait, a-t-il dit, une stipulation en désaccord avec les doctrines politiques de l'Angleterre. A moins de circonstances exceptionnelles et flagrantes, il est de principe ici de ne pas s'engager dans ces stipulations à échéance indéfinie qui ne sauvent rien et qui ne font que charger l'avenir de complications. Dans un but spécial, déterminé, défini quant à l'objet et à la date, l'Angleterre a pu être amenée à sanctionner une disposition de ce genre; mais dans un traité général et indéfini, elle ne saurait consentir à la garantie d'un principe abstrait. On avait pensé à suppléer à une disposition spéciale par une phrase dans le préambule de l'acte à intervenir; par exemple en y exprimant l'union des puissances *dans le désir d'assurer le maintien de l'indépendance et de l'intégrité de l'empire ottoman*. Mais ici encore se présente une grave difficulté : dans sa note du 8 octobre 1840, le ministère français de cette époque a donné, au principe de l'indépendance et de l'intégrité de l'empire ottoman, une interprétation que n'admettent point les autres puissances; ce principe est devenu (de l'aveu du cabinet d'alors) une position prise contre l'une des puissances signataires du traité du 15 juillet. Dans un acte de réconciliation générale, peut-on insérer une rédaction blessante pour une puissance en particulier? Et quand les quatre autres le voudraient fermement, serait-il possible d'y amener la cinquième? Ce n'est pas tout : la note du 8 octobre va jusqu'à soutenir que l'indépendance et l'intégrité de l'empire ottoman exigent le respect d'une sorte d'indépendance *partielle et intérieure*, celle du pacha d'Égypte. Ce sont là, à coup sûr, des pensées discordantes qu'il ne faut pas soumettre à l'épreuve d'une nouvelle discussion contradictoire. Cependant, sans prononcer, dans le nouveau traité dont il s'agit, les mots mêmes qui ont servi de texte à de si amères contradictions, on peut trouver des équivalents qui rapprochent toutes les puissances du but qu'elles se proposent dans un acte de réconciliation générale.

« 2° La clôture des deux détroits, du Bosphore et des Dardanelles, est un principe également acceptable pour toutes les puissances qui veulent de bonne foi le respect de l'indépendance de l'empire ottoman. Il y a avantage européen à le sanctionner de nouveau dans un acte solennel.

« 3° La libre jouissance, par toutes les puissances, des grandes voies de communication de l'Europe avec l'Asie passerait (quelle qu'en fût la rédaction) pour un avantage spécialement et exclusivement acquis à l'Angleterre. Un des plus graves reproches adressés à sa politique depuis le 15 juillet 1840, c'est d'avoir poursuivi, à travers la question égyptienne, le monopole de ces communications. Que servirait de l'étendre en principe à toutes les autres puissances ? Quelle est celle qui possède un empire dans l'Inde ? On dira, et c'est surtout en France qu'on le dira, que l'Angleterre a trompé ses alliés sous un faux semblant de désintéressement. On dira qu'elle a plaidé elle-même pour l'insertion d'un article qui ne pouvait profiter qu'à elle, qu'elle en a fait la condition de sa réconciliation avec la France. Nous n'avons pas de privilége. Nous n'en voulons pas. Libre à tout le monde de demander et d'obtenir ce qu'a créé l'esprit d'entreprise d'un simple particulier. Il n'y a pas là matière à stipulation dans un traité.

« 4° Des conseils à la Porte pour assurer aux populations chrétiennes de la Syrie des conditions de justice et de bonne administration honorent la puissance qui les propose et trouvent de l'écho dans les autres; mais un traité comporte peu la forme des conseils. On pourrait, concurremment avec la rédaction de l'acte général, adresser au plénipotentiaire ottoman une note des cinq puissances pour engager le sultan dans la voie de la tolérance et de la protection des cultes chrétiens.

« 5° Le traité du 15 juillet 1840 expire avec le protocole de clôture. Le traité d'Unkiar-Skélessi tombe avec la disposition relative à la clôture des détroits. La Russie d'ailleurs s'est solennellement engagée à ne pas le renouveler, et il meurt cette année de sa belle mort. »

« Tel est, monsieur, ajoutait M. de Bourqueney, le résumé de l'argumentation de lord Palmerston sur les cinq points soumis à notre discussion. Je ne reproduirai pas ici mes réponses. Il a terminé une conférence de deux heures et demie par ces mots : « Je n'ai voulu mettre la main à la rédaction de l'acte final qu'après en avoir causé avec vous. Je vais m'en occuper, et je vous soumettrai le projet. »

Je n'engageai, sur les raisonnements de lord Palmerston, point de polémique; elle eût été aussi vaine que futile; évidemment le grand dessein que j'avais entrevu pour le règlement efficace des affaires d'Orient, turques et chrétiennes, et pour la politique générale de l'Europe, n'avait aucune chance de succès; les puissances n'étaient toutes préoccupées que de leur intérêt personnel dans leur situation du moment. Dans ces limites, on donnait à la France les satisfactions qui lui importaient pour son propre compte. On nous faisait les premières ouvertures. On ne nous demandait rien qui impliquât, directement ou indirectement, aucune sanction, aucun concours au traité du 15 juillet; on ne venait à nous qu'en le déclarant éteint. Enfin on ne nous parlait, en aucune façon, de désarmement. J'écrivis au baron de Bourqueney : « Ces trois choses-là assurées, et elles le sont dans le plan que vous me transmettez, l'honneur est parfaitement sauf, et l'avantage de reprendre notre place dans les conseils de l'Europe est bien supérieur à l'inconvénient d'un traité un peu maigre. C'est l'avis du roi et du conseil. Que le projet que vous m'annoncez soit donc adopté et nous arrive à titre de communication confidentielle, je vous le renverrai, je crois, avec une résolution favorable. Rompre toute coalition, apparente ou réelle, en dehors de nous; prévenir, entre l'Angleterre et la Russie, des habitudes d'intimité un peu prolongées; rendre toutes les puissances à leur situation individuelle et à leurs intérêts naturels; sortir nous-mêmes de la position d'isolement pour prendre la position d'indépendance, ce sont là, à ne considérer que la question diplomatique, des résultats assez considérables pour être achetés au prix de quelques ennuis de discussion dans les chambres. »

Cinq jours après son long entretien avec lord Palmerston, M. de Bourqueney m'écrivit : « Nous avons eu de nouveaux pourparlers. Le protocole de clôture et l'acte final ont à peu près reçu leur dernière rédaction. Les deux pièces ne doivent pas se juger l'une sans l'autre ; la première me semble bonne. Demain elles doivent m'être communiquées. Je ferai partir sur-le-champ le courrier qui vous les apportera. »

Au lieu de m'envoyer les deux documents qu'il m'annonçait, M. de Bourqueney m'écrivit le surlendemain : « Un incident grave s'est élevé hier, dans l'après-midi : Chékib-Effendi refuse de faire la déclaration qui doit servir de tête au protocole de clôture. Lord Palmerston s'est rallié aux raisons alléguées par le plénipotentiaire turc, et maintient qu'il faut attendre, pour signer ce protocole, l'avis officiel que le firman d'investiture de l'hérédité de l'Égypte, accordé par le sultan, a été accepté par le pacha. Mais il ajoute que cette formalité n'empêche pas péremptoirement de passer outre à la signature du traité général, sous la réserve que le protocole sera signé dans l'intervalle qui séparera la signature du traité de l'échange des ratifications. Les plénipotentiaires de Prusse et d'Autriche soutiennent qu'on peut se passer de la signature de Chékib-Effendi, et procéder à la signature du protocole de clôture. Le plénipotentiaire russe hésite entre les deux camps. Les choses ainsi placées, je ne puis consentir à vous transmettre le projet de traité sans la pièce qui lui sert de complément et de préface. Nous n'avons pas montré d'empressement dans la négociation, nous ne devons pas en montrer pour le dénoûment. L'incident sera vidé demain. Je vous demande donc encore vingt-quatre heures de répit. »

L'incident ne fut pas et ne pouvait être vidé aussi vite que l'espérait M. de Bourqueney. Deux des puissances engagées dans la négociation, l'Autriche et la Prusse, désiraient ardemment que la question égyptienne fût considérée comme close, le traité du 15 juillet comme éteint, et que la conférence de Londres, en le déclarant officiellement, leur rendît à elles leur liberté. Mais la Porte ne voulait dégager ses alliés de leurs engagements envers elle que si Méhémet-Ali acceptait, avec la concession de l'hérédité, les conditions qu'elle y avait attachées, et si elle était bien assurée qu'elle n'aurait plus besoin contre lui de l'appui européen. Lord Palmerston était décidé à donner à la Porte cet appui tant qu'elle en aurait besoin, et à ne cesser son patronage que lorsque, moyennant la concession de l'hérédité, le pacha se serait soumis au sultan. Le plénipotentiaire russe n'était point pressé que la question arrivât à sa solution définitive et que l'harmonie se rétablît entre les signataires du traité du 15 juillet et la France. Au milieu de ces dispositions diverses, il était naturel que, pour proclamer que le but du traité du 15 juillet était atteint, on attendît de savoir si la solution donnée à Constantinople était acceptée à Alexandrie, et si l'harmonie était effectivement rétablie entre le sultan et le pacha. Pour satisfaire les plénipotentiaires d'Autriche et de Prusse, on essaya, pendant huit jours, à Londres, de se dispenser de cette attente : on changea la rédaction du protocole destiné à clore la question égyptienne, et que Chékib-Effendi avait refusé de signer ; on le divisa en deux pièces distinctes, dont l'une, en autorisant le retour des consuls européens à Alexandrie, impliquait que le traité du 15 juillet avait atteint son terme comme son but, et dont l'autre invitait, en conséquence, le gouvernement français à signer le traité général qui devait régler les rapports de la Turquie avec l'Europe. On décida, non sans peine, Chékib-Effendi à signer la première de ces deux pièces ; et, après avoir reçu les commentaires du prince Esterhazy, du baron de Bülow et de lord Palmerston sur leur sens et leur valeur, le baron de Bourqueney, les jugeant lui-même satisfaisantes, me les envoya en me disant : « Les derniers et fatigants incidents ont été vidés ce matin d'une manière définitive. Chékib-Effendi a signé le protocole, moyennant une modification sans importance. J'ai été appelé sans retard chez lord Palmerston. Je vous transmets les documents. Je vous affirme que notre attitude ici, depuis quinze jours, est pleine de dignité ; j'ai vu le moment où elle allait jusqu'à la rupture. Je persiste, monsieur, à vous demander en grâce le coup de théâtre d'une rapide acceptation. Vous avez dit le grand mot : nous échangeons l'isolement pour l'indépendance. »

Après avoir bien examiné les documents qu'il m'envoyait, je ne partageai pas l'opinion de M. de Bourqueney, et je résolus de ne pas les signer sans plusieurs changements, dont deux surtout me paraissaient indispensables. Le roi et le cabinet furent de mon avis. Je renvoyai donc sur-le-champ les trois pièces à M. de Bourqueney, en lui indiquant avec précision les changements que nous désirions: « Je comprends, lui dis-je, le mérite de ce que vous appelez le coup de théâtre de l'acceptation immédiate, et j'aurais voulu vous en donner le plaisir. Il n'y avait pas moyen. La force de notre position ici réside dans le ferme maintien des trois réserves que je vous ai constamment recommandées. La seconde, celle qui nous sépare absolument du traité du 15 juillet, serait gravement compromise si nous acceptions, dans le protocole qu'on nous adresse pour rentrer dans le concert européen, la phrase qui coupe ce traité en deux parties, l'une temporaire, l'autre permanente, présentant ainsi le nouveau traité général que nous aurons à signer comme une conséquence de la seconde partie du traité précédent, ce qui nous ferait adhérer à un lambeau de ce traité auquel, dans son ensemble, nous voulons rester étrangers. Je sais que nous ne signons pas nous-mêmes ce protocole, et qu'ainsi nous n'en répondons pas absolument; mais on nous le présente; c'est l'acte par lequel on nous invite à rentrer dans le concert européen, et nous acceptons l'invitation. On nous doit de nous l'adresser sous la forme qui nous convient, quand cette forme n'enlève rien à la position des autres, ni au principe permanent qu'il s'agit de consacrer. Si ces changements de rédaction sont admis, comme je l'espère, je vous enverrai sur-le-champ notre adhésion et vos pouvoirs. Nous n'avons témoigné point d'empressement à négocier; nous avons attendu qu'on vînt à nous. Il nous convient d'être aussi tranquilles et aussi dignes quand il s'agit de conclure, et puisqu'on nous transmet confidentiellement ces projets d'actes, c'est apparemment pour que nous y fassions les observations qui nous paraissent convenables, et avec l'intention d'accueillir nos observations, si en effet elles sont convenables. »

En expédiant cette lettre, j'y ajoutai, d'après des nouvelles encore vagues venues d'Alexandrie : « Vous savez probablement déjà que l'arrangement entre le sultan et le pacha d'Égypte n'est pas aussi parfaitement conclu qu'on le disait. La restriction inattendue que la Porte paraît vouloir apporter au principe de l'hérédité en se réservant le droit de choisir parmi les enfants du pacha, et sa prétention de substituer au tribut fixe une quote-part du revenu brut de l'Égypte peuvent faire naître bien des embarras. Le pacha réclame et demande à négocier, à Constantinople, sur ces conditions nouvelles qui lui paraissent dépasser la pensée de l'*acte séparé* annexé par les puissances au traité du 15 juillet. Je ne sais pas encore ce que deviendra cet incident. »

Deux jours après, ces bruits étaient pleinement confirmés. Le 20 février 1841, Saïd-Muhib Effendi, chargé par le sultan de porter au pacha le firman qui lui accordait l'hérédité, arriva à Alexandrie. Il y fut reçu avec de grands honneurs. Les officiers supérieurs du pacha, en grand costume, l'attendaient à son débarquement. Un régiment était sous les armes. Les batteries de la flotte et des forts le saluèrent. Les bâtiments étaient pavoisés, les pavillons des consulats hissés. Les corvettes française et anglaise qui se trouvaient dans le port firent un salut de vingt et un coups de canon. La satisfaction était générale dans la ville. Méhémet-Ali envoya un de ses dignitaires recevoir Saïd-Muhib Effendi au bas du grand escalier de marbre du sérail, et l'attendit debout dans son grand divan. « Après une conversation indifférente, écrivit l'envoyé turc à la Porte, Son Altesse m'ayant demandé le firman dont j'étais porteur, je le lui remis très-respectueusement. Son Altesse me fit lire d'abord la lettre du grand-vizir, et puis le firman relatif à l'hérédité ; après quoi elle me dit :—La publication des conditions que ce firman renferme doit, dans un pays tel que celui-ci, causer des désordres.—Je lui répondis que, loin que la publication de ce firman puisse donner lieu à des désordres, il est en lui-même une faveur éclatante dont tout le peuple et ceux qui l'entendront auront à s'enorgueillir ; et conformément à mes instructions, je fis tout l'usage que je pus de ma langue et de mon jugement pour l'amener à de meilleurs sentiments en l'y disposant par des propos encourageants et par les menaces nécessaires ; je lui représentai que la nature de cette affaire exigeait que le firman fût lu dans une assemblée solennelle et porté à la connaissance du public. Le pacha répliqua:—Que Dieu conserve notre padischah et bienfaiteur! Je suis l'esclave du sultan. Je ne saurais lui témoigner assez de reconnaissance pour la faveur dont je viens d'être l'objet, et il est de mon devoir d'exécuter promptement tous ses ordres; mais comme la lecture en public de ce firman, dans ce moment-ci, présente quelques inconvénients, nous en parlerons plus tard, et nous verrons ce qu'il y aura à faire.—Je lui dis alors que les conditions dont il s'agit ont été établies avec le concours des hautes cours alliées, que la volonté de Sa Hautesse à cet égard est positive, et que l'hérédité tient à ces conditions. Mais comme Son Altesse avait dit que nous verrions tout cela après, Sami-Bey, qui était aussi présent, prenant la parole :—L'Effendi, dit-il, est fatigué du voyage; que Votre Altesse lui permette d'aller se reposer.—A ces mots, la séance fut levée, et je me rendis à la maison de Sami-Bey qui m'avait été destinée. »

Dans la soirée, le bruit se répandit dans Alexandrie que Méhémet-Ali n'acceptait point les conditions attachées par le firman à l'hérédité, et que le commodore Napier, qui avait dîné avec lui, disait qu'elles n'étaient pas acceptables. « Je me rendis au sérail, m'écrivit notre consul général, M. Cochelet, pour savoir par moi-même ce qui en était. Méhémet-Ali venait encore de dîner avec le commodore Napier qui partit dès que j'arrivai. Le pacha me reçut avec sa bienveillance ordinaire, mais il me paraissait très-soucieux. Il se renferma d'abord dans un silence absolu. Il me demanda si j'avais reçu des lettres de Constantinople. Je lui montrai celle qui m'était arrivée de M. de Pontois. —Vous ne savez rien, me dit-il; la Porte m'accorde l'hérédité de l'Égypte sous la condition qu'elle se réserve de choisir elle-même mon successeur dans ma famille. Que deviendra mon testament?—Je ne répondis rien, et Méhémet-Ali ajouta :—Tous les enfants de l'Égypte sont maintenant revenus; il n'en reste plus un seul en Syrie (on avait appris le matin l'arrivée d'Ibrahim-Pacha à Damiette); c'est à eux de voir s'ils veulent perdre le fruit de tout ce que j'ai fait pour eux. — Sélim-Pacha, général d'artillerie, qui vient d'être chargé de la défense d'Alexandrie, était présent à l'audience; Méhémet-Ali s'adressa à lui et lui dit :—Tu es jeune encore; tu sais manier le sabre; tu me verras encore te donner des leçons.—J'étais assez embarrassé de ma contenance; je voyais que Méhémet-Ali me regardait en cherchant à deviner ma pensée; je lui dis avec gravité et tristesse : —Il faut bien réfléchir avant de se livrer à une nouvelle lutte ; je vois que Son Altesse est occupée avec Sélim-Pacha; je la laisse à ses affaires.— Je sortis avec le premier interprète, Artim-Bey, qui me dit qu'indépendamment de la condition relative à l'hérédité, on voulait ôter à Méhémet-Ali le droit de nommer les officiers supérieurs de l'armée d'Égypte, depuis le grade de *bimbachi* ou chef de bataillon. C'est là ce qui a le plus irrité Méhémet-Ali, après la faculté qu'on voulait lui enlever de désigner son successeur. Il sait qu'en Turquie surtout les masses n'agissent que d'après l'impulsion des chefs, et que la Porte, en nommant tous les bimbachis, les kaïmakans, les beys et les pachas, aura entièrement l'armée égyptienne à sa disposition, et pourra s'en servir pour le déposer quand il lui plaira, ainsi que tous les siens. Il aperçoit la ruine entière de la carrière et de la fortune de tous les hommes qu'il a vus naître autour de lui, qu'il a fait élever à ses frais, qu'il a nommés à tous les emplois supérieurs de l'armée et qu'il regarde, dit-il, comme ses enfants. Maintenant qu'ils sont tous auprès de lui, sous ses yeux, et que la crainte de perdre leurs grades ranimera leur courage, il espère obtenir d'eux ce qu'il attendait en Syrie de leur dévouement. Il veut conserver le droit de régler l'hérédité dans sa famille, afin d'éviter que l'ambition ou la jalousie n'arment ses enfants les uns contre les autres. »

Le firman prescrivait en outre que, « quel que fût le montant annuel des douanes, dîmes, impôts et autres revenus de l'Égypte, le quart en serait prélevé et payé comme tribut à la Porte, sans déduire aucune dépense. » Méhémet-Ali, toujours avec les formes les plus révérencieuses, déclara ces trois conditions inacceptables. « Je tâchai de le persuader qu'il serait fort à propos qu'il prît l'engagement dont il s'agit, écrivit Saïd-Muhib-Effendi à Constantinople; mais loin de m'écouter, il répéta les mêmes objections. Je lui dis de nouveau : — Monseigneur, j'ai osé vous importuner en vous disant tant de choses pour votre bien et pour celui de votre famille; tout cela n'a abouti à rien. Eh bien, que Votre

Altesse fasse connaître précisément ses intentions et ses désirs à la Sublime-Porte ; nous verrons quelle réponse viendra.—Je suis le serviteur et l'esclave du sultan notre maître. J'écrirai la vérité toute pure, que j'accompagnerai de ma prière. LL. Exc. les ministres de la Sublime-Porte savent ce que c'est que la justice. »

J'écrivis sur-le-champ à M. de Bourqueney : « J'avais raison de vous dire hier :—Regardez bien au fond de la situation ; assurons-nous que les difficultés sont réellement aplanies, que la question égyptienne est en effet terminée, et prenons garde de nous engager prématurément en acceptant comme accomplis des faits qui ne le seraient pas.—Je vous envoie copie des dépêches que je viens de recevoir de Constantinople et d'Alexandrie. Elles n'ont pas besoin de commentaire. Si je suis bien informé, lord Ponsonby est dans tout cela ; son action directe et personnelle, à Londres même, est la clef de l'obstination de Chékib-Effendi à refuser de signer le protocole de clôture ; on m'assure que l'un des diplomates allemands en a vu, de ses yeux, la preuve écrite, et l'a transmise à sa cour. Quoi qu'il en soit de cette anecdote plus singulière qu'invraisemblable, il est certain que tout n'est pas fini entre le sultan et le pacha, et que de nouvelles difficultés, où l'on ne peut guère méconnaître la main de lord Ponsonby, viennent de surgir. Mettez donc en panne. L'effet de ces nouvelles est grand ici, grand dans notre public, plus grand peut-être dans le monde diplomatique. Le déplaisir des Allemands est extrême de voir renaître une question qu'ils croyaient terminée, et au moment où ils espéraient mettre un terme à la tension générale que cette question a causée en Europe. On parle presque tout haut de la mauvaise foi de l'interprétation donnée par le firman turc au principe de l'hérédité en Égypte; personne ne l'avait entendu en ce sens, et le pacha a raison de dire qu'on aurait dû l'en avertir avant de lui demander la restitution de la flotte et l'évacuation de la Syrie. S'il y a mauvaise foi quant à l'hérédité, il y a absurdité d'autre part à imposer au pacha, sur l'armée et le tribut, des conditions qui feraient naître, entre la Porte et lui, des conflits perpétuels, et menaceraient sans cesse l'Europe de complications pareilles à celles dont elle sent en ce moment le poids. Toute cette politique manque également de loyauté et de prudence. A la situation qu'elle a amenée, je ne vois que deux issues. Ou bien la conférence de Londres, unanimement embarrassée de cet incident, fera faire à Constantinople un effort sérieux pour détruire l'œuvre de lord Ponsonby, et pour déterminer le sultan à accorder au pacha de meilleures conditions. Ou bien la désunion se mettra dans la conférence, et les deux puissances allemandes se retireront de l'affaire, en déclarant qu'à leurs yeux elle est terminée et qu'elles ne veulent plus s'en mêler. Je crois plutôt à la première issue, et je crois en même temps que, si on tente à Constantinople un effort sérieux pour rendre le sultan plus sensé et plus loyal, on y réussira sans peine. Quoi qu'il en soit, notre situation, à nous, est invariable ; dans la conduite, l'attente tranquille ; dans le langage, la désapprobation mesurée mais positive. Nous ne méditons point d'intervenir en faveur du pacha. Nous ne tentons point d'amener nous-mêmes, entre le sultan et lui, une transaction. Les embarras de cette situation doivent peser sur ceux qui l'ont créée. Nous continuerons d'y rester étrangers. Notre action se borne à donner, à Constantinople et à Alexandrie, des conseils de modération, et à signaler les périls que des complications nouvelles pourraient entraîner. »

A Vienne, à Berlin, et même à Londres, le firman turc et les nouvelles difficultés qu'il faisait naître entre la Porte et le pacha excitèrent une surprise pleine de déplaisir. Les plénipotentiaires allemands en témoignèrent toute leur humeur. Le prince de Metternich se mit sans bruit à l'œuvre à Constantinople pour décider la Porte à modifier les dispositions contre lesquelles réclamait le pacha. Lord Palmerston ne se montra pas d'abord aussi bien disposé pour ces réclamations : en répondant au grand-vizir, Méhémet-Ali avait étendu ses objections au delà des points principaux, et manifesté, pour l'administration intérieure de l'Égypte, des prétentions d'indépendance qui, dans les premiers moments, fournirent, à la haine de lord Ponsonby et à la polémique de lord Palmerston, de nouvelles armes. Le baron de Brünnow saisissait toutes les occasions de jeter, au travers de la négociation qui tentait de rétablir l'accord entre l'Angleterre et la France, des entraves et des lenteurs. Mais le désir européen de mettre un terme à une situation générale tendue et périlleuse était plus fort que les passions personnelles et le petit travail dilatoire de quelques-uns des négociateurs : « Le prince Esterhazy, m'écrivit le 6 avril M. de Bourqueney, a reçu ce matin un courrier de Vienne. J'ai lu ses dépêches. Le prince de Metternich ne semble pas mettre en doute la modification du hatti-schériff en ce qui touche l'hérédité, le tribut et la nomination aux grades dans l'armée. Il envoie à M. de Stürmer des instructions fort raisonnables sur ces trois points. » Lord Palmerston, de son côté, écrivit le 10 avril à lord Ponsonby : « Il importe extrêmement que les points contestés entre le sultan et Méhémet soient réglés le plus tôt possible. Dans la pensée du gouvernement de Sa Majesté, l'objection élevée par Votre Excellence, dans sa dépêche du 17 mars dernier, contre toute communication du sultan à Méhémet-Ali, attendu que cela aurait l'air d'une négociation, ne doit pas l'emporter sur l'extrême urgence d'en venir à un règlement final ; règlement qui ne peut avoir lieu sans de telles communications directes. Sur quelques-uns des points en question entre les deux parties, Méhémet-Ali a raison; sur d'autres il a évidemment et décidément tort. Le sultan devrait modifier, sans délai, les parties de ses firmans qui donnent lieu à des objections raisonnables, et bien expliquer pourquoi il ne pourrait changer les autres parties sans s'écarter des termes du traité du 15 juillet et de l'avis des quatre puissances. Votre Excellence pressera la Porte de faire cela sans perdre de temps. »

A Pétersbourg même, l'animosité de l'empereur Nicolas contre le roi Louis-Philippe n'étouffait pas sa prudence pacifique ; il ne voulait pas que nous crussions, de sa part, à une malveillance active, et bien que toujours hostile au fond, il prenait soin, quand la situation devenait pressante, de paraître facile et conciliant.

Le baron de Bourqueney me tenait au courant de ces agitations intérieures des plénipotentiaires alliés, et je les observais sans m'en inquiéter ; leur attitude envers nous ne me laissait pas de doute sur leurs vraies et définitives dispositions. Ils s'empressèrent d'accueillir les changements que j'avais demandés dans leurs projets de protocole de clôture et de nouveau traité général, et ils m'invitèrent à signer ce dernier acte modifié, comme le premier, selon notre vœu. Je m'y refusai péremptoirement tant que les nouvelles difficultés entre le sultan et le pacha ne seraient pas levées et la question égyptienne bien réellement close. On me demanda alors qu'au moins' les deux actes fussent parafés, pour constater que nous les approuvions en attendant le moment de la signature définitive. J'y autorisai le baron de Bourqueney, et lord Palmerston, en l'apprenant, lui en témoigna une vive satisfaction : « J'ai la confiance, lui dit-il, que l'affaire s'est arrangée d'elle-même à Constantinople, et que la Porte aura donné les explications et accordé les modifications réclamées par le pacha ; mais le fait vraiment important, c'est la sanction donnée aujourd'hui par votre gouvernement aux actes qui constitueront la rentrée de la

France dans les conseils de l'Europe. Dans une affaire aussi grave, il ne faut pas perdre un jour; je vous réunirai tous à sept heures. » La conférence se réunit en effet le soir même, et les deux actes modifiés y reçurent le parafe, l'un des cinq plénipotentiaires étrangers à la France, l'autre celui du plénipotentiaire français avec le leur. Dans la soirée, le duc de Wellington, ayant rencontré le baron de Bourqueney, lui dit avec la satisfaction d'une prédiction réalisée : « J'ai toujours dit, et le premier, qu'on ne ferait rien de solide sans la France. »

Les plénipotentiaires allemands en étaient si convaincus que le parafe ne suffît pas à les tranquilliser sur l'avenir ; ils voulaient avoir notre signature définitive pour ne plus entendre parler de l'affaire. Craignant que la solution qu'on attendait de Constantinople ne fût douteuse ou du moins bien lente, ils tentèrent de tout terminer à Londres même en échangeant avec Chékib-Effendi, qu'ils y décidèrent à grand'peine, des notes déclarant que la question égyptienne était close, et qu'il ne s'agissait plus, entre le sultan et le pacha, que d'un débat intérieur dont les puissances ne voulaient plus se mêler. Le prince Esterhazy et le baron de Neumann conjurèrent alors M. de Bourqueney d'obtenir notre consentement à la signature définitive des actes parafés : « Prenez garde à Paris, lui dirent-ils, de servir par vos délais la politique du cabinet de Saint-Pétersbourg qui ne veut pas du traité général à cinq, et celle de lord Palmerston qui ne se laisse arracher qu'avec une extrême répugnance la tutelle de l'Orient à quatre, car c'est la sienne. » M. de Bourqueney était un peu ému de ces inquiétudes et de ces instances. Je persistai péremptoirement dans mon refus : « Les dernières nouvelles de Constantinople, lui écrivis-je, ne changent pas encore la situation. J'attends, et j'attendrai bien certainement qu'elle soit changée. Nous ne serons point difficiles à reconnaître que la question turco-égyptienne est close; mais encore faut-il qu'elle le soit. Les dernières instructions de M. de Metternich à M. de Stürmer et de lord Palmerston à lord Ponsonby décideront, je pense, les résolutions définitives de la Porte; et comme on est, à Alexandrie, dans une disposition tranquille et conciliante, on y accueillera probablement des concessions tant soit peu raisonnables. Mais ce que vous me dites vous-même d'une petite recrudescence malveillante de lord Palmerston prouve que nous faisons bien de prendre nos sûretés. Ce n'est pas l'Autriche et la Prusse seules qu'il faut tirer d'embarras; c'est nous-mêmes et tout le monde avec nous. Et pour que nous sortions réellement d'embarras ici, il faut que nous ne courions pas le risque d'y retomber en Orient. Entre Reschid-Pacha, lord Ponsonby, M. de Stürmer, le divan, le sérail, les instructions écrites, les paroles dites, les influences cachées et croisées, il y a eu, dans ces derniers temps, trop de complication et de confusion pour que nous n'ayons pas besoin d'y voir bien clair avant de déclarer que tout est fini. »

La clarté dont nous avions besoin se fit, presque au moment où je la réclamais : le marquis Louis de Sainte-Aulaire, chargé d'affaires à Vienne pendant l'absence de son père en congé, m'écrivit, le 30 mars, que, la veille, le ministre des affaires étrangères turc, Reschid-Pacha, avait été renvoyé par le sultan, et remplacé par Rifaat-Pacha, autrefois ambassadeur de la Porte en Autriche. Lord Ponsonby manda le même jour la même nouvelle à lord Palmerston. Depuis quelque temps déjà, M. de Pontois m'avait informé que ce changement se préparait : « Sa cause immédiate, écrivit le 23 avril, à lord Palmerston, M. Bulwer, chargé d'affaires d'Angleterre à Paris pendant la maladie de lord Granville, a été une querelle insignifiante entre le grand-vizir et le ministre du commerce, Ahmed-Fethi-Pacha, qui a été aussi congédié ; mais on en attribue le succès à l'action des ennemis des nouvelles réformes turques, et aussi à la résistance qu'opposait Reschid-Pacha aux modifications désirées par les grandes puissances dans le hatti-schériff relatif à l'Égypte, modifications nécessaires à un accommodement entre le sultan et le pacha. » L'influence du prince de Metternich dans ce changement n'était pas douteuse : elle prévalait de plus en plus à Constantinople sur celle de lord Ponsonby : « Celui-ci a dépassé le but, disait le prince Esterhazy à M. de Bourqueney ; lord Palmerston lui-même commence à s'en apercevoir et à sentir le besoin de se dégager, comme nous, des complications locales de Constantinople. » Dès qu'il eut appris la chute de

Reschid-Pacha, le prince de Metternich adressa au baron de Stürmer des instructions un peu doctorales et verbeuses, selon son usage, mais très-judicieuses et qui finissaient par cet ordre formel : « Vous inviterez messieurs vos collègues de Grande-Bretagne, de Prusse et de Russie à une réunion, et vous leur ferez connaître : 1° Que l'empereur, notre auguste maître, décidé pour sa part à se maintenir dans les limites des arrêtés pris en commun par les plénipotentiaires des quatre cours dans le centre de Londres, vous ordonne d'insister près du divan sur l'admission des modifications que ces mêmes cours désirent voir apporter, dans l'intérêt même de la Porte, à certains articles du firman d'investiture du pacha d'Égypte; 2° qu'en vertu de cette décision, vous êtes chargé d'inviter messieurs vos collègues à se réunir avec vous dans une démarche commune à faire dans ce sens envers la Porte; que, dans le cas où cette union n'aurait point lieu, vous êtes chargé de faire, envers le divan, la démarche en question, soit seul, soit avec ceux de messieurs vos collègues qui se joindront à vous; 3° qu'en vous acquittant envers le divan des conseils conformes aux arrêtés pris dans le centre de Londres, et, dans le cas du refus de Sa Hautesse d'obtempérer aux vœux de ses alliés, vous aurez à déclarer que, Sa Hautesse étant maîtresse de ses décisions, Sa Majesté Impériale, par contre, regarderait, pour sa part, comme épuisée la tâche dont elle s'était chargée par les engagements qu'elle a contractés le 15 juillet 1840, et qu'elle se considérerait dès lors comme rendue à une entière liberté de position et d'action. »

La Porte n'eut garde de se refuser à un avertissement si péremptoire ; le nouveau reiss-effendi, Rifaat-Pacha, envoya sur-le-champ à Chékib-Effendi l'ordre d'en référer à la conférence de Londres sur les modifications réclamées dans le firman d'investiture de Méhémet-Ali, et il lui donna en même temps des pouvoirs assez étendus pour lier son propre gouvernement selon les conseils qu'il recevrait des quatre puissances : « Le baron de Bülow, m'écrivit le 27 avril M. de Bourqueney, m'a lu ce matin une lettre de Berlin qui lui annonce que le 17, à Vienne, on venait de recevoir, de Constantinople, des nouvelles du β. Lord Ponsonby avait enfin compris qu'on voulait à Londres que la question turco-égyptienne finît à Constantinople, et il allait travailler à sa conclusion. Mieux vaut tard que jamais, écrit M. de Werther à M. de Bülow ; mais nous sommes au dénoûment. »

Nous n'en étions pas encore aussi près que s'en flattait M. de Werther. Chékib-Effendi demanda en effet conseil à la conférence de Londres sur les modifications réclamées par le pacha dans le firman d'investiture. La conférence lui répondit que l'hérédité devait être fixée dans la famille de Méhémet-Ali selon le principe oriental du séniorat, qui veut que le pouvoir passe en ligne directe, dans la postérité mâle, de l'aîné à l'aîné, parmi les fils et les petits-fils. Quant au tribut, elle se déclara incompétente pour déterminer un chiffre, mais elle exprima le vœu que le chiffre fût fixe et réglé une fois pour toutes, de manière à ne pas grever le pacha d'Égypte de charges trop onéreuses pour son gouvernement. Quant à la nomination aux grades dans l'armée, la conférence pensa qu'il appartenait au sultan de déléguer au gouverneur d'Égypte tous les pouvoirs qu'il jugerait nécessaires, en se réservant d'étendre ou de restreindre ces pouvoirs selon l'expérience et les besoins du service. Les questions semblaient ainsi résolues; mais Chékib-Effendi douta que ses pouvoirs fussent assez étendus pour l'autoriser à accepter définitivement ces solutions, en liant son gouvernement. La Porte aurait voulu obtenir de l'Europe, pour prix de ses concessions, une garantie officielle de l'intégrité et de l'indépendance de l'empire ottoman. Le cabinet anglais, de son côté, était vivement attaqué, dans le parlement, par les torys, et à la veille d'une crise qui menaçait son existence. Arrivée près de son terme, la négociation languissait et traînait encore, soit par la volonté, soit à cause de la situation des négociateurs.

Mais pendant qu'on hésitait ainsi à Londres, on se décidait péremptoirement à Constantinople; le marquis de Sainte-Aulaire m'écrivit de Vienne, le 6 mai : « Un courrier, arrivé la nuit dernière de Constantinople, a apporté au prince de Metternich la nouvelle, qu'il attendait avec impatience, des modifications faites par la Porte, conformément aux demandes de ses alliés, dans le hatti-schériff d'investiture de Méhémet-Ali. L'hérédité du gouvernement de l'Égypte, avec transmission par ordre de primogéniture, de mâle en mâle, et la nomination des officiers jusqu'au grade de colonel inclusivement sont accordés au pacha. La quotité du tribut sera ultérieurement fixée (non plus d'après le revenu éventuel de la province) à une somme déterminée sur laquelle on s'entendra de gré à gré. Cette décision de la Sublime-Porte a été consignée dans un *mémorandum* remis aux envoyés des puissances à Constantinople et qui porte la date du 19 avril. M. de Metternich l'adresse ce soir même à Paris et à Londres.

« La joie que témoigne le prince de ces nouvelles, qu'il considère comme le gage d'une conclusion *bonâ fide*, m'a paru vive et sincère. Il s'applaudit d'avoir enfin terminé cette longue et difficile affaire. — « Après avoir reçu, m'a-t-il dit, les instructions du 26 mars, M. de Stürmer n'avait pas manqué d'adresser à la Porte les instances les plus vives, et il était chaudement soutenu par ses collègues de Russie et de Prusse. Mais tous leurs efforts étaient annulés par les conseils contraires que lord Ponsonby ne cessait de donner au divan : « Les instructions en vertu desquelles vous agissez, disait l'ambassadeur d'Angleterre à ses collègues, sont antérieures à nos dernières dépêches ; elles ont été rédigées sous l'influence toute égyptienne du commodore Napier. Qui sait si le recours adressé depuis par le sultan à la haute sagesse du centre de Londres ne les fera pas modifier ? » C'est ainsi que lord Ponsonby paralysait l'effet de toutes les démarches tentées par ses collègues. Quand l'internonce devenait plus pressant, Rifaat-Pacha répondait qu'il n'y pouvait rien, et que son influence dans le divan ne serait pas assez grande pour obtenir des concessions nouvelles, tant que l'on pourrait conserver les espérances encouragées par l'ambassadeur d'Angleterre. Enfin sont arrivées mes instructions du 2 avril. M. de Stürmer a été trouver ses collègues, et leur a communiqué qu'il avait ordre de marcher à trois, ou à deux, ou tout seul. Les envoyés de Prusse et de Russie ont exprimé l'intention de se joindre à lui. Une copie des ordres très-précis de lord Palmerston à lord Ponsonby, communiquée ici par lord Beauvale, avait en outre été envoyée à M. de Stürmer qui s'en est servi, non pour entraîner, cela n'a pas été possible, mais du moins pour réduire au silence son récalcitrant collègue, lequel n'a pas voulu en avoir le démenti et s'est tenu à l'écart jusqu'au dernier moment. Néanmoins la démarche *quasi collective* des autres envoyés a suffi pour déterminer la soumission de la Porte, et grâce à Dieu tout est terminé.

« Maintenant, a ajouté M. de Metternich, le moment est venu, pour la France, de convertir le parafe en une signature définitive. J'écris à M. d'Appony d'en faire la demande formelle à M. Guizot, et je vous prie d'écrire vous-même dans le même sens. Il y a désormais utilité et opportunité pour tous. Mais, en outre de l'intérêt général, je me regarde, je l'avoue, à partir d'aujourd'hui, comme personnellement engagé dans cette question. J'ai pris sur moi d'arrêter les instances (inopportunes il y a quelques semaines) que l'on adressait à votre ministre pour le décider à signer; j'ai eu le courage de blâmer la demande prématurée de nos envoyés fixant d'avance et spontanément le moment où la signature pourrait être équitablement demandée et accordée utilement. Aujourd'hui que ce moment est venu, si la signature allait être refusée, je resterais fort compromis aux yeux de tous, par la responsabilité morale que j'ai assumée. J'ose dire que l'on me doit de ne pas me jouer ce mauvais tour, et que l'on reconnaîtra que rien ne s'oppose plus à la signature définitive. Il ne faut pas demander ni attendre ce que pourra dire Méhémet-Ali des nouvelles concessions de la Porte. Ces concessions sont celles qu'il a demandées. La réponse qu'il fera au sultan sera nécessairement ou bonne, ou dilatoire. Elle ne sera, dans aucun cas, mauvaise, c'est-à-dire qu'il ne refusera pas; ceci n'est point supposable; mais il témoignera d'autant moins d'empressement pour accepter qu'on lui laissera l'idée qu'il peut encore tout arrêter par sa résistance. Cette idée, il est bien important de ne point la lui faire venir, de ne point la lui laisser. Dépêchons-nous de tirer une ligne de séparation entre le passé et l'avenir. Mon Dieu, il est bien impossible que des difficultés nouvelles ne surgissent pas quelque jour; on ne bâtit pas pour l'éternité; mais il ne faut pas que les difficultés nouvelles, si elles viennent, se compliquent du passif de l'ancienne affaire; quand elles se présenteront, on se concertera; chacun verra le parti qu'il lui convient de prendre; chacun sera libre dans ses mouvements; ce sera une affaire nouvelle, et non plus la continuation de celle que nous venons de régler. J'attache un grand prix à faire envisager ainsi la question. Au surplus, j'ai bonne confiance que M. Guizot partagera mon sentiment, et qu'il ne se refusera pas à déclarer fini ce qui est fini. »

M. de Metternich ne se méprenait pas sur ma disposition; j'écrivis sur-le-champ au baron de Bourqueney : « Je vous ai envoyé les nouvelles de Vienne et de Constantinople. Je suppose que la conférence se réunira immédiatement, prendra acte des modifications apportées par le sultan à son hatti-schériff du 13 février, et nous demandera de transformer notre parafe en signature définitive. Nous n'avons plus aucune raison de nous y refuser. Les modifications apportées sont les principales qu'ait réclamées Méhémet-Ali; ce qui reste encore à débattre est évidemment d'ordre purement intérieur et doit se régler entre le sultan et le pacha seuls. Nous sommes donc décidés à signer quand on nous le demandera. Vos pouvoirs sont prêts et partiront aussitôt.

« En même temps que je vous dis que nous sommes prêts à signer, j'ajoute que, dans la perspective très-prochaine de la retraite du cabinet anglais, nous aimerions autant, et mieux, signer avec ses successeurs. Cela serait d'un meilleur effet à Paris et à Londres. Je n'ai pas besoin de vous en dire les raisons. Sans éluder donc en aucune façon l'accomplissement de notre promesse quand on la réclamera, ne faites rien pour presser cette demande, et gagnez plutôt quelques vingt-quatre heures, si vous le pouvez avec convenance, et si le passage d'un cabinet à l'autre doit s'opérer dans cet intervalle, ce qui me paraît probable.»

Dès le surlemain, 18 mai, M. de Bourqueney me répondit : « Dans l'attente de vos ordres, j'avais déjà pris l'attitude que vous me recommandez, me montrant prêt à tenir, quant à la signature définitive, nos engagements, et évitant toute apparence d'une disposition quelconque à en éluder, soit le fond, soit la forme. Chékib-Effendi a demandé un rendez-vous à lord Palmerston. Je doute qu'il puisse être reçu aujourd'hui. S'il l'est, lord Palmerston n'aura pas le temps de réunir la conférence; cette réunion ne pourra avoir lieu au plus tôt que demain; il faudra m'écrire ou me parler. Tout cela nous mène au moins à jeudi. Je puis, sans affectation, gagner encore vingt-quatre heures. Il n'est donc pas probable que ma demande des pouvoirs vous arrive avant dimanche 23. J'avais déjà compris et je comprends encore bien mieux aujourd'hui ce que la crise ministérielle d'Angleterre ajoute de difficultés à l'appréciation exacte du moment que nous devons choisir pour transformer notre parafe en signature, et ce n'est pas sans un certain effroi que je sens peser sur moi une si grande part de responsabilité dans une décision si importante. Bien que je croie à une agonie du cabinet actuel, rien ne prouve encore que les convulsions n'en soient pas assez longues pour nous interdire le système de délais trop prolongés. Je me charge de gagner des jours sans affectation ; mais je ne promettrais pas des semaines sans exciter des soupçons avec lesquels nous aurions à compter plus tard. »

M. de Bourqueney n'eut point de peine à prendre pour gagner des jours et même des semaines de délai : appelé le 24 mai chez lord Palmerston, il m'écrivit en en sortant : « Je n'ai que le temps de vous écrire deux lignes. Le moment n'est pas venu de procéder à la signature définitive. Ma conversation avec lord Palmerston ne me laisse aucun doute à cet égard. *Le passé n'est pas suffisamment clos.* Mon courrier vous portera demain l'explication. »

Il m'écrivit en effet le lendemain : « La conférence s'est réunie avant-hier 23. Chékib-Effendi, en communiquant le *memorandum* par lequel la Porte a modifié, selon les principaux désirs du pacha, son firman d'investiture de l'Égypte, a annoncé qu'il avait reçu les pouvoirs nécessaires pour procéder à la signature définitive des deux pièces parafées et restées en suspens depuis le 15 mars dernier. Il a été convenu que lord Palmerston m'inviterait à me rendre chez lui lundi 24, m'instruirait de ce qui s'était passé la veille dans la conférence, me demanderait si j'étais muni des pouvoirs nécessaires pour signer la nouvelle convention générale, et que, si je ne les avais pas encore, il me prierait de les demander au gouvernement du roi. Je me suis rendu hier lundi chez lord Palmerston, qui m'a fait sa communication et sa question ; je lui ai répondu que le gouvernement du roi n'avait pas dévié du terrain sur lequel il s'était placé le jour du parafe; il avait subordonné sa signature au fait accompli de la clôture de la question turco-égyptienne; si les derniers événements de Constantinople, lui ai-je dit, vous paraissent constituer péremptoirement cette clôture, je ne mets pas un moment en doute que mon gouvernement ne me munisse des pouvoirs nécessaires pour signer définitivement la convention. Vous vous rappelez, mylord, notre conversation dès le premier jour, à cette même place : nous ne ferons rien *à cinq*, vous dis-je, avant d'avoir la parfaite certitude que, ni diplomatiquement, ni matériellement, il n'y a plus rien de possible *à quatre*, comme conséquence du traité de juillet.—Je me rappelle ces mots, m'a répondu lord Palmerston; je les ai approuvés alors, et je les approuve encore aujourd'hui. J'ai pu faire, à l'empressement de quelques cours alliées, le sacrifice de ne pas mettre plus en évidence mon opinion personnelle sur les motifs qui me paraissaient encore militer en faveur de l'ajournement de la signature définitive; mais aujourd'hui que je suis chargé de vous demander si vous êtes prêt à signer, vous avez le droit de me poser de nouveau la question que vous me fîtes dès le premier jour; vous avez le droit de me demander si le traité du 15 juillet est éteint dans toutes ses conséquences possibles; et bien que je le croie en effet éteint, bien que je m'attende de jour en jour à recevoir la nouvelle que les dernières concessions du divan ont été acceptées par le pacha, je dois vous déclarer en homme d'honneur qu'un refus de Méhémet-Ali me semblerait placer encore les puissances signataires du traité de juillet dans la nécessité de faire quelque chose pour déterminer l'acceptation, par le pacha, des conditions raisonnables que leur action à Constantinople a contribué à lui assurer. Cela n'arrivera pas, je le crois, j'en ai presque la conviction; mais il suffit d'une possibilité pour que je me doive à moi-même de n'engager ni la responsabilité de votre gouvernement vis-à-vis de ses chambres, ni la vôtre vis-à-vis de lui, par une signature prématurément fondée sur une certitude qui n'est pas encore assez complète. Vous vous êtes placé avec nous, depuis deux mois, sur un terrain de loyauté parfaite; je vous devais en échange la sincérité avec laquelle je viens de vous parler.

« Tout cela était dit d'un ton amical auquel j'ai cru devoir répondre avec la même confiance : « Eh bien, mylord, ai-je dit, je croyais rentrer chez moi pour demander au gouvernement du roi de me munir des pouvoirs nécessaires à la signature de la nouvelle convention; je vais écrire au contraire que le moment n'est pas venu d'y procéder. Mes instructions ont toujours été péremptoires sur ce point : clôture, clôture définitive du passé. Le passé n'est pas clos du moment où il reste l'ombre d'une possibilité qu'il ne le soit pas pour vous.

« Je ne voulais cependant pas accepter sans réserve l'insinuation de lord Palmerston sur la possibilité d'une nouvelle intervention à quatre dans les différends de la Porte et du pacha; j'ai témoigné que je ne croyais nullement qu'on pût amener les cabinets de Vienne et de Berlin à rentrer ainsi dans une question mille fois épuisée pour eux.—« L'erreur des cabinets de Vienne et de Berlin, m'a répondu lord Palmerston, a consisté depuis deux mois à croire qu'on terminerait une question en la déclarant terminée. De là ces pièces diplomatiques qui se sont succédé, et dont chacune était toujours annoncée comme devant être la dernière. Je crois en effet que nous sommes arrivés au dénoûment; mais je n'en ai pas la certitude assez complète pour vous la faire partager en honneur, quand cette certitude est la condition affectée par vous-même, et acceptée par nous, à votre rentrée dans les conseils de l'Europe. Il suffit de semaines, de jours, d'heures peut-être pour dissiper les derniers nuages qui enveloppent encore la question. Un peu de patience, et elle est vidée, complétement vidée. L'affaire ainsi faite sera mieux faite et pour vous et pour nous. »

L'humeur des plénipotentiaires allemands fut extrême : « Ils fulminent, me disait M. de Bourqueney, contre lord Palmerston, qui veut, disent-ils, laisser la question ouverte à Londres, pour qu'elle ne soit pas fermée à Constantinople et à Alexandrie. Ils ajoutent qu'il dispose par trop légèrement de leurs cabinets, que jamais ils ne se prêteront à un acte quelconque *à quatre* le jour où nous aurons signé *à cinq*, et qu'à supposer que lord Palmerston voulût les y inviter, sa démarche échouerait complétement. » Leurs collègues à Paris me tenaient à moi le même langage; ils ne comprenaient pas la conduite de lord Palmerston; ils en cherchaient la cause et le but; le comte d'Appony y voyait un accès de jalousie contre le prince de Metternich; le baron d'Arnim y soupçonnait quelque secret dessein de tenir encore l'Orient en trouble et l'Europe en alarme. Je les remerciai de leurs sentiments sans compter sur leur efficacité : « Les Allemands, m'écrivait M. de Bourqueney, parlent bien, mais ils agissent peu. M. de Bülow envoie à Berlin un *memorandum* dans lequel il établit que les puissances signataires du traité de juillet sont dégagées de toutes les obligations qu'il leur imposait; ce *memorandum* était d'abord destiné à lord Palmerston; mais M. de Bülow craint que le prince Esterhazy ne veuille pas le signer avant d'avoir reçu des instructions de Vienne... Je ne me suis jamais fait illusion sur la mollesse de ces courages... Je viens de lire une dépêche du prince de Metternich qui contient bien l'ordre de pousser à la signature immédiate des actes parafés le 15 mars dernier; mais tout cela est faiblement exprimé, et je n'aime pas cette réserve « que le refus de Méhémet-Ali constituerait un fait de nouvelle rébellion, et conséquemment une nouvelle question européenne. »

La différence est grande entre les hommes politiques qui se sont formés dans un régime de liberté, au milieu de ses exigences et de ses combats, et ceux qui ont vécu loin de toute arène publique et lumineuse, dans l'exercice d'un pouvoir exempt de contrôle et de responsabilité. Pour suffire à leur tâche, ils ont besoin, les uns et les autres, d'une réelle supériorité; la vie politique est difficile, même dans les cours, et le pouvoir silencieux n'est pas dispensé d'être habile. Mais contraints à la prévoyance et à la lutte, les chefs d'un gouvernement libre apprennent à voir les choses comme elles sont en effet, soit qu'elles leur plaisent ou leur déplaisent, à se rendre un compte exact des conditions du succès et à accepter fermement les épreuves qu'ils ont à traverser. Les illusions ne leur sont guère possibles, et ils ne peuvent guère se flatter plus qu'ils ne sont flattés. Dispensés au contraire de prouver chaque jour à des spectateurs rigoureux qu'ils ont raison, et de vaincre à chaque pas d'ardents adversaires, les ministres du pouvoir absolu sont plus complaisants pour eux-mêmes, accueillent plus facilement tantôt l'espérance, tantôt la crainte, et supportent plus impatiemment les difficultés et les mécomptes. Le gouvernement libre forme des mœurs viriles et des esprits difficiles pour eux-mêmes comme pour les autres ; il lui faut absolument des hommes. Le pouvoir absolu admet et suscite bien plus de légèreté, de caprice, d'inconséquence, de faiblesse, et les plus éminents y conservent de grands restes des dispositions des enfants.

Quoique je fusse très-persuadé du bon vouloir du prince de Metternich dans la question égyptienne et de l'importance de ce qu'il avait fait pour en presser la conclusion, je ne comptais guère plus que M. de Bourqueney sur son énergique résistance à une volonté bien arrêtée du cabinet anglais, et j'invitai notre chargé d'affaires à remercier de ma part lord Palmerston de la franchise de sa dernière déclaration, tout en m'étonnant de son obstination à maintenir le traité du 15 juillet en vigueur contre le gré formel de ses principaux alliés. Je pris en même temps soin de dire au chargé d'affaires d'Angleterre : « Je constate avec vous que ce n'est pas le gouvernement français qui retarde la signature de la nouvelle convention ; c'est le cabinet britannique, par l'organe de lord Palmerston. » M. Bulwer rendit compte à son chef de cette parole : « Lord Palmerston, m'écrivit M. de Bourqueney, en a témoigné une véritable peine ; il dit qu'on le désigne à l'Europe comme un obstacle à la réconciliation générale lorsque, lui, il s'est toujours montré prêt à transformer son parafe en signature, et qu'il n'a fait que m'exprimer des scrupules honnêtes en se plaçant à notre propre point de vue. Il ne tiendrait qu'à moi, ajoutait M. de Bourqueney, de soutenir avec avantage la lutte sur les faits ; mais où nous mènerait une pareille controverse ? Laissons les petites récriminations. Lord Palmerston doit répondre à M. Bulwer pour dégager, dit-il, sa propre responsabilité. » Cet incident donna lieu en effet, de la part de lord Palmerston, à des explications longues et subtiles que je m'empressai de laisser tomber.

Je portai sur un autre point ma sollicitude. J'écrivis au comte de Rohan-Chabot, en mission extraordinaire à Alexandrie : « Ce n'est pas sans inquiétude que je vois le vice-roi s'écarter du ton de soumission qu'il avait pris envers la Porte, et tenir un langage qui le présente en quelque sorte comme traitant, avec elle, d'égal à égal. C'est précisément cette apparence qu'il devrait, dans son propre intérêt, mettre le plus grand soin à éviter. Elle a été la cause ou le prétexte de l'alliance formée contre lui le 15 juillet, alliance qui a paru au moment de se dissoudre le jour où il a déclaré qu'il se soumettait aux ordres du sultan. S'il y a un moyen de la faire revivre, ou, pour mieux dire d'en prolonger l'existence (car elle existe encore en ce moment, bien que plusieurs États qui en ont fait partie aient évidemment le plus grand désir de s'en dégager), c'est certainement que Méhémet-Ali affecte de nouveau des prétentions d'indépendance par rapport à son souverain. Rien ne servirait mieux les vues des gouvernements qui, moins bien disposés pour lui ou pour la France, travaillent en secret à retarder le moment où la rentrée du gouvernement du roi dans les conseils de l'Europe proclamera hautement que le traité du 15 juillet n'existe plus. La signature de l'acte destiné à replacer les relations des puissances sur le pied où elles étaient, il y a un an, se trouve encore ajournée, et le motif de cet ajournement est précisément la crainte de la résistance de Méhémet-Ali aux volontés de la Porte et des complications qui pourraient en résulter. Il faut que le vice-roi, dans son propre et pressant intérêt, ôte toute cause ou tout prétexte à ces craintes vraies ou simulées ; et le seul moyen d'y parvenir, c'est qu'il se déclare pleinement satisfait du *memorandum* de la Porte. Ce *memo-*

randum lui accorde ses demandes les plus importantes, les seules essentielles. Il obtient l'hérédité réelle, la nomination aux grades dans l'armée égyptienne, la substitution d'un tribut fixe à un tribut proportionnel. La somme de ce tribut n'est pas encore fixée, il est vrai ; Méhémet-Ali craint qu'elle ne le soit pas dans la proportion qu'il juge seule admissible; mais il n'y a encore rien de décidé à ce sujet ; c'est un point à régler entre le sultan et le pacha, et ce dernier vous a indiqué lui-même un moyen de transaction qui n'est probablement pas le seul. La voie des représentations lui reste ouverte ; il peut compter sur le bénéfice des circonstances, sur le besoin qu'aura la Porte de se ménager son appui. Ce qu'il doit éviter, c'est de prononcer d'avance un refus absolu qui, le constituant en état de révolte, ferait, de cette question toute intérieure, une question de politique générale, rendrait force au traité de juillet au moment où il va expirer, et obligerait les puissances à s'immiscer dans des détails qu'elles se sont elles-mêmes reconnues inhabiles à régler. Il importe à Méhémet-Ali plus qu'à personne que la situation exceptionnelle, créée par ce traité, ne se prolonge pas, et que chacun des États qui l'ont signé reprenne sa position particulière et sa liberté d'action. Il doit donc se garder soigneusement de tout ce qui pourrait contrarier ce résultat, et je ne puis vous trop recommander de lui faire entendre, dans ce sens, les conseils les plus pressants. »

Méhémet-Ali était l'un de ces grands ambitieux tour

à tour chimériques et sensés, opiniâtres et fatalistes, qui poussent leur fortune au delà de toute mesure, mais qui, à la veille de la ruine, acceptent tout d'un coup les nécessités qu'ils n'ont pas su pressentir. Le comte de Chabot m'écrivit le 12 juin : « Le bateau à vapeur russe *Saleck* est arrivé à Alexandrie le 7 au soir, ayant à bord un envoyé de la Porte, Kiamil-Effendi, chargé de remettre à Saïd-Muhib-Effendi le nouveau hatti-shériff d'investiture, une lettre du grand vizir à Méhémet-Ali, et le firman spécial qui porte le tribut à 80,000 bourses, à dater du commencement de l'année. Le 8, Saïd-Muhib-Effendi et le nouvel envoyé se sont rendus auprès du vice-roi pour lui communiquer ces pièces et sont restés, pendant la journée, en conférence avec lui. Méhémet-Ali a déclaré, dans cette entrevue, que les ressources de l'Égypte ne lui permettaient pas de mettre à la disposition du sultan une somme annuelle aussi élevée que 80,000 bourses, et il a décidé Saïd-Muhib-Effendi à reprendre le firman qui règle le tribut ; mais il a dit qu'il n'en considérait pas moins la question générale comme terminée, et que le hatti-shériff d'investiture serait lu solennellement, avec tout le cérémonial d'usage. Le 10 au matin, en effet, le vice-roi, entouré des principaux dignitaires de l'Égypte, a reçu les deux envoyés ottomans dans la grande salle de son palais. Saïd-Muhib-Effendi lui ayant présenté le hatti-shériff, Méhémet-Ali l'a porté sur ses lèvres et sur son front, et Sami-Bey en ayant fait, à haute voix, la lecture, le pacha s'est revêtu de la décoration envoyée par le sultan.

Des salves de toutes les batteries des forts et de l'escadre, un pavoisement général et d'autres démonstrations publiques ont signalé à la ville la promulgation solennelle du décret impérial. »

Je transmis sur-le-champ, par le télégraphe, cette nouvelle au baron de Bourqueney.

Elle arriva à Londres au milieu de la crise universelle flagrante. Le 5 juin, sur une motion de sir Robert Peel, la chambre des communes avait déclaré, à une voix de majorité, que le cabinet whig n'avait plus sa confiance. Le 23 juin, le parlement avait été dissous. Les élections, presque partout accomplies, assuraient aux torys une forte majorité. M. de Bourqueney m'écrivit le 29 juin : « J'ai mis, vous le savez, une extrême réserve dans mes prédictions ; je redoutais jusqu'à la responsabilité de mes propres impressions lorsque je craignais leur influence sur nos grandes affaires diplomatiques ; aujourd'hui, je crois pouvoir sans témérité vous donner le sort du cabinet actuel comme jugé dans la nouvelle chambre. Mais sa retraite précédera-t-elle la réunion du Parlement ? J'entends les torys affirmer que sir Robert Peel ne consentira pas à former le nouveau cabinet avant cette époque. J'ai besoin de savoir le plus tôt possible si cette situation intérieure doit influer sur ma conduite diplomatique. Je ne me dissimule pas la difficulté d'ajourner toute conclusion de notre part pendant les sept ou huit semaines que peut encore vivre le cabinet actuel. La Prusse et l'Autriche ne nous serviraient pas dans ce système, et il faudrait aviser au moyen de le leur faire accepter. Vous m'avez écrit, il y a six semaines, que vous ne vouliez pas signer avec des moribonds. Je vous répondis alors que la maladie pouvait être assez longue pour nous causer des embarras. Aujourd'hui nous en connaissons le terme. Décidez. »

Je lui mandai sur-le-champ par le télégraphe : « Ne faites rien pour ajourner la signature des actes parafés, et signez la nouvelle convention générale dès qu'on vous le demandera après avoir signé le protocole de clôture de la question égyptienne. »

« —Votre dépêche télégraphique d'hier, me répondit M. de Bourqueney, lève toute incertitude. Je ne créerai aucun délai. Je n'en laisserai même pas créer que je puisse empêcher. Aujourd'hui, j'ai eu occasion de voir lord Palmerston pour une autre affaire ; j'ai profité de ma visite pour lui faire lire la dépêche d'Alexandrie. Il sait maintenant que tout est fini ; mais, ne fût-ce que pour la justification de ses derniers délais, il attendra que la nouvelle lui arrive à lui-même, complète et régulière. Il a voulu du reste être aimable ce matin, car sans me préciser ce qu'il attendait exactement pour la signature définitive, mais raisonnant comme si nous y étions arrivés, il m'a dit : « Croyez que ce sera un bien beau jour pour moi que celui où je mettrai les dernières lettres de mon nom à la suite de la première, sur notre convention générale. »

Huit jours après, le 10 juillet, M. de Bourqueney m'écrivit : « Je monte en voiture pour Windsor où la reine vient de m'inviter fort gracieusement à passer quarante-huit heures. Le courrier autrichien est arrivé ce matin, porteur de dépêches officielles de Constantinople, du 22 juin. C'est probablement moi qui vais l'annoncer à Windsor, à lord Palmerston. Nous signerons sans aucun doute dans le cours de la semaine prochaine. »

Le courrier autrichien apportait en effet à lord Palmerston cette laconique dépêche de lord Ponsonby, en date du 21 juin : « Avant que ceci arrive à Londres, Votre Seigneurie aura, depuis longtemps sans doute, appris d'Alexandrie que Méhémet-Ali a accepté le firman. Je crois devoir cependant vous envoyer ci-incluse la dépêche que je viens de recevoir d'Égypte et qui annonce cette satisfaisante nouvelle. »

Cinq jours auparavant, le 16 juin, lord Ponsonby avait écrit à lord Palmerston : « Le bateau français arrivé le 14 a apporté des lettres qui disent que l'intention de Méhémet-Ali est de refuser le nouveau firman. Une de ces lettres vient d'une personne bien connue comme ayant les meilleures informations à Alexandrie. Quand ces lettres ont été écrites, Méhémet-Ali n'avait pas encore reçu le firman; mais il en connaissait le contenu. Il pourra modifier ses vues avant de répondre. Il peut avoir des raisons d'exprimer l'intention de refuser. Il fera probablement quelque chose pour gagner du temps. Je pense, comme je l'ai toujours pensé, qu'il n'exécutera point les mesures ordonnées par le sultan, d'après l'avis des grandes puissances. »

Peu importait cette fois l'avis de lord Ponsonby.

Lord Palmerston envoya sur-le-champ à Londres l'ordre d'accomplir toutes les formalités de chancellerie nécessaires à la signature des actes parafés le 15 mai précédent; et le 13 juillet, M. de Bourqueney m'écrivit : « Les plénipotentiaires des six cours ont été convoqués aujourd'hui au *Foreign-Office.* Les plénipotentiaires des cours d'Autriche, de la Grande-Bretagne, de Prusse, de Russie et de la Porte ottomane, ont d'abord apposé leur signature au protocole de clôture de la question égyptienne, qui a reçu la date du 10 juillet, jour de l'arrivée, par Constantinople, de la nouvelle que Méhémet-Ali avait accepté le nouveau firman du sultan. La convention générale sur la clôture des détroits a été signée ensuite de nous tous, dans l'ordre des puissances, sous la date du 13 juillet 1841. Le délai pour l'échange des ratifications a été fixé à deux mois [1]. »

La question d'Égypte était vidée. Question élevée, en 1840, fort au-dessus de son importance réelle, et dans laquelle, mal instruits des faits, nous nous étions engagés bien plus avant que ne le comportait la force du pacha et que ne l'exigeait l'intérêt français. Je résume les résultats de la solution qu'elle reçut en 1841 par la négociation que je viens de retracer et la convention qui la termina.

La paix européenne fut maintenue; et au sein de la paix, les armements de précaution, faits par la France en 1840, furent maintenus aussi; les fortifications de Paris s'élevèrent; le gouvernement français s'établit

[1] *Pièces historiques* n° 1.

dans l'isolement qu'on lui avait fait en ne tenant pas assez de compte de sa présence et de son avis. L'Europe sentit le poids du vide que faisait dans ses conseils la France absente, et se montra empressée de l'y rappeler. La France n'y rentra que lorsque l'Europe vint le lui demander, après avoir fait faire par la Porte les concessions réclamées par le pacha, et en déclarant que le traité du 15 juillet 1840 était éteint complétement et sans retour.

Méhémet-Ali, chassé de Syrie, menacé en Égypte même, y fut établi héréditairement et à des conditions équitables; non à cause de sa propre force, mais par considération pour la France, et parce que les puissances signataires du traité du 15 juillet ne voulurent pas courir le risque, soit de se désunir, soit de voir naître des complications nouvelles.

Par la convention du 13 juillet 1841, la Porte fut soustraite à la protection exclusive de la Russie, et placée dans la sphère des intérêts généraux et des délibérations communes de l'Europe.

Par ces résultats, l'échec de la France, fruit de son erreur dans cette question, était limité et arrêté; elle avait repris sa position en Europe et assuré en Égypte celle de son client. On avait fait et obtenu, en finissant, ce qu'on aurait dû faire et pu obtenir en commençant. C'était tout le succès que comportait la situation qui m'avait été léguée en 1840. Je ne me dissimulais point que ce succès ne suffirait pas à satisfaire le sentiment national jeté hors de la vérité et du bon sens. Je prévoyais que la convention du 13 juillet 1841 et la négociation qui l'avait amenée seraient l'objet de vives attaques. Mais, après ce que j'avais vu et appris pendant mon ambassade en Angleterre, j'étais rentré dans les affaires, bien résolu à ne jamais asservir, aux fantaisies et aux méprises du jour, la politique extérieure de la France. Quelques semaines après la clôture de la question égyptienne, et à propos d'ouvertures vagues qui nous étaient faites sur les affaires d'Orient en général, j'écrivis au comte de Sainte-Aulaire que le roi, sur ma proposition, venait de nommer son ambassadeur à Londres : « N'éludons rien et ne cherchons rien. C'est notre coutume d'être confiants, avantageux, pressés. Nous nous enivrons de nos désirs comme s'ils étaient toujours notre droit et notre pouvoir; nous aimons l'apparence presque plus que la réalité. Je suis convaincu que, pour rétablir et étendre notre influence en Europe, c'est la méthode contraire qu'il faut suivre. Partout et en toute occasion je suis décidé à sacrifier le bruit au fait, l'apparence à la réalité, le premier moment au dernier. Nous y risquerons moins et nous y gagnerons plus. Et puis, il n'y a de dignité que là. »

CHAPITRE XXXVI

LE DROIT DE VISITE.

Lord Palmerston me demande de signer le nouveau traité préparé en 1840 pour la répression de la traite des nègres.—Mon refus et ses causes.—Avénement du cabinet de sir Robert Peel et lord Aberdeen.—Je consens alors (le 20 décembre 1841) à signer le nouveau traité.—Premier débat dans la chambre des députés à ce sujet.—Amendement de M. Jacques Lefebvre dans l'adresse.—Vraie cause de l'état des esprits.—J'ajourne la ratification du nouveau traité.— Attitude du cabinet anglais.—Les ratifications sont échangées à Londres entre les autres puissances et le protocole reste ouvert pour la France.—Nouveaux débats dans les deux chambres contre le droit de visite et les conventions de 1831 et 1833.—Nous refusons définitivement la ratification du traité du 20 décembre 1841.—Modération et bon vouloir de lord Aberdeen.—Le protocole du 19 février 1842 est clos et le traité du 20 décembre 1841 est annulé pour la France.—A l'ouverture de la session 1843-1844, un paragraphe inséré dans l'adresse de la chambre des députés exprime le vœu de l'abolition du droit de visite.—Pourquoi je n'entre pas aussitôt en négociation avec le gouvernement anglais à ce sujet.—Visite de la reine Victoria au château d'Eu.—Son effet en France et en Europe.—Je prépare la négociation pour l'abolition du droit de visite.—Dispositions de lord Aberdeen et de sir Robert Peel.—Nouveaux débats à ce sujet dans les chambres à l'ouverture de la session de 1844.—Visite de l'empereur Nicolas en Angleterre.—Visite du roi Louis-Philippe à Windsor.—Je l'y accompagne.—Négociation entamée pour l'abolition du droit de visite.—Comment ce droit peut-il être remplacé pour la répression de la traite?—Le duc de Broglie et le docteur Lushington sont nommés pour examiner cette question.—Leur réunion à Londres.—Nouveau système proposé.—Il est adopté et remplace le droit de visite en vertu d'un traité conclu le 25 mai 1845.—Présentation, adoption et promulgation d'une loi pour l'exécution de ce traité.

Le jour même où fut signée la convention du 13 juillet 1841, les signatures à peine données, lord Palmerston reparla à M. de Bourqueney du traité préparé, trois ans auparavant, entre les cinq grandes puissances, pour mieux assurer la répression de la traite des nègres, et resté en suspens depuis 1840, comme je l'ai déjà dit dans ces *Mémoires* [1]. Il lui demanda de me le rappeler et de m'engager à finir aussi cette affaire-là. J'écrivis le 20 juillet à M. de Bourqueney : « Je veux vous dire, à ce sujet, le fond de mon cœur et de mon intention. J'ai, depuis neuf mois, soigneusement évité, avec lord Palmerston, tout petit débat. Point de plainte, point de récrimination, point de susceptibilité. Je n'ai témoigné, en aucun cas, ni humeur, ni malveillance. J'ai fait les affaires simplement, tranquillement, sans rien céder au fond, mais ne tenant qu'au fond et laissant de côté les incidents et les embarras. La situation politique le voulait ainsi. Ce que je pense de lord Palmerston me le permettait. Je fais grand cas de son esprit. J'ai confiance dans sa parole. Sa manière de traiter, quoique un peu étroite et taquine, me convient; elle est nette, prompte, ferme. Je ne crois ni à sa haine pour la France et le roi, ni à ses perfidies; et quant aux difficultés, je pourrais dire aux désagréments que jettent dans les affaires son goût passionné pour l'argumentation, sa disposition à s'enfermer dans ses arguments et à les pousser jusqu'au bout sans rien voir au-dessus, ni au delà, ni à côté, je ne m'en choque point, je ne m'en plains point; c'est la

[1] Tome V, p. 297.

nature même de son esprit; il faut bien l'accepter, e
l'accepter de bonne grâce quand on traite avec lui. Je
ne trouve donc en moi, au sortir de cette longue négociation, rien qui me gêne ou qui m'indispose pour
terminer aussitôt, avec lui, les affaires pendantes.

« Mais, en subordonnant les petites choses au;
grandes, je ne laisse pas de voir les petites, et je n'ou
blie pas les griefs que je n'ai pas, au moment même
jugé à propos de relever. J'ai trois griefs contre lor
Palmerston :

« 1° Sa dépêche du 2 novembre 1840. Mauvais pro
cédé envers le nouveau cabinet et envers moi. Mauvai
procédé que j'attribue à imprévoyance et à insouciance
de l'effet que produirait cette dépêche, non à mauvais
intention, mais qui n'en a pas moins été réel, et qu
j'ai ressenti comme tout le monde l'a remarqué.

« 2° Je vous ai chargé, le 26 avril dernier, de parle
à lord Palmerston de l'état de l'Amérique du Sud, e
de la convenance qu'il y aurait, pour la France et l'An
gleterre, à agir de concert pour rétablir la paix entr
Buenos-Ayres et Montevideo. Vous m'avez écrit l
11 mai qu'il avait fort bien accueilli cette idée, vou
avait assuré que des instructions dans ce sens seraier
très-prochainement adressées à M. Mandeville, et vou
avait même demandé le nom de notre chargé d'affair
à Buenos-Ayres pour engager M. Mandeville à se mettr
avec lui dans des rapports de confiance et de bonn
harmonie qui donnassent, à leur double action, d
l'unité et par conséquent de l'efficacité. Et pourtan

peu après, interpellé à ce sujet dans la chambre des communes, lord Palmerston a écarté toute idée de concert avec la France, et a parlé de l'action de l'Angleterre entre Buenos-Ayres et Montevideo comme parfaitement isolée et étrangère à la nôtre.

« 3° Le discours qu'il a prononcé naguère, dans la lutte électorale, sur les *Hustings* de Tiverton. Qu'aurait-on dit en Angleterre, si, à Lisieux, parlant au monde entier dans la personne de mes électeurs, j'avais tenu, sur l'Angleterre, son gouvernement et ses armées, un pareil langage [1] ?

---

[1] Dans ce discours, lord Palmerston avait comparé la conduite des Anglais dans l'Inde et celle des Français dans l'Algérie en ces termes :
« Nous avons, dans une campagne, soumis à l'influence britannique une étendue de pays plus grande que la France, presque aussi grande que la moitié de l'Europe ; et la manière dont cela a été fait, et les résultats qui ont suivi méritent bien l'attention du peuple d'Angleterre. Il y a, entre le progrès de nos armes en Orient et les opérations qu'une puissance voisine, la France, poursuit maintenant en Afrique, un contraste dont nous avons droit d'être fiers. La marche de l'armée anglaise en Asie a été signalée par un soin scrupuleux de la justice, un respect inviolable de la propriété, une complète abstention de tout ce qui eût pu blesser les sentiments et les préjugés des peuples ; et le résultat est qu'il y a quelques semaines, un officier distingué, revenu naguère du centre de l'Afghanistan, d'une ville appelée Candahar, dont peut-être beaucoup d'entre vous n'ont jamais entendu parler, m'a dit qu'accompagné seulement d'une douzaine de serviteurs, sans aucune escorte militaire, il avait fait à cheval plusieurs centaines de milles, à travers un pays peuplé de tribus sauvages et presque barbares qui, deux ans auparavant, s'opposaient avec fureur à l'approche des troupes anglaises, et qu'il avait fait cette traversée avec autant de sécurité qu'il eût pu chevaucher de Tiverton à *John O'Groats house*; son nom d'officier anglais avait été, pour lui, un passeport à travers toutes ces peuplades parce que les Anglais avaient

CHAPITRE XXXVI.

«De tout cela, mon cher baron, je ne veux faire sortir aucune réclamation, aucune démarche. Tout cela ne m'empêcherait pas de conclure, avec lord Palmerston, les affaires en suspens si l'intérêt de notre pays le demandait. Mais cela me dispense de tout empressement, de tout acte de bienveillance surérogatoire; cela me

respecté leurs droits et les avaient protégées et traitées avec justice; ainsi, un Anglais désarmé était en sûreté au milieu de ces contrées sauvages. Le système différent, suivi en Afrique par les Français, a produit des résultats tout différents. Là, les troupes françaises, je regrette de le dire, ont terni leur gloire par le caractère de leurs opérations. Elles tombent à l'improviste sur les paysans du pays; elles tuent tout homme qui ne peut leur échapper par la fuite; elles emmènent captifs les femmes et les enfants (cris de : *honte, honte!*); elles enlèvent tous les bestiaux, tous les moutons, tous les chevaux, et elles brûlent tout ce qu'elles ne peuvent enlever; les moissons sur le sol et le blé dans les greniers sont dévorés par le feu des envahisseurs (*honte, honte!*). Quelle est la conséquence? Tandis que dans l'Inde, nos officiers vont à cheval, désarmés et presque seuls, au milieu des plus sauvages tribus du désert, il n'y a pas en Afrique un Français qui puisse montrer son visage au delà d'un point déterminé et loin de la sentinelle, sans tomber victime de la féroce et excusable vengeance des Arabes (*écoutez, écoutez!*). Ils disent qu'ils colonisent l'Algérie; mais ils ne sont que campés dans des postes militaires; et tandis que, dans l'Inde, nous avons pour nous les sentiments du peuple, en Afrique, tout naturel est opposé aux Français et brûle du désir de se venger. Je dis ces choses parce qu'il est bon que vous les connaissiez; elles sont une nouvelle preuve que, même dans ce monde, la Providence veut que l'injustice et la violence rencontrent leur châtiment, et que la justice et la douceur reçoivent leur récompense. »

On peut douter que, seize ans plus tard, en 1857, en présence de l'Inde soulevée contre l'Angleterre et des affreuses scènes amenées par ce soulèvement, lord Palmerston eût pensé à établir une telle comparaison.

J'insère dans les *Pièces historiques* n° 11 le texte anglais de ce fragment de discours qui fut publié en entier dans le *Morning Chronicle* du 30 juin 1841.

commande même quelque froideur. Je ne veux rien faire pour être désagréable, rien pour être agréable. Je n'aurai point de mauvais procédé; je ne veux, je ne dois avoir point de procédé gracieux. Je veux marquer que j'ai vu ce que je n'ai pas relevé, que j'ai ressenti ce dont je ne me suis pas plaint. Avec qui se montre peu aimable, la plainte n'est pas digne; l'insouciance ne l'est pas davantage. Je ne réclame jamais que ce qui m'est dû; mais je ne rends rien au delà de ce qu'on m'a donné.

« Voilà, mon cher baron, ce qui règle aujourd'hui ma conduite, et je vous demande, dans les relations que vous aurez encore avec lord Palmerston, de régler vous-même, sur ce que je vous dis là, votre attitude et votre langage, sans roideur, sans affectation, de façon pourtant à ce qu'on s'en aperçoive. La nuance est délicate, mais vous êtes très-propre à la saisir et à la faire sentir. »

Je demandais à M. de Bourqueney une attitude qui convenait très-bien à la judicieuse finesse de son esprit, un peu moins à la disposition naturellement courtoise et douce de son caractère. Il me répondit: « Je comprends parfaitement les motifs qui vous empêchent de seconder lord Palmerston dans sa liquidation du *Foreign-Office*. Je m'attends à une question très *anxious* sur le traité des nègres. Je ferai une réponse vague qui ne sente ni le mauvais, ni le trop bon procédé. Je me tiendrai dans la mesure que vous m'avez si délicatement fixée. » Et quelques jours après: « Lord Palmerston m'a demandé si j'avais une réponse de Votre Excellence relativement à la conclusion de la convention générale pour la suppression de la traite. J'ai répondu que je n'avais encore point d'instructions à cet égard ; mais j'ai évité toute allusion aux causes qui en retardaient l'envoi.— Je suis obligé de me mettre en règle, m'a dit lord Palmerston, et je vais vous adresser une note officielle. Les représentants des trois autres cours ont leurs pouvoirs. C'est la France qui, de concert avec nous, a invité l'Autriche, la Prusse et la Russie à signer en commun une convention générale. Les trois puissances se sont rendues à notre invitation. De votre part ou de la nôtre, un retard n'est plus justifiable.—J'ai encore jeté en avant quelques considérations vagues sur le minutieux examen que nécessitaient les détails de la convention, sur les retards qu'entraînait la division des attributions, en cette matière, entre le ministre des affaires étrangères et le ministre de la marine. Lord Palmerston m'a écouté, mais je ne l'ai pas convaincu. M. Bulwer recevra des instructions analogues à l'esprit et au texte de la note qui me sera adressée et dont j'aurais vainement cherché à prévenir l'envoi. »

Je reçus en effet, et par M. de Bourqueney et par M. Bulwer, une demande officielle de lord Palmerston pour la signature de la nouvelle convention. J'y répondis officiellement par cette dépêche que je chargeai M. de Bourqueney de lui commmuniquer : « J'ai reçu, monsieur, avec la dépêche que vous m'avez écrite le 14 de ce mois, copie de la note que vous a passée lord

Palmerston pour vous exprimer le désir que le gouvernement du roi vous autorisât à signer immédiatement, avec les plénipotentiaires des autres grandes cours, le projet de traité général dressé à Londres, il y a trois ans, dans le but de rendre plus efficace la répression de la traite des noirs. Je n'ai pas besoin de vous dire que, ni sur l'objet de cette convention, ni même sur l'ensemble de ses dispositions, il n'existe et ne peut exister aucun dissentiment entre le gouvernement du roi et celui de Sa Majesté Britannique ; mais quelques-unes des clauses secondaires qu'elle contient paraissent devoir donner lieu à certaines explications qui préviendront, je l'espère, les difficultés que leur exécution pourrait rencontrer. L'opinion publique n'est pas moins prononcée en France qu'en Angleterre contre l'infâme trafic dont il s'agit de faire disparaître les dernières traces; mais elle n'est pas également arrêtée sur l'opportunité de quelques-unes des mesures à prendre pour y parvenir, et à cet égard elle conserve des doutes, des défiances qu'il est nécessaire de dissiper. Ces difficultés ne sont pas insurmontables, et si des questions plus urgentes n'avaient pas, dans ces derniers temps, absorbé toute notre activité, s'il nous avait été possible de fixer sur ce point l'attention publique distraite par d'autres préoccupations, il est probable que nous aurions déjà triomphé des obstacles que je viens de vous signaler. Quoi qu'il en soit, lord Palmerston comprendra qu'il y aurait de l'imprévoyance de notre part à ne pas en tenir compte, et que nous ne saurions nous engager à les écarter assez promptement pour être en mesure de signer, dans le délai qui lui conviendrait, la convention à laquelle il attache, avec raison, une si grande importance. »

Lord Palmerston ne s'en tint pas à sa demande officielle ; il chargea son chargé d'affaires à Paris d'une nouvelle insistance : « M. Bulwer est venu, de la part de lord Palmerston, écrivis-je à M. de Bourqueney, me redire ce que son chef vous a dit et me demander aussi la signature. Comme j'ai vu, par vos dernières lettres, que vous n'aviez pas cru devoir faire sentir à lord Palmerston lui-même mon vrai motif, et que vous aviez, comme vous me le dites, éludé la situation, j'ai voulu prendre à mon compte ce petit embarras. J'ai dit tout simplement à M. Bulwer que la signature immédiate de la convention ne serait pas ici bien comprise ni bien prise de tout le monde, que le ministère de la marine avait des objections à cette extension du droit de visite, qu'il y avait dans notre public, à cet égard, des préjugés, de la susceptibilité, que les journaux crieraient, qu'il y avait là, pour moi, quelque obstacle à surmonter, quelque désagrément passager à subir, et que, pour lui parler vrai, lord Palmerston n'avait pas été assez aimable, pour moi, le 2 novembre dernier, ni pour mon pays, tout récemment, à Tiverton, pour que je me donnasse, à moi-même, un embarras à Paris pour lui procurer, à Londres, un succès.—Et comme je désire, ai-je ajouté, que vous ne voyiez en cela que ce qui y est, comme je suis bien aise de vous montrer quelle est, envers lord Palmerston, la juste mesure de ma pensée et de mon intention, voici ce que j'ai écrit à M. de Bourqueney il y a trois semaines.—Et je lui ai lu, à peu près tout entière, ma lettre particulière à vous du 20 juillet. M. Bulwer a pris cela en homme d'esprit, et je suis sûr qu'il aura écrit notre conversation à lord Palmerston de façon à lui en transmettre une impression juste et, je crois, utile. Je ne fais pas du tout ceci, vous le savez bien, par exigence ou par susceptibilité personnelle; c'est parce que, à mon avis, la dignité de nos relations le commande. Et aussi parce que, au bout de quelque temps, et de peu de temps, j'en suis convaincu, elles y gagneront en sûreté comme en dignité. Quand on saura bien qu'on risque quelque chose à ne pas prendre garde, on prendra garde, et les affaires deviendront d'autant plus faciles qu'on y apportera plus d'attention et moins de fantaisie. »

Je ne m'étais pas trompé sur le rapport que ferait de notre entretien M. Bulwer et sur son effet; je reçus de lui, quelques jours après, ce billet :

« Mon cher monsieur Guizot,

« Je viens de recevoir la lettre ci-jointe de lord Palmerston. C'est tout ce qu'il me dit au sujet de mes lettres. Vous verrez que vous avez été compris. En tout cas, je ne m'estimerais que trop heureux si je contribuais, le moins du monde, à placer sur un pied plus amical les relations de deux hommes si bien faits pour diriger les affaires des deux grandes nations auxquelles ils appartiennent. »

Je reproduis textuellement la lettre de lord Palmerston qui m'était ainsi communiquée, et j'en place le texte anglais dans les *Pièces historiques* jointes à ce volume [1].

Carlton-Terrace, 17 août 1841.

« Mon cher Bulwer,

« Je suis très-fâché de voir, d'après votre lettre de la semaine dernière, que, dans votre entretien avec M. Guizot, vous avez observé qu'il avait dans l'esprit cette impression que, dans certaines circonstances que vous rappelez, je ne parais pas avoir tenu assez de compte de sa situation ministérielle. Vous m'obligeriez beaucoup, si vous en trouviez l'occasion, en vous appliquant à le convaincre que rien n'a été plus éloigné de mon intention. J'ai une grande considération et estime pour M. Guizot; j'admire ses talents, je respecte son caractère, et je l'ai trouvé l'un des hommes les plus agréables avec qui j'aie eu à traiter dans les affaires publiques; il a, sur les choses, des vues larges et philosophiques; il discute les questions clairement, en pénétrant jusqu'au fond, et il se montre toujours préoccupé d'arriver à la vérité. Il est tout à fait invraisemblable que j'aie jamais fait à dessein quelque chose qui pût lui être personnellement désagréable.

« Vous dites qu'il a rappelé trois circonstances dans

---

[1] *Pièces historiques*, n° III.

lesquelles il a paru croire que j'avais, sans nécessité, tenu une conduite embarrassante pour lui. J'essayerai de vous expliquer ma conduite dans chacune de ces circonstances.

« Il vous a parlé d'abord de ma note du 2 novembre dernier en réponse à celle de M. Thiers du 8 octobre précédent. Certainement j'aurais désiré répondre plus tôt à la note de M. Thiers, de telle sorte que ma réponse lui arrivât à lui, et non à son successeur. Je ne l'ai pas pu. J'étais accablé d'affaires de toute sorte et je ne disposais pas de mon temps. Je ne pensais pourtant pas que la retraite de M. Thiers fût une raison de renoncer à lui répondre; sa note du 8 octobre contenait, sur certains points de droit public, des doctrines auxquelles le gouvernement britannique ne pouvait adhérer, et le silence eût été pris pour une adhésion. J'ai cru de mon devoir impérieux, comme ministre de la couronne, de constater officiellement ma réponse. J'ai pensé, je vous l'avouerai, que M. Thiers pourrait se plaindre du retard, et dire qu'en différant de lui répondre jusqu'à ce qu'il fût hors de ses fonctions, je l'avais empêché de me répliquer; mais il ne me vint pas alors à l'esprit que M. Guizot pût ressentir quelque embarras en recevant ma réponse à son prédécesseur.

« Quand M. Guizot, comme ambassadeur ici, me lut la note de M. Thiers du 8 octobre, il me dit, si je ne me trompe, qu'il n'en discuterait pas avec moi les doctrines, et qu'il n'en était pas responsable. Au fait, j'aperçus clairement que M. Guizot reconnaissait les nombreuses méprises et les doctrines erronées que contenait cette note. Il me parut donc que, comme M. Guizot ne pouvait avoir l'intention d'adopter les paradoxes de son prédécesseur, la réfutation de ces paradoxes l'aiderait plutôt qu'elle ne l'embarrasserait dans sa position personnelle, et qu'il valait mieux que cette réfutation vînt de moi, plutôt que de laisser retomber sur lui, par ma négligence, la pénible tâche de réfuter son prédécesseur.

« Secondement, M. Guizot a rappelé ma réponse à une question qui me fut faite dans la chambre des communes sur la guerre entre Buenos-Ayres et Montevideo. La question, à ce qu'il me parut, était de savoir s'il y avait eu, entre l'Angleterre et la France, quelque convention pour intervenir par la force et mettre fin à cette guerre. Je répondis, ce qui était très-exact, qu'aucune convention officielle de cette sorte n'avait été faite entre les deux gouvernements, mais que le gouvernement de Montevideo nous avait, peu de temps auparavant, demandé notre médiation, et que nous avions chargé M. Mandeville de l'offrir à l'autre partie, le gouvernement de Buenos-Ayres. J'aurais peut-être dû faire mention de l'entretien que j'avais eu avec le baron de Bourqueney, et dans lequel il m'avait proposé, de la part de son gouvernement, que nos agents à Buenos-Ayres eussent à s'entendre et à s'entr'aider dans cette affaire. Mais, dans la précipitation de la réplique, il ne me vint pas à l'idée que cet entretien rentrât dans l'objet de la question qui m'était adressée.

« Quant à ce que j'ai dit à Tiverton sur les procédés des troupes françaises en Afrique, j'ai pu me méprendre; mais j'ai choisi à dessein cette occasion comme celle où je pouvais, sans trop d'objections, m'efforcer de servir les intérêts de l'humanité et de mettre, s'il était possible, un terme à des actes qui, depuis longtemps, ont excité les regrets de tous ceux qui les ont observés. Il ne m'est pas venu à l'esprit de me demander si ce que je disais devait être agréable ou désagréable. Les journaux français et même les ordres des généraux français prouvent que tout ce que j'ai dit de ces actes est vrai. Je sentais que le gouvernement anglais ne pouvait convenablement rien dire, sur ce point, au gouvernement français; par la même raison, je ne pouvais en parler de ma place dans le Parlement; j'ai cru que, paraissant comme un simple particulier sur les *Hustings*, devant mes électeurs, je pouvais user de la liberté de langage accordée en pareille circonstance pour attirer l'attention publique sur des procédés auxquels il serait de l'honneur de la France de mettre un terme ; et si le débat public qu'a suscité mon discours devait avoir pour effet de supprimer la millième partie des souffrances humaines dont j'ai parlé, je suis sûr que M. Guizot me pardonnera de dire que je ne croirais pas ce résultat trop chèrement acheté quand même j'aurais offensé par là mon plus ancien et plus cher ami. Je suis sûr aussi que M. Guizot déplore ces actes autant que je puis le faire. Mais je sais bien que, dans le mécanisme du gouvernement, un ministre ne peut pas toujours contrôler les départements qu'il ne dirige pas.

« Nous sommes à la veille de nous retirer, et dans dix jours nos successeurs auront pris notre place. J'espère sincèrement que le gouvernement français les trouvera aussi désireux que nous l'avons été de maintenir, entre la France et l'Angleterre, la plus intime union possible ; je suis parfaitement sûr qu'ils ne pourront l'être davantage, quoi qu'on ait dit ou pensé en sens contraire. »

Je répondis sur-le-champ à M. Bulwer : « Je vous remercie d'avoir bien voulu me communiquer la lettre de lord Palmerston. J'avais pressenti ses raisons sans les trouver bonnes, et j'avoue qu'après avoir relu deux fois sa lettre, je ne les trouve pas meilleures. Mais je suis fort touché des sentiments qu'il vous exprime pour moi, et j'espère qu'il me les conservera. Ce que je vous ai dit de lui l'autre jour, je le lui dirais volontiers à lui-même, et je fais trop de cas de son esprit et de sa loyauté pour croire qu'il en pût être blessé. »

A Londres, le même jour 19 août, le baron de Bourqueney portait à lord Palmerston notre refus officiel de signer sans délai le nouveau traité. Après avoir eu un moment, et par convenance, l'air de discuter les motifs apparents de ce refus, lord Palmerston reprit : « M. Guizot n'aime pas plus la traite que moi ; je connais ses principes, ce sont les miens. Il doit lui être pénible de retarder la conclusion d'un acte, le plus efficacement répressif de tous ceux que nous avons faits jusqu'ici. Quant à moi, il m'eût été sans doute personnellement agréable de couronner, par la signature d'un traité général, dix années de travail et de dévouement à une si bonne cause ; mais je n'ai besoin que de produire les documents et de déposer les pièces diplomatiques sur la table de la chambre, pour prouver à tout le monde que j'avais, en ce qui me concerne, amené l'œuvre aussi près que possible de son exécution. Je n'ai rien à me reprocher, et personne ne me reprochera rien. »

En me rendant compte de cette entrevue, M. de Bourqueney ajoutait : « Tout cela était dit sans aigreur. J'ai laissé tomber. M. Bulwer recevra une dépêche en réponse à celle que j'ai communiquée; puis, tout sera dit. »

Tout fut dit en effet, de ce jour, entre lord Palmerton et moi : mais, après sa chute, et quand le cabinet tory se forma, la situation fut changée : « Je vais consulter sur l'affaire de la traite des nègres, m'avait répondu M. Thiers en 1840, quand je lui avais rendu compte du nouveau projet de convention; je crains de faire traité sur traité avec des gens qui ont été bien mal pour nous. » Ce juste motif d'hésitation avait disparu ; étrangers aux mauvais procédés qui nous avaient blessés, les nouveaux ministres anglais nous témoignaient les dispositions les plus bienveillantes; quoique je n'eusse pas encore alors, avec lord Aberdeen, les liens d'intime amitié qui se sont formés plus tard entre nous, je le savais animé, pour moi, des meilleurs sentiments : « M. Guizot a tous mes vœux, écrivait-il peu après l'avénement de notre cabinet, et je serai empressé de lui prouver mon estime s'il est jamais en mon pouvoir de le faire utilement et efficacement. » Il y avait, entre les deux ministères, des causes de sympathie plus profondes que les bons rapports personnels; sir Robert Peel et ses collègues étaient des conservateurs devenus libéraux; nous étions des libéraux qui devenaient conservateurs; quelles que fussent, entre les deux cabinets, les différences d'origine et de situation, nous avions, sur les devoirs et les conditions du gouvernement dans l'état des sociétés européennes, des idées fort semblables, et, partis de points divers, nous marchions au même but en suivant les mêmes pentes. Il y a, dans ces analogies naturelles de pensée et d'inclination, une secrète puissance qui agit sur les hommes et les rapproche, souvent même sans dessein et à leur insu.

Dès les premiers jours d'octobre 1841, lord Aberdeen me fit demander, par M. de Sainte-Aulaire, quelles étaient mes intentions sur les deux projets de traités, l'un pour la répression de la traite, l'autre pour les relations commerciales des deux pays, qui avaient été préparés sous le cabinet précédent. Il mettait, à la conclusion de l'un et de l'autre, beaucoup de prix. Je répondis à M. de Saint-Aulaire : « Pour les nègres, tout de suite. Pour le commerce, je veux me mieux instruire de l'affaire. Je suis disposé à la conclure aussi; pourtant vous avez bien fait d'annoncer plus de réserve. » La négociation commerciale fut en effet ajournée; mais vers la fin de novembre, M. de Sainte-Aulaire reçut ses pouvoirs pour signer la convention destinée à rendre la répression de la traite des nègres plus générale et plus efficace [1].

Pour mon compte, j'avais fortement à cœur le succès de cette répression entreprise à la fois par l'esprit philosophique et par l'esprit chrétien, et l'une de leurs plus belles gloires communes. Les deux conventions négociées en 1831 et 1833, dans ce dessein, entre la France et l'Angleterre, l'une par le général Sébastiani, l'autre par le duc de Broglie, n'avaient excité, à leur origine, point de rumeur ; l'opposition, comme le ministère, les avait, à cette époque, acceptées sans difficulté, comme nécessaires au triomphe de la cause libérale dans le monde ; elles s'exécutaient depuis dix ans sans que le droit réciproque de visite, qu'elles avaient institué, eût donné lieu à de nombreuses et graves plaintes. Je n'étais pas, comme on vient de le voir, étranger à tout pressentiment des difficultés qui pouvaient s'élever à ce sujet ; mais j'avais la confiance que le sentiment libéral et humain les surmonterait ; de l'aveu du roi et du conseil, j'autorisai sans hésiter la signature du nouveau traité ; elle fut donnée le 20 décembre 1841, et l'échange des ratifications fut fixé au 19 février suivant.

Mais dès que les chambres furent réunies, je reconnus que la lutte serait bien plus sérieuse que nous ne l'avions imaginé, et la veille du jour où elle devait s'ouvrir, j'écrivis au comte de Sainte-Aulaire : « Sachez bien que le droit de visite pour la répression de la

[1] *Pièces historiques*, n° IV.

traite des noirs est, dans la chambre des députés, une grosse affaire. Je la discuterai probablement demain, et sans rien céder du tout ; je suis très-décidé au fond ; mais la question est tombée bien mal à propos au milieu de nos susceptibilités nationales, et j'aurai besoin de peser de tout mon poids, et de ménager beaucoup mon poids en l'employant. Je ne sais s'il me sera possible de ratifier aussitôt que le désirerait lord Aberdeen. Il n'y a pas moyen que les questions particulières ne se ressentent pas de la situation générale, et que, même lord Palmerston tombé, toutes choses soient, entre les deux pays, aussi faciles et aussi gracieuses que dans nos temps d'intimité. » Le débat fut encore plus sérieux que je ne le pressentais en écrivant cette lettre. M. Billault en prit l'initiative, habile à scruter en tous sens une question, à découvrir tous les points d'attaque, et à présenter sans fatigue, quoique trop longuement, et d'une façon incisive sans être violente, une multitude d'arguments spécieux, même quand ils n'étaient pas puissants. Il proposa, à l'adresse de la chambre, un amendement qui attaquait, non-seulement le nouveau traité non encore ratifié, mais les conventions en vigueur depuis 1831 et 1833. M. Dupin vint après lui, avec son raisonnement vif et clair, sa verve familière, et son art naturel de présenter ses raisons, solides ou non, sous le drapeau du sentiment populaire et du commun bon sens. M. Thiers, un peu embarrassé par la convention de 1833 qui avait été conclue pendant qu'il était ministre du commerce et sans objection de sa part, porta la question sur un autre terrain, et combattit l'emploi du droit de visite pour la répression de la traite au nom de la politique maritime de la France pour la défense des droits des neutres. M. Berryer et M. Odilon Barrot entrèrent à leur tour dans l'arène, l'un avec son éloquence abondante, brillante, entraînante, l'autre avec sa gravité un peu vague et en faisant un effort sincère pour maintenir son aversion de la traite à côté de son opposition au moyen jusque-là regardé comme le plus efficace pour la réprimer. L'amiral Lalande, marin consommé et aussi estimé dans la flotte anglaise que dans la sienne propre, exprima, avec une modération adroite, l'antipathie naturelle de la marine française pour le droit de visite accordé à la marine anglaise, même pour un cas tout spécial et à charge de revanche. Toutes les nuances de l'opposition, chacune à son rang et dans sa mesure, s'unirent pour livrer, aux conventions de 1831 et 1833 comme au traité du 20 décembre 1841 et au cabinet, un assaut général. Seul dans son camp, M. de Tracy eut le courage de défendre les conventions de 1831 et 1833 comme indispensables à la répression de la traite, et de repousser l'amendement de M. Billault au nom des croyances et des espérances qu'avait jusque-là nourries le parti libéral.

Mais ce qui fut plus grave encore que ce concours de toute l'opposition, ce fut l'ébranlement qu'elle porta et l'appui qu'elle trouva dans le parti conservateur. Nos amis étaient en majorité dans la commission de l'adresse, et ne se méprenaient point sur la portée de l'amendement de M. Billault dirigé contre le cabinet aussi bien que contre le droit de visite; mais en le repoussant, ils entreprirent de séparer les deux causes, et l'un d'eux, M. Jacques Lefebvre, proposa un amendement qui, tout en témoignant leur adhésion au gouvernement et en l'approuvant de donner « son concours à la répression d'un trafic criminel, » exprimait aussi « leur confiance qu'il saurait préserver de toute atteinte les intérêts de notre commerce et l'indépendance de notre pavillon. »

Très-frappé de cette complication, et décidé, d'un côté, à ne point abandonner nos principes et nos actes quant à la répression de la traite, de l'autre, à ne pas sacrifier à une difficulté incidente le maintien de la politique générale que représentait et soutenait le cabinet, j'entrai dans le débat à plusieurs reprises; je repoussai les attaques de M. Billault, de M. Thiers, de M. Berryer, et le dernier jour venu, je résumai la question et la situation en ces termes : « Un cas a été ajouté à ceux que toutes les nations civilisées ont mis en dehors de la liberté des mers; voilà tout. Ne dites pas qu'il n'y a pas de cas semblables; vous en avez vous-mêmes proclamé à cette tribune. Vous avez parlé de la piraterie, de la contrebande de guerre; vous avez reconnu que, selon les principes avoués par les nations les plus jalouses de la liberté des mers, selon les principes professés par la France elle-même, la contrebande de guerre était interdite et que le droit de visite existait sur les neutres pour arrêter la contrebande de guerre. Ce qu'ont fait les conventions de 1831 et 1833, c'est de considérer la chair humaine comme une contrebande de guerre; elles ont fait cela, rien de moins, rien de plus ; elles ont assimilé le crime de la traite au délit accidentel de la contrebande de guerre. A Dieu ne plaise que la liberté des mers soit compromise à si bon marché ! Il ne s'agit pas plus de la liberté des mers que de la liberté des États-Unis ; les mers restent libres comme auparavant ; il y a seulement un crime de plus inscrit dans le code des nations, et il y a des nations qui s'engagent à réprimer en commun ce crime réprouvé par toutes. Et le jour où toutes les nations auront contracté ce même engagement, le crime de la traite disparaîtra. Et ce jour-là, les hommes qui auront poursuivi ce noble but à travers les orages politiques et les luttes des partis, à travers les jalousies des cabinets et les rivalités des personnes, les hommes, dis-je, qui auront persévéré dans leur dessein sans s'inquiéter de ces accidents et de ces obstacles, ces hommes-là seront honorés dans le monde, et j'espère que mon nom aura l'honneur de prendre place parmi les leurs.

« Il me reste un autre devoir à remplir. J'ai défendu, pour les nègres, la cause de la liberté et de l'humanité ; j'ai aussi à défendre la cause des prérogatives de la couronne. Quand je parle des prérogatives de la couronne, je suis modeste, messieurs, car je pourrais dire aussi que je viens défendre l'honneur de mon pays. C'est l'honneur d'un pays que de tenir sa parole, de ne pas entamer légèrement ce qu'on désavouera deux ou trois ans après. En 1838, au mois de décembre (je n'étais pas alors dans les affaires), la France et l'Angleterre réunies, après y avoir bien pensé sans doute, car de grands gouvernements, de grands pays pensent à ce qu'ils font, la France et l'Angleterre réunies, dis-je, ont proposé à l'Autriche, à la Prusse et à la Russie, non pas d'adhérer simplement aux conventions de 1831 et 1833, mais de faire un nouveau traité dont elles leur ont proposé le texte, conforme au traité qui vous occupe en ce moment. Après deux ou trois ans de négociations, de délibérations, les trois puissances ont accepté; le traité a été conclu. Il n'est pas encore ratifié, j'en conviens, et je ne suis pas de ceux qui regardent la ratification comme une pure formalité, à laquelle on ne peut d'aucune façon se refuser quand une fois la signature a été donnée; la ratification est un acte sérieux, un acte libre; je suis le premier à le proclamer. La chambre peut donc jeter dans cette affaire un incident nouveau; elle peut, par l'expression de son opinion, apporter un grave embarras, je ne dis rien de plus, un grave embarras à la ratification; mais, dans cet embarras, la liberté de la couronne et de ses conseillers reste entière, la liberté de ratifier ou de ne pas ratifier le nouveau traité, quelle qu'ait été l'expression de l'opinion de la chambre. Sans doute cette opinion est une considération grave et qui doit peser dans la balance; mais elle n'est pas décisive, ni la seule dont il y ait à tenir compte. A côté de cette considération, il y en a d'autres, bien graves aussi, car il y a peu de choses plus graves pour un gouvernement que de venir dire à d'autres puissances, avec lesquelles il est en rapport régulier et amical : — Ce que je vous ai proposé il y a trois ans, je ne le ratifie pas aujourd'hui. Vous l'avez accepté à ma demande ; vous avez fait certaines objections ; vous avez demandé certains changements ; ces objections ont été accueillies, ces changements ont été faits ; nous étions d'accord ; n'importe, je ne ratifie pas aujourd'hui.

« Je dis, messieurs, qu'il y a là quelque chose de bien grave pour l'autorité du gouvernement de notre pays, pour l'honneur de notre pays lui-même. L'autorité du gouvernement, l'honneur du pays, l'intérêt de la grande cause qui se débat devant vous, voilà certes des motifs puissants, des considérations supérieures, qu'un ministre serait bien coupable d'oublier. Je le répète en finissant ; quel que soit le vote de la Chambre, la liberté du gouvernement du roi, quant à la ratification du nouveau traité, reste entière ; quand il aura à se prononcer définitivement, il pèsera toutes les considérations que je viens de vous rappeler, et il se décidera sous sa responsabilité. Vous le retrouverez prêt à l'accepter. »

La Chambre approuva hautement ma réserve du droit de la couronne en matière de ratification ; mais, en même temps, elle maintint l'expression officielle de son vœu contre le nouveau traité ; l'amendement de

M. Jacques Lefebvre fut voté presque à l'unanimité. Évidemment le sentiment général pour la répression de la traite n'avait plus la puissance qui, en 1831 et 1833, avait fait adopter sans objection les mesures destinées à le satisfaire. Personne ne contestait le principe ; tout le monde s'empressait à qualifier par les termes les plus sévères ce trafic *coupable, criminel, infâme ;* les plus modérés dans la réaction se faisaient un devoir de reconnaître que, tant qu'elles subsistaient, les conventions de 1831 et 1833 devaient être loyalement exécutées; mais on ne voulait plus se résigner aux inconvénients qu'elles entraînaient, aux efforts qu'elles exigeaient; on redoutait leurs abus bien plus qu'on ne désirait leur efficacité. La passion de la susceptibilité nationale avait remplacé l'élan public pour le triomphe du droit et de l'humanité.

Quels avaient été, depuis onze ans, ces abus d'abord si peu bruyants ou si patiemment supportés? L'Angleterre avait-elle dépassé la limite fixée par l'article 3 de la convention du 30 novembre 1831 qui prescrivait que : « dans aucun cas, le nombre des croiseurs de l'une des deux nations ne fût plus du double de celui des croiseurs de l'autre? » Le nombre des bâtiments visités avait-il été très-considérable et tel que le commerce eût eu beaucoup à en souffrir? Les réclamations contre l'exercice du droit de visite avaient-elles été très-multipliées? Je fis faire, à ce sujet, des recherches dont je résume ici les résultats. Le nombre des croiseurs anglais investis du droit de visite ne s'était pas élevé, de 1833 à 1842, au-dessus de 152; celui des croiseurs français avait été de 120. Sur la côte occidentale d'Afrique, théâtre de la surveillance la plus active comme de la traite la plus fréquente, les croiseurs français avaient visité en 1832 sept navires dont deux français et cinq anglais, en 1833 cinq navires, en 1835 deux, en 1838 vingt-quatre dont huit anglais; les rapports des années 1834, 1836, 1837, 1839 et 1840 n'indiquaient pas le nombre des visites exercées par la station française. Quant aux croiseurs anglais, les années 1838 et 1839 furent les seules sur lesquelles on parvint à recueillir des renseignements un peu précis : en 1838, sur la côte occidentale d'Afrique, cinq bâtiments français avaient été visités par les croiseurs anglais pendant que huit bâtiments anglais étaient visités par les croiseurs français, et en 1839 les croiseurs anglais avaient visité onze bâtiments français. Enfin, quant aux réclamations du commerce français suscitées par les abus du droit de visite, l'examen des archives des ministères des affaires étrangères et de la marine pendant le cours de ces onze années n'en fit connaître que dix-sept, dont cinq ou six avaient obtenu satisfaction; les autres avaient été écartées comme sans fondement, ou délaissées par les réclamants eux-mêmes. C'étaient là sans doute des faits regrettables; mais ni leur nombre, ni leur gravité ne pouvaient suffire à expliquer une clameur si forte, et à justifier le changement de conduite qu'on demandait au gouvernement du roi.

La vraie cause de l'état des esprits était ailleurs, et

suscitait des périls bien plus graves que ceux qui pouvaient résulter du droit de visite. Le traité du 15 juillet 1840 et notre échec dans la question d'Égypte avaient réveillé en France les vieux sentiments de méfiance et d'hostilité contre l'Angleterre. Nous sommes, sur ce point comme sur tant d'autres, dans un travail de transition et de transformation singulièrement difficile pour les gouvernements et critique pour les peuples. Les siècles s'écoulent, mais les faits qui les ont remplis ne disparaissent pas tout entiers, et la trace en demeure longtemps, bien au delà de leurs causes réelles et de leur portée légitime. Notre histoire, ancienne et moderne, était pleine de nos luttes avec l'Angleterre; la dernière, à son issue, ne nous avait pas été favorable, et elle avait laissé dans les cœurs, peuple et armée, un souvenir ardent et amer. Cependant les temps étaient changés; l'une et l'autre nation avaient besoin de la et paix; pour l'une et l'autre, la paix était féconde en progrès de prospérité et de bien-être. A l'accord des intérêts se joignait la ressemblance des institutions; l'esprit de liberté se déployait sur les deux rives de la Manche; l'Angleterre, peuple et gouvernement, avait donné, à la France et à la monarchie de Juillet, d'éclatants témoignages et de solides preuves de sympathie. Les deux pays marchaient ensemble dans les grandes voies de la civilisation libérale et pacifique. Fallait-il en sortir, et compromettre les gloires comme les bienfaits de cette ère nouvelle, pour rentrer dans nos anciennes luttes et obéir au réveil de ces inimitiés nationales si heureusement assoupies depuis vingt-cinq ans? C'était la question qui reparaissait en 1842, à propos du droit de visite, après avoir été, la veille, posée et résolue à propos des affaires d'Égypte. Il ne s'agissait pas seulement de la répression de la traite des nègres ; la politique générale que le cabinet du 29 octobre 1840 avait mission de défendre et de pratiquer était engagée dans le débat.

Malgré les difficultés et les ennuis que j'y prévoyais, je n'hésitai pas un moment sur la conduite que j'avais à tenir. Je mettais le maintien de notre politique générale, à l'extérieur comme à l'intérieur, fort au-dessus de telle ou telle question particulière. Je voyais le parti conservateur dans les chambres bien décidé à me soutenir dans l'ensemble, quoiqu'il m'abandonnât dans l'affaire du droit de visite. Je savais que, dans l'état des choses, j'étais plus propre que tout autre à maintenir les bons rapports avec l'Angleterre, et à tirer mon pays du nouveau mauvais pas où il s'engageait. Je pris la résolution d'ajourner la ratification du traité du 20 décembre 1841, et d'y demander des modifications qui devaient ou le rendre acceptable aux Chambres, ou le faire annuler. Le roi et le conseil adoptèrent mon avis.

Le débat terminé dans la chambre des députés, j'écrivis à M. de Sainte-Aulaire : « Je regrette l'embarras que ceci donnera à lord Aberdeen. Je compatis fort aux embarras de ce genre, car je les connais. J'ai souvent combattu des impressions populaires, jamais une impression plus générale ni plus vive que celle qui s'est manifestée contre ce droit de visite auquel personne n'avait pensé depuis dix ans qu'il s'exerçait. Toute l'amertume que lord Palmerston a semée chez nous a saisi cette occasion pour éclater. Tenez pour certain que, dans l'état des esprits, nous ne pourrions donner aujourd'hui la ratification pure et simple sans nous exposer au plus imminent danger. J'ai établi la pleine liberté du droit de ratifier. J'ai dit les raisons de ratifier. Je maintiens tout ce que j'ai dit. Mais à quel moment pourrons-nous ratifier sans compromettre des intérêts bien autrement graves? C'est ce que je ne saurais fixer aujourd'hui. »

Au moment où j'écrivais cette lettre, j'en reçus une de M. de Sainte-Aulaire qui me rendait compte de sa première conversation avec lord Aberdeen depuis qu'on avait, à Londres, connaissance de notre débat : « Je vous servirais mal, me disait-il, en ne vous disant pas la vérité tout entière. En entrant dans son cabinet, j'ai reconnu l'intention préméditée de me faire entendre les plus grosses paroles. Il a établi « que ce qui se passait dans les chambres ne le regardait pas, qu'il tenait le traité pour ratifié parce que ni délai, ni refus n'était supposable, et que la reine parlerait dans ce sens à l'ouverture de son Parlement. » J'ai répondu que, sauf ces dernières paroles, en pareil cas M. de Metternich me parlerait de même, et que je serais beaucoup plus embarrassé de ce langage dans sa bouche, que dans celle du secrétaire d'État de la reine d'Angleterre. Le chancelier d'Autriche ne se soucie guère des nécessités du gouvernement parlementaire qu'il déteste ; à Londres, on en apprécie trop bien les avantages pour ne pas en respecter les inconvénients. »

La réponse de M. de Sainte-Aulaire était bonne. J'ajoutai en *post-scriptum* à ce que je lui écrivais : « Je ne change rien à ma lettre après avoir lu la vôtre, car la vôtre ne change rien à la situation. Lord Aberdeen se trompe s'il croit agir sur moi par les paroles dont il s'est servi envers vous. Je ne dirai pas qu'elles agiraient plutôt en sens contraire ; ce serait, de ma part, un enfantillage. Mais elles me laissent dans la même disposition où j'étais. Je regrette l'obstacle qu'a rencontré la ratification actuelle du traité. J'ai fait tout ce qui était en mon pouvoir pour le surmonter. Mais je sais mesurer l'importance relative des choses. Il y a six semaines, j'ai maintenu, en principe et de la façon la plus désintéressée, le droit du roi des Pays-Bas à refuser une ratification qu'il refusait sans nécessité extérieure et par sa propre volonté. Je saurais bien, si on m'y obligeait, maintenir le même droit pour notre propre compte, quand il est si évident que le retard, loin de provenir de notre volonté, n'a lieu que malgré nous et après le plus rude combat pour l'éviter. »

Les pouvoirs envoyés le 20 novembre 1841 à M. de Sainte-Aulaire, pour signer le nouveau traité, portaient expressément : *sous la réserve de nos ratifications*. Nous étions donc, non-seulement en principe général, mais en droit spécial et strict, pleinement autorisés à donner ou à ne pas donner une ratification ainsi réservée d'avance. Je rappelai ce texte à M. de Sainte-Aulaire, et je lui transmis en même temps les modifications que nous demandions au traité, comme pouvant seules nous mettre en mesure de le ratifier. Le cabinet anglais refusa de les admettre ; moins à cause de leur importance que pour n'avoir pas l'air de céder aux sentiments de méfiance et d'hostilité contre l'Angleterre qui éclataient en France : « Ce serait là, disait lord Aberdeen à M. de Sainte-Aulaire, une humiliation que nous ne pouvons et ne voulons pas subir. Les symptômes de la société sont graves ici, ajoutait l'ambassadeur; l'opinion qu'on entretient en France une haine violente contre l'Angleterre s'accrédite et provoque la réciprocité. » Je ne regrettai point le rejet des modifications proposées, et j'écrivis sur-le-champ à M. de Sainte-Aulaire : « Maintenant ne demandez rien, ne pressez rien. Le temps est ce qui nous convient le mieux. C'est du temps qu'il nous faut, le plus de temps possible. Prenez ceci pour boussole. »

Nous touchions à un moment critique; le 20 février 1842, jour fixé pour l'échange des ratifications entre les cinq puissances, approchait; il fallait, ce jour-là, déclarer hautement et expliquer notre refus. J'écrivis le 17 février à M. de Sainte-Aulaire : « Voici nos points fixes :

« 1° Nous ne pouvons donner aujourd'hui notre ratification ;

« 2° Nous ne pouvons dire à quelle époque précise nous pourrons la donner ;

« Certaines modifications, réserves et clauses additionnelles sont indispensables pour que nous puissions la donner.

« Ces points reconnus, que peut-on faire?

« On peut ajourner, soit indéfiniment, soit à terme fixe, toutes les ratifications. Je n'ai rien à dire de l'ajournement indéfini. Il est clair que, pour nous, il nous conviendrait. Quant à l'ajournement à terme fixe, nous n'avons pas à nous y opposer; mais nous ne saurions nous engager à ratifier purement et simplement, ce terme venu. Évidemment les circonstances qui entravent, pour nous, la ratification ne sont pas de notre fait, et il n'est pas en notre pouvoir de les faire disparaître à un jour donné. L'ajournement à terme fixe donne, il est vrai, du temps pour que les circonstances changent, et pour que nous nous entendions sur les modifications indispensables; mais il a l'inconvénient de tenir la question en suspens, au vu et su de tout le monde, sans donner la certitude qu'elle soit résolue quand le terme arrivera.

« L'échange actuel des ratifications entre les autres puissances, et le protocole restant ouvert pour la France jusqu'à ce que nous nous soyons entendus sur les modifications réclamées, c'est là, ce me semble, quant à présent, la solution la plus convenable pour tous. Elle consomme, pour les autres puissances, le traité de 1841, et nous laisse, nous, sur le terrain des traités de 1831 et de 1833, en nous donnant, quant au traité de 1841, les chances du temps et d'une nouvelle négociation.

« Du reste, mon cher ami, avant d'aller à la conférence, causez de ceci avec lord Aberdeen. Cherchez avec lui les manières de procéder et les formes qui peuvent le mieux lui convenir. Je vous ai indiqué nos points fixes. Tout ce que nous pourrons faire, dans ces limites, pour atténuer les embarras de situation et de discussion que ceci attire au cabinet anglais, nous le ferons, et nous comptons, de sa part, sur la même disposition. »

La réunion pour l'échange des ratifications eut lieu en effet le 19 février, et M. de Sainte-Aulaire trouva, non-seulement dans lord Aberdeen, mais aussi dans les plénipotentiaires autrichien, prussien et russe, une disposition très-conciliante : « Je sors de la conférence, m'écrivit-il; à midi nous étions réunis au *Foreign-Office*. C'était à moi à attacher le grelot. J'ai dit que je n'avais point mes ratifications, etc., etc. Vous trouverez mon texte dans la note ci-jointe[1]. Lord Aberdeen a répondu que je changeais entièrement la position prise par vous, que vous aviez déclaré en effet ne pouvoir ratifier en ce moment sans les réserves, mais qu'avec les réserves vous auriez ratifié immédiatement, ce qui laissait supposer que, dans un délai indéterminé, vous donneriez les ratifications pures et simples. J'ai répliqué que non-seulement je ne pouvais donner, à cet égard, ni engagement, ni espérance, mais que je devais insister au

[1] *Pièces historiques*, n° V.

contraire sur une rédaction du protocole qui nous laissât la plus complète indépendance. Lord Aberdeen a admis cette indépendance, et insisté seulement pour que je ne vous imposasse point la nécessité de tenir à des réserves sans valeur sérieuse, et auxquelles il était convaincu que vous renonceriez volontiers si l'opinion, toujours si mobile en France, vous le permettait plus tard. M. de Brünnow, qui est en possession de rédiger les protocoles, a ouvert l'avis que celui-ci fût le plus bref possible et constatât seulement que, le plénipotentiaire français n'ayant point apporté les ratifications de sa cour, l'échange avait eu lieu entre les autres plénipotentiaires, le protocole restant ouvert pour la France. » Après quelques explications sur les modifications que nous avions demandées et sur la nécessité d'attendre, à ce sujet, les instructions des cours qui n'en avaient pas encore une connaissance précise, l'avis de M. de Brünnow fût adopté et le protocole rédigé dans des termes qui nous convenaient. « Maintenant, me disait M. de Sainte-Aulaire, agissez à Vienne, Berlin et Pétersbourg ; les rapports envoyés d'ici, même à cette dernière cour, seront, je n'en doute pas, d'une nature conciliante. »

Je lui répondis le 27 février : «Vous avez bien dit et bien agi. La rédaction du protocole est bonne et la situation aussi bonne que le permettent les embarras qu'on nous a faits. J'avais déjà mis Vienne, Berlin et Pétersbourg au courant. J'y suivrai l'affaire. Je compte sur le temps et sur l'esprit de conciliation. Nous n'avons qu'à nous louer du langage tenu à Londres, dans le Parlement. Il a été plein de mesure et de tact. Je craignais une discussion qui vînt aggraver ici l'irritation et mes embarras. Je puis au contraire me prévaloir d'un bon exemple. J'en suis charmé, »

La difficulté diplomatique était ainsi ajournée ; mais de jour en jour, au contraire, la difficulté parlementaire allait s'aggravant. En toute occasion, sur le moindre prétexte, dans l'une et l'autre Chambre, le débat recommençait sur le traité encore en suspens, sur les conventions de 1831 et 1833, sur les plaintes et les réclamations particulières auxquelles leur exécution avait donné et donnait encore lieu. Nos adversaires montaient et remontaient incessamment sur cette brèche toujours ouverte, et nos adhérents, tout en nous restant fidèles sur le fond et l'ensemble de la politique, cédaient volontiers au désir de faire, sur ce point, un peu d'opposition populaire. Les élections générales, qui eurent lieu en juillet 1842 pour la Chambre des députés, révélèrent dans le public la même disposition ; il nous fut clair que la nouvelle Chambre serait aussi prononcée contre le droit de visite que celle qui venait de finir.

Il était indispensable qu'avant l'ouverture de la session de 1843, la question eût fait un pas. J'écrivis au comte de Flahault, ambassadeur du roi à Vienne, le 27 septembre 1842 : « Je n'ai pas besoin de vous dire que nous ne saurions penser et que nous ne pensons nullement à ratifier jamais, quelque modification qu'il dût subir, le traité du 20 décembre 1841. Au premier moment, quand le débat s'est élevé, si les modifications que j'ai indiquées avaient été immédiatement acceptées, peut-être la ratification n'eût-elle pas été impossible. Mais les modifications ont été repoussées; la question est devenue ce que vous savez. Aujourd'hui, il n'y a plus moyen. Pour nous, le traité du 20 décembre 1841 est mort, et tout le monde ici, dans le corps diplomatique comme dans le public, en est aussi convaincu que moi.

« Cependant le protocole resté ouvert à Londres donne à croire que la ratification de la France est encore possible. Les malveillants le disent aux badauds. On le dirait beaucoup et on le croirait un peu dans la prochaine session. Il nous importe qu'on ne puisse plus le dire ni le croire. Nous avons donc besoin que la clôture du protocole vienne clore une situation qui ne peut plus avoir d'autre issue.

«Nous en avons besoin à un autre titre. Dans la prochaine session, les conventions de 1831 et 1833 seront attaquées. Nous devons, nous voulons les défendre. Nous le ferions avec un grand désavantage si le protocole restait encore ouvert et le traité du 20 décembre 1841 suspendu sur nous. Pour que nous puissions nous retrancher fermement dans les anciens traités, il faut que les Chambres et le pays n'aient plus à s'inquiéter du nouveau. Cette inquiétude les entretiendrait dans un état de susceptibilité et d'irritation qu'on ne manquerait pas d'exploiter, comme on l'a déjà si bien fait.

« Tout ce que je vous dis là, je l'ai dit à lord Cowley

et aussi à M. Bulwer qui est allé passer quelques semaines à Londres. Je sais qu'ils en ont écrit et parlé à lord Aberdeen et à sir Robert Peel, et que les deux ministres comprennent la situation et ne feront aucune objection à la clôture du protocole. Mais ils ne croient pas pouvoir prendre, à cet égard, aucune initiative ; ils craignent les *saints* du Parlement, et ne veulent pas qu'on puisse leur dire qu'ils ont eux-mêmes proposé de renoncer à la ratification de la France. Ils sont prêts, si je suis bien informé, à accepter la clôture du protocole, pourvu que la proposition en soit faite par une tierce puissance.

« J'ai parlé de ceci au comte d'Appony. Je lui ai dit que M. de Sainte-Aulaire allait retourner à Londres, qu'il exposerait à lord Aberdeen la situation, et lui dirait que nous ne pouvions songer à ratifier le traité, que par conséquent, en ce qui nous concerne, il est tout à fait inutile que le protocole reste plus longtemps ouvert. J'ai témoigné au comte d'Appony le désir que, sur cette déclaration de la France, le plénipotentiaire autrichien voulût bien demander la clôture pure et simple du protocole, sans aucune observation désagréable ou embarrassante pour nous. Il en a écrit au prince de Metternich, et il vient de me lire une dépêche qui promet de nous rendre ce bon office. M. de Neumann est mandé au Johannisberg, où il recevra des instructions en conséquence. Vous voyez, mon cher comte, que l'affaire est à peu près arrangée ; mais j'ai besoin que vous la connaissiez bien, que vous en causiez avec le prince de Metternich à son retour à Vienne, et que vous le remerciez de la bonne grâce qu'il y a mise. Les affaires sont agréables à traiter avec un esprit droit et grand qui simplifie tout. »

Je donnai en même temps à M. de Sainte-Aulaire, pour la clôture du protocole, des instructions positives. Au premier moment, elles le trouvèrent un peu inquiet; lord Aberdeen lui dit qu'il comprenait que la ratification du traité du 20 décembre 1841 nous était désormais impossible, qu'il ne nous la demanderait jamais, et qu'à l'ouverture du parlement il déclarerait sans équivoque que non-seulement nous n'avions point pris l'engagement de ratifier, mais qu'il n'avait, lui, aucune espérance à cet égard. Cela suffirait, selon lui, pour que la question fût considérée comme close. « Je vous avoue, ajoutait M. de Sainte-Aulaire, que je suis assez de son avis; des déclarations très-nettes de tribune me semblent pouvoir suppléer à la clôture du protocole, et je crains qu'en touchant avec la plume à cette malheureuse affaire, il n'en sorte de nouveaux embarras. Du reste, les intentions sont ici positivement conciliantes; dites-moi votre préférence, et je tâcherai de la faire prévaloir. »

Je lui répondis sur-le-champ : « Chez nous et dans la disposition de notre public, la déclaration dont lord Aberdeen vous a parlé n'aurait pas du tout le même effet que la clôture du protocole. Il y a plus; dans l'état où sera alors l'affaire, je ne la comprendrais pas. Vous serez, dans le cours de ce mois, chargé de déclarer à lord Aberdeen et à la conférence qu'après y avoir bien réfléchi, et à raison de tout ce qui s'est passé depuis dix-huit mois, le gouvernement du roi ne croit pas devoir ratifier le traité, et ne le ratifiera décidément pas, qu'ainsi il n'y a plus, en ce qui le concerne, aucun motif pour que le protocole reste ouvert. Quand vous aurez fait cette déclaration, il n'y aura plus lieu à dire que nous n'avons point pris l'engagement de ratifier, qu'on n'a aucune espérance à cet égard et qu'on ne nous demandera jamais la ratification. Ces paroles supposeraient encore une situation qui ne subsistera plus. Pourquoi a-t-on laissé le protocole ouvert? Dans la perspective de la ratification possible de la France et pour en maintenir la possibilité. C'est là non-seulement ce qui a été fait, mais ce qui a été dit formellement. Quand la France aura définitivement déclaré qu'elle ne saurait ratifier, l'ouverture prolongée du protocole devient absolument sans objet.

« Que signifierait-elle donc et à quelles suppositions pourrait-elle donner lieu?

« On supposerait, ou que le cabinet actuel pourra revenir sur sa déclaration qu'il ne ratifiera point, ou qu'un jour, un autre cabinet pourra et voudra ratifier. Évidemment le protocole ne resterait ouvert que pour l'une ou l'autre de ces deux chances, et tout le monde le croirait ou se croirait en droit de le dire.

« Je n'hésite pas à affirmer que ni l'une ni l'autre de ces chances n'existe, et qu'en les maintenant sur l'horizon, on créerait, entre les deux pays, et à nous dans nos Chambres, de graves embarras.

« A quel moment, en effet, laisserait-on cette perspective encore entr'ouverte ?

« Au moment où les conventions de 1831 et 1833 sont et seront violemment attaquées, et où leur exécution peut donner, donne et donnera lieu à de fâcheux conflits, à des plaintes continuelles.

« Pour défendre les conventions de 1831 et 1833, pour les exécuter sans que les bonnes relations des deux pays en soient, à chaque instant, compromises, j'ai besoin de n'avoir sur les épaules, dans cette affaire, aucun autre fardeau. Celui-là est déjà assez lourd.

« Or la seule perspective d'une résurrection possible du traité du 20 décembre 1841, quelque lointaine et douteuse qu'elle fût, quelques dénégations qu'on en donnât dans l'un et l'autre parlement, serait un fardeau énorme qui m'affaiblirait extrêmement dans la tâche, déjà très-difficile, que j'aurai à remplir. Cette perspective toujours subsistante laisserait aussi subsister, chez nous, toutes les irritations, toutes les susceptibilités, toutes les méfiances. L'opposition les exploiterait avidement. Le moindre incident, dans l'exécution des traités, et il y en aura, nous le voyons bien, deviendrait la source d'amères réclamations et de violents débats.

« La clôture pure et simple du protocole, après notre déclaration que nous ne ratifierons point, peut seule couper court à ces embarras, je dirai à ces dangers. Seule, elle est en accord avec la vérité des choses et avec l'intérêt des bonnes relations entre les deux pays.

Seule, elle nous permettra de recommencer un compte tout à fait nouveau, et de régler les diverses affaires que nous avons ensemble, sans autre difficulté que celle des affaires mêmes. »

Lord Aberdeen était, au fond, de cet avis. Je n'ai point connu d'homme moins emprisonné dans ses propres pensées, ni plus disposé à comprendre les idées et la situation des autres, et à leur faire leur part. Il y avait en lui, à côté d'une prudence qui ne se dissimulait aucune des difficultés d'une affaire et qui ne tentait de les surmonter que pas à pas, une liberté et une équité d'esprit qui le portaient à chercher, dans toute question, la solution la plus juste envers tous. Mais, à propos du droit de visite, il avait affaire, dans son propre cabinet, à des dispositions fort diverses et peu traitables; l'amirauté anglaise et plusieurs des ministres étaient opposés à toute concession; le chef du cabinet, sir Robert Peel, quoique très-judicieux et d'intention très-pacifique, était, en fait de politique extérieure, méfiant, susceptible, prompt à partager les impressions populaires et préoccupé surtout de la crainte d'être ou seulement de paraître dupe ou faible. Quand on apprit à Londres qu'il fallait renoncer à toute attente de notre ratification du traité du 20 décembre 1841, et que nous étions sur le point de faire, à ce sujet, une déclaration positive, de vifs dissentiments s'élevèrent dans le cabinet sur la portée de cette déclaration et sur la façon dont elle devait être accueillie : « Les uns, m'écrivait M. de Sainte-Aulaire, sont très-animés contre notre procédé ; ils veulent qu'on réponde à notre déclaration et pour cela ils préfèrent qu'elle soit motivée ; les autres souhaitent que les choses se passent le plus possible en douceur, qu'aucune réponse ne soit faite à notre déclaration, et pour qu'elle donne moins de prise à une réponse, ils la préfèrent non motivée. D'après ce que je vois et entends, le mode préféré par lord Aberdeen serait la déclaration sans motifs ; à cela, sir Robert Peel objecte que cette déclaration toute sèche a un peu l'air dictatorial, et qu'elle amène naturellement la question : *Mais pourquoi donc ?* Il lui paraîtrait préférable que nous entrassions en explication et dissions que, depuis la signature du traité et avant sa ratification, les Chambres en ayant eu connaissance, elles ont manifesté une opinion dont un monarque constitutionnel doit tenir compte, et qui oppose un obstacle absolu à la ratification ultérieure. Sir Robert Peel ajoute que si vous voyez des inconvénients à avouer aussi positivement la dépendance où se trouve la prérogative de la couronne devant les Chambres, on pourrait dire seulement qu'entre la signature du traité et l'époque fixée pour la ratification, il est survenu en France des faits auxquels le gouvernement a dû avoir égard, et qui rendent la ratification désormais impossible. Lord Aberdeen trouve que sir Robert Peel a raison dans les reproches qu'il adresse à un refus de ratification tranchant et sans motifs. Nous nous sommes séparés sans rien conclure. Il m'a prié d'essayer diverses rédactions répondant aux idées de sir Robert Peel et à la sienne. Je lui ai promis de m'en occuper; mais avant de lui rien montrer, je voudrais recevoir vos instructions. Elles peuvent me revenir vendredi prochain, 28. J'ai l'espoir que notre affaire marcherait ensuite rapidement. »

Mes instructions ne se firent pas attendre : je donnai à M. de Sainte-Aulaire toutes les facilités qu'à Londres on pouvait désirer; je lui envoyai deux projets de rédaction pour la clôture définitive du protocole : l'un contenant, sans motifs, notre déclaration que nous étions résolus à ne pas ratifier le traité du 20 décembre; l'autre, expliquant notre refus « par les faits graves et notoires qui, depuis la signature du traité, sont survenus en France à ce sujet, et que le gouvernement du roi juge de son devoir de prendre en grande considération. »—« Avec ce choix-là, il est difficile, ce me semble, lui disais-je, de ne pas en finir bientôt. »

Pourtant les difficultés et les incertitudes se prolongèrent encore; rien n'est plus difficile, même entre hommes qui, au fond, sont d'accord dans leur intention et leur but, que de donner satisfaction à toutes les susceptibilités et aux apparences que souhaitent les situations diverses : « Remarquez bien, disait lord Aberdeen à M. de Sainte-Aulaire, que vous cédez, dans tout ceci, à des motifs qui peuvent avoir pour vous une valeur déterminante, mais qu'il ne faut pas nous appeler à apprécier, car ils sont très-injurieux pour nous, et nous ne pouvons avec dignité les voir se produire sans les qualifier sévèrement. On est parvenu à persuader en France que nous sommes d'abominables hypocrites, que nous cachons des combinaisons machiavéliques sous le manteau d'un intérêt d'humanité. Vous vous trouvez dans la nécessité de déférer à ces calomnies, et nous faisons suffisamment preuve de bon caractère en ne nous en montrant pas offensés; mais si vous venez, à la face de l'Europe, nous les présenter comme le motif déterminant de votre conduite, force nous est de les repousser comme telles, car notre silence impliquerait une sorte d'adhésion. » Dans ma correspondance particulière avec M. de Sainte-Aulaire, je répondais à toutes ces humeurs, à tous ces ombrages du cabinet et du public anglais; je m'appliquais à mettre en lumière la légitimité, en principe, comme la nécessité, en fait, de notre conduite; ainsi que je l'y autorisais, M. de Sainte-Aulaire montrait mes lettres à lord Aberdeen qui lui dit un jour, en lui en rendant une qu'il avait communiquée à sir Robert Peel : « Les lettres de M. Guizot sont toutes parfaitement belles; mais à les lire, on croirait volontiers que c'est lui qui a toute raison et nous tout le tort, que nous n'avons qu'à nous louer de son procédé, lui à se plaindre du nôtre; enfin que, dans tout ceci, c'est lui, et non pas nous, qui sommes la partie lésée. » « J'ai répondu, me disait M. de Sainte-Aulaire, que jusqu'ici vous ne vous plaigniez point du cabinet anglais, mais que, si vous aperceviez des susceptibilités et des méfiances, il n'y aurait point lieu de s'étonner que vous en fussiez blessé. Quelle est, en effet, ai-je ajouté, la position de M. Guizot en France? Sur quel terrain l'attaquent ses ennemis? Ils lui reprochent sa partialité pour l'Angleterre, sa préférence pour l'alliance anglaise, l'estime qu'il professe pour votre nation et son gouvernement. Si pendant qu'il est poursuivi chez nous pour ces causes, il a aussi à se défendre contre vous, un peu d'humeur de sa part ne serait que légitime. » Lord Aberdeen est convenu qu'il y avait du vrai dans ce que je disais là ; mais il en a rétorqué contre moi une partie : « Si vous êtes attaqué à cause de l'Angleterre, l'Angleterre aussi est attaquée à cause de vous ; les accusations odieuses dont on la poursuit, les passions qu'on soulève, n'ont, au fond, rien de réel contre elle ; ce sont des machines de guerre contre vous ; c'est pour vous faire pièce qu'on a empêché la ratification du traité de 1841 ; c'est pour vous faire pièce qu'on va attaquer ceux de 1831 et 1833. » J'ai bien averti lord Aberdeen de prendre garde aux conséquences pratiques qu'on pourrait tirer de ces prémisses ; sans doute, la stratégie des partis a sa part dans ce qui se passe aujourd'hui en France ; mais les partis n'exploitent que les dispositions qui existent, et si un homme moins intrépide que vous était au pouvoir, il serait, à coup sûr, emporté par la tempête contre laquelle vous luttez. A cela, lord Aberdeen m'a répondu par des protestations très-explicites et, je n'en doute pas, très-sincères de sa confiance en votre loyauté et de son estime pour votre habileté et votre courage. Maintenant, mon cher ami, c'est pour moi un devoir de vous avertir qu'au fond de tout cela est la prévision que nous reviendrons sur les traités de 1831 et 1833, que le parti est pris de ne rien céder sur ce point, et que toute tentative de modifier ces traités aurait pour conséquence nécessaire et immédiate une rupture diplomatique. Ma conviction à cet égard ne s'appuie pas sur telle ou telle parole, mais sur le jugement que je porte de l'ensemble de la situation. »

Les difficultés et les hésitations furent enfin surmontées par le bon vouloir et le bon sens mutuels des négociateurs : lord Aberdeen prit son parti de ne pas tenir compte des exigences de quelques-uns de ses collègues : « Ils veulent une réplique à votre refus de ratifier, dit-il à M. de Sainte-Aulaire, et si je les en croyais, elle serait vive ; mais, au fait, c'est moi, et non pas eux, qui serais responsable des suites ; je ne me laisserai pas pousser. » — « Je présume, ajoutait M. de Sainte-Aulaire, que lui et sir Robert Peel se sont mis d'accord. » Il m'écrivit, en effet, quelques jours après, le 8 novembre 1842 : « Quoique je me sois un peu écarté de la ligne que vous aviez tracée, vous ne serez pas, j'espère, mécontent du résultat. Vous teniez : 1° à déclarer, *sans compliments,* que vous ne ratifieriez, ni à présent, ni plus tard, le traité du 20 décembre 1841 ; 2° à ce que cette déclaration fût admise et le protocole fermé *sans phrases.* J'ai emporté ces deux points, non sans combat, je vous assure. J'ai concédé que notre déclaration de non-ratification serait faite par une note que j'adresserais à lord Aberdeen, lequel convoquera demain la conférence, et lui communiquera ladite déclaration. Il s'est engagé à ne pas laisser mettre dans le protocole une parole désobligeante pour nous : la clôture *sans phrases*. C'est le prince de Metternich qui a suggéré ce mode de procéder. Lord Aberdeen ne l'avait pas goûté d'abord. Hier soir cependant, après une longue et vive discussion entre nous, il a produit cet expédient comme atténuant l'âpreté de nos formes. Il a paru très-satisfait quand j'y ai donné mon adhésion, et m'a quitté précipitamment pour aller le dire à sir Robert Peel qui l'attendait dans une chambre voisine. En reprenant ce matin notre entretien, j'ai été surpris de retrouver lord Aberdeen presque indifférent sur l'expédient auquel il attachait, la veille, tant de prix ; j'ai demandé alors à revenir à la marche plus conforme à mes instructions, dont je ne m'écartais qu'avec grand regret : « Pour Dieu, m'a dit lord Aberdeen, ne revenez pas là-dessus ; pour ma part, je n'y tiens pas beaucoup ; mais quand, hier soir, j'ai annoncé à sir Robert Peel que nous étions, vous et moi, d'accord sur ce point, il en a témoigné une joie extrême, et il serait très-fâché d'un mécompte. M. Guizot, ni vous, ne saurez jamais la dixième partie des peines que cette malheureuse affaire m'a données[1]. »

Peu importent les peines quand le but est atteint ; il l'était complétement en cette occasion ; la complication était dénouée et le traité du 20 décembre 1841 annulé, quant à nous, sans aucune récrimination des autres puissances entre lesquelles il continuait d'être en vigueur, et sans que les bons rapports entre la France et

[1] *Pièces historiques*, n° VI.

l'Angleterre fussent le moins du monde altérés. J'écrivis au comte de Sainte-Aulaire : « Vous avez raison d'être content et je le suis aussi. Votre forme de déclaration par une note écrite et communiquée est au moins aussi nette, peut-être plus correcte, et certainement moins ouverte à la polémique, que ne l'eût été votre déclaration face à face dans la conférence. La rédaction du protocole est bonne. Tout est donc bien et voilà un gros embarras derrière nous. Mais je ne veux pas que, de ce traité non ratifié, il reste, entre lord Aberdeen et moi, le moindre nuage. Ce serait, de lui envers moi comme de moi envers lui, une grande injustice, car nous avons, l'un et l'autre, j'ose le dire, conduit et dénoué cette mauvaise affaire avec une prudence et une loyauté irréprochables. Pour ma part, j'ai lutté tant que la lutte a été possible. J'ai proposé des modifications au traité. J'ai attendu près d'un an. Devais-je aller au delà? Devais-je risquer, sur cette question, notre situation et notre politique tout entière? Évidemment non. Ni l'intérêt français, ni l'intérêt européen, ni l'intérêt des relations de la France et de l'Angleterre n'y auraient rien gagné. J'ai donc pris, au fond, le seul parti raisonnable et convenable. Dans la forme, j'ai voulu que notre résolution, une fois prise, fût franche et nette; je n'ai rien admis qui pût blesser la dignité de mon pays et de son gouvernement; c'était mon devoir. Mais en même temps, je n'ai rien dit, je n'ai rien accueilli, ni paru accueillir dont l'Angleterre pût se blesser. Lord Aberdeen, de son côté, a mis, dans toute l'affaire, beaucoup de bon vouloir et de modération persévérante. Nous étions, l'un et l'autre, dans une situation difficile. Nous avons fait tous deux de la bonne politique. Nous n'en devons garder tous deux qu'un bon souvenir.

« Voilà pour le passé. Maintenant voyons l'avenir, car nous en avons un devant nous, et qui aura bien ses embarras.

« Évidemment, dans la session prochaine, les conventions de 1831 et 1833 seront fort attaquées. Elles le seront par l'opposition, par les intrigants, par quelques conservateurs malveillants ou aveugles. Plus ou moins ouvertement, on me demandera deux choses : l'une, d'éluder, par des moyens indirects, l'exécution de ces conventions ; l'autre, d'ouvrir une négociation pour en provoquer l'abolition. Je repousserai la première au nom de la loyauté, la seconde au nom de la politique. Je ne suis pas un procureur, un chercheur de chicanes. J'exécuterai honnêtement ce qui a été promis au nom de mon pays. Quant à une négociation pour l'abolition des traités, l'Angleterre ne s'y prêterait pas ; son refus entraînerait de mauvaises relations, peut-être la rupture des relations diplomatiques entre les deux pays. Une telle faute ne se commettra point par mes mains. J'ai dit naguère à lord Palmerston qu'il sacrifiait la grande politique à la petite, que l'amitié de la France valait mieux que la Syrie enlevée à Méhémet-Ali. Je n'encourrai pas le même reproche ; la bonne intelligence avec l'Angleterre vaut mieux que l'abolition des traités de 1831 et 1833. C'est là une raison supérieure qui me dispense d'en chercher d'autres.

« Voilà mon plan de conduite, mon cher ami. J'y rencontrerai bien des combats, bien des obstacles, car les préventions sont bien générales, les passions bien excitées, et tous les prétendants au pouvoir se coaliseront, ouvertement ou sous main, pour les exploiter. Pourtant je persévérerai, et je crois au succès ; mais pour que j'y puisse compter, il me faut trois choses :

« 1º La complète exécution, dans les conventions de 1831 et 1833, de toutes les clauses qui peuvent être considérées, en France, comme des garanties ; notamment de l'art. 3 de la convention de 1831 qui veut que le nombre des bâtiments croiseurs soit fixé chaque année par une convention spéciale ;

« 2º Beaucoup de prudence et de modération dans l'exercice du droit de visite. Ceci dépend et du choix des officiers croiseurs et des instructions qu'ils reçoivent. Il ne m'appartient en aucune façon d'intervenir dans le choix des officiers que le cabinet emploie à ce service dans les diverses stations, notamment sur la côte occidentale d'Afrique. Cependant on peut craindre, d'après les faits connus, que quelques-uns de ces officiers n'aient pas toujours été aussi mesurés, aussi calmes, aussi polis qu'il eût été à désirer. Nos gens, à nous, sont fiers et susceptibles ; c'est par le sang-froid et la politesse qu'on peut prévenir la susceptibilité. Je ne puis m'empêcher de remarquer qu'aucune plainte ne s'est élevée de la part des bâtiments anglais visités par nos croiseurs, et il y en a eu souvent. Je me permets donc d'appeler, sur le choix des officiers, toute l'attention, je dirai tout le scrupule du cabinet anglais. C'est par là surtout que nous nous épargnerons de graves et continuels embarras.

« Quant aux instructions, je suis charmé d'apprendre que lord Aberdeen les examine et les fait examiner de très-près. Il n'oublie certainement pas qu'aux termes de l'art. 5 de la convention de 1831, il y a des instructions, *rédigées et arrêtées en commun par les deux gouvernements.* Si ce sont celles-là que lord Aberdeen soumet en ce moment à une révision, cette révision doit aussi se faire en commun, et aucune modification ne peut être arrêtée que de concert. Sans doute il peut, il doit même y avoir, outre les instructions générales et arrêtées en commun, des instructions spéciales personnellement données par chaque gouvernement à ses officiers. Sur celles-là aussi peut-être serait-il utile de nous entendre officieusement. Ni vous, ni personne de votre ambassade n'est, à coup sûr, au courant des détails d'exécution de ce service, et en mesure de s'en entretenir avec les hommes du métier. Jugeriez-vous utile que je vous envoyasse à Londres, comme donneur de renseignements et bon à employer auprès de l'amirauté anglaise, un homme spécial que je demanderais au ministre de la marine et dont vous vous serviriez officieusement?

« Voici mon troisième point nécessaire. Des satisfactions, des réparations équitables et un peu promptes sur les griefs dont nous avons eu ou dont nous pourrons avoir à nous plaindre. Je serai obligé de me montrer, dans les affaires de ce genre, exact et insistant. Je comprends que le cabinet anglais en soit, de son côté, assez embarrassé ; les faits sont souvent douteux, contestés, difficiles et longs à constater. Cependant il y en a de certains. Quelques exemples de ferme impartialité à cet égard seraient d'un excellent effet, et ici dans le public, et dans les diverses stations, sur les croiseurs eux-mêmes. Je ferai tout mon devoir ; mais je tiendrai à tout mon droit.

« En voilà bien long, mon cher ami, et pourtant j'aurais encore, sur le même sujet, bien des choses à vous dire. Mais j'ai dit l'essentiel ; le reste viendra en son temps. Vous voyez ; c'est entre Paris et Londres une situation délicate, prolongée, et une bonne conduite difficile, mais nécessaire à tenir de concert. J'espère que nous y réussirons, comme nous avons déjà réussi ; mais, en conscience, il m'est permis de dire que, dans la difficulté, ma part sera la plus grosse. »

Je ne me trompais pas sur ce point. Dès que la session de 1843 se rouvrit, la nouvelle chambre des députés s'empressa de témoigner, sur le droit de visite, ses sentiments. Bien que le discours du trône n'eût fait aucune mention de la question, les conservateurs, en majorité décidée dans la commission de l'adresse, et prenant pour rapporteur l'un de mes plus intimes amis, M. Dumon, insérèrent dans leur projet de réponse un paragraphe ainsi conçu : « Réunies par un sentiment d'humanité, les puissances s'appliquent à la suppression du trafic infâme des noirs. Nous avons vu avec satisfaction qu'en persévérant à prêter à cette juste entreprise le concours de la France, le gouvernement de Votre Majesté n'a pas donné son assentiment à l'extension des conventions existantes. Pour l'exécution stricte et loyale de ces conventions, tant qu'il n'y sera point dérogé, nous nous reposons sur la vigilance et la fermeté de votre gouvernement. Mais frappés des inconvénients que l'expérience révèle et dans l'intérêt même de la bonne intelligence si nécessaire à l'accomplissement de l'œuvre commune, nous appelons de tous nos vœux le moment où notre commerce sera replacé sous la surveillance exclusive de notre pavillon. »

Il y avait là, à coup sûr, une forte insistance pour que le gouvernement entreprît l'abolition des conventions de 1831 et 1833. L'opposition ne s'en contenta point : elle fit, de l'attaque au droit de visite, une attaque au cabinet et à toute sa politique; elle demanda, pour l'abolition des conventions de 1831 et 1833, une négociation catégorique et immédiate. Le débat se prolongea pendant six jours, et ce ne fut pas sans un peu de triste surprise que je comptai M. de Tocqueville parmi mes adversaires; il me semblait appelé, par l'élévation de son caractère et de ses idées, à se placer, dans cette circonstance, hors des rangs et des routines de l'opposition. En revanche, un jeune député, nouveau dans la Chambre, M. Agénor de Gasparin, défendit avec un vertueux courage la cause presque abandonnée des conventions de 1831 et 1833 qu'il persista à regarder comme nécessaires pour la répression efficace de la traite et peu dangereuses, en réalité, pour la sûreté du commerce et la liberté des mers. Plusieurs amendements furent proposés pour aggraver le paragraphe du projet d'adresse, et le tourner en machine de guerre contre le cabinet. Je pris la parole vers la fin du débat, et après avoir pleinement expliqué l'attitude du cabinet dans son refus de ratifier le traité du 20 décembre 1841, j'ajoutai : « Quant aux traités de de 1831 et 1833, ils étaient, depuis dix ans, conclus, ratifiés, exécutés ; j'ai cru qu'il était de l'honneur de mon pays, comme du mien, de les exécuter loyalement, de ne pas donner un exemple d'une extrême irrégularité et d'une véritable mauvaise foi dans les rapports internationaux. J'en ai donc conseillé à la couronne et j'en ai continué l'exécution. La Chambre sait que cette exécution avait eu lieu avec quelque négligence, et que le laisser-aller apporté par tout le monde, Chambres, public, gouvernement, dans cette question, pendant tant d'années, avait fait tomber en désuétude plusieurs garanties importantes pour nous. Je les ai toutes reprises et redemandées. Il y en a trois : la rédaction d'une convention annuelle pour débattre et régler, selon les circonstances de l'année, le nombre des croiseurs ; la déclaration que les croiseurs seront attachés à une station spéciale, et ne pourront, sans un nouveau mandat, passer de l'une à l'autre ; enfin, égalité, ou à peu près, dans le nombre des croiseurs des deux pays. Aucune de ces trois garanties n'avait été pratiquée depuis dix ans; je les ai réclamées; elles sont toutes en vigueur aujourd'hui. Nous sommes à présent, l'Angleterre et nous, quant à l'exécution des traités de 1831 et 1833, dans le droit strict, complet, loyal.

« Faut-il, outre cela, provoquer actuellement l'abolition de ces traités? Je ne puis me dispenser de rappeler cette maxime que les traités conclus, ratifiés, exécutés, se dénouent d'un commun accord ou se tranchent par l'épée. Il n'y a pas une troisième manière. Le commun consentement, le commun accord pour l'abolition des traités de 1831 et 1833, est-ce le moment de le demander? Y a-t-il chance actuelle de l'obtenir? Le cabinet ne l'a pas pensé, et il n'a pas cru devoir, quant à présent, entamer à ce sujet des négociations. Je ne sache personne qui entame une négociation pour autre chose que pour réussir.

« On demande si le cabinet prendra réellement le sentiment public et le vœu de la Chambre au sérieux. Je serais bien tenté de prendre cette question pour une injure; je ne le ferai pas. Messieurs, si je ne prenais pas au sérieux le sentiment du pays et le vœu de la Chambre dans cette question, savez-vous ce que je ferais? J'ouvrirais une négociation; je l'ouvrirais à l'instant même, sans me préoccuper de ses conséquences probables. Mon opinion, ma prévoyance est qu'actuellement elle ne réussirait pas. Quand elle aurait échoué, je viendrais vous le dire. J'aurais déféré au vœu de la Chambre; j'aurais accompli la seule chose qui dépende du cabinet; je demanderais alors à la Chambre : Maintenant, que voulez-vous? Voulez-vous vous arrêter? Voulez-vous reculer? Voulez-vous poursuivre? J'écarterais ainsi le fardeau des épaules du cabinet pour le reporter sur la Chambre et sur le pays.

« Une telle conduite serait une indignité et une lâcheté. Le cabinet gardera pour lui-même le fardeau. Le cabinet ne mettra pas la Chambre et le pays dans cette alternative que je me suis permis de qualifier ailleurs par ces mots, une faiblesse ou une folie. Il prend trop au sérieux le sentiment public, l'état des esprits, le vœu de la Chambre. Quand le cabinet croira, avec une parfaite sincérité, avec une conviction profonde, qu'une telle négociation doit réussir, que les traités de 1831 et 1833 peuvent se dénouer d'un commun accord, le cabinet l'entreprendra. Auparavant, non; alors, certainement. »

La Chambre approuva hautement cette attitude et ce langage; tous les amendements furent rejetés; et l'adoption pure et simple du paragraphe proposé par la commission de l'adresse prouva à la fois la persistance de la majorité dans son vœu et sa ferme adhésion au cabinet.

Un débat analogue eut lieu dans la chambre des pairs. Fidèle à ses traditions, sa commission avait gardé, sur cette affaire, dans son projet d'adresse, le même silence que le discours du trône. Plusieurs pairs réclamèrent, par voie d'amendement, l'abolition formelle et prompte du droit de visite. Le duc de Broglie les combattit au nom de la commission dont il était rapporteur ; et, reprenant pour son propre compte la question au fond, il la discuta historiquement et politiquement, en principe et en fait, d'une façon tellement lucide et complète que la chambre des pairs, rejetant tous les amendements, persista dans la réserve que s'était imposée sa commission.

Au moment même, l'issue de ces débats était bonne pour le cabinet : les Chambres lui avaient témoigné pleine confiance, et elles l'avaient soutenu contre ses adversaires, quoiqu'elles fussent entrées elles-mêmes dans la voie que ses adversaires avaient ouverte. Mais évidemment le vœu pour l'abolition du droit de visite était général et ne pouvait manquer de devenir chaque jour plus impérieux. J'écrivis au comte de Flahault à Vienne : « La question du droit de visite reste et pèsera sur l'avenir. J'ai sauvé l'honneur et gagné du temps. Mais il faudra arriver à une solution. J'attendrai, pour en parler, que la nécessité en soit partout comprise. Causez-en, je vous prie, avec M. de Metternich. Il sait prévoir et préparer les choses. J'espère que, le moment venu, il m'aidera à modifier une situation qui ne saurait se perpétuer indéfiniment, car elle amènerait chaque année, au retour des Chambres, et dans le cours de l'année, à chaque incident de mer, un accès de fièvre très-périlleux. » A Londres, le comte de Sainte-Aulaire n'avait pas besoin d'être ainsi averti ; son inquiétude au sujet du droit de visite était toujours très-vive :

« Vous me dites, m'écrivait-il, de me tenir, quant à présent, bien tranquille sur cette question-là. Vous avez cent fois raison ; si quelque chose doit être possible un jour, c'est à la condition de ne rien compromettre aujourd'hui. Je ne veux rien exagérer : tout en déclarant sans la moindre hésitation qu'aujourd'hui toute ouverture faite au cabinet anglais aboutirait à une rupture ou à une retraite de fort mauvaise grâce pour nous, je ne prétends pas que cette chance soit à jamais fatale, et qu'à une autre époque, sous l'empire d'autres circonstances, on ne puisse tenter avec succès ce qui m'est impossible aujourd'hui. »

D'autres circonstances survinrent bientôt, très-inattendues et très-propres à nous fournir, pour cette embarrassante affaire, des occasions et des moyens d'agir. Vers la fin d'août 1843, la session des Chambres terminée, la famille royale et le cabinet s'étaient dispersés ; le roi prenait, au château d'Eu, ses vacances d'été ; M. le prince de Joinville et M. le duc d'Aumale étaient allés passer quelques jours à Londres et à Windsor ; M. le duc de Nemours tenait un camp de dix mille hommes à Plélan en Bretagne ; je me reposais, au Val-Richer, des fatigues de la session. De retour à Paris le 23 août, j'eus la visite de lord Cowley qui vint me dire que la reine Victoria était sur le point de faire, au château d'Eu, une visite au roi, et que lord Aberdeen devait l'accompagner. Il n'en était encore informé que par une lettre de M. Henri Greville, mais il tenait la chose pour certaine. J'envoyai sur-le-champ une estafette au roi qui me répondit le lendemain 26 août :

« Oui, mon cher ministre (je commence comme l'Agamemnon de Racine), j'ai tout lieu de croire que nous allons avoir à Eu la royale visite de la reine Victoria et du prince Albert. Elle a chargé mes fils, qui sont arrivés ce matin, de tous ses messages. Seulement elle nous demande de tenir secret jusqu'au 30 août ce qui n'en est plus un, parce que, dit-elle, l'exécution de ce projet pourrait être entravée par la publicité. Je crois donc important, et je viens même de l'écrire à Duchâtel, que nos gazettes, officielles ou ministérielles, ne prennent pas l'initiative de la nouvelle, qu'elles expriment du doute en la révélant, et qu'elles parlent toujours des incertitudes du temps et de la mer, surtout en septembre. La reine doit venir lundi à Brighton, là s'embarquer pour visiter quelques ports anglais de la Manche et ensuite venir au Tréport, en prenant peut-être un pilote français à Cherbourg. Veuillez dire cela à l'amiral Mackau. Je pense que les autorités de terre et de mer sauraient leur devoir pour les saluts de tous les forts, batteries et bâtiments si le pavillon royal d'Angleterre paraissait à Cherbourg. Au surplus, nous en aurons des nouvelles, j'espère. Ici, je suis fort malheureux avec quatre invalides pour servir six pièces, quoique le maréchal en eût ordonné trente l'année dernière. J'ai dit au général Teste de les faire venir en poste de Douai ; tout cela pour faciliter le secret. Puis, de l'argenterie, de la porcelaine. Il n'y a rien ici, que des têtes qui partent. Les logements sont un autre embarras; heureusement, il y a chez Peckham une douzaine de baraques en bois, destinées à Alger, que je vais faire établir dans le jardin de l'église et meubler comme nous pourrons. Je fais arriver soixante lits de Neuilly, et chercher à Dieppe de la toile à voile qu'on va goudronner pour couvrir les toits. Cela sera une espèce de *smala* où le duc d'Aumale donnera l'exemple d'y coucher, comme il a donné celui de charger la *smala* d'Abd-el-Kader. Je fais commander un spectacle pour lundi 4, car la reine compte arriver samedi 2. Il est certain que lord Aberdeen vient avec elle. Ceci nous paraît indiquer l'invitation à lord Cowley; veuillez donc la faire de ma part à lord et lady Cowley et miss Wellesley. Quant à vous, mon cher ministre, vous viendrez quand vous voudrez; mais je vous conseille de venir au plus tard jeudi, afin que nous puissions bien nous entendre et bien causer avant la bordée. Je serai charmé aussi d'avoir ici l'amiral Mackau; *but you will have to excuse the accommodation which will be very indifferent*[1]. *Never mind*, tout ira très-bien. Bonsoir, mon cher ministre. »

A Paris et partout, quand la nouvelle se répandit, l'effet en fut grand; satisfaction pour les uns, humeur pour les autres, surprise pour tous. Chez quelques-uns des membres du corps diplomatique, l'humeur s'épanchait quelquefois en propos étourdis et peu dignes:

« Mais vous aurez à excuser les arrangements qui seront médiocres. »

« Fantaisie de petite fille; un roi n'aurait pas fait cela. »
Et quand on répondait : « Fantaisie acceptée par des ministres qui ne sont pas des petites filles, » l'humeur redoublait : « Ses ministres ne songent qu'à lui plaire, ils tremblent devant elle. » Bientôt pourtant l'humeur se contint devant l'importance du fait et le sentiment public; les impressions du moment même et sur place sont plus vraies que les plus exacts souvenirs; j'insère ici textuellement une lettre où, le soir même, en écrivant à Paris, je racontais l'arrivée et le débarquement de la reine : « A cinq heures un quart, le canon nous a avertis que la reine était en vue. A cinq heures trois quarts, nous nous sommes embarqués dans le canot royal, le roi, les princes, lord Cowley, l'amiral Mackau et moi, pour aller au-devant d'elle. Nous avons fait en mer un demi-mille. La plus belle mer, le plus beau ciel, la terre couverte de toute la population des environs. Nos six bâtiments sous voiles, bien pavoisés, pavillons français et anglais, saluaient bruyamment, gaiement. Le canon couvrait à peine les cris des matelots. Nous avons abordé le yacht *Victoria and Albert*. Nous sommes montés. Le roi était ému, la reine aussi. Il l'a embrassée. Elle m'a dit : « Je suis charmée de vous revoir *ici*. » Elle est descendue, avec le prince Albert, dans le canot du roi. A mesure que nous approchions du rivage, les saluts des canons et des équipages sur les bâtiments s'animaient, redoublaient. Ceux de la terre s'y sont joints. La reine, en mettant le pied à terre, avait la figure la plus épanouie que je lui aie jamais vue :

de l'émotion, un peu de surprise, surtout un vif plaisir à être reçue de la sorte. Beaucoup de *Shake hand* dans la tente royale. Puis les calèches et la route. Le *God save the Queen* et autant de *Vive la reine! Vive la reine d'Angleterre!* que de *Vive le roi!* Il faut croire à la puissance des idées justes et simples. Ce pays-ci n'aime pas les Anglais. Il est normand et maritime. Dans nos guerres avec l'Angleterre, le Tréport a été brûlé deux ou trois fois et pillé je ne sais combien de fois. Rien ne serait plus facile que d'exciter ici une passion populaire qui nous embarrasserait fort; mais on a dit, on a répété : « La reine d'Angleterre fait une politesse à notre roi ; il faut être bien poli avec elle. » Cette idée s'est emparée du peuple et a surmonté souvenirs, passions, tentations, partis. Ils ont crié et ils crieront *Vive la reine!* et ils applaudissent le *God save the Queen* de tout leur cœur. Il ne faudrait seulement pas le leur demander trop longtemps.

« J'ajoute pourtant qu'une autre idée simple et plus durable, la paix, le bien de la paix, est devenue et devient chaque jour plus puissante. Elle domine parmi les bourgeois et aussi parmi les réfléchis et les honnêtes du peuple. Elle nous sert beaucoup en ce moment. On se dit beaucoup : « Quand on veut avoir la paix, il ne « faut pas se dire des injures et se faire la grimace. » Cela était compris aujourd'hui de tout le monde, sur cette rive de la Manche. »

Dès que nous fûmes seuls, lord Aberdeen me dit : « Prenez ceci, je vous prie, comme un indice assuré

de notre politique, et sur la question d'Espagne et sur toutes les questions; nous causerons à fond de toutes. »
Il n'était pas aisé de causer; les journées se passaient en réunions générales, en présentations, en conversations à bâtons rompus dans les salons, en promenades. Le dimanche 3 septembre, après que la reine Victoria eut assisté au service anglican dans une salle du château arrangée à cet effet, le roi la mena, dans un grand char-à-bancs que remplissait la famille royale, au haut d'un plateau d'où l'on avait, sur la mer et sur la forêt, un point de vue admirable; le temps était beau, mais le chemin mauvais, étroit, plein de cailloux et d'ornières; la reine d'Angleterre riait et s'amusait d'être ainsi cahotée en royale compagnie française, dans une sorte de voiture nouvelle pour elle, et emportée par six beaux chevaux normands gris-pommelés que conduisaient gaiement deux postillons avec leurs bruyants grelots et leur brillant uniforme. Nous suivions lord Aberdeen et moi, avec lord Liverpool et M. de Sainte-Aulaire, dans une seconde voiture. Lord Aberdeen venait d'avoir, avec le roi, un long tête-à-tête dont il était content et frappé; content des vues et des intentions politiques que le roi lui avait développées, spécialement sur la question d'Espagne, frappé de l'abondance de ses idées et de ses souvenirs, de la rectitude et de la liberté de son jugement, de la vivacité naturelle et gaie de son langage. «Le roi m'a parlé à fond et très-sérieusement,» me dit-il. Nous causâmes aussi en courant, un peu de toutes choses. Il me dit que, depuis deux mois, la reine

avait projeté ce voyage et en avait parlé à sir Robert Peel et à lui; ils l'avaient fort approuvé, en lui demandant de n'en rien dire jusqu'à la séparation du parlement, pour éviter les questions, les remarques et peut-être les critiques de l'opposition. « La reine, ajouta lord Aberdeen, n'ira point à Paris; elle veut être venue pour voir le roi et la famille royale, non pour s'amuser. » Dans la conversation, je me montrai disposé à me concerter avec lui pour des modifications libérales dans les tarifs mutuels, faites séparément par les deux gouvernements et en conservant leur indépendance, plutôt qu'à conclure un traité solennel et permanent. Il me parut touché de mes raisons, et j'ai su depuis qu'il avait dit à sir Robert Peel : « J'incline à croire qu'en effet cela vaudrait mieux qu'un traité de commerce dont on exagère fort l'importance, et qu'on ne peut jamais faire sans exciter, de l'une ou de l'autre part, beaucoup de mécontentement et de plaintes. »

Au retour de la promenade, à peine descendu de calèche, le roi me demanda quel effet avait produit, sur lord Aberdeen, leur entretien : « Bon, sire, lui dis-je; j'en suis sûr; mais lord Aberdeen ne m'a encore donné aucun détail, il faut que je les attende. » Cette attente contrariait fort le roi. Il était patient à la longue et pour l'ensemble des choses, mais le plus impatient et le plus pressé des hommes au moment même et dans chaque circonstance. Jamais il ne s'était montré, pour moi, plus bienveillant, je pourrais dire plus affectueux : « Nous sommes, me dit-il ce jour-là, bien nécessaires l'un à l'autre ; sans vous, je puis empêcher la mauvaise politique ; ce n'est qu'avec vous que j'en puis faire de bonne. »

Le mardi 5 septembre, pendant une promenade royale à laquelle nous demandâmes la permission de ne pas prendre part, nous passâmes deux heures, lord Aberdeen et moi, à nous promener seuls dans le parc, nous entretenant de toutes choses, de nos deux pays, de nos deux gouvernements, de l'Orient, de la Russie en Orient, de la Grèce, de l'Espagne, du droit de visite, du traité de commerce. Entretien singulièrement libre et franc des deux parts, et auquel nous prenions visiblement, l'un et l'autre, ce plaisir qui porte à la confiance et à l'amitié. Je fus plus frappé que je ne saurais le dire de la tranquille étendue d'esprit et de la modeste élévation de sentiments de lord Aberdeen, à la fois très-impartial et très-anglais, praticien politique sans dédain pour les principes, et libéral par justice et respect du droit, quoique décidément conservateur. Il me parut en même temps avoir peu de goût pour la contradiction publique et ardente, et disposé à préférer, pour atteindre son but, les procédés lents et doux. Le mariage de la reine d'Espagne était évidemment, à ses yeux, notre grande affaire. et le droit de visite notre plus gros embarras : « Il y a deux choses, me dit-il, sur lesquelles mon pays n'est pas traitable, et moi pas aussi libre que je le souhaiterais, l'abolition de la traite et la propagande protestante. Sur tout le reste, ne nous inquiétons, vous et moi, que de faire ce qui sera bon ; je me charge de le faire approuver. Sur ces deux choses-là, il y a de l'impossible en Angleterre et beaucoup de ménagements à garder. » Je lui demandai quelle était, dans la Chambre des communes, la force du parti des *saints:* « Ils sont tous *saints* sur ces questions-là, » me répondit-il. Pourtant je le laissai convaincu que nos Chambres poursuivraient obstinément l'abolition du droit de visite, et qu'il y avait là, entre nos deux pays, une question à laquelle il fallait trouver une solution et un péril qu'il fallait faire cesser.

La visite se termina avec toutes les satisfactions personnelles et tout l'effet politique qu'on y avait cherchés et espérés. La reine Victoria repartit le jeudi 7 septembre pour son royaume, laissant, entre les deux familles royales et entre les ministres des deux États, le germe d'une vraie confiance et d'une rare amitié. Je jouis beaucoup, pour mon compte, de l'épreuve que venait de subir, dans cette rencontre, la politique que j'avais pratiquée; et pendant que la réunion du château d'Eu durait encore, j'écrivis à l'un de mes amis : « Je pense beaucoup à ce qui se passe ici. Si je ne consultais que mon intérêt, l'intérêt de mon nom et de mon avenir, je désirerais, je saisirais un prétexte pour me retirer des affaires et me tenir à l'écart. J'y suis entré, il y a trois ans, pour empêcher la guerre entre les deux plus grands pays du monde. J'ai empêché la guerre. J'ai fait plus : au bout de trois ans, à travers des incidents et des obstacles de tout genre, j'ai rétabli, entre ces deux pays, la bonne intelligence et l'accord. La plus brillante démonstration de ce résultat est donnée en ce moment à l'Europe. Je ne ressemble pas à Jeanne d'Arc; elle a chassé les Anglais de France; j'ai assuré la paix entre la France et les Anglais. Mais vraiment ce jour-ci est, pour moi, ce que fut, pour Jeanne d'Arc, le sacre du roi à Reims. Je devrais faire ce qu'elle avait envie de faire, me retirer. Je ne le ferai pas, et on me brûlera quelque jour, comme elle. »

On ne sort pas des affaires comme on veut, et quand on y est engagé très-avant, on ne s'arrête pas longtemps à la pensée d'en sortir. « C'est un beau spectacle que celui auquel vous assistez, m'écrivait M. Duchâtel[1] qui n'avait pas quitté Paris; je regrette de ne pas le voir; mais il faut faire son devoir en ce monde et préférer les affaires à ses plaisirs. L'effet sera immense, plus grand qu'on ne le pouvait croire au premier abord. Quand les impressions se fortifient en durant, c'est un signe qu'elles sont générales et profondes. Vous me dites que la reine ne viendra pas à Paris. Somme toute, cela vaut mieux; la visite en a un caractère plus marqué. Mais la réception ici aurait été très-belle. J'étais d'abord un peu dans le doute; toutes mes informations sont très-favorables. Le général Jacqueminot trouve la garde nationale très-animée dans le bon sens. » A l'étranger et dans les cours, l'impression, très-différente, n'était pas moins vive : « Il y a longtemps, m'écrivait de Berlin le comte Bresson[2], que je n'ai reçu une aussi

[1] Le 3 septembre 1843.
[2] Le 31 août 1843.

agréable nouvelle que celle de la visite de la reine d'Angleterre à Eu. Mon plaisir ne sera égalé que par le déplaisir qu'on en éprouvera à Pétersbourg et autres lieux. Que va-t-on faire de tous ces engagements malveillants, de ces restrictions blessantes, de toutes ces petitesses qu'on a mêlées, depuis treize ans, aux grandes affaires ? Que nous importe maintenant que tel ou tel prince, de grande, moyenne ou petite cour, juge que ses principes ne lui permettent pas de toucher la terre de France ? La manifestation essentielle est accomplie. Il faut avoir, comme moi, habité, respiré, pendant longues années, au milieu de tant d'étroites préventions, de passions mesquines et cependant ardentes, pour bien apprécier le service que vous avez rendu, et pour savoir combien vous déjouez de calculs, combien de triomphes vous changez en mécomptes, et tout ce que gagne le pays aux hommages qui sont rendus au roi.» De Vienne, le comte de Flahault me donnait, dans un langage moins animé, les mêmes informations : [1] « Vous savez, me disait-il, qu'une étroite union entre la France et l'Angleterre est l'objet de tous mes vœux ; la visite de la reine Victoria au château d'Eu produit ici un très-grand effet. Je ne veux pas dire que la joie que j'en éprouve soit partagée ici, tant s'en faut. Vous pensez bien qu'on ne me le témoigne pas ; mais il m'est facile de voir que le prince de Metternich (et c'est ici ce qu'il y a de plus bienveillant pour nous) est loin d'en être satisfait. Ce

---

[1] Les 11 et 30 septembre 1843.

n'est pas qu'il désire voir régner la mauvaise intelligence entre les gouvernements de France et d'Angleterre ; il est trop partisan de la paix pour cela ; mais il ne verrait pas avec plaisir s'établir entre eux une intimité trop étroite, et l'idée d'une alliance entre la France et l'Angleterre lui est antipathique. Rien ne serait plus de nature à rendre inutile l'influence qu'il est accoutumé à exercer comme grand modérateur et médiateur européen. » Et en même temps que je recevais du dehors ces témoignages du favorable effet d'un événement aussi inattendu pour l'Europe que pour nous, j'entrevoyais la chance de résoudre, selon le vœu des Chambres et du pays, cette question du droit de visite qui pesait si gravement sur nous. Je rentrai à Paris content et confiant, en attendant la session de 1844 et ses débats.

Je me mis à l'œuvre pour en préparer la favorable issue; trois semaines avant la réunion des Chambres, j'écrivis au comte de Sainte-Aulaire [1] : « Reprenez avec lord Aberdeen la conversation que j'ai eue avec lui au château d'Eu sur les conventions de 1831 et 1833 et le droit de visite. La question est un peu amortie; le public s'en montre moins préoccupé; les journaux n'en remplissent plus toutes leurs colonnes ; la prudence des instructions données aux croiseurs a empêché que les griefs ne se multipliassent. Je reconnais cette amélioration de la situation et j'en suis charmé. Mais il ne faut pas s'y

---

[1] Le 6 décembre 1843.

tromper : au fond, la disposition des esprits est la même ; personne n'a oublié la question, ni ceux qui y portent une passion sincère, ni ceux qui s'en font une arme contre le cabinet ; si on supposait que nous l'avons oubliée, et que nous ne nous préoccupons plus d'une affaire qui a si vivement, si généralement ému le pays, on nous la rappellerait bientôt avec un redoublement d'ardeur, vraie ou calculée, qui ranimerait à l'instant la passion publique, et ramènerait les mêmes et peut-être de plus grands embarras. Lord Aberdeen connaît, comme moi, l'amour-propre et la susceptibilité des assemblées. La chambre des députés s'est engagée par ses adresses ; la chambre des pairs n'a pas expressément parlé, mais elle a clairement manifesté les mêmes sentiments, les mêmes désirs. Tout en me refusant à ce qu'on exigeait de moi, tout en luttant contre la mauvaise politique qu'on voulait m'imposer, j'ai dit moi-même que, lorsque l'effervescence se serait calmée, lorsqu'une négociation serait possible sans compromettre notre loyauté dans nos engagements et les bonnes relations des deux pays, je m'empresserais de l'ouvrir. Je ne saurais tarder davantage ; ce qui s'est passé et ce qui se passerait encore m'en fait une nécessité.

« Lord Aberdeen me connaît assez, j'espère, pour être convaincu qu'il y a deux choses, je dirai deux devoirs, que je ne méconnaîtrai et n'abandonnerai jamais : l'un, de poursuivre constamment le but que nous nous sommes proposé en 1831 et pour lequel les conventions de cette époque ne sont qu'un moyen, l'abolition de la traite; l'autre, d'observer fidèlement les traités aussi longtemps qu'ils n'auront pas été changés ou déliés d'un commun accord. J'ai maintenu ces deux principes dans les moments les plus difficiles; j'y serai toujours fidèle; l'honneur de mon pays, de son gouvernement et le mien propre y sont engagés; mais j'ai étudié avec soin la question; il y a, je pense, non-seulement dans la disposition des esprits, mais aussi dans d'autres circonstances survenues depuis 1831, des raisons décisives et en même temps des moyens efficaces de modifier, à certains égards, l'état actuel des choses et d'en préparer un nouveau. Je ne veux aujourd'hui que rappeler à lord Aberdeen la nécessité qui pèse sur nous et dont je l'ai entretenu il y a déjà trois mois. Il a trop de jugement et d'équité pour ne pas la reconnaître. »

M. de Sainte-Aulaire me répondit le 12 décembre :
« J'ai envoyé à lord Aberdeen votre lettre relative aux traités de 1831 et 1833. Nous en avons causé ce matin. Je n'ai point eu à m'étendre sur les considérations qui y sont développées; lord Aberdeen les avait parfaitement comprises et avait très-présente à l'esprit votre conversation du château d'Eu. Je me suis donc borné à lui demander dans quels termes précis je devais vous envoyer la réponse qu'il allait me donner :
« Vous pouvez écrire à M. Guizot, m'a-t-il dit, que, plein de confiance dans la sincérité de sa résolution de travailler à la suppression de la traite, j'accueillerai

toute proposition qui me viendra de lui avec beaucoup de.... *prévenance,* et que je l'examinerai avec la plus grande attention. » Je n'avais, ce me semble, pour aujourd'hui, rien de plus à prétendre ; nous avons parlé d'autres choses ; puis, en nous séparant, j'ai répété sa phrase en disant que j'allais vous l'écrire : « C'est bien cela, a repris lord Aberdeen ; mais prenez bien garde de rien ajouter qui implique une adhésion de ma part à telle ou telle mesure ; il s'est agi à Eu, entre M. Guizot et moi, de commencer une négociation, non pas d'en préjuger l'issue. Je comprends la situation de votre ministère devant ses Chambres ; il doit aussi comprendre la mienne. »

La situation de lord Aberdeen, non-seulement devant ses Chambres, mais dans son cabinet même, n'était en effet point commode, et exigeait, de sa part, autant de mesure que de fermeté persévérante, et de la nôtre, beaucoup de ménagement. Quand il communiqua à sir Robert Peel ma lettre et le projet d'une nouvelle négociation, le premier ministre en témoigna assez d'inquiétude et d'humeur : « Pourquoi rengager à ce sujet, dit-il, un débat parlementaire ? Nous nous sommes déjà montrés très-faciles pour les désirs de la France. M. Guizot pose des principes très-justes pour en faire ensuite une application partiale ; il parle de l'amour-propre et de la susceptibilité des assemblées ; il sait bien que l'Angleterre aussi n'est pas un pays de pouvoir absolu, et que son gouvernement ne peut pas ne pas tenir compte de la fierté et des passions nationales. Jamais la chambre des communes ne consentira à faire des concessions aux exigences de la chambre des députés. — Il ne s'agit ni de concessions, ni d'exigences, répondait lord Aberdeen ; M. Guizot tient compte d'une nécessité de situation dont, nous aussi, nous tiendrions compte pour nous-mêmes, le cas échéant. Il annonce des propositions qu'on n'a pas le droit de repousser *à priori,* car il ne s'agit pas ici d'un intérêt anglais ; la suppression de la traite est un intérêt commun sur lequel la France n'a pas moins que l'Angleterre le droit d'ouvrir un avis. Je ne devine pas quelles mesures M. Guizot peut substituer à la visite réciproque, et certainement je n'accepterai ces mesures que si elles sont efficaces pour la répression de la traite ; mais, pour être en droit de les repousser, il faut les connaître et les avoir discutées. » Sir Robert Peel avait l'esprit trop droit et trop de confiance dans son collègue pour ne pas se rendre à un si honnête et équitable langage ; il fut convenu, entre les deux ministres, qu'on ne se refuserait pas à la négociation.

Quand notre session s'ouvrit[1], le discours de la couronne, en constatant « la sincère amitié qui m'unit, dit le roi, à la reine de la Grande-Bretagne et la cordiale entente qui existe entre mon gouvernement et le sien, » garda, comme de raison, sur la négociation entamée au sujet du droit de visite, un complet silence ; mais la commission chargée, dans la chambre des députés, de

[1] Le 27 décembre 1842.

préparer l'adresse en réponse au discours, connut et comprit parfaitement la situation nouvelle; en se félicitant de la bonne intelligence qui régnait entre les deux gouvernements, elle ajouta dans un paragraphe spécial : « Cette bonne intelligence aidera, sans doute, au succès des négociations qui, en garantissant la répression d'un infâme trafic, doivent tendre à replacer notre commerce sous la surveillance exclusive de notre pavillon. » La Chambre persistait ainsi dans son vœu pour l'abolition du droit de visite, et en même temps elle témoignait sa confiance dans le cabinet chargé d'en poursuivre l'accomplissement. Cela ne convenait pas à l'opposition; M. Billault proposa un amendement qui supprimait tout témoignage de confiance dans le cabinet, et déclarait que la bonne intelligence entre la France et l'Angleterre « n'aurait des chances de durée que le jour où des négociations, conduites avec persévérance, auraient, en continuant de poursuivre la répression d'un trafic infâme, replacé la navigation française sous la surveillance exclusive du pavillon national. » Je repoussai formellement cet amendement :
« J'ai pris au sérieux, dis-je, le vœu des Chambres, et j'en donne en ce moment une preuve, car j'accepte pleinement le paragraphe de votre commission. Ce paragraphe répète textuellement le vœu que le commerce français soit replacé sous la surveillance exclusive du pavillon national. Puisque je l'accepte sans objection, il est évident que c'est là le but que je poursuis.

« En même temps que je suis aussi formel dans

l'expression de ma conduite, j'affirme que je manquerais à tous mes devoirs si je venais communiquer ici des pièces et des détails sur l'état actuel de la négociation, car je lui créerais des difficultés au lieu de la faire marcher.

« On a parlé de toutes les raisons qu'il y avait à donner pour arriver à l'accomplissement du vœu exprimé dans l'adresse. Permettez-moi de garder pour moi ces raisons et de les donner là où il est utile que je les donne. Je n'ai pas besoin de les produire dans cette enceinte; c'est ailleurs qu'il faut que je les fasse valoir, et je les ferai valoir en effet.

« L'amendement de l'honorable M. Billault crée une difficulté dans la négociation, au lieu de me donner une force. Que dis-je? il crée deux difficultés, une qui porte sur moi et une qui s'adresse à Londres. La difficulté qui porte sur moi, c'est que, dans cet amendement, il n'y a pas confiance dans le négociateur; il y a le sentiment contraire. Croyez-vous que vous me donneriez une force à Londres en agissant ainsi? J'ai besoin, pour agir à Londres, de m'y présenter avec la confiance comme avec le vœu de la Chambre. C'est ce que faisait votre adresse de l'année dernière, ce que fait encore l'adresse de votre commission. L'amendement de M. Billault m'ôte une force dans une négociation qu'il m'impose.

« Voici la seconde difficulté qu'il me crée.

« Cet amendement est comminatoire; il a des apparences de menace. Messieurs, il y a ici deux sentiments nationaux, deux amours-propres nationaux en présence. Quel est le devoir de la négociation? D'empêcher que ces deux sentiments ne se heurtent. L'honorable M. Billault fait le contraire; il les oblige à se heurter. C'est là ce qu'à tout prix je veux éviter.

« Laissez la question se débattre entre les deux gouvernements, entre deux gouvernements sérieux et de bonne intelligence, qui connaissent l'un et l'autre les difficultés auxquelles ils ont affaire. Le but est indiqué, par les Chambres françaises au gouvernement français, par le gouvernement français au gouvernement anglais avec lequel il négocie. Apportez de la force aux négociateurs, au lieu de leur créer des embarras. »

La Chambre fut convaincue. M. Billault retira son amendement. Le paragraphe proposé par la commission fut adopté à l'unanimité. Et en 1844, comme en 1842 et 1843, la chambre des pairs garda, dans son adresse, le silence sur cette question.

Je me trouvai dès lors dans la situation qui me convenait pour entrer en négociation à Londres avec autorité et quelques chances de succès. En demandant l'abolition du droit de visite, j'étais l'interprète d'un vœu national, non d'un vote de parti; je ne cédais point à mes adversaires; je parlais au nom de mes propres amis, au nom de ce parti conservateur qui me soutenait fermement dans notre politique générale et dans notre entente cordiale avec le gouvernement anglais. Je commençais à entrevoir des moyens de continuer, sans le droit de visite, à poursuivre efficacement la répression de la traite. Le ministre de la marine, M. de Mackau, et les principaux chefs de son département, entre autres M. Galos, directeur des colonies, étudiaient avec soin cette question. Un jeune et habile officier de marine, M. Bouet-Willaumez, alors simple capitaine de corvette et gouverneur provisoire du Sénégal, nous avait communiqué, au duc de Broglie et à moi, des renseignements et des idées qui nous avaient frappés. Et par une rencontre singulière, au même moment, des idées analogues m'étaient suggérées par lord Brougham, l'un des plus fermes soutiens de l'entente cordiale entre l'Angleterre et la France, et qui venait de me donner, dans la chambre des lords, d'éloquentes marques d'une amicale sympathie. J'écrivis au comte de Sainte-Aulaire [1] : « Il est venu dans l'esprit à lord Brougham, pour remplacer le droit de visite sans que la répression de la traite en souffre, une idée que nous avons ici et que nous étudions depuis six semaines, un système d'escadres combinées, placées alternativement sous un commandant de l'une et de l'autre nation. Je n'y vois pas encore bien clair; mais je crois réellement qu'il y a quelque chose à en tirer, peut-être une solution définitive de la question. Je suis charmé que cette idée germe à Londres comme à Paris, et j'encourage lord Brougham à la cultiver. N'en parlez du reste qu'à lui. Je fais préparer, à ce sujet, un

---

[1] Le 24 février 1841.

travail complet que je vous enverrai plus tard. »

Plusieurs mois s'écoulèrent avant que ces études préparatoires fussent terminées, et dans cet intervalle deux incidents survinrent qui me fournirent l'occasion de faire faire, à la négociation à peine entamée, quelques progrès. Le 1er juin 1844, l'empereur Nicolas arriva en Angleterre, et y séjourna huit jours, à Londres ou à Windsor. Le 8 octobre suivant, le roi Louis-Philippe rendit à la reine Victoria la visite qu'elle lui avait faite au château d'Eu, et passa six jours à Windsor où je l'accompagnai.

Le voyage de l'empereur Nicolas ne nous surprit point. Dès le 16 février, M. de Sainte-Aulaire m'avait écrit : « J'oubliais un fait assez important dont vous garderez le secret, je vous prie. L'empereur de Russie s'est annoncé pour cet été en Angleterre. Au retour du grand-duc Michel, qui faisait de grands récits de son voyage, l'empereur a manifesté, devant M. Bloomfield, secrétaire de l'ambassade anglaise, le désir de juger par lui-même de l'exactitude de ces récits. C'est lord Aberdeen qui me l'a dit. Il n'a pas ajouté qu'une invitation formelle eût été adressée. » Deux mois plus tard, le 16 avril, j'avertis à mon tour notre ambassadeur : « J'ai des raisons de croire, lui écrivis-je, que, vers la fin de mai, l'empereur Nicolas ira tomber à Londres brusquement, comme un voyageur sans façon et inattendu. Il dit et fait dire qu'à son grand regret il ne le peut pas faire cette année. Tout indique pourtant qu'il ira. Il aime les surprises et les effets de ce genre. »

La surprise n'était qu'apparente ; sans avoir été provoqué de Londres, le voyage avait été accepté avec empressement par la cour d'Angleterre, par le cabinet plus que par la reine elle-même. Dès que l'empereur fut arrivé, j'écrivis à M. de Sainte-Aulaire : « Je n'ai, à ce sujet, point de directions particulières à vous donner. Soyez réservé, avec une nuance de froideur. Les malveillants, ou seulement les malicieux, voudraient bien ici que nous prissions de ce voyage quelque ombrage, ou du moins quelque humeur. Il n'en sera rien. Nous ne savons voir dans les choses que ce qu'il y a, et nous sommes inaccessibles à la taquinerie. L'empereur vient à Londres parce que la reine d'Angleterre est venue à Eu. Nous ne le trouvons pas difficile en fait de revanche. Nous sommes sûrs qu'il ne fera à Londres, avec le cabinet anglais, point d'autre politique que celle que nous connaissons. Bien loin de regretter qu'il fasse sa cour à l'Angleterre et qu'elle ait influence sur lui, nous en sommes fort aises; cela est bon pour tout le monde en Europe. Voilà pour le fond des choses. Quant aux formes extérieures, vous savez aussi bien que moi les convenances de notre situation; faites ce qu'elle vous prescrit, rien de moins, rien de plus. Attendez les politesses impériales, et recevez-les avec le respect qui leur est dû, et comme vous étant dues aussi. »

Pendant tout son séjour, l'empereur Nicolas se conduisit en souverain courtisan, venu pour déployer sa bonne grâce avec sa grandeur, soigneux de plaire à la reine Victoria, à ses ministres, à ses dames, à l'aristocratie, au peuple, à tout le monde en Angleterre, gardant toujours, dans ses empressements, beaucoup de dignité personnelle, mais manquant quelquefois de tact et de mesure. Assistant un jour, avec la reine, à une revue, et lui faisant compliment sur la belle tenue de ses troupes, il ajouta en s'inclinant devant elle : « Je prie Votre Majesté de considérer toutes les miennes comme lui appartenant, » et il eut soin de répéter à plusieurs officiers de l'état-major de la reine ce qu'il venait de lui dire. Aux courses d'Ascott, il affecta la plus vive admiration et fit, pour concourir aux frais de ce divertissement national en Angleterre, le don annuel d'une coupe d'or de cinq cents louis, oubliant qu'à ce moment même les amateurs des courses en voulaient un peu au prince Albert à qui ils attribuaient quelque part dans les mesures de police prises récemment contre les jeux qui s'y associaient. Un bal par souscription devait avoir lieu le 10 juin en faveur des réfugiés polonais ; on essaya, mais sans succès, de le faire ajourner ; le baron de Brünnow écrivit à la duchesse de Somerset, la première des dames patronnesses, que l'empereur voyait avec intérêt cette œuvre bienfaisante, et qu'il s'y associerait très-volontiers si la recette ne répondait pas aux vœux du comité; pendant qu'on délibérait dans le comité, fort divisé à cet égard, sur la question de savoir si on accepterait l'argent de l'empereur et si on le remercierait de son offre, il dit avec une humeur mal contenue à Horace Vernet: «On vient encore de me crier dans les oreilles : *Vivent les Polonais!* » Le succès cependant ne lui manqua point à la cour, et à Londres, dans la foule, la singularité de son voyage, la beauté de sa personne, ses manières grandes et ouvertes avec une simplicité superbe excitèrent une curiosité sans bienveillance, mais non sans admiration. Il fut, à tout prendre, plus couru que goûté du public anglais, et il laissa aux observateurs pénétrants l'idée d'un homme qui se drape majestueusement dans un rôle éclatant dont le poids l'inquiète, et qui redoute l'épreuve de l'action quoiqu'il veuille y paraître toujours prêt.

Le lendemain de son départ, lord Aberdeen, causant familièrement avec M. de Sainte-Aulaire, lui faisait compliment de l'accueil, particulièrement gracieux en effet, que lui avait fait l'empereur : « Je n'accepte pas le compliment, dit le comte; des politesses exclusivement personnelles, de la part d'un souverain envers un ambassadeur, sont de véritables inconvenances. L'empereur devait me parler du roi; il ne l'a point fait; je ne lui tiens nul compte de ses prévenances. » Lord Aberdeen dit alors qu'avec la reine Victoria, l'empereur Nicolas s'était également abstenu et n'avait pas prononcé le nom du roi; une fois, le mouvement de la conversation ayant amené ce nom, l'empereur avait laissé sa phrase à moitié et changé brusquement de sujet. M. de Sainte-Aulaire ayant demandé à lord Aberdeen si, avec lui-même, l'empereur s'était tenu dans la même réserve, lord Aberdeen, tout en essayant d'adoucir plutôt que d'aigrir, donna à l'ambassadeur lieu de penser que les sentiments de l'empereur Nicolas étaient toujours les mêmes, et qu'il les manifestait toujours aussi librement : « Il n'a, dit-il, contre votre roi, point d'animosité personnelle ; il reconnaît que, depuis quatorze ans, l'Europe doit beaucoup à son habileté et à sa sagesse ; mais le principe du gouvernement de Juillet est révolutionnaire, et ce principe est essentiellement contraire à ses sentiments et à sa politique. Je n'ai du reste rien à me reprocher, a-t-il ajouté ; en 1830, on m'a fait reconnaître le gouvernement de la France, et depuis, je n'ai rien fait pour lui nuire ; je n'ai pas donné à ses ennemis le moindre appui. Je vois sans le moindre regret votre entente cordiale ; faites-la durer tant que vous pourrez. A vous dire vrai, je ne crois pas que ce soit bien longtemps ; la première bourrasque dans les Chambres l'emportera. Louis-Philippe essayera de résister, et s'il ne se sent pas assez fort, il se mettra à la tête du mouvement pour sauver sa popularité. »

La sagacité de l'empereur Nicolas était en défaut, et il ne pressentait bien ni les événements, ni les hommes ; l'épreuve des plus mauvais comme des meilleurs jours a montré jusqu'où pouvait aller la persévérance du roi Louis-Philippe plutôt que de sacrifier sa politique au maintien de sa popularité.

« Ce sujet exclusivement français étant épuisé, m'écrivait M. de Sainte-Aulaire, j'ai demandé à lord Aberdeen, ce qu'il voulait que je vous mandasse sur le but politique du voyage de l'empereur. — « Je comprends votre curiosité, m'a-t-il répondu ; un voyage d'Angleterre au château d'Eu ou du château d'Eu en Angleterre peut s'expliquer comme partie de plaisir; mais arriver en huit jours de l'extrémité de l'Europe pour y retourner huit jours après, cela ne semble pas aussi simple; et pourtant, en dépit de toute vraisemblance, il est positif que l'empereur n'a fait et n'a essayé de faire ici aucune affaire. Le seul sujet sur lequel nous ayons causé avec détail, c'est l'empire turc; l'empereur en désire beaucoup la conservation et s'inquiète beaucoup de sa faiblesse; mais il ne m'a ni proposé un plan ni laissé voir un projet applicable aux diverses éventualités qu'on peut prévoir. » J'ai cependant remarqué dans la suite de notre entretien, ajoutait M. de Sainte-Aulaire, que l'empereur Nicolas avait protesté que, dans aucun cas, il ne voulait rien pour lui. Il a témoigné une égale confiance dans le désintéressement de l'Angleterre, avec laquelle il est sûr de s'entendre amicalement, quoi qu'il arrive; mais les embarras viendront du côté de la France qui se ruera impétueusement à travers une question qu'il faudrait, le cas échéant, traiter avec tant de réserve et de sagesse. Lord Aberdeen croit sincèrement que ces généralités sont toute la pensée de l'empereur. S'il avait arrêté un plan, s'il était venu en Angleterre pour en préparer l'adoption, il aurait fait assurément quelques ouvertures, et il n'en a fait aucune. »

L'empereur Nicolas n'avait eu garde de proposer, en 1844, à lord Aberdeen, le plan de conquête et de partage de l'empire ottoman, à l'entière exclusion de la France, que neuf ans plus tard, il développa un peu étourdiment à sir George Hamilton Seymour, et qui a coûté à la Russie Sébastopol et l'empire de la mer Noire.

Quoi qu'il en fût de sa confiance ou de sa réserve, cette visite de l'empereur de Russie fut, pour le cabinet anglais, un notable succès de politique et d'amour-propre, et lord Aberdeen n'en dissimulait pas sa satisfaction. Mais loin de le refroidir ou de l'embarrasser dans ses bonnes dispositions pour la France et son gouvernement, cet incident ne fit que l'y animer et le mettre à l'aise; il ne pouvait plus être accusé d'une préférence exclusive et nuisible aux rapports de l'Angleterre avec ses autres alliés. Peu après le départ de l'empereur Nicolas, il parla au comte de Jarnac du voyage du roi à Windsor comme d'une chose convenue, dont la reine Victoria l'entretenait toutes les fois qu'elle le voyait, et qui lui faisait, à lui, autant de plaisir qu'à la reine. Bientôt le bruit s'en répandit en Angleterre, et y fut partout accueilli avec ce contentement, tantôt silencieux, tantôt avide de manifestations publiques et solennelles, qui est le caractère des joies anglaises. Le maire de Liverpool écrivit, dès le 12 septembre, à lord Aberdeen pour témoigner le désir que le roi Louis-Philippe honorât de sa visite la seconde ville commerçante d'Angleterre, offrant de faire lui-même, soit à l'hôtel de ville de Liverpool, soit dans sa propre maison, tous les frais de cette réception. Informé de ce vœu avant son départ pour Windsor, le roi chargea lord Aberdeen de remercier de sa part le maire, en lui témoignant son regret de ne pouvoir s'y rendre : « Je sais, lui dit-il, que je dois m'interdire de telles satisfactions ; je serai et dois être exclusivement l'hôte de la reine (*The Queen's guest*), et je serai bien heureux de lui consacrer entièrement le temps trop court qu'il m'est permis tout juste de passer auprès d'elle. »

A ce moment, j'étais, pour mon compte, assez peu en train de voyager ; je sortais à peine d'une indisposition causée par les fatigues de la session, et qui me laissait encore assez souffrant pour que le roi m'écrivît le 27 septembre : « Mon cher ministre, nul ne peut prendre à votre santé un intérêt plus vif que celui que je lui porte. Vous êtes entouré d'habiles médecins qui doivent connaître votre tempérament mieux que personne ; mais moi qui en ai un bilieux, j'en suis resté sur le système de Tronchin qui a dirigé mes premières années, et je m'en suis bien trouvé. Or, il disait : — Peu de remèdes, des délayants et prenez garde à l'abus des toniques. — Si j'en dis trop, pardonnez-le-moi ; c'est l'intérêt que je vous porte et ma vieille expérience de soixante et onze ans qui me le dictent ; mais je sais bien que je ne suis pas médecin et que je devrais me taire. Ce qui réussit à l'un peut nuire à l'autre. » Quoique je me sentisse faible, j'étais bien décidé à prendre ma part dans cette visite, témoignage éclatant du succès de la politique pour laquelle j'avais tant combattu. Dans la matinée du 7 octobre 1844, je rejoignis le roi au château d'Eu, et le soir même nous nous embarquâmes au Tréport, sur *le Gomer*, belle frégate à vapeur qui devait nous rendre le lendemain matin à Portsmouth. Ce n'est pas la seule fois que j'aie éprouvé la puissance des grands spectacles de la nature et des grandes scènes de la vie pour relever soudainement la force physique et remettre le corps en état de suffire aux élans de l'âme. Pendant la journée, le temps avait été sombre et pluvieux; vers le soir, le soleil reparut, la brise se leva; à six heures et demie, nous entrâmes, le roi, le duc de Monpensier, l'amiral de Mackau et moi, dans le canot de l'amiral de la Susse qui franchit aussitôt la barre du Tréport et rama vers *le Gomer* à l'ancre dans la rade avec deux autres bâtiments à vapeur, *le Caïman* et *l'Elan*, qui nous faisaient cortége. Il était déjà nuit, l'air était frais, les rameurs vigoureux et animés; le canot marchait rapidement; tantôt nous regardions en arrière, vers la rive où la reine, madame Adélaïde, les princesses et leur suite étaient encore debout essayant de nous suivre des yeux sur la mer, à travers la nuit tombante, et de nous faire encore arriver leurs adieux; tantôt nous portions nos regards en avant, vers les bâtiments qui nous attendaient et d'où les cris des matelots montés dans les vergues retentissaient jusqu'à nous. Au moment où nous approchions du *Gomer*, les trois navires sur rade s'illuminèrent tout à coup; les sabords étaient éclairés; des feux du Bengale brillaient sur les bastingages et leurs flammes bleuâtres se réflétaient dans les eaux légèrement agitées. Nous arrivâmes au bas de l'échelle; le roi y mit le pied; le cri de *vive le roi !* retentit au-dessus et autour de nous. Nous montâmes : une compagnie d'infanterie de marine était rangée sur le pont, présentant les armes; les matelots épars redoublaient leurs acclamations. Nous étions émus et contents. Les derniers arrangements se firent; chacun prit la place qui lui était assignée; les feux tombèrent, les lumières disparurent, les canots furent hissés; tout rentra dans l'obscurité et le silence; on leva l'ancre; et quand les trois navires se mirent en route, j'étais déjà couché dans ma cabine où je m'endormis presque aussitôt, avec un sentiment de repos et de bien-être que depuis bien des jours je n'avais pas éprouvé.

Le lendemain, à sept heures, nous étions en vue de Portsmouth. Point de brume; le ciel était pur, la mer calme; le jour naissant nous découvrait les trois villes qui entourent le port, Portsmouth, Portsea et Gosport, et qui, de loin, semblent n'en faire qu'une. Huit petits bâtiments à vapeur, envoyés la veille au-devant de nous pour s'échelonner sur notre route et nous saluer, chacun à son tour, à notre approche, s'étaient ralliés derrière nous et marchaient à notre suite; d'autres bâtiments, mouillés dans la rade, s'étaient spontanément joints à ceux-là; à mesure que nous avancions, notre cortége grossissait; bientôt la mer fut couverte de navires de toute sorte, à voiles, à vapeur, à rames, grands vaisseaux, yachts, canots, barques, si nombreux et si empressés que *le Gomer* fut obligé de ralentir sa marche et de prendre garde pour n'en heurter aucun. Tous ces bâtiments étaient ombragés de leurs pavois; les drapeaux anglais et français flottaient ensemble; tous les équipages montés dans les vergues ou debout sur le pont, toute la population assemblée sur la rive mêlaient leurs hourras aux saluts des batteries du port, des forts et des vaisseaux de ligne. C'était un mouvement et un bruit immenses, en témoignage de joie nationale et pacifique. Entrés et mouillés dans le port, nous attendîmes, pour débarquer, que le train par lequel le prince Albert venait au-devant du roi fût arrivé à Gosport; mais notre attente n'était pas vide; animés du même sentiment que, trois semaines auparavant, le maire de Liverpool avait exprimé à lord Aberdeen, le maire et la corporation municipale de Portsmouth avaient demandé et obtenu l'autorisation de fêter, pour leur propre compte, la venue du roi des Français en Angleterre en lui présentant une adresse; ils vinrent en effet la lui présenter à bord du *Gomer*, et se retirèrent charmés de la réponse qu'ils reçurent de lui, et contents, d'avoir eux aussi, pris place dans cette rencontre des deux souverains et des deux peuples. Cette manifestation municipale de l'esprit national se renouvela quatre fois pendant le voyage du roi, à Portsmouth quand il arriva, à Windsor pendant son séjour, à Douvres quand il repartit, et le 12 octobre, la corporation de la Cité de Londres, regrettant vivement de n'avoir pu fêter le roi dans Londres même, envoya au château de Windsor son lord-maire, ses aldermen, ses schériffs, ses officiers et ses conseillers municipaux chargés de lui présenter aussi, dans une adresse solennelle, ses félicitations, ses hommages et ses vœux. Ce fut une grave et affectueuse cérémonie. J'écrivis le jour même à Paris : « Je sors de la réception de l'adresse de la Cité au roi. Sa réponse a été parfaitement accueillie. Je l'avais écrite ce matin et je l'avais fait traduire par M. de Jarnac. De l'avis de sir Robert Peel et de lord Aberdeen, il fallait qu'elle fût écrite, lue et remise immédiatement par le roi au lord-maire. La reine et le prince Albert ont passé une demi-heure dans le cabinet du roi à revoir et corriger la traduction. C'est une véritable intimité de famille. Au dire de tout le monde ici, cette adresse, votée à l'unanimité dans le *common-concil,* est un événement sans exemple et très-significatif. Sir Robert Peel dit qu'il en est très-frappé. »

A la cour, peuplée alors de torys, quelques-uns ressentaient bien quelque surprise de voir régner, autour d'eux et parmi eux-mêmes, une courtoisie si bienveillante pour la France et pour un roi de France issu d'une révolution; mais ces restes des passions et des routines de parti s'évanouissaient ou se taisaient devant l'évidente amitié de la reine pour le roi Louis-Philippe et sa famille, l'entente cordiale proclamée par le cabinet tory, l'adhésion que donnaient à cette politique les anciens et illustres chefs du parti, le duc de Wellington en tête, et la satisfaction que les whigs ne pouvaient se dispenser d'en témoigner. Ce fut avec l'approbation générale, tory et whig, aristocratique et populaire, que la reine donna au roi Louis-Philippe l'ordre de la Jarretière; et la veille du jour où la Cité de Londres vint présenter au roi son adresse, la cérémonie de l'investiture chevaleresque eut lieu à Windsor, de la main de

la reine Victoria elle-même, avec tout l'éclat de la cour.
Lord Aberdeen, toujours prévoyant et équitable envers
ses adversaires, eut soin que, par une faveur spéciale,
le principal des chefs whigs, lord John Russell, fût
invité à dîner à Windsor la veille du départ du roi, et
il m'engagea à causer librement avec lui des rapports
des deux pays, et même du droit de visite. C'était toujours la question dont il se préoccupait le plus; il s'appliquait à la placer en dehors des querelles de parti, et
il espérait un peu que lord John Russell pourrait s'y
prêter. Lord Palmerston, au contraire, dans la précédente session du parlement, avait tenté de ranimer, à
ce sujet, une polémique passionnée; il avait annoncé
une motion formelle contre toute atteinte au droit de
visite et aux traités qui le consacraient. Le peu de faveur que rencontra son projet, parmi les whigs eux-
mêmes, le fit plusieurs fois ajourner; M. Monckton
Milnes déclara qu'il ferait, à cette motion, un amendement portant que les conventions relatives au droit de
visite pour l'abolition de la traite devaient être regardées comme un essai temporaire, toujours soumis à
l'examen des deux pays; et le jour où lord Palmerston
devait développer sa proposition, la Chambre des communes ne se trouva pas en nombre pour en délibérer.
Le droit de visite était visiblement ébranlé dans la
pensée du parlement et du pays; mais personne n'osait
le dire tout haut et n'entrevoyait par quel autre mode
d'action contre la traite on pourrait le remplacer.

Je m'entretins de la question avec tous les membres

du cabinet qui se trouvaient à Windsor, lord Aberdeen, sir Robert Peel, le duc de Wellington, lord Stanley (aujourd'hui comte de Derby) et sir James Graham. Je leur tins à tous le même langage : « Il se peut, leur dis-je, qu'en soi le droit de visite soit, comme on le pense en Angleterre, le moyen le plus efficace de réprimer la traite; mais, pour être efficace, il faut qu'il soit praticable; or, dans l'état des esprits en France, Chambres et pays, il n'est plus praticable, car s'il est sérieusement pratiqué, il amènera infailliblement des incidents qui amèneront la rupture entre les deux pays. Faut-il sacrifier à cette question particulière notre politique générale, et la paix à la répression de la traite par le droit de visite? Là est la question. Nous croyons, nous, qu'il y a, pour assurer la répression de la traite, d'autres moyens que le droit de visite, et des moyens qui, dans la situation actuelle, seront plus efficaces. Nous vous les proposerons. Refuserez-vous de les examiner avec nous et de les adopter si, après examen, ils paraissent plus efficaces que le droit de visite qui aujourd'hui ne peut plus l'être? »

Lord Aberdeen acceptait pleinement la question ainsi posée, et la posait ainsi lui-même à ses collègues, avec réserve toutefois et en subordonnant l'issue de la négociation à la valeur pratique des nouveaux moyens que nous proposerions. C'était sa nature de paraître toujours moins décidé qu'il ne l'était au fond, et d'attendre patiemment que la réflexion et le temps amenassent à son avis les esprits récalcitrants ou incertains. Sir Robert Peel ne s'expliqua point avec moi sur la question même; il était évidemment perplexe et très-préoccupé de l'opposition que rencontrerait dans le parlement l'abandon du droit de visite et de l'impression qu'en recevrait le public; mais il me témoigna la plus grande confiance, me répéta deux fois que, sur toutes choses, il s'entendait parfaitement avec lord Aberdeen, et à la fin de notre entretien, il me tendit la main avec plus d'abandon que je ne m'y attendais, en me demandant toute mon amitié. Le duc de Wellington vint me voir dans mon appartement et passa avec moi près d'une heure, m'écoutant avec une attention que sa surdité rendait fort nécessaire, s'étonnant que le droit de visite, appliqué pendant dix ans avec si peu de bruit, excitât tout à coup tant de clameurs, assez enclin à croire ces clameurs moins graves que je ne le disais, mais convenant que la bonne intelligence des deux gouvernements valait mieux que le droit de visite, et prêt à accepter ce que décideraient ses collègues. Lord Stanley, après une assez longue conversation dans un coin du salon de la reine, me dit d'un ton franc et ferme : « Je vous promets que je me souviendrai de tout ce que vous m'avez dit; » et sir James Graham me parut, de tous, le plus avancé dans l'intimité de lord Aberdeen, et le plus décidé à marcher, avec lui, du même pas vers le même but. Je quittai Windsor convaincu que le moment était venu d'engager et de poursuivre vivement la négociation.

J'envoyai le 27 novembre à M. de Sainte-Aulaire, en

le chargeant de le communiquer confidentiellement à lord Aberdeen, un mémoire où j'indiquais les nouveaux moyens qui me semblaient propres à remplacer, pour la répression de la traite, le droit de visite, et dans lequel je demandais que des commissaires désignés par les deux gouvernements se réunissent sans retard à Londres, soit pour examiner les moyens que j'indiquais, soit pour en chercher eux-mêmes d'autres si ceux-là ne leur paraissaient pas convenables. J'annonçai moi-même à lord Aberdeen l'envoi de ce mémoire en lui disant : « Nous sommes, vous et nous, dans une situation fausse. Préoccupés surtout du droit de visite, nous perdons de vue la répression réelle de la traite; nous sacrifions le but au moyen. Les conventions de 1831 et 1833, gage et symbole de l'union de la France et de l'Angleterre pour réprimer la traite, ont perdu presque toute leur efficacité pratique, et ne sont plus guère qu'une vaine apparence, un mensonge officiel. Est-ce là une politique sérieuse et digne de nous? N'est-il pas cent fois plus convenable et plus utile d'adopter, pour la répression de la traite, d'autres moyens que nous puissions, vous et nous, pratiquer avec le même zèle et la même confiance, de telle sorte que l'union de la France et de l'Angleterre, dans ce grand but, redevienne quelque chose de vrai et d'efficace? »

L'appel de commissaires spéciaux chargés d'étudier librement la question et de chercher de nouveaux moyens d'action commune aux deux gouvernements convint à lord Aberdeen : « Il a saisi cette idée avec empressement, m'écrivit M. de Sainte-Aulaire; sa responsabilité en sera déchargée, et il pourrait nommer tel commissaire, lord Brougham, par exemple, qui serait, pour nous, une garantie du succès. » Mais, sur le fond même de l'affaire, lord Aberdeen se montra beaucoup plus hésitant : « J'avais compris à Windsor, dit-il à M. de Sainte-Aulaire, que M. Guizot proposait, non pas d'abandonner entièrement le système des traités de 1831 et 1833, mais d'essayer d'un système nouveau pour revenir ensuite à l'ancien, en cas de non-succès, les traités ne cessant pas ainsi d'exister virtuellement.—J'ai répondu, m'écrivit M. de Sainte-Aulaire, que, pour ma part, je ne vous avais jamais entendu rien dire de pareil, et qu'il me paraîtrait impossible de satisfaire nos Chambres à ce prix. Je ne serais pas étonné que lord Aberdeen ne trouvât beaucoup plus difficile de changer les traités de 1831 et 1833 que de les laisser tomber en désuétude par le refus de délivrer aux croiseurs des mandats de visite; ce refus, fait par nous, serait, au pis aller, renvoyé aux avocats de la couronne qui, dans leur système d'interprétation judaïque, ne manqueraient pas de déclarer que nous restons dans la lettre des traités en ne demandant et ne donnant qu'un seul mandat pour un seul croiseur. Je ne vous propose certes pas cet expédient que je ne trouverais ni digne ni utile; mais comment dois-je l'accueillir si lord Aberdeen lui-même me le suggère?»

Lord Aberdeen était fort éloigné de le suggérer, car M. de Sainte-Aulaire en ayant laissé entrevoir l'idée :

« Ce serait une insulte, lui dit-il, et toute négociation deviendrait impossible. Du reste, avant d'ajouter un mot, il faut que je communique, au moins officieusement, le Mémoire de M. Guizot à mes collègues, et surtout que je m'entende avec sir Robert Peel. Le mieux serait peut-être, quand viendra votre communication officielle, qu'elle développât seulement vos objections contre les traités de 1831 et 1833, en raison de leurs inconvénients et de leur peu d'effet pour la suppression de la traite. Puis, sans entrer dans le détail des moyens à substituer au droit de visite réciproque, vous pourriez les indiquer vaguement et proposer la formation d'une commission mixte pour les examiner. Il serait, je crois, beaucoup plus facile d'obtenir l'adhésion du cabinet par cette voie qu'en l'appelant à discuter une proposition complexe. »

Je suivis le conseil de lord Aberdeen; j'adressai le 26 décembre à M. de Sainte-Aulaire, avec ordre de la lui communiquer, une dépêche officielle de laquelle j'écartai toute indication précise des nouveaux moyens de réprimer la traite qui pourraient être substitués au droit de visite. Je me bornai, sur ce point, à des expressions générales marquant le but vers lequel les commissaires devaient tendre, c'est-à-dire la recherche de moyens de répression aussi efficaces que le droit de visite, car cette efficacité était, pour la France comme pour l'Angleterre, la condition essentielle de tout nouveau système. J'indiquai dans quel esprit les commissaires devaient être choisis et quelles dispositions, quelles qualités nous devions chercher en eux; nous aussi, nous voulions, comme lord Aberdeen me l'avait témoigné à Windsor, des hommes considérables, de situation tout à fait indépendante, et connus par leur zèle pour l'abolition de la traite et de l'esclavage[1]. Ma dépêche convint parfaitement à lord Aberdeen qui s'empressa de l'envoyer à sir Robert Peel et, le 30 décembre, M. de Sainte-Aulaire m'écrivit : « Le *premier* ne conteste pas en principe la commission mixte; il raisonne même dans l'hypothèse de son admission, ce qui est l'admettre implicitement; mais il réclame deux choses : 1° La nomination des commissaires; 2° des instructions concertées. Il insiste pour que vous n'annonciez la chose aux Chambres que quand elle sera faite; des paroles, même vagues, prononcées par vous, pourraient préparer de graves embarras. En résumé, il engage fort son collègue à se tenir encore dans une grande réserve. En écoutant la lecture de cette lettre, je n'étais pas trop à mon aise; je craignais des scrupules et des délais; j'ai donc été fort agréablement surpris par le commentaire qui a suivi le texte; lord Aberdeen, qui connaît mieux que nous la valeur des rédactions de sir Robert Peel, ne voit, dans sa lettre, rien qui l'empêche, lui, d'aller en avant; il se propose donc d'envoyer votre dépêche en communication à tous les membres aujourd'hui dispersés du cabinet, et il ne voit plus guère d'incertitude que sur la date plus ou moins rapprochée à laquelle vous recevrez sa réponse. »

[1] *Pièces historiques*, n° VII.

En attendant cette réponse, nous avions, de part et d'autre, à choisir les commissaires. Lord Aberdeen me fit prévenir qu'il nommerait le docteur Lushington, membre du conseil privé et juge de la haute cour d'amirauté, grave et savant homme, honoré pour son caractère comme pour sa science, et l'un des plus ardents ennemis de la traite et de l'esclavage. Je chargeai, à mon tour, M. de Sainte-Aulaire de dire à lord Aberdeen que je demanderais au duc de Broglie d'accepter cette délicate mission : « Si M. de Broglie accepte, répondit lord Aberdeen, M. Guizot devra encore s'exprimer avec beaucoup de réserve devant les Chambres ; mais il pourra dès aujourd'hui regarder le succès de sa proposition comme assuré. » Sir Robert Peel, en effet, informé de ce choix, écrivit à lord Aberdeen qu'il mettait de côté toute objection : « Si cependant, disait-il, M. Guizot quittait le ministère, et si alors le duc de Broglie se retirait de la commission, le choix de son remplaçant pourrait être mauvais, et nous aurions peut-être lieu de regretter notre concession. » En me transmettant ces détails, M. de Sainte-Aulaire ajoutait : « A Windsor, le prince Albert m'a également parlé du bon effet que ferait ici la nomination du duc de Broglie comme commissaire. C'était la première fois que le prince me parlait politique ; je l'ai trouvé plein de sens, bien informé et fort ami de lord Aberdeen. Quant à nous, il est impossible d'être mieux que ne l'ont été la reine et le prince ; les souvenirs du séjour du roi à Windsor y sont vivants comme le lendemain de son départ. »

Presque au même moment où M. de Sainte-Aulaire me donnait ces assurances, je lui écrivais : « Le duc de Broglie consent volontiers à être notre commissaire. A deux conditions seulement : la première, c'est que cela vous conviendra à vous; la seconde, c'est qu'il sera bien entendu qu'il ne se charge de cette mission que pour et avec le cabinet actuel, et que, si le cabinet se retirait, il se retirerait aussi; j'accepte sans regret cette nouvelle marque de son amitié, car j'ai la confiance qu'il n'aura pas lieu de la mettre en pratique. Les bureaux de la Chambre des députés viennent de nommer la commission de l'adresse, et nous y avons huit voix contre deux, et huit voix des plus décidées. La discussion sera vive, mais le succès me paraît assuré. L'opposition a fait peur et a pris peur. Le dépouillement des votes dans les bureaux nous donne cinquante-cinq voix de majorité. »

La discussion de l'adresse fut vive en effet, moins sur le droit de visite que sur des questions plus nouvelles et qui offraient à l'opposition de meilleures chances, entre autres sur la guerre avec le Maroc et sur les affaires de Taïti. Il était difficile de presser fortement le cabinet sur le droit de visite au moment où il venait de faire accepter par le cabinet anglais une négociation sérieuse pour satisfaire au vœu de la Chambre en en réclamant l'abolition. Éclairé par les renseignements qui lui venaient de Londres, M. Thiers engageait lui-même ses amis à ne pas trop déclarer impossible un succès que le cabinet obtiendrait peut-être, et qu'on grossirait en le niant d'avance. Quand je fus appelé, dans l'une et l'autre Chambre, à m'expliquer sur ce point, je me bornai à dire : « La question est très-difficile par elle-même, et certes on n'a pas fait, depuis trois ou quatre ans, ce qu'il fallait pour la rendre plus facile à résoudre. Je ne dis pas que maintenant elle soit pleinement résolue; ne croyez pas que j'étende mes paroles au delà de la réalité des faits; j'aimerais mieux rester en deçà. Si j'en disais plus aujourd'hui qu'il n'y en a réellement, je nuirais à la solution de la question au lieu de la servir. Voici ce qu'il y a de fait. Le gouvernement anglais est en présence d'un esprit national avec lequel il faut qu'il traite, comme nous traitons avec celui de la France. Vous savez avec quelle passion, quelle honorable passion l'abolition de la traite est poursuivie en Angleterre. Or, c'est là l'opinion générale que le droit de visite est, dans ce dessein, le moyen le plus efficace, peut-être le seul efficace. Pour que le gouvernement anglais puisse changer ce qui existe, il faut qu'il reconnaisse lui-même et qu'il fasse reconnaître au parlement, et par le parlement, au pays, qu'il y a, pour réprimer la traite, des moyens autres que le droit de visite, des moyens aussi efficaces, plus efficaces, car dans l'état actuel des faits et des esprits, le droit de visite a beaucoup perdu de son efficacité. Le premier, le plus grand pas peut-être à faire, c'était donc de décider le gouvernement anglais à chercher, de concert avec nous, ces nouveaux moyens de réprimer la traite. C'est là le pas qui a déjà été fait.

Non pour ajourner la difficulté et nous leurrer d'une fausse apparence, mais pour entreprendre sérieusement l'examen et la solution de la question. Et le nom des personnes qui concourront à cet acte sera la meilleure preuve du sérieux que les deux gouvernements y apportent. On dit que nous poursuivons un but impossible. J'espère fermement qu'on se trompe, et que deux grands gouvernements, pleins d'un bon vouloir réciproque et fermement décidés à persévérer dans la grande œuvre qu'ils ont entreprise en commun, réussiront, en tous cas, à l'accomplir. »

Devant la question ainsi posée, tous les amendements présentés contre le cabinet dans la Chambre des députés furent rejetés, et la Chambre des pairs, rompant le silence qu'elle avait gardé jusque-là, inséra dans son adresse ce paragraphe : « Votre Majesté nous assure que les rapports de la France et de l'Angleterre n'ont pas été altérés par des discussions qui pouvaient les compromettre. Nous nous en félicitons avec vous, Sire, bien convaincus que le gouvernement de Votre Majesté persévère dans ses efforts pour aplanir, d'une manière conforme à la dignité et aux intérêts de la France, les difficultés qui pourraient menacer la paix de l'avenir. Le bon accord des deux États importe au repos du monde ; les intérêts de la civilisation et de l'humanité y sont engagés ; le haut degré de prospérité dont jouissent deux grands peuples, qui ont des droits égaux à l'estime l'un de l'autre, en dépend. Puisse un mutuel esprit d'équité présider toujours à leurs relations et hâter le succès des négociations qui, en garantissant la répression d'un odieux trafic, doivent tendre à replacer notre commerce sous la surveillance exclusive du pavillon national! » Loin de nous causer, par ce langage, aucun embarras, c'était un appui que la Chambre des pairs nous apportait.

Arrivé à Londres le 15 mars, le duc de Broglie fut accueilli à la cour, par le cabinet et dans le monde, avec une faveur marquée. Dès le surlendemain, la reine l'invita à dîner; lord Aberdeen et M. de Sainte-Aulaire étaient seuls invités avec lui : « Malgré la semaine sainte, lui dit la reine, je n'ai pas voulu différer de vous recevoir. » Elle lui parla beaucoup du roi, de la famille royale, et toucha en passant à l'affaire pour laquelle il venait, disant seulement : « Ce sera bien difficile. » Il avait passé la veille une heure avec lord Aberdeen : « Il est venu, m'écrivit-il, au-devant de nos propositions; tous les points généraux de l'affaire ont été successivement abordés par lui : la constitution d'une nouvelle escadrille mieux appropriée au service de la répression de la traite et à la poursuite des négriers, la destruction des marchés d'esclaves, la difficulté et les dangers de l'entreprise, la possibilité d'associer, à l'avenir, les Américains au nouveau système. Or, en voyant qu'il était si bien instruit, je n'ai pas refusé la conversation; mais je me suis tenu dans des termes généraux, et j'ai professé la plus grande incertitude sur le résultat de toutes les spéculations tant qu'elles n'ont pas pour base l'accord et l'aveu des hommes du métier; je me suis donc borné à demander qu'avant toutes choses nous entendissions les commandants des stations anglaise et française sur la côte d'Afrique, ce qui a été accepté avec empressement; j'ai simplement ajouté que j'étais autorisé à dire que mon gouvernement ne reculerait devant aucunes dépenses qui seraient jugées nécessaires pour atteindre le but que nous poursuivions. Lord Aberdeen est revenu à la charge sur divers points qu'il avait entamés, et pour peu que je m'y fusse prêté, nous serions entrés tout de suite dans le fond même de la discussion : si j'avais eu affaire à lui seul, peut-être aurais-je cédé à l'envie qu'il témoignait de tout dire et de tout savoir ; mais comme c'est le docteur Lushington qu'il faut convaincre avant tout, je me suis retranché derrière la défiance de nos propres idées, tout en lui donnant à entendre que nous aurions peut-être réponse aux difficultés qu'il entrevoyait. Bref, nous nous sommes séparés en très-bonne intelligence. » Parmi les autres membres du cabinet anglais, sir James Graham et lord Haddington se montrèrent particulièrement bien disposés : « Je vous souhaite, dit le dernier au duc de Broglie, tout le succès possible dans votre entreprise, et je mets tout mon département (l'Amirauté) à votre disposition. » Sir Robert Peel était absent; mais, à son retour, il s'expliqua plus nettement qu'on ne s'y attendait, et approuva formellement la substitution d'un plus grand nombre de croiseurs des deux nations au droit de visite réciproque. Les chefs whigs, presque tous amis du duc de Broglie, l'accueillirent avec leurs anciens sentiments, mais avec beaucoup de réserve et en gardant le silence sur l'objet de sa mission : « Ils sont, m'écrivit-il, fort divisés à cet égard; la partie raisonnable se tient pour battue, ou même désire que nous réussissions; c'est ce que me disait avant-hier lord Clarendon. Lord Palmerston est seul à mettre une très-grande importance aux conventions de 1831 et de 1833; mais, quand il parle, il impose son opinion à beaucoup de personnes bien disposées d'ailleurs. » Une circonstance survint, propre à agir sur le parti whig : la *Société contre l'esclavage*, composée des *saints* les plus chauds et les plus éprouvés, fit remettre au duc de Broglie un mémoire que déjà, l'année précédente, elle avait présenté à sir Robert Peel : « Ce mémoire, m'écrivit-il, établit, moyennant une longue série de citations et d'arguments, que le droit de visite est parfaitement inutile, qu'il n'y a qu'une chose à faire pour abolir la traite, c'est d'abolir l'esclavage, et il conclut qu'on doit répondre à la France : — Abolissez l'esclavage, et il ne sera plus question du droit de visite: s'il vous faut, pour cela, cinq, dix, quinze ans, prenez-les; le droit de visite durera autant que l'esclavage et finira avec lui. — La conclusion est absurde, mais l'argumentation contre le droit de visite a sa valeur, et j'en tirerai parti dans la discussion. Lord Brougham s'est chargé de parler au comité de la Société contre les conclusions du mémoire, et de m'envoyer les membres, un à un, pour que, de mon côté, je les raisonne de mon mieux. » Lord Brougham nous secondait avec un zèle infatigable ; et les apparences étaient si bonnes que le duc de Broglie ne croyait pas se trop avancer en disant à lord Aberdeen : « J'espère, mylord, qu'il vous arrivera dans cette occasion, comme dans bien d'autres, de dire à vos adversaires, comme le Lacédémonien à l'Athénien : *ce que tu dis, je le fais.* C'est vous qui détruirez définitivement la traite des noirs. » Et lord Aberdeen ne refusait pas le compliment.

Mais, soit pour espérer, soit pour craindre, il ne faut pas trop croire, dans les affaires, aux bonnes apparences et aux débuts faciles : tout en témoignant sa disposition favorable, lord Aberdeen, dès qu'on serrait de près les questions, se retranchait derrière le docteur Lushington : « Je ne lui donne, dit-il au duc de Broglie, aucune instruction ; je m'en remets à lui du soin de chercher les expédients, et j'accepterai tout de lui avec confiance. » La première fois que le duc de Broglie vit lord Aberdeen et le docteur Lushington ensemble, il trouva le ministre plus réservé en présence du commissaire qu'il ne l'avait été dans le tête à tête. C'était donc le docteur Lushington surtout qu'il fallait persuader et décider. On s'accordait à dire que c'était un parfait homme de bien, de science et d'honneur, dévoué aux bonnes causes, sensible aux bonnes raisons, mais un peu entêté, pointilleux, préoccupé de son propre sens et de son propre succès. Le duc de Broglie, dont la fierté est absolument exempte d'amour-propre et de toute envie de paraître, évita d'entamer sur-le-champ la controverse, se montra plus pressé de connaître les idées du docteur que de lui exposer les siennes, et s'appliqua d'abord à entrer, avec lui, dans une confiante intimité. Il le pouvait sans affectation et sans perte de temps. La négociation commença par une enquête sur les circonstances de la traite le long des côtes d'Afrique et sur les moyens de la réprimer autrement que par le droit de visite. Six officiers de marine, trois français et trois anglais, furent successivement entendus. Le docteur Lushington avait d'avance témoigné, pour l'un des Anglais, le capitaine Trotter, une grande confiance, et le duc de Broglie avait dans l'un des Français, le capitaine Bouet-Willaumez (aujourd'hui vice-amiral et préfet maritime à Toulon) un marin aussi spirituel qu'expérimenté, plein d'ardeur, d'invention et de savoir-faire, et habile à vivre en bons rapports avec les officiers anglais, même quand il s'empressait un peu trop à les devancer, au risque de les effacer. Sa déposition se trouva complétement d'accord avec celle du capitaine anglais Denman, officier distingué qui avait, comme lui, commandé longtemps sur la côte occidentale d'Afrique. Après une semaine entièrement consacrée à l'enquête, le duc de Broglie et le docteur Lushington entrèrent en conférence sur leurs vues et leurs plans mutuels.

Celui que le duc de Broglie communiqua au docteur Lushington, comme conforme aux instructions de son gouvernement et à sa conviction personnelle après l'étude scrupuleuse des faits, était simple et court ; il consistait à déclarer d'abord l'impossibilité de maintenir « sous quelque forme et dans quelques limites que ce puisse être, » le droit de visite réciproque établi par les conventions de 1831 et 1833, et à mettre à la place : 1° sur la côte occidentale d'Afrique, principal théâtre de la traite, deux escadres, française et anglaise, composées l'une et l'autre d'un nombre considérable et déterminé de bâtiments croiseurs, à vapeur et à voiles, chargés de poursuivre, chacun sous son pavillon, les bâtiments suspects de traite ; 2° Des traités conclus avec les chefs indigènes des points de la côte sur lesquels se tenaient communément les marchés d'esclaves, pour obtenir d'eux l'engagement d'interdire la traite sur leur territoire, et l'autorisation d'intervenir à terre et par la force, s'il y avait lieu, pour faire respecter cette interdiction et détruire les *barracons* ou lieux et instruments de marché [1].

Le plan du docteur Lushington était plus long et plus compliqué ; il faisait deux choses inacceptables pour nous : 1° Au lieu d'abolir les conventions de 1831 et 1833, il se bornait à les suspendre pendant cinq ans, en les remplaçant par le nouveau système proposé pour la répression de la traite, et en déclarant qu'au bout de cinq ans elles rentreraient en vigueur *ipso facto*, à moins qu'elles ne fussent expressément abrogées, du consentement des deux gouvernements ; 2° Il établissait, en principe et au nom du droit des gens, la doctrine soutenue par le gouvernement anglais, dans ses

[1] *Pièces historiques*, n° VIII.

relations avec les États-Unis d'Amérique, sur le droit de vérifier la nationalité des bâtiments soupçonnés d'arborer, pour dissimuler des actes essentiellement illégitimes, un pavillon qui n'était pas le leur; ce qui maintenait, indirectement et sous une dénomination générale, le droit de visite spécialement institué contre la traite [1].

Sur le premier point, la question était simple, et dès l'ouverture de la négociation, notre but avait été positivement déterminé. Sur le second point, une grave difficulté s'élevait; il était impossible de poser en principe que, pour échapper à toute surveillance, il suffisait à un bâtiment engagé dans un acte essentiellement illégitime, piraterie ou traite, d'arborer un pavillon autre que le sien, et on ne pouvait pas non plus reconnaître formellement aux bâtiments de guerre le droit d'arrêter et de visiter, en temps de paix, les bâtiments de commerce, sous prétexte de vérifier leur nationalité. Dès que le duc de Broglie m'informa avec précision de la difficulté, je lui répondis : « Je crains bien qu'il ne soit impossible de faire comprendre ici, au gros du public, la différence entre la visite pour la répression de la traite et la visite pour la vérification de la nationalité. Et quand nous la ferions comprendre, il suffit que les Américains repoussent, en principe, la seconde visite comme la première, pour la décrier également parmi nous. Ou je me trompe fort, ou si notre

---

[1] *Pièces historiques*, n° IX.

négociation avait pour unique résultat de mettre cette visite-ci à la place de l'autre, elle ne produirait aucun bon effet et aggraverait plutôt la situation. » Une longue et subtile controverse s'engagea à ce sujet entre le duc de Broglie, le docteur Lushington et lord Aberdeen. J'ai tort de dire une controverse, car il y avait, des deux parts, tant de bonne foi et de bon sens qu'ils avaient l'air de chercher ensemble la vérité et la justice bien plutôt que de soutenir chacun son opinion et son intérêt. La longue pratique des affaires et l'expérience des égoïsmes artificieux qui s'y déploient laissent, dans l'âme des honnêtes gens, une disposition fort naturelle à la méfiance et aux précautions soupçonneuses; mais quand il leur arrive de se rencontrer et de se reconnaître mutuellement, ils sortent avec une profonde satisfaction de cette triste routine, et se complaisent à surmonter, par la franchise et la rectitude d'esprit, les difficultés qui s'élèvent sur leurs pas. Ce fut ce qui arriva, dans cette occasion, aux trois négociateurs : après un mois de conversations et de recherches également sincères de part et d'autre, ils s'accordèrent dans des articles qui, en ménageant toutes les situations, résolvaient équitablement, et au fond selon notre vœu, les deux questions embarrassantes. Quant aux conventions de 1831 et 1833, il fut stipulé qu'elles seraient suspendues pendant dix ans, terme assigné à la durée du nouveau traité, et qu'au bout de ce temps elles seraient considérées comme définitivement abrogées si elles n'avaient pas été, d'un commun accord, remises en vigueur. Quant au droit de vérification de la nationalité des bâtiments, aucune maxime générale et absolue ne fut établie ; mais il fut convenu « que des instructions fondées sur les principes du droit des gens et sur la pratique constante des nations maritimes seraient adressées aux commandants des escadres et stations française et anglaise sur la côte d'Afrique, et que les deux gouvernements se communiqueraient leurs instructions respectives dont le texte serait annexé à la nouvelle convention. » Ainsi rédigé, le traité fut signé le 29 mai 1845 et le droit de visite aboli.

Vers la fin de la négociation, j'avais été atteint de violentes douleurs hépatiques et néphrétiques qui me condamnèrent, pendant un mois, à un repos presque absolu. Quand je repris les affaires, nous présentâmes à la Chambre des députés un projet de loi demandant un crédit extraordinaire de 9,760,000 francs pour faire face aux dépenses que devait occasionner, dans les services de la marine, l'exécution du nouveau traité. La discussion s'ouvrit le 27 juin sur ce projet, et personne ne demandant la parole, on put croire qu'il allait être adopté sans aucune objection. Cependant, MM. Denis, Mauguin et Dupin rompirent le silence général, et firent, sur le droit de vérification de la nationalité des bâtiments, quelques observations auxquelles je m'empressai de répondre. La Chambre n'en voulut pas entendre davantage, et le projet de loi fut adopté par 243 voix contre une. La plupart des membres de l'opposition, ne voulant ni approuver ni combattre, s'abstinrent de voter. Le débat ne fut pas plus long à la Chambre des pairs; le duc de Broglie le termina par quelques explications, et 103 suffrages contre 8 adoptèrent le projet de loi qui fut promulgué le 19 juillet 1845. L'année suivante, dans la session de 1846, les deux Chambres exprimèrent, de la façon la plus nette, leur approbation du nouveau traité et de la négociation qui l'avait amené. L'adresse de la Chambre des pairs portait : « Une convention récemment conclue entre la France et l'Angleterre, dans le but de mettre un terme à un trafic odieux, replace notre commerce sous la protection et la surveillance exclusive de notre pavillon. Nous applaudissons hautement au succès d'une négociation habilement conduite et promptement terminée. L'exécution du traité, confiée au loyal concours des marins des deux États, nous assure que les droits et la dignité des deux nations seront également respectés, et qu'une répression efficace atteindra désormais toute violation des droits sacrés de l'humanité. » La Chambre des députés ne fut pas moins explicite : « Les témoignages réitérés de l'amitié qui vous unit à la reine de la Grande-Bretagne, dit-elle au roi dans son adresse, et la confiance mutuelle des deux gouvernements ont heureusement assuré les relations amicales des deux États. Votre Majesté nous annonce que la convention récemment conclue pour mettre un terme à un trafic infâme reçoit en ce moment son exécution. Ainsi se réalise le vœu constamment exprimé par la Chambre : les droits de l'humanité seront efficacement protégés, et notre commerce sera replacé sous la surveillance exclusive de notre pavillon. » Dans l'une et l'autre Chambre pourtant, l'opposition revint du silence qu'elle avait gardé l'année précédente ; le traité du 29 mai 1845 fut critiqué ; dans la Chambre des députés, MM. Dupin et Billault proposèrent des amendements pour retrancher de l'adresse l'approbation qu'elle lui donnait ; mais, après le débat, M. Dupin retira son amendement ; celui de M. Billault fut rejeté, et la Chambre maintint pleinement son témoignage de satisfaction et son adhésion au cabinet.

Je ne sais point d'affaire dans laquelle la salutaire efficacité du gouvernement libre, sensément et honnêtement pratiqué, se soit plus démontrée que dans celle-ci. La question du droit de visite n'était point naturellement soulevée par les faits; dans son application à la répression de la traite, ce droit n'avait point donné lieu à des abus assez nombreux et assez graves pour porter atteinte à la sûreté du commerce légitime et à la liberté des mers; les conventions de 1831 et 1833, en vertu desquelles il s'exerçait, avaient été aussi loyalement exécutées que conçues; leur effet n'avait point dépassé leur objet; elles n'avaient réellement agi que contre la traite, et si elles eussent été acceptées et mises en pratique par toutes les puissances maritimes, elles étaient probablement le plus sûr moyen de réprimer cet odieux trafic. Mais après le traité du 15 juillet 1840 et l'échec de la France dans la question d'Égypte, ces conventions et celle du 20 décembre 1841, qui n'en était que le complément, devinrent tout à coup, en France, un sujet d'alarme et de colère nationale. L'opposition s'empara de ce sentiment pour l'exploiter; mais il était général et sincère, et les conservateurs ne furent pas moins ardents que leurs adversaires à le témoigner. Aussitôt éclatèrent deux graves périls : au dehors, les bonnes relations, et même la paix, entre la France et l'Angleterre, au dedans la politique générale du gouvernement français, furent compromises; en Angleterre aussi, le sentiment national était blessé et pouvait rendre toute transaction impossible; en France, l'accord de la majorité et de l'opposition sur cette question pouvait entraîner la chute du cabinet. Il n'en fut rien : dans l'un et l'autre pays, les faits finirent par être considérés sous leur vrai jour et réduits à leur juste valeur; en Angleterre, on comprit que les conventions de 1831, 1833 et 1841 ne valaient pas la rupture des bons rapports avec la France, et qu'on pouvait réprimer la traite par d'autres moyens que le droit de visite; en France, le parti conservateur ne se laissa point entraîner hors de sa politique générale parce qu'il se trouvait, sur un point spécial, d'accord avec l'opposition. Dans les deux pays, la discussion libre et le temps vinrent en aide à la diplomatie sensée, et le sentiment national fut satisfait sans que l'intérêt public fût sacrifié.

CHAPITRE XXXVII

AFFAIRES DIVERSES A L'EXTÉRIEUR.

(1840-1842.)

État de la Syrie après l'expulsion de Méhémet-Ali. — Guerre entre les Druses et les Maronites.—Impuissance et connivence des autorités turques.—Mes démarches en faveur des Maronites chrétiens.—Dispositions du prince de Metternich;— de lord Aberdeen.—Le baron de Bourqueney et sir Stratford Canning à Constantinople.—Résistance obstinée de la Porte à nos demandes pour les chrétiens.— Sarim-Effendi.—Plan du prince de Metternich pour le gouvernement du Liban.— Nous l'adoptons, faute de mieux.—La Porte finit par céder.— Mon opinion sur les Turcs et leur avenir.—État de la Grèce en 1841.—Mission de M. Piscatory en Grèce; son but.—Ce que j'en fais dire à lord Aberdeen.—Il donne à sir Edmond Lyons des instructions analogues.—Notre inquiétude et notre attitude envers le bey de Tunis.—Méfiances du cabinet anglais à ce sujet.—Mes instructions au prince de Joinville.— Mission de M. Plichon.—Affaires de l'Algérie.—Situation des consuls étrangers en Algérie.—Vues sur l'avenir de la France en Afrique.—Comptoirs établis sur la côte occidentale d'Afrique.—La côte orientale d'Afrique et Madagascar.—Prise de possession des îles Mayotte et Nossi-bé.—Traité avec l'Iman de Mascate.—Question de l'union douanière entre la France et la Belgique.—Négociations à ce sujet.—Mon opinion sur cette question.—Traités de commerce du 16 juillet 1843 et du 13 décembre 1845 avec la Belgique.—Affaires d'Espagne.—Rivalité et méfiance obstinée de l'Angleterre envers la France en Espagne.—La reine Christine à Paris.—Régence d'Espartero.— Insurrection et défaite des *christinos*.—Notre politique générale en Espagne.— M. de Salvandy est nommé ambassadeur en Espagne.—Accueil qu'il reçoit en route.—Question de la présentation de ses lettres de créance.—Espartero ne veut pas qu'il les remette à la reine Isabelle.—Attitude de M. Aston, ministre d'Angleterre à Madrid.—M. de Salvandy revient en France.—Instructions de lord Aberdeen à M. Aston.—Incident entre la France et la Russie.—Le comte de Pahlen quitte Paris en congé.—Par quel motif.—Mes instructions à M. Casimir Périer, chargé d'affaires de France en Russie.—Colère de l'empereur Nicolas.—Vaines tentatives de rapprochement.—Persévérance du roi Louis-Philippe.—Les ambassadeurs de France et de Russie ne retournent pas à leurs postes et sont remplacés par des chargés d'affaires.

Les gouvernements absolus, qu'ils soient absolus au nom d'une révolution ou d'une dictature, sont enclins et presque condamnés à pratiquer une politique extérieure pleine de résolutions et d'entreprises arbitraires, inattendues, suscitées par leur propre volonté, non par le cours naturel des faits et la nécessité. Ils ont besoin d'occuper au dehors l'imagination des peuples pour les distraire de ce qui leur manque au dedans, et ils leur donnent les chances des aventures et des guerres en échange des droits qu'ils refusent à la liberté. Les gouvernements libres n'ont point recours à de tels moyens; leur mission, c'est de bien faire les affaires naturelles des peuples; et l'activité spontanée de la vie nationale les dispense de chercher, pour les esprits oisifs, des satisfactions factices et malsaines.

Après la crise de 1840 et quand le cabinet du 29 octobre se fut établi, les affaires ne nous manquaient pas, et nous n'avions garde de susciter nous-mêmes des questions nouvelles. Les affaires et les questions naturelles s'élevaient de toutes parts devant nous. Les accepter sans hésitation à mesure qu'elles se présentaient, les conduire et les résoudre selon l'intérêt particulier de la

France dans chaque occasion, en même temps que d'accord avec notre politique générale, et obtenir, par la discussion continue, l'adhésion des Chambres et du pays à nos résolutions et à nos actes, c'était là toute notre ambition, la seule légitime et, à mon sens, la plus grande que puissent concevoir des hommes appelés à l'honneur de gouverner. Je ne pense pas à retracer ici avec détail, comme je viens de le faire pour les affaires d'Orient et le droit de visite, toutes les questions, toutes les négociations dont j'eus alors à m'occuper ; quelques-unes seulement appartiennent à l'histoire ; pour les autres, je ne veux que marquer leur date et leur place, et indiquer avec précision le caractère de la politique qui y a présidé. Il en est des événements comme des hommes ; la plupart sont destinés à l'oubli, même après avoir fait grand bruit de leur temps.

La question d'Égypte était à peine terminée que la question de Syrie s'éleva : non plus la question de savoir qui gouvernerait la Syrie, mais la question, bien plus difficile, de savoir comment la Syrie serait gouvernée. Méhémet-Ali l'opprimait et la pressurait, mais avec une certaine mesure d'impartialité et d'ordre ; l'anarchie et le fanatisme y rentrèrent avec le gouvernement du sultan ; la guerre civile recommença, dans le Liban, entre les Druses et les Maronites, vieille guerre de race, de religion, d'influence et de pillage. Loin de la réprimer, les autorités turques, à peine rétablies et à la fois malveillantes et impuissantes, tantôt l'excitaient sous main, tantôt y assistaient avec une cynique indifférence. Bientôt se répandit en Europe le bruit des dévastations et des massacres auxquels le Liban était en proie; de Constantinople et de Beyrouth, les rapports, les déclarations, les dénonciations, les supplications nous arrivaient à chaque courrier; les chrétiens maronites invoquaient nos capitulations, nos traditions, notre foi commune, le nom de la France. Je n'attendis pas, pour agir, que leurs lamentations et leurs instances eussent retenti dans nos Chambres. C'eût été une grande méprise de vouloir agir seuls; de tout temps, les rivalités des puissances européennes avaient été, en Syrie, un ferment de plus pour les discussions locales et une cause d'impuissance mutuelle. A plus forte raison, après ce qui venait de se passer et ce qui se passait encore en Orient, aurions-nous été suspects et bientôt déjoués par nos rivaux encore coalisés contre nous. Pour agir efficacement, il fallait émouvoir l'Europe, en prenant nous-mêmes l'initiative du mouvement. J'écrivis le 13 décembre 1841 au comte de Flahault : « Je vous envoie copie des derniers rapports de notre consul à Beyrouth. Je vous prie d'en faire usage pour appeler, sur la situation actuelle de la Syrie et particulièrement des districts montagnards, la plus sérieuse attention du prince de Metternich. L'Europe ne peut rester spectatrice indifférente et passive du massacre des populations chrétiennes abandonnées à la fureur de leurs ennemis par l'apathie, peut-être par l'odieuse politique des autorités turques. M. de Metternich pensera sans doute qu'un tel état de choses, s'il venait à se prolonger, produirait sur les esprits une impression qui, tôt ou tard, ferait naître des complications graves et des dangers réels pour la paix générale. Dans l'intérêt de cette paix comme dans celui de l'humanité, M. de Metternich reconnaîtra l'urgence de faire à Constantinople les démarches les plus pressantes et les plus énergiques pour que la Porte, sérieusement avertie, prévienne, par une interposition vigoureuse et efficace, des conséquences si funestes. Je compte envoyer à M. de Bourqueney des instructions conçues dans le sens de ces considérations, et j'ai déjà chargé M. de Sainte-Aulaire d'en entretenir lord Aberdeen. J'en écrirai aussi à Berlin et à Saint-Pétersbourg. »

M. de Flahault me répondit, le 20 décembre : « J'ai lu au prince de Metternich votre dépêche relative aux troubles qui viennent d'ensanglanter et désolent peut-être encore la Syrie. J'ai ajouté que vous ne doutiez pas qu'il ne sentît l'urgence de faire entendre à Constantinople des conseils, dans l'intérêt de la paix comme de l'humanité : » — « Vous pouvez y compter, m'a-t-il dit : M. de Stürmer a ordre d'agir ainsi ; mais, je vais le lui réitérer et lui prescrire de s'entendre et de marcher avec votre agent. Les réflexions de M. Guizot sur les funestes effets que doit avoir la conduite des autorités turques sont parfaitement justes, et je partage à cet égard toutes ses idées. Il faut surveiller de près ces autorités et les dénoncer à Constantinople toutes les fois qu'elles ne remplissent pas leur devoir. C'est dans ce but que je me suis décidé à envoyer un consul général à Damas, qui est le véritable point central, pour savoir ce qui se passe; il a ordre de transmettre à Constantinople toutes les plaintes légitimes qui peuvent s'élever contre les agents de la Porte. Nous sommes, vous et nous, en qualité de coreligionnaires, les protecteurs naturels de tous les chrétiens latins établis en Orient, et nous ne pouvons avoir qu'un seul et même but, les préserver de toute espèce de persécutions et d'oppressions. Il n'y a qu'un point qui pourrait offrir quelque difficulté, ou du moins que quelques personnes considèrent comme pouvant être la source de quelque jalousie entre nous; c'est l'exercice de votre ancien droit de protection. A mes yeux, cela ne peut pas être, par la raison que jamais nous ne disputons un droit acquis. Comme nous sommes essentiellement conservateurs, un droit acquis est pour nous un droit qu'il faut et qu'on doit respecter. Le roi des Français tient celui-ci des traités, des usages, des traditions; soyez certains que nous ne vous le contesterons pas. Nous savons parfaitement que toute dispute à ce sujet ne profiterait qu'à un tiers, et serait nuisible à ceux que nous voulons protéger. Il ne faut pas faire entrer la politique là où il ne doit être question que d'humanité et de religion. »

L'empereur Nicolas n'était pas aussi sensé que le prince de Metternich; M. de Barante m'écrivit de Saint-Pétersbourg : « Les dispositions relatives aux chrétiens d'Orient et aux garanties qui pourront leur être données ne sont pas défavorables. Je croirais cependant que la meilleure marche à suivre serait d'arriver à un accord préalable avec les autres puissances, bien assurés d'obtenir ensuite sans difficulté l'assentiment de la Russie. En nous adressant directement ici, nous rencontrerions de l'indécision, de la lenteur, des réponses dilatoires et un penchant à appuyer toute opinion qui serait différente de la nôtre. »

M. de Sainte-Aulaire trouva lord Aberdeen un peu embarrassé : « Je lui ai demandé s'il n'écrirait pas à Constantinople au sujet des événements de Syrie. Il m'a objecté d'abord que l'intervention trop fréquente des puissances dans les affaires intérieures de l'empire ottoman pourrait avoir de fâcheuses conséquences : « Il ne faut pas espérer, m'a-t-il dit, que jamais le gouvernement turc soit légal ou paternel; vainement tenterait-on de le ramener à des idées exactes d'ordre et de justice; les puissances qui s'imposeraient cette tâche, et qui agiraient trop activement pour l'accomplir, se compromettraient en pure perte, et peut-être pas sans danger pour leur bonne intelligence réciproque. » J'ai reconnu, à ces paroles, une politique qui n'est pas celle de lord Aberdeen, mais à laquelle il est disposé, dit-on, à faire de grandes concessions. Je lui ai répondu que, s'il redoutait l'intervention trop active des puissances européennes dans les affaires de l'empire ottoman, le seul moyen de la prévenir était de mettre promptement un terme à des horreurs dont le spectacle prolongé soulèverait assurément l'opinion publique dans tous les pays civilisés. Lord Aberdeen est facilement revenu à des inspirations plus généreuses. Il a détesté avec moi le machiavélisme turc qu'il ne croit point étranger aux événements de Syrie. Il m'a assuré que ses lettres à Constantinople insistaient très-explicitement sur la nécessité d'envoyer en Syrie des troupes disciplinées, et de les placer sous le commandement d'hommes décidés à y rétablir l'ordre. Il accuse l'apathie ou la lâcheté de plusieurs pachas, et demande positivement la destitution de celui de Damas qui a assisté les Druses dans leur attaque contre les chrétiens : « Les Druses sont cependant le parti anglais, a-t-il ajouté; jugez, d'après ma démarche, du prix que j'attache à ces misérables questions de rivalités locales »

Je ne m'inquiétais pas des premières hésitations de lord Aberdeen; j'étais sûr qu'elles céderaient toujours à son esprit de justice et aux intérêts de la bonne politique générale. Il envoyait d'ailleurs comme ambassadeur à Constantinople sir Stratford Canning, fort ami de l'empire ottoman, mais très-sensible en même temps aux considérations morales, aux droits de l'humanité, et capable de réprimer les Turcs avec la même énergie qu'il déployait à les soutenir. Je venais, au même moment, de faire nommer le baron de Bourqueney ministre du roi à Constantinople; je le savais fidèle et habile à exécuter prudemment ses instructions, et j'avais la confiance qu'il saurait s'entendre avec sir Stratford Canning qu'on disait un peu hautain et ombrageux. Je résolus de pousser vivement notre action auprès de la Porte en faveur des chrétiens de Syrie, et d'exercer tous les droits traditionnels du protectorat français, en appelant à leur aide le concert européen qui ne pourrait guère nous être refusé.

La Porte résista à nos instances avec une obstination et une ruse qui semblaient nous défier d'employer contre elle notre force. Les désordres et les massacres de Syrie l'embarrassaient dans ses relations avec l'Europe chrétienne, mais, au fond, ils ne lui déplaisaient pas ; ce qu'elle voulait, c'était rétablir en Syrie, n'importe à quel prix, l'autorité turque, le gouvernement des pachas turcs ; les populations qui s'entre-détruisaient dans le Liban étaient les anciens et naturels adversaires de cette autorité ; elle se promettait de les contenir par leurs discordes et de se relever sur leurs ruines. Les ministres du sultan commençaient par contester les faits que nous leur signalions. Quand nos réclamations devenaient trop pressantes, ils envoyaient coup sur coup en Syrie des commissaires extraordinaires chargés, disait-on, de les vérifier et de faire cesser l'anarchie. L'anarchie continuait ; on nous promettait que les agents turcs contre qui s'élevaient les plaintes seraient bientôt rappelés, et, en attendant, on déclarait à jamais déchue du gouvernement du Liban la famille des Chéabs, indigène et chrétienne, et depuis plus d'un siècle investie, dans ces montagnes, d'un pouvoir traditionnel. Le baron de Bourqueney envoya le drogman de la France, M. Cor, se plaindre de cette déchéance et avertir le ministre des affaires étrangères de l'impression qu'elle produirait en Europe : « Ne me parlez pas d'Europe, lui répondit Sarim-Effendi ; nous en sommes ennuyés. Si nous ne sommes pas des hommes d'État comme il y en a en Europe, nous ne sommes pas fous. L'empire ottoman est une maison dont le propriétaire veut être tranquille chez lui ; il est intéressé à ce que ses voisins n'aient pas à se plaindre de lui ; s'il devenait fou ou ivrogne, s'il se conduisait de manière à allumer un incendie qui menacerait le voisinage, alors il faudrait venir mettre l'ordre chez lui ; jusque-là, n'est-il pas exorbitant que vous me demandiez si la Porte a droit ou n'a pas droit ? Sir Stratford Canning m'a tout dernièrement fait faire des questions sur ce qui s'était passé ; j'ai donné des explications qui apparemment l'ont satisfait, car il ne m'a plus rien fait dire. » Sir Stratford Canning, nullement satisfait, unit très-vivement ses démarches à celles du baron de Bourqueney ; les autres ministres européens suivirent son exemple, même le ministre de Russie, M. de Titow, quoique avec un peu d'hésitation et d'atténuation. Le grand-vizir, Méhémet-Izzet-Pacha, à qui ils portèrent également leurs plaintes, fut plus mesuré que Sarim-Effendi, mais non plus efficace ; on envoya en Syrie de nouveaux commissaires ; mais c'étaient toujours des Turcs, chargés au fond d'écarter les anciens priviléges des populations chrétiennes et de maintenir le seul pouvoir turc. Les hommes changeaient ; les faits ne changeaient pas.

Le prince de Metternich, fécond en expédients, mit en avant une nouvelle idée : il proposa que, si la Porte se refusait absolument à rétablir, dans le Liban, l'ancienne administration chrétienne personnifiée dans la famille Chéab, du moins le pacha turc fût retiré, et que les deux populations, les Maronites et les Druses, fussent gouvernées chacune par un chef de sa race et de sa religion, soumis l'un et l'autre au gouverneur général de la Syrie. Après de longues négociations et des conférences répétées, la Porte repoussa également cette idée, offrant de placer les Maronites et les Druses sous l'autorité de deux caïmacans distincts et indépendants l'un de l'autre, mais tous deux musulmans. Les plénipotentiaires européens se refusèrent unanimement à cette proposition et persistèrent dans la leur. De nouvelles instructions de leurs cours approuvèrent leur persistance. De nouveaux troubles éclatèrent dans le Liban. La Porte commença à s'inquiéter : « Si l'Europe ne se lasse ni se divise, m'écrivit M. de Bourqueney, tout me fait croire que nous emporterons le seul et dernier point qui reste en discussion. » De Berlin, le comte Bresson m'avertit que sir Stratford Canning, lassé des subterfuges turcs, avait conseillé à son gouvernement le prompt emploi des moyens coercitifs sur les côtes de Syrie. Lord Aberdeen attendit encore ; mais le 24 novembre 1842, causant avec M. de Sainte-Aulaire : « M. de Neumann, lui dit-il, vient de me montrer une lettre dans laquelle le prince de Metternich pose en principe que nous ne pouvons agir que par voie de conseil quant aux affaires de Syrie. Ce serait une très-fausse et très-dangereuse idée à donner à la Porte; l'Angleterre ne s'en tiendra pas indéfiniment à des conseils; elle a attendu longtemps déjà, trop longtemps peut-être, dans une affaire où sa parole et par conséquent son honneur sont engagés envers les peuples chrétiens de la Syrie. Je viens de m'en expliquer nettement avec M. de Brünnow : —Faites-y attention, lui ai-je dit; la France et l'Angleterre avaient dernièrement, sur la côte de Syrie, des bâtiments dont la présence pouvait donner de l'efficacité à leurs demandes auprès du divan; ces bâtiments se sont éloignés avec une grande prudence; mais ils pourraient bien revenir, car la France n'est sans doute pas plus indifférente que l'Angleterre au sort des chrétiens de Syrie. » Informé de ces paroles, j'écrivis sur-le-champ à M. de Sainte-Aulaire : « C'est une excellente disposition que celle de lord Aberdeen ; cultivez-la sans en presser l'effet. Après le traité du 15 juillet et les événements de 1840, ce serait, convenez-en, un amusant spectacle que les flottes française et anglaise paraissant de concert sur les côtes de Syrie pour intimider les Turcs au profit des montagnards du Liban. Il y a bien de la comédie dans la tragédie de ce monde. J'ai communiqué à M. de Bourqueney votre conversation. Je pense que lord Aberdeen aura écrit dans le même sens à sir Stratford Canning. »

Ainsi stimulés par leurs gouvernements, les cinq représentants des grandes puissances européennes à

Constantinople résolurent de faire auprès de la Porte une nouvelle démarche, et de demander à Sarim-Effendi une conférence dans laquelle ils insisteraient fortement pour l'adoption du plan qu'ils avaient proposé. Averti par le baron de Brünnow des dispositions comminatoires de lord Aberdeen, le nouveau ministre de Russie à Constantinople, M. de Bouténeff, se montra aussi empressé que ses collègues, et la conférence fut officiellement demandée. En se décidant tout à coup à la concession, la Porte voulut s'épargner du moins la discussion, et au lieu de fixer un jour pour un entretien, Sarim-Effendi adressa, le 7 décembre 1842, aux cinq plénipotentiaires une dépêche portant : « Le ministère ottoman éprouve le plus vif regret de voir que le point de cette question ait donné lieu à tant de discussions et de pourparlers depuis un an, et que, malgré la bonne administration qu'il est parvenu à rétablir dans la montagne et les preuves convaincantes qu'il est à même de produire à l'appui de son assertion, les hautes puissances n'aient jamais changé de vues à cet égard. La Sublime-Porte, mue néanmoins par les sentiments de respect dont elle ne cesse pas un seul instant d'être animée à l'égard des cinq grandes puissances ses plus chères amies et alliées, a préféré, pour arriver à la solution d'une question si délicate, qui est en même temps une de ses affaires intérieures, se conformer à leurs vœux plutôt que d'y opposer des refus... Si le rétablissement du bon ordre dans la montagne peut être obtenu à l'aide du système proposé, le vœu de la Sublime-Porte sera accompli, et elle ne pourra qu'en être reconnaissante. Mais si, comme elle a lieu de le craindre d'après les informations successivement recueillies jusqu'ici, la tranquillité ne pouvait être rétablie en Syrie, dans ce cas la justice des objections faites jusqu'à présent par la Porte serait évidemment reconnue, et le gouvernement de Sa Hautesse se trouverait, de l'aveu de tout le monde, avoir été dans son droit. »

A la nouvelle de cette concession, j'écrivis sur-le-champ au baron de Bourqueney : « Le gouvernement du roi n'a pu qu'approuver l'acte par lequel la Porte, déférant aux représentations de ses alliés, a formellement adopté le système d'une administration indigène pour la montagne du Liban, et a décidé la nomination d'un chef chrétien pour les Maronites et d'un chef druse pour les Druses. Une telle résolution est conforme, en principe, au but que les grandes puissances avaient en vue, et je me plais à reconnaître la part active que l'influence de vos conseils et de vos démarches peut revendiquer à juste titre dans ce résultat. Toutefois, je ne me dissimule pas ce que la mesure consentie par la Porte offre encore d'incomplet et de précaire, notamment par l'exclusion de la famille Chéab du gouvernement de la montagne, contrairement aux droits qu'elle tient du passé, et peut-être aussi contrairement au vœu des populations. J'ai donc remarqué avec satisfaction que, tout en jugeant qu'il serait au moins inopportun de mêler une question de noms propres à la question principale, vous avez évité, en répondant à la communication de Sarim-Effendi, de paraître accepter une semblable conclusion. Du reste, ce que la décision de la Porte laisse à désirer sous certains rapports n'en démontre que mieux la nécessité d'assurer du moins les résultats obtenus, et de veiller à ce qu'elle soit exécutée loyalement et dans un esprit de stabilité. Vous devez, monsieur le baron, y consacrer tous vos soins. La Porte a beau vouloir répudier, pour son compte, la responsabilité des désordres qui viendraient encore troubler la tranquillité du Liban et les rejeter d'avance sur les cabinets dont elle a écouté les conseils; l'Europe ne la suivrait pas sur un pareil terrain, car l'Europe attend que la Porte réalise maintenant de bonne foi, sérieusement et sans arrière-pensée, ce qu'elle a consenti à adopter en principe, dans l'intérêt de son propre repos. »

Nous n'étions que trop fondés à prendre d'avance des précautions contre l'obstination mal dissimulée de la Porte. A peine on commençait à mettre à exécution, dans le Liban, le nouveau système adopté; les plénipotentiaires européens à Constantinople apprirent que l'un des principaux districts de cette province, le Djébaïl, qui contenait 30,000 chrétiens maronites, avait été soustrait à la juridiction du chef maronite et maintenu sous l'administration turque. Ils réclamèrent à l'instant et d'un commun accord contre cette grave atteinte aux engagements de la Porte : « Prenez garde, dit à Sarim-Effendi M. Cor en lui portant la réclamation française; en déférant à nos conseils, vous avez presque annoncé que notre système était un essai qui ne réussirait pas; nous avons négligé cet avertissement; nous l'avons pris pour une pure défense du passé; mais du moment où vous introduiriez vous-mêmes, dans l'exécution de la mesure, des dissolvants propres à la faire échouer, les rôles changeraient, et je m'alarme sincèrement, pour vous, de tout ce dont l'Europe aurait alors à vous demander compte.—Eh bien, lui dit avec dépit Sarim-Effendi, que l'Europe ait recours à la force; qu'elle vienne administrer elle-même le Liban; ce sont de continuelles atteintes à notre indépendance, à nos droits de souveraineté; » et il essaya de démontrer que le sultan avait droit de retenir le district du Djébaïl sous sa juridiction directe et exclusive. Mais l'humeur céda bientôt à la crainte, et le Djébaïl fut replacé sous l'autorité du chef chrétien. Les événements n'ont cessé de prouver combien ce régime est insuffisant pour établir en Syrie l'ordre et la justice; mais, depuis 1843, on n'a pas encore réussi à faire mieux.

Nous avions raison contre Sarim-Effendi, et Sarim-Effendi avait raison contre nous. Il y a, dans les relations de l'Europe chrétienne avec l'empire ottoman, un vice incurable : nous ne pouvons pas ne pas demander aux Turcs ce que nous leur demandons pour leurs sujets chrétiens, et ils ne peuvent pas, même quand ils se résignent à nous le promettre, faire ce que nous leur demandons. L'intervention européenne en Turquie est à la fois inévitable et vaine. Pour que les gouvernements et les peuples agissent efficacement les uns sur les autres par les conseils, les exemples, les rapports et les engagements diplomatiques, il faut qu'il y ait, entre eux, un certain degré d'analogie et de sympathie dans les mœurs, les idées, les sentiments, dans les grands traits et les grands courants de la civilisation et de la vie sociale. Il n'y a rien de semblable entre les chrétiens européens et les Turcs; ils peuvent, par nécessité, par politique, vivre en paix à côté les uns des autres; ils restent toujours étrangers les uns aux autres; en cessant de se combattre, ils n'en viennent pas à se comprendre. Les Turcs n'ont été en Europe que des conquérants destructeurs et stériles, incapables de s'assimiler les populations tombées sous leur joug, et également incapables de se laisser pénétrer et transformer par elles ou par leurs voisins. Combien de temps durera encore le spectacle de cette incompatibilité radicale qui ruine et dépeuple de si belles contrées, et condamne à tant de misères tant de millions d'hommes? Nul ne peut le prévoir; mais la scène ne changera pas tant qu'elle sera occupée par les mêmes acteurs. Nous tentons aujourd'hui en Algérie une difficile entreprise; chrétiens, nous travaillons à faire connaître et accepter des musulmans arabes un gouvernement régulier et juste; j'espère que nous y réussirons; mais l'Europe ne réussira jamais à faire que les Turcs gouvernent selon la justice les chrétiens de leur empire, et que les chrétiens croient au gouvernement des Turcs et s'y confient, comme à un pouvoir légitime.

En même temps que nous tâchions d'obtenir des Turcs, pour les chrétiens de Syrie, un peu d'ordre et d'équité, nous avions à exercer aussi notre influence au profit d'autres chrétiens, naguère délivrés du joug des Turcs, et héritiers du plus beau nom de l'antiquité païenne. La Grèce, en 1840, était loin d'être bien gouvernée; le roi Othon, honnête homme, attaché à ce qu'il croyait son devoir ou son droit, était imbu des maximes de la cour bavaroise, obstiné sans vigueur et plongé dans une hésitation continuelle et une inertie permanente qui paralysaient son gouvernement et laissaient le désordre financier et l'agitation politique s'aggraver de jour en jour dans son petit État. Les populations s'impatientaient; les ministres étrangers blâmaient hautement le roi; le ministre d'Angleterre surtout, sir Edmond Lyons, rude et impérieux marin, lui imputait tout le mal, et poussait au prompt établissement du régime constitutionnel comme au seul remède efficace. Le mal n'était pas aussi grand que l'apparence et la plainte; en dépit des fautes et des faiblesses du pouvoir, l'intelligence et l'activité naturelle des Grecs se déployaient avec plus de liberté en fait qu'en principe et plus de succès que de garanties; l'agriculture renaissait, le commerce prospérait, le pays se repeuplait, la passion de l'étude et de la science se ranimait dans Athènes; il y avait évidemment, dans cette nation renaissante, de l'élan et de l'avenir. Depuis quelque temps, le gouvernement français, absorbé en Orient par des questions plus périlleuses et plus pressantes, s'était peu occupé de la Grèce ; les partis anglais et russe s'y disputaient presque seuls la prépondérance, et le parti anglais l'avait récemment conquise ; M. Maurocordato, son chef, venait d'être appelé à la tête des affaires ; je jugeai le moment venu pour que, là aussi, la France reprît sa place ; j'entretins les représentants du roi à Londres, à Vienne, à Pétersbourg et à Berlin, de l'état de la Grèce, des maux dont elle se plaignait, de ses progrès malgré ses maux, et des idées qui, à mon sens, devaient présider à la conduite et aux conseils de ses alliés [1]. J'avais sous la main, dans la Chambre des députés, un homme très-propre à être la preuve vivante et l'interprète efficace de mes dépêches : M. Piscatory avait donné à la Grèce des marques d'un ardent et intelligent dévouement ; tout jeune encore, en 1824, il avait quitté les douceurs de la maison paternelle et les plaisirs de la vie mondaine pour aller s'engager dans la guerre de l'indépendance ; il avait combattu à côté des plus vaillants Pallicares ; il était, en Grèce, connu et aimé de tous, chefs et peuple. Je résolus de l'y envoyer en mission extraordinaire, pour qu'en le voyant les regards des Grecs se reportassent vers la France, qu'il leur expliquât affectueusement nos conseils, et me fît bien connaître le véritable état des faits défigurés dans les récits des rivaux intéressés ou des amis découragés.

Mais en reprenant ainsi à Athènes une position

---

[1] *Pièces historiques*, n° XI.

active, j'avais à cœur que mon intention et ma démarche fussent partout bien comprises, surtout à Londres et de lord Aberdeen, avec qui la bonne intelligence me semblait de jour en jour plus nécessaire et plus possible. Après quelques mois de ministère, M. Maurocordato était tombé; il avait été remplacé par M. Christidès, l'un des chefs du parti français et ami de M. Colettis, alors ministre de Grèce en France. J'écrivis à M. de Sainte-Aulaire [1] : « Dès mon entrée aux affaires, j'ai été frappé, très-frappé du mauvais état du gouvernement grec, des périls graves, mortels peut-être, qui le menaçaient, et des embarras graves qui pouvaient en naître pour l'Europe. A ce mal j'ai vu surtout deux causes : l'inertie obstinée du roi Othon, la discorde des ministres étrangers à Athènes et leurs luttes pour l'influence. Lord Palmerston proposait pour remède l'établissement d'une constitution représentative en Grèce. Dans l'état actuel des choses, ce remède m'a paru plus propre à aggraver le mal qu'à le guérir. Une administration régulière, active, en harmonie avec le pays, capable de faire ses affaires et d'améliorer progressivement ses institutions, c'est là, je crois, le seul remède aujourd'hui praticable et efficace. Je crois également qu'une administration pareille ne peut se soutenir en Grèce que par le concert et l'appui commun des grands cabinets européens. Ma dépêche du 11 mars dernier a été écrite pour conseiller ce plan de conduite et en pré-

---

[1] Le 8 octobre 1841.

parer l'exécution. Dès que M. Maurocordato a été appelé au pouvoir, j'ai mis ma dépêche en pratique. Je l'ai fait d'autant plus volontiers que l'élévation de M. Maurocordato ne pouvait être attribuée à l'influence française. Je ne prétends point que la France ait en Grèce une politique désintéressée, si l'on entend par là une politique uniquement préoccupée de l'intérêt grec. Mais je suis convaincu que le seul grand, le seul véritable intérêt que la France ait aujourd'hui en Grèce, c'est la durée et l'affermissement de l'État grec, dans ses limites actuelles et dans sa forme monarchique. C'est dans cette conviction que je me suis déclaré prêt à appuyer M. Maurocordato, sans m'inquiéter de son origine et de son parti. Ce que j'avais annoncé, je l'ai fait. Au passage de M. Maurocordato à Paris, je lui ai donné à lui-même l'assurance et, je n'hésite pas à le dire, la conviction qu'il pouvait compter sur notre sincère appui. Je me suis appliqué à lui aplanir les voies en le rapprochant de M. Colettis, longtemps son rival, et en faisant tous mes efforts pour leur bien persuader à tous deux qu'ils devaient s'aider mutuellement. J'ai prescrit à M. de Lagrené[1] d'appuyer de tout son pouvoir M. Maurocordato, et pour la formation et après la formation de son cabinet. J'ai agi si vivement moi-même, pour lui, que le ministre d'Autriche à Athènes l'ayant blâmé de sa conduite envers le roi Othon et de la dureté des conditions qu'il voulait lui imposer, j'ai

---

[1] Alors ministre de France à Athènes.

écrit à Vienne, à Berlin, à Pétersbourg, pour le disculper de ce reproche et insister sur la nécessité de le soutenir. Enfin, au moment même où M. Maurocordato se brouillait avec le roi Othon, j'adressais partout une nouvelle dépêche pour lui prêter appui ; je donnais en ce sens, à M. de Lagrené, de nouvelles instructions. Quand elles sont arrivées à Athènes, M. Maurocordato s'était déjà retiré [1].

« Je n'examine pas pourquoi il est tombé. Encore à présent, je ne le comprends pas bien. Ce qu'il y a de certain, c'est que je l'ai loyalement et énergiquement soutenu, avant qu'il eût formé son cabinet, pendant qu'il luttait pour le former et après qu'il en était lui-même sorti.

« De M. Maurocordato, je passe à M. Piscatory. Je l'ai envoyé en Grèce :

« Pour avoir, sur l'état réel du pays, de son administration, de sa prospérité, de ses ressources, le rapport d'un observateur nouveau, non officiel, intelligent. J'en avais besoin au moment où l'on nous demandait de compléter l'émission de la troisième série de l'emprunt grec ;

« Pour bien dire au roi Othon et à nos amis en Grèce, et de manière à le leur persuader, que l'appui promis et donné, de notre part, à M. Maurocordato était bien réel, bien sincère, et qu'il ne fallait chercher dans nos paroles aucune réticence, dans nos démarches aucune arrière-pensée ;

« Pour détourner les Grecs de toute explosion, de

[1] *Pièces historiques*, n° XII.

toute tentative irrégulière et téméraire, au dehors ou au dedans, afin de changer soit les limites territoriales, soit la constitution politique de leur pays.

« Il était bien nécessaire d'agir en ce sens, car, sur la question de territoire, en Crète, en Thessalie, en Épire, l'insurrection avait éclaté ou était près d'éclater; et sur la question d'organisation intérieure, les dispositions les plus vives, les plus compromettantes pour le roi Othon, se manifestaient également.

« Telles ont été les instructions que j'ai données à M. Piscatory; tel était le véritable objet de sa mission. Sans doute, en l'envoyant, j'ai voulu que son nom, ses antécédents, sa présence, ses discours contribuassent à mettre la France en bonne position et en crédit en Grèce; mais cette position, ce crédit, je n'ai voulu m'en servir et ne m'en suis servi en effet que pour maintenir la Grèce dans une bonne voie, à son propre profit et au profit de toute l'Europe comme au nôtre.

« Le 28 juillet dernier, dans une lettre particulière et intime, j'écrivais à M. Piscatory : « Je n'ai point de nouvelles instructions à vous donner. Vous êtes allé en Grèce pour bien dire et bien persuader aux Grecs que nous voulons réellement pour eux ce que nous disons, au dedans une bonne administration, au dehors l'attente tranquille. C'est là toute notre politique. La Grèce en est à ce point où, pour grandir, il ne faut que vivre. Pour vivre, il faut, j'en conviens, une certaine mesure de sagesse. De l'aveu général, elle manquait naguère au gouvernement grec. J'espère que M. Maurocordato l'aura. C'est dans cet espoir que nous l'avons appuyé et que nous l'appuierons, sans tenir compte d'aucune autre circonstance, sans nous proposer aucun autre but. Quelques plaintes m'arrivent sur le nouveau cabinet : on dit qu'il n'y a pas assez de nos amis, que nos amis n'ont pas les postes qui leur conviennent le mieux. Soutenons nos amis, mais sans pousser leurs prétentions au delà de ce qui est nécessaire pour le succès du gouvernement grec lui-même, qu'il s'appelle Maurocordato ou Colettis. »

« Redites bien tout cela à lord Aberdeen, mon cher ami ; montrez-lui textuellement ma lettre. Puisqu'il en veut faire autant de son côté, puisqu'il sera, pour M. Christidès, ce que j'ai été pour M. Maurocordato, j'espère que nous réussirons à assurer, en Grèce, un peu de stabilité. Mais il est bien nécessaire que nous fassions cesser, sur les lieux mêmes, ces jalousies aveugles, ces rivalités puériles, ces luttes sur les plus petites choses, tout ce tracas d'en bas qui dénature et paralyse la bonne politique d'en haut. Je n'ai rien à dire sur sir Edmond Lyons ; je ne puis souffrir les accusations étourdies, les assertions hasardées. Il me paraît crédule, imprudent et outrecuidant. Je souhaite qu'il n'embarrasse pas et ne compromette pas son cabinet. Je vais recommander de nouveau à M. de Lagrené de ne rien négliger pour bien vivre avec lui et pour prévenir toute querelle, tout ombrage. En vérité, ne voulant en Grèce que ce que nous voulons, lord Aberdeen et moi, si nous ne parvenions pas à obliger nos agents à le vouloir aussi et à l'accomplir, il y aurait du malheur. »

Comme je l'y avais engagé, M. de Sainte-Aulaire communiqua ma lettre à lord Aberdeen, et je ne puis douter qu'il n'en fut touché, car il adressa à sir Edmond Lyons les mêmes instructions que j'avais données à M. de Lagrené et à M. Piscatory. Il lui prescrivit de vivre en bons termes avec les représentants des autres puissances. Il l'avertit que de Vienne et de Berlin on avait formellement demandé son rappel, qu'à Saint-Pétersbourg et à Paris on avait donné à entendre qu'on en serait bien aise; et tout en l'assurant que son gouvernement était décidé à le bien soutenir, il lui recommanda fortement de ne pas se mêler, à tout propos, de toutes sortes de bagatelles, et de ne pas se laisser aller à grossir toutes les peccadilles du gouvernement grec, dont les fautes pouvaient être grandes, aussi grandes que le disait sir Edmond Lyons, mais qui devait être toujours traité avec égard. Il était impossible de porter, dans le concert et l'action commune de l'Angleterre et de la France à Athènes, plus de loyauté; mais il est bien plus difficile d'établir et de maintenir l'harmonie active entre les agents secondaires et sur les lieux mêmes que de loin et au sommet de la hiérarchie. Les affaires de la Grèce ne tenaient pas d'ailleurs, dans celles de l'Europe et dans les rapports de la France et de l'Angleterre, assez de place pour qu'on fît, à Londres et à Paris, tous les efforts, tous les sacrifices nécessaires au succès continu de la politique que voulaient sincèrement les deux cabinets. Les petites choses sont souvent aussi difficiles et exigent autant de soin que les grandes ; mais elles pèsent trop peu dans les destinées des gouvernements qui les traitent pour qu'ils y prennent toute la peine qu'il y faudrait prendre, et les plus sensés ne déploient tout ce qu'ils ont de sagesse et de force qu'en présence des nécessités impérieuses et des graves périls.

Quelque importance qu'eût, à mes yeux, la bonne intelligence entre la France et l'Angleterre, et quelque prix que j'attachasse à la confiance chaque jour plus intime qui s'établissait entre lord Aberdeen et moi, j'étais bien décidé à faire partout et en toute occasion ce qu'exigeraient les intérêts sérieux de mon pays et de son gouvernement, sans jamais éluder les embarras diplomatiques qui pouvaient en résulter. Sur terre et sur mer, en Europe, en Asie, en Afrique, en Amérique, dans la Méditerranée et dans l'Océan, les occasions étaient fréquentes qui suscitaient de tels embarras, car, sur tous ces points, les deux nations se trouvaient sans cesse en contact, avec des raisons ou des routines de rivalité. Notre établissement en Algérie surtout était, pour le gouvernement anglais, l'objet d'une préoccupation continuelle. La Porte nourrissait depuis longtemps le désir de faire, à Tunis, une révolution analogue à celle qu'elle avait naguère accomplie à Tripoli, c'est-à-dire d'enlever à la régence de Tunis ce qu'elle avait conquis d'indépendance héréditaire, et de transformer le bey de Tunis en simple pacha. Une escadre turque sortait presque chaque année de la mer de Marmara pour aller faire, sur la côte tunisienne, une démonstration plus ou moins menaçante. Il nous importait beaucoup qu'un tel dessein ne réussît point : au lieu d'un voisin faible et intéressé, comme le bey de Tunis, à vivre en bons rapports avec nous, nous aurions eu, sur notre frontière orientale en Afrique, l'empire ottoman lui-même avec ses prétentions persévérantes contre notre conquête et ses alliances en Europe. Le moindre incident, une inimitié de tribus errantes, une violation non préméditée du territoire, eût pu élever la question fondamentale de notre établissement en Algérie et amener des complications européennes. Nous étions fermement résolus à ne pas souffrir qu'une telle situation s'établît; nous n'avions pas la moindre envie de conquérir la régence de Tunis, ni de rompre les faibles liens traditionnels qui l'unissaient encore à la Porte; mais nous voulions le complet maintien du *statu quo;* et chaque fois qu'une escadre turque approchait ou menaçait d'approcher de Tunis, nos vaisseaux se portaient vers cette côte, avec ordre de protéger le bey contre toute entreprise des Turcs. A plusieurs reprises, je donnai, à ce sujet, au commandant de nos forces maritimes dans la Méditerranée, notamment à M. le prince de Joinville, en 1846, des instructions très-précises[1]. Je ne m'en tins pas à ces précautions par mer; je voulus savoir si, comme le bruit en avait couru, il était possible que la Porte envoyât des troupes, par terre, de Tripoli à

[1] *Pièces historiques,* n° XIII.

Tunis, et tentât contre le bey un coup de main par cette voie. En juin 1843, je chargeai un jeune homme, étranger à tout caractère officiel, M. Ignace Plichon, de se rendre sans suite à Tripoli, de recueillir là tous les renseignements, tous les moyens de voyage qu'il pourrait obtenir, et de faire lui-même la traversée du vaste espace, presque partout désert, qui sépare Tripoli de Tunis, pour reconnaître si, en effet, l'expédition turque dont on parlait, était praticable. M. Plichon s'acquitta de cette périlleuse mission avec autant d'intelligence que de courage, et me rapporta la certitude que nous n'avions, de ce côté, rien à craindre pour le *statu quo* tunisien. A chaque mouvement que nous faisions dans ce sens, le cabinet anglais s'inquiétait; ses agents, quelques-uns même des plus spirituels, mais peu clairvoyants et dominés par des craintes routinières, l'entretenaient sans cesse de l'esprit remuant et ambitieux de la France. Il nous adressait des observations, des questions; il faisait valoir les droits de souveraineté de la Porte sur Tunis. Nous déclarions notre intention de les respecter et d'en recommander au bey le respect, pourvu que la Porte ne tentât plus de changer à Tunis un ancien état de choses dont le maintien importait à notre tranquillité en Algérie. Lord Aberdeen comprenait à merveille notre situation; mais il avait peine, et ses collègues avaient bien plus de peine que lui, à croire à notre modération persévérante. Le gouvernement anglais acceptait, en fait, notre conquête de l'Algérie, et se déclarait décidé à ne plus élever, à ce sujet, aucune réclamation ; mais il éludait de la reconnaître en droit tant que la Porte ne l'avait pas elle-même reconnue. Une circonstance embarrassante se présenta : avant notre conquête, l'Angleterre avait à Alger un consul et des agents consulaires sur plusieurs points de la régence. Les consuls étant des agents commerciaux et point politiques, c'était l'usage à peu près général en Europe de les considérer comme étrangers à la question de souveraineté, et de ne pas exiger, quand le souverain changeait, qu'ils reçussent, du souverain nouveau, un nouveau titre pour leur mission. Nous nous étions, en Algérie, conformés à cet usage, et après notre conquête, le consul général d'Angleterre à Alger avait, sans autorisation nouvelle, continué ses fonctions. Mais, dès 1836, le duc de Broglie et, après lui, M. Thiers décidèrent que tout nouvel agent consulaire en Algérie devrait demander et obtenir notre *exequatur*. Non-seulement je maintins ce principe dans les débats des Chambres, mais je le mis strictement en pratique pour les agents consulaires anglais comme pour ceux de toute autre nation. En juillet 1844, sur trente-neuf consuls ou agents consulaires, de toute nation et de tout grade, en Algérie, douze avaient reçu du roi leur *exequatur* ; quatorze, d'un rang inférieur, tenaient le leur du ministre des affaires étrangères, et huit du gouverneur de l'Algérie. Cinq seulement exerçaient encore en vertu de titres antérieurs à 1830.

L'Algérie n'était pas, en Afrique, le seul point où de grands intérêts français me parussent engagés. Cette partie du monde, encore si inconnue, offrait à l'activité et à la grandeur future de la France, un champ immense. Elle était à nos portes; nous n'avions pas à courir, pour y arriver, les chances d'une navigation longue et périlleuse ; notre établissement sur la côte septentrionale nous y donnait un large et solide point d'appui. Sur la côte occidentale, notre colonie du Sénégal nous assurait le même avantage. Nous ne rencontrions, dans l'intérieur du pays, point de rival redoutable; aucune des grandes puissances européennes n'y était fortement établie et en voie de conquête ; la colonie du Cap, quoique importante aux yeux de l'Angleterre, n'était pas en progrès, et sa situation d'ailleurs ne gênait pas la nôtre dans ce vaste continent. Frappé de ces faits et de l'avenir qui s'y laissait entrevoir, non-seulement je saisis, mais je recherchai les occasions et les moyens d'étendre en Afrique la présence et la puissance de la France. Les négociants de Marseille, de Nantes et de Bordeaux faisaient, sur la côte occidentale, un commerce déjà considérable en huile de palmes, ivoire, gomme, arachides et autres productions africaines : nous résolûmes de fonder, sur les principaux emplacements de ce commerce, des comptoirs fortifiés qui lui donnassent la sécurité et lui permissent l'extension. Les embouchures des rivières le Grand-Bassam, l'Assinie et le Gabon, dans le golfe de Guinée, furent les points choisis dans ce dessein. De 1842 à 1844, des traités conclus avec les chefs des peuplades voisines nous conférèrent la pleine possession et la souveraineté extérieure d'une certaine étendue de territoire au bord de la mer et sur les rives de ces fleuves; de petits forts y furent construits ; de petites garnisons y furent envoyées; le gouverneur du Sénégal fut chargé de les inspecter et de les protéger. Les négociants anglais, qui faisaient sur cette côte le même commerce que les nôtres, prirent l'alarme ; quelques difficultés s'élevèrent sur les lieux; le cabinet anglais nous demanda quelques explications ; nos réponses furent péremptoires ; nous établîmes notre droit d'acquérir ces territoires et de fonder des comptoirs nouveaux ; nous étions allés au-devant des objections; nous avions proclamé la complète franchise pour tous les pavillons et le maintien de tous les usages commerciaux en vigueur sur cette côte ; avec sa loyauté accoutumée, lord Aberdeen reconnut notre droit et mit fin aux réclamations. La France eut, sur la côte occidentale d'Afrique, pour son commerce, sa marine et ses chances d'avenir, les points d'appui dont elle avait besoin.

Quand il s'agit de la côte orientale, nous nous trouvâmes en présence de difficultés d'une autre sorte : la grande île de Madagascar était une grande tentation de conquête et d'un vaste établissement colonial, à perspectives indéfinies. On pressait le gouvernement du roi d'en faire l'entreprise; on décrivait les richesses naturelles de l'île, la beauté de ses ports et de ses rades, les avantages maritimes et commerciaux qu'elle nous offrait, les facilités que donneraient à la conquête les discordes des deux races qui l'habitaient, les Ovas et les Sakalaves. Les droits traditionnels ne manquaient pas à l'appui des désirs; depuis le commencement du xviie siècle, et sous les auspices d'abord du cardinal de Richelieu, puis de Louis XIV, des compagnies françaises avaient travaillé à prendre possession de Madagascar ; elles y avaient noué des relations, fondé des comptoirs, bâti des forts ; elles avaient obtenu, des chefs du pays, de vastes concessions et une sorte d'acceptation de la souveraineté française ; à travers de fréquentes alternatives de succès et de revers, Louis XIV, Louis XV, Louis XVI avaient reconnu et soutenu leurs établissements ; les noms tantôt d'*Ile Dauphine,* tantôt de *France orientale* avaient été donnés à l'île entière. Sauf des exceptions formellement stipulées, le traité du 30 mai 1814 avait rendu à la France tout ce qu'elle possédait hors d'Europe en 1792, et Madagascar n'était pas au nombre des exceptions. Depuis cette époque, des actes maritimes et diplomatiques avaient, sinon mis en pratique, du moins réservé nos droits. Tout récemment, d'habiles officiers de marine avaient visité l'île, étudié ses côtes, communiqué avec ses populations, ranimé les anciens souvenirs. Le conseil colonial de l'île Bourbon reproduisit avec détail, dans une adresse au roi, toutes les raisons qui devaient, selon lui, engager le gouvernement « à entreprendre la conquête générale et la colonisation en grand de Madagascar. » Le gouverneur de Bourbon, l'amiral de Hell, appuyait vivement le vœu du conseil colonial. Enfin, l'empire de ces traditions et de ces espérances se maintenait jusque dans l'*Almanach royal* où, depuis 1815, le gouverneur de l'île Bourbon était dit *gouverneur de Bourbon et Madagascar.*

J'étais opposé à toute entreprise de ce genre. Pour qu'une nation fasse avec succès, loin de son centre, de grands établissements territoriaux et coloniaux, il faut, qu'elle ait, dans le monde, un commerce très-étendu, très-actif, très-puissant, très-entreprenant, et que sa population soit disposée à transporter loin du sol natal sa force et sa destinée, à essaimer, comme les abeilles. Ni l'une ni l'autre de ces conditions ne se rencontrait en 1840 et ne se rencontre encore en France. Nous avions bien assez d'une Algérie à conquérir et à coloniser. Rien ne nuit davantage à la grandeur des peuples que les grandes entreprises avortées, et c'est l'un des malheurs de la France d'en avoir, plus d'une fois, tenté avec éclat de semblables, en Asie et en Amérique, dans l'Inde, à la Louisiane, au Canada, pour les abandonner ensuite et laisser tomber ses conquêtes aux mains de ses rivaux. Le roi, le cabinet et les Chambres étaient pleinement de mon avis. Nous écartâmes donc les projets de conquête de Madagascar, et nous les aurions écartés, quand même l'Angleterre ne s'en serait pas montrée inquiète et jalouse. Mais en me refusant à rechercher, pour ma patrie, de grands établissements territoriaux lointains, j'étais loin de penser qu'elle dût rester, sur les divers points du globe, absente et inactive; notre petite terre appartient à la civilisation européenne et chrétienne, et partout où la civilisation européenne et chrétienne se porte et se déploie, la France doit prendre sa place et déployer son génie propre. Ce qui lui convient, ce qui lui est indispensable, c'est de posséder, dans tous les grands foyers d'activité commerciale et internationale, des stations maritimes sûres et fortes, qui ne nous créent pas inévitablement des intérêts agressifs et illimités, mais qui servent de point d'appui à notre commerce, où il puisse chercher un refuge et se ravitailler, des stations telles que les marins français retrouvent partout, dans les grandes mers et près des grandes terres, la protection prévoyante de la France sans qu'elle y soit engagée au delà de ses intérêts généraux et supérieurs. Ce fut pour atteindre à ce but sur la côte orientale d'Afrique, comme sur la côte occidentale, que, de 1841 à 1843, nous prîmes possession, à l'entrée nord du canal de Mozambique, des îles de Mayotte et de Nossi-Bey, et qu'en 1844 nous conclûmes, avec l'iman de Mascate, un traité qui nous donnait, sur la longue étendue de ses côtes, des sûretés et des libertés commerciales importantes pour notre colonie de l'île Bourbon et pour nos relations avec le grand Orient.

Vers le même temps et sous l'empire de la même idée, nous prenions, dans l'océan Pacifique, possession des îles Marquises. Je parlerai plus tard de cet acte et des incidents qu'il suscita, et qui firent plus de bruit qu'ils ne méritaient. Nous étions, en 1841, engagés, à nos portes mêmes, dans deux questions beaucoup plus graves et qui pouvaient compliquer bien plus sérieusement nos rapports avec l'Angleterre.

La première était celle de l'union douanière entre la France et la Belgique. Pays d'immense production et de consommation très-étroite, la Belgique étouffait industriellement dans ses limites et aspirait ardemment à un marché plus vaste que le sien propre. Ce fut d'elle que nous vint la proposition formelle de l'union douanière qui, depuis 1831, était, entre les deux pays, un sujet de publications, de conversations et de discussions continuelles. En 1840, sous le ministère de M. Thiers, la question avait été posée et une négociation entamée. Elle fut reprise en juillet 1841 ; quatre conférences eurent lieu à Paris, dans le mois de septembre, entre quelques-uns des ministres et plusieurs commissaires des deux États. Je les présidai. De part et d'autre, les dispositions étaient circonspectes : nous ne voulions pas faire payer trop cher, à notre industrie et à nos finances, l'avantage politique que devait nous valoir l'union douanière, et les Belges voulaient payer au moindre prix politique possible l'avantage industriel qu'ils recherchaient. Ils proposèrent cependant l'abolition de toute ligne de douane entre les deux pays et l'établissement d'un tarif unique et identique sur leurs autres frontières. C'était l'union douanière vraie et complète. Mais ils y attachaient expressément la condition que les douaniers belges garderaient seuls les frontières belges : « L'admission de quelques milliers de soldats français sur le territoire belge, en uniforme de douaniers, serait, dit l'un de leurs commissaires, une atteinte mortelle à l'indépendance et à la neutralité de la Belgique. » Nous déclarâmes à notre tour que la France ne pouvait confier à des douaniers belges la garde de ses intérêts industriels et financiers : « Je vois, écrivit le roi Léopold au roi Louis-Philippe, que vos ministres pencheraient vers un traité de tarifs différentiels. Je ne demanderais pas mieux. Je comprends l'inquiétude qu'inspire notre douane comme gardienne d'une partie du revenu et de l'industrie française. Nous ne pourrions cependant pas avoir des douaniers français; l'Europe prétendrait y voir une véritable incorporation; et même ici tous ceux qui ne tiennent pas au commerce et à l'industrie s'y opposeraient. J'espère toujours qu'il sortira quelque chose d'acceptable du *kettle which is boiling* [1]. L'affaire est bien importante et les suites d'une non-réussite pourraient être bien funestes. Évidemment plusieurs des hommes politiques en France croient que, si la négociation manquait, il n'en résulterait aucun inconvénient et que tout resterait comme cela est. Il y a des positions où on ne peut pas rester, et quand les passions s'en mêlent, on a encore moins de chances de pouvoir s'y maintenir. Dans ce pays-ci, les hommes un peu importants de tous les partis ont été opposés à une association commerciale avec la France. C'est avec une grande répugnance qu'on s'est finalement décidé à la vouloir, vu les souffrances auxquelles l'industrie belge devait

---

[1] De la marmite qui est en ébullition.

être exposée par l'espèce de blocus qui pèse sur nous maintenant. Ayant, dans leur idée, fait un grand sacrifice, presque aussi grand que l'abandon de leur existence politique, ils croyaient qu'une proposition d'association avec la France ne pouvait pas être repoussée par elle. Vous pouvez donc facilement vous faire une idée des embarras politiques qui résulteraient d'un non-succès du traité. Le travail de nos ennemis intérieurs est aussi dans ce sens : demander l'association avec la France, et, si elle repousse la Belgique, se baser sur la position impossible du pays pour changer son gouvernement et se réunir à la Hollande. »

Nous étions aussi décidés que le roi Léopold lui-même à combattre, à tout prix, cette dernière hypothèse. Nous avions de plus quelque crainte que la Belgique, repoussée par la France, ne se tournât vers l'Allemagne et ne cherchât à entrer dans le *Zollverein* prussien. Nous n'ignorions pas que des hommes d'État, belges et allemands, étaient favorables à cette combinaison et essayaient de la préparer. La négociation marchait péniblement à travers toutes ces sollicitudes quand un incident vint ajourner le système de la grande union douanière et nous pousser dans la voie des tarifs différentiels concertés entre les deux pays. Depuis deux ou trois ans, les fils et tissus de lin anglais envahissaient rapidement le marché français ; de 1840 à 1842, leur importation avait doublé; nos filatures étaient gravement menacées; le 26 juin 1842, une ordonnance, rendue comme urgente, éleva nos droits de douane sur les fils et tissus de lin étrangers. La mesure était générale. La Belgique réclama vivement. Nous ne nous étions point proposés de la frapper, et notre industrie linière pouvait soutenir la concurrence de la sienne. Nous entrâmes en négociation, et le 16 juillet 1842 une convention commerciale fut conclue qui exempta les fils et tissus de lin belges de l'aggravation du droit. La Belgique, à son tour, adopta, sur ses frontières autres que celles de France, notre nouveau tarif sur les fils et tissus de lin étrangers, et fit en outre, en faveur de notre commerce, quelques légères concessions. La durée du traité fut fixée à quatre ans.

Quand le projet de loi qui en mettait les articles à exécution fut discuté dans la Chambre des députés, ce traité rencontra divers adversaires : les uns me reprochaient de ne pas avoir accompli l'union douanière et incorporé, sous cette forme, la Belgique à la France ; les autres, d'avoir trop sacrifié l'industrie française et trop peu exigé de la Belgique en retour de la faveur exceptionnelle que nous lui avions accordée. Indépendamment des raisons spéciales que j'avais à faire valoir sur ce point, je saisis cette occasion d'exprimer l'idée générale qui m'avait dirigé dans cette négociation et à laquelle je me proposais de rester, en tout cas, fidèle : « Je ne suis point, dis-je, de ceux qui pensent qu'en matière d'industrie et de commerce les intérêts existants, les établissements fondés doivent être aisément livrés à tous les risques, à toute la mobilité de la con-

currence extérieure et illimitée. Je crois au contraire
que le principe conservateur doit être appliqué à ces
intérêts-là comme aux autres intérêts sociaux, et qu'ils
doivent être efficacement protégés. Il est impossible
cependant que les intérêts industriels ne soient pas,
dans certains cas, appelés à se prêter, dans une certaine
mesure, à ce qui peut servir la sécurité, la force et la
grandeur de la France dans ses relations extérieures.
Il ne se peut pas que l'État ne soit pas en droit de demander quelquefois à ces intérêts une certaine élasticité
et certains sacrifices dans ce but. Il ne se peut pas non
plus que les intérêts industriels ne se prêtent pas aussi,
dans une certaine mesure, à l'extension générale et
facile du bien-être, c'est-à-dire qu'ils ne soient pas tenus d'accepter progressivement une concurrence qui
les excite et les oblige à faire mieux et à meilleur marché, au profit de tous. Ce sont là les deux conditions
imposées au système protecteur et qui le légitiment.
On a raison d'appliquer aux intérêts industriels la
politique de conservation, et de les protéger, au nom
de cette politique, contre les dangers qui peuvent les
assaillir ; mais en même temps ces intérêts doivent
s'accommoder aux nécessités de la politique extérieure
et au progrès du bien être intérieur. A ce prix seulement la protection se justifie et se maintient. »

La Chambre agréa ces maximes et sanctionna le traité;
mais la question fondamentale subsistait toujours, et
le péril que la Belgique venait de courir pour l'une de
ses industries ne fit que la rendre plus vive dans son

désir de l'union douanière. La négociation fut reprise ; un projet de traité, qui contenait, de la part de la Belgique, l'adoption des principales dispositions du régime français en fait de douanes et de contributions indirectes, fut préparé et discuté sous trois formes successives de rédaction ; la dernière fut lue le 1er novembre 1842 dans un conseil tenu à Saint-Cloud ; les commissaires belges y demandèrent encore certains changements. Plus on approchait du terme, plus les difficultés de cette grande mesure internationale se faisaient sentir. Les principales industries françaises témoignaient fortement leurs alarmes. Au dehors les puissances intéressées s'inquiétaient, silencieusement d'abord et sans bruit diplomatique : « Vous me demandez, m'écrivait le 20 octobre 1842 le comte de Sainte-Aulaire, ce qu'on pense ici de l'union douanière franco-belge ; je ne puis guère le savoir que par induction, car on garde avec moi un silence aussi absolu qu'avec vous. Les journaux même, avec une admirable intelligence des intérêts de leur pays, n'abordent ce sujet qu'avec grande réserve ; chacun comprend que de puissants intérêts français se chargeront de l'opposition, et que l'Angleterre diminuerait leur force en prenant prématurément l'initiative. » Au même moment cependant, le 21 octobre, lord Aberdeen écrivait au roi Léopold une lettre pressante, bien que douce, pour le détourner d'une mesure « pleine de danger, on peut l'affirmer, pour les intérêts de Votre Majesté et pour la tranquillité de l'Europe. » Quelques semaines après, le 19 novembre, causant avec M. de Sainte-Aulaire : « Il paraît, lui dit-il, que la question belge est toujours pendante. » — « J'ai répondu, m'écrivit l'ambassadeur, que je n'en savais rien que par les journaux; que, dans mon opinion, une solution prochaine et définitive n'était guère probable, et que du reste je m'applaudissais de l'indifférence de la presse anglaise, d'où je concluais que, dans aucun cas, je n'aurais à me quereller avec lui sur ce sujet. Il m'a répondu que tout traité de commerce était populaire en Angleterre, et que les capitalistes anglais seraient d'autant moins disposés à se plaindre d'un traité de commerce franco-belge qu'ils se hâteraient d'engager leurs capitaux dans des fabriques belges, et qu'ils se promettraient de gros bénéfices de ces entreprises. Mais sur l'hypothèse de l'union douanière, son langage a été tout autre : « Vous concevez, m'a-t-il dit, que l'Angleterre ne verrait pas de bon œil les douaniers français à Anvers. Vous auriez à combattre aussi du côté de l'Allemagne, et cette fois vous nous trouveriez plus unis que pour le droit de visite. » Le cabinet anglais s'était en effet assuré de cette union ; le 28 octobre, lord Aberdeen avait adressé aux représentants de l'Angleterre à Berlin, Vienne et Saint-Pétersbourg, avec ordre de la communiquer à ces trois cours, une dépêche dans laquelle, sans adhérer pleinement aux principes que lord Palmerston avait manifestés lors des premiers bruits de l'union douanière franco-belge, il soutenait, au nom de la neutralité de la Belgique et en vertu du protocole du 20 janvier 1831 qui l'avait fondée, que les autres cabinets auraient le droit de s'opposer à une combinaison qui présenterait un danger réel pour l'équilibre européen. Le 29 novembre, il s'exprima encore plus vivement à ce sujet, avec le ministre de Belgique à Londres, M. Van de Weyer, qui se hâta d'en informer le roi Léopold; et le 6 décembre, ayant fait prier le comte de Sainte-Aulaire de venir le voir : « Je suis informé, lui dit-il, qu'un ancien ministre [1] est allé voir le roi Louis-Philippe, et qu'ils ont longuement parlé de l'union douanière franco-belge. L'ancien ministre disant que ce projet rencontrerait en Europe une opposition unanime, le roi a répondu : «Je ne suis point fondé à attendre cette opposition, et même je n'y crois pas, puisque aucune des puissances ne m'a fait dire un mot à cet égard. » C'est d'après cette parole de votre roi, a continué lord Aberdeen, que, pour éviter tout malentendu dans une matière si grave, j'ai cru de mon devoir d'écrire à lord Cowley et de vous dire à vous-même que l'union douanière de la France et de la Belgique nous paraîtrait une atteinte à l'indépendance belge, et conséquemment aux traités qui l'ont fondée. » J'ai refusé, me disait M. de Sainte-Aulaire, toute discussion sur les paroles ou l'opinion personnelle du roi; mais j'ai affirmé que mon gouvernement avait, dès longtemps, été informé par moi, et par d'autres voies encore, des intentions du cabinet anglais; c'était donc en toute connaissance de

---

[1] C'était à M. le comte Molé qu'il faisait allusion.

cause que vous aviez procédé à l'examen de la question, décidé à la résoudre d'après la considération de nos intérêts nationaux, et sans vous arrêter à un mécontentement qui n'était fondé ni en droit ni en raison : « Je me suis abstenu jusqu'à présent de vous parler avec détail sur ce sujet, a repris lord Aberdeen, et je m'en applaudis, parce que votre gouvernement peut déférer aux plaintes du commerce français sans que sa résolution paraisse influencée par des considérations diplomatiques ; mais aujourd'hui j'ai dû vous parler pour prévenir toute fausse interprétation de mon silence. J'ai pris soin d'ailleurs que la démarche à faire auprès de vous n'eût rien de collectif. »

Sans m'annoncer, de la part de la Prusse, aucune démarche positive, le comte Bresson m'envoya de Berlin, le 7 novembre 1842, des informations analogues, et après avoir traité lui-même la question sous ses divers points de vue, il finissait par me dire qu'à son avis l'union douanière avec la Belgique n'avait, pour la France et son gouvernement, qu'une importance très-secondaire, et qu'elle nous vaudrait bien moins d'avantages qu'elle ne nous attirerait d'embarras et de mécomptes.

En présence de ces rapports et, tantôt du travail secret, tantôt des déclarations officielles qui se faisaient en Europe sur cette question, je résolus de m'en expliquer pleinement avec les représentants de la France au dehors et de bien régler leur attitude en déterminant avec précision la nôtre. J'écrivis donc le 30 novembre 1842, d'abord au comte Bresson, car le cabinet de Berlin était le plus sérieusement inquiet et le plus empressé à prendre, dans les inquiétudes anglaises, un point d'appui pour les siennes : « Je veux que vous sachiez dès aujourd'hui, sur le fond même de cette affaire et sur les raisonnements de lord Aberdeen, ce que nous pensons et ce qui règle notre conduite.

« Les traités qui ont constitué la Belgique ont stipulé qu'elle formerait un État indépendant et neutre. Cette indépendance, cette neutralité seraient-elles, comme on le prétend, détruites ou entamées par le simple fait d'une union douanière avec la France ?

« Oui, si les clauses de cette union portaient atteinte à la souveraineté politique du roi des Belges, s'il ne conservait pas dans ses États le plein exercice des droits essentiels à cette souveraineté. Non, si la souveraineté politique belge demeurait entière et si le gouvernement belge avait toujours la faculté de rompre l'union dans un délai déterminé, dès qu'il la trouverait contraire à son indépendance.

« Bizarre indépendance que celle qu'on ferait à la Belgique en lui interdisant absolument, et comme condition de son existence, le droit de contracter les relations, de prendre les mesures que lui conseilleraient ses intérêts, qui seraient peut-être, pour son existence même, une nécessité !

« L'indépendance n'est pas un mot ; elle doit être un fait. Un État n'est pas indépendant parce qu'on l'a écrit dans un traité, mais à condition qu'il pourra réellement agir selon son intérêt, son besoin, sa volonté.

« En supposant la souveraineté politique belge pleinement respectée, et nous sommes les premiers à dire qu'aucune autre hypothèse n'est admissible, l'union douanière ne serait, entre la France et la Belgique, qu'une forme particulière de traité de commerce ; forme qui entraînerait sans doute, dans l'administration intérieure des deux États, certains changements librement consentis de part et d'autre, mais qui, loin de porter atteinte à l'indépendance de l'un des deux, ne serait de sa part qu'un acte et une preuve d'indépendance.

« Lord Aberdeen reconnaît à la France et à la Belgique le droit de faire, entre elles, des traités de commerce, dussent ces traités être nuisibles, économiquement parlant, aux intérêts des États tiers. Que dirait-il si la France et la Belgique abolissaient chacune, sur leur frontière commune, tout droit de douane, et si en même temps la Belgique, par un acte de son gouvernement seul, établissait, sur ses autres frontières, les tarifs et le régime actuel des douanes françaises, sans qu'aucun autre changement s'accomplît d'ailleurs dans les relations et l'administration intérieure des deux États? Je ne dis pas qu'un tel système fût praticable ; mais, à coup sûr, ce serait là un de ces traités de commerce contre lesquels lord Aberdeen lui-même reconnaît qu'aucun gouvernement étranger n'aurait droit de protester. Pourtant l'union douanière serait complète. Elle n'est donc pas nécessairement et par elle-même contraire à l'indépendance de la Belgique et au droit public européen.

« Mais la neutralité ? C'est ici une condition particulière d'existence, dont la Belgique recueille les fruits et qui lui impose certaines obligations, certaines gênes que les cinq grandes puissances ont acceptées comme elle, et doivent, comme elle, respecter.

« Certes, ce ne sera pas la France qui portera, qui souffrira jamais, à la neutralité de la Belgique, la moindre atteinte. Cette neutralité est, depuis 1830, le seul avantage que nous ayons acquis au dehors. En 1814, le royaume des Pays-Bas avait été érigé contre nous ; il est tombé ; à sa place s'est élevé un État qui a été déclaré neutre et qui, par son origine, ses institutions, ses intérêts politiques et matériels, par le mariage de son roi, tout en demeurant neutre, est devenu pour nous un État ami. Il y a là, pour nous, une garantie matérielle de sécurité sur notre frontière, une garantie politique de paix et d'équilibre européen. L'Europe a accepté cette situation. Plus que personne nous en comprenons et nous en estimons les avantages. Moins que personne, nous sommes disposés à y rien changer.

« Comment la neutralité politique de la Belgique périrait-elle par son union douanière avec la France ? Ceci est le dire de lord Aberdeen et son grand argument. Je ne dirai pas, quoique cela soit vrai, que cet argument est injurieux pour nous ; comme si nous ne pouvions vouloir l'union commerciale avec la Belgique que pour détruire sa neutralité et pour trouver là un chemin caché vers la conquête. Je ne dirai pas non plus que c'est traiter bien légèrement le droit public européen et le considérer comme bien vain que de croire qu'il ne prêterait aucune force aux États qui le réclameraient s'il était méconnu. Je vais droit à l'idée fondamentale de lord Aberdeen et j'en pèse exactement la valeur.

« L'unité des douanes et du système financier ne peut avoir lieu, dit-on, entre deux États de force très-inégale, car l'un serait politiquement absorbé par l'autre, et l'équilibre européen mis ainsi en danger. L'exemple de l'union douanière allemande, ajoute-t-on, n'est point applicable, car celle-ci repose sur une union politique depuis longtemps admise par le droit public européen, et elle n'y a porté aucun trouble.

« Ce sont là de pures assertions, de pures apparences dont nous ne saurions nous payer. Allons au fait. Est-il vrai que l'union douanière allemande ait eu lieu entre des États de force égale et capables de se balancer réciproquement? Est-il vrai que l'équilibre intérieur de l'Allemagne, qui est bien quelque chose dans l'équilibre général de l'Europe n'en ait pas été sensiblement altéré? Qu'on le demande à l'Autriche. Qu'on le demande même aux petites puissances allemandes engagées dans l'association. Il est évident que par ce fait nouveau, la Prusse a grandi, beaucoup grandi, que son poids en Allemagne, et par suite en Europe, s'est fort accru, que les puissances allemandes de second et de troisième ordre n'ont plus ni la même importance, ni la même liberté dans leurs combinaisons au dehors. A coup sûr, ce sont là des faits graves, des altérations profondes dans l'état de l'Allemagne et de l'Europe ; et si l'on n'y pense guère à Londres, je suis convaincu qu'à Vienne, à Hanovre, et même à Stuttgart et à Dresde, on s'en préoccupe fortement.

« Pourquoi les puissances à qui ce fait nouveau déplaisait, l'Autriche par exemple, ne s'y sont-elles pas ouvertement opposées ? Parce qu'elles ont compris qu'elles n'en avaient pas le droit. Lorsqu'un changement dans la répartition et la mesure des influences en Europe s'opère en vertu d'intérêts puissants et légitimes, par des moyens réguliers et pacifiques, et sans que l'État ou les États qui y gagnent excèdent les limites habituelles de leur action, on peut en ressentir du mécontentement, de l'inquiétude ; on peut travailler à l'entraver, à le restreindre, à le faire échouer ; on n'a nul droit de s'y opposer par la violence ou de protester officiellement. L'histoire de l'Europe offre plus d'un exemple de ces changements dans la répartition des influences qui ont donné lieu sans doute à des luttes sourdes, à des efforts diplomatiques, mais n'ont amené ni déclarations hostiles ni guerres. Et de nos jours une guerre suscitée pour une telle cause serait plus contraire que jamais aux notions de justice du public européen et à son sentiment sur les droits et les relations des États.

« Sans doute l'union douanière franco-belge serait, pour la France, un accroissement de poids et d'influence en Europe ; mais pourquoi la France et la Belgique n'auraient-elles pas, aussi bien que la Prusse, la Bavière et la Saxe, le droit de régler sous cette forme leurs intérêts communs ? Pourquoi ce qui s'est passé, sur la rive droite du Rhin, au profit de la Prusse, ne pourrait-il pas se passer sur la rive gauche au profit de la France, sans que la paix de l'Europe en reçût plus d'atteinte ?

« Voilà pour la question de droit, mon cher comte ; voilà quels sont, à notre avis et en allant au fond des choses, les vrais principes. Voici maintenant quelle a été et quelle sera notre règle pratique de conduite dans cette affaire.

« Nous n'en avons point pris l'initiative. Nous ne sommes point allés, nous n'irons point au-devant de l'union douanière franco-belge. Sans doute elle aurait pour nous des avantages ; mais elle nous susciterait aussi, et pour nos plus importants intérêts, des difficultés énormes. L'union douanière n'est point nécessaire à la France. La France n'a, sous ce rapport, rien à demander à la Belgique. L'état actuel des choses convient et suffit à la France qui ne fera, de son libre choix et de son propre mouvement, rien pour le changer.

« C'est à la Belgique que cet état pèse. C'est la Belgique qui vient nous dire qu'elle n'y saurait demeurer, et que, pour sa sécurité intérieure, même pour son gouvernement et son existence nationale, le péril est tel que, pour y échapper, elle sera contrainte de tout faire. Elle vient à nous. Si nous la repoussons, elle ira ailleurs. Si elle restait comme elle est, tout, chez elle, serait compromis.

« Or la sécurité de la Belgique, l'existence du royaume belge tel qu'il est aujourd'hui constitué, c'est la paix de l'Europe. Vous le savez, mon cher comte ; la constitution de ce royaume n'a pas été un résultat facile à obtenir ; il n'a pas été facile de contenir, de déjouer toutes les passions, toutes les ambitions qui voulaient autre chose. Et vous le savez aussi : autre chose, c'est la guerre, la conflagration de l'Europe. Qu'on ne s'y trompe pas : les mêmes passions, les mêmes ambitions qui, en 1830 et 1831, voulaient autre chose que ce qui a été fait, subsistent encore aujourd'hui. Et si quelque occasion, un grand trouble intérieur en Belgique par exemple, s'offrait à elles, elles éclateraient. Et aujourd'hui comme en 1830, leur explosion amènerait infailliblement la guerre, le bouleversement de l'ordre européen, et toutes ces chances fatales, inconnues, que depuis douze ans, nous travaillons tous à conjurer. Voilà ce qui fait, à nos yeux, la gravité de cette question. Voilà à quels dangers l'union douanière franco-belge pourrait être un remède. Que ces dangers s'éloignent ; que la Belgique ne s'en croie pas sérieusement menacée ; qu'elle ne nous demande pas formellement de l'y soustraire ; qu'elle accepte le *statu quo* actuel : ce ne sera point nous qui la presserons d'en sortir. Nous ne sommes point travaillés de cette soif d'innovation et d'extension qu'on nous suppose toujours. Nous croyons qu'aujourd'hui, pour la France, pour sa grandeur aussi bien que pour son bonheur, le premier besoin, c'est la stabilité. Cette conviction gouverne et gouvernera notre conduite dans cette affaire-ci comme elle l'a déjà gouvernée dans tant d'autres. Mais ce que nous ne pouvons souffrir, ce que nous ne souffrirons pas, c'est que la stabilité du royaume fondé à nos portes soit altérée à nos dépens, ou compromise par je ne sais quelle absurde jalousie du progrès de notre influence. En vérité, ceux qui voient, dans l'union douanière franco-belge, une question de rivalité politique, s'en font une bien petite et bien fausse idée; il s'agit ici de bien autre chose que d'une rivalité d'influence; il s'agit du maintien de la paix et de l'ordre européen. C'est là ce que nous défendons.

« De tous ces faits et de toutes ces idées, voici, pour le moment, mon cher comte, les conclusions que je tire sur la conduite qui nous convient, et d'après lesquelles vous réglerez la vôtre.

« 1° Rester fort tranquilles; éviter plutôt que rechercher la discussion sur l'union douanière franco-belge, et bien donner la persuasion que nous ne recherchons pas non plus le fait. Il faudra que cette union vienne nous chercher et que la Belgique nous l'impose en quelque sorte, comme une nécessité de sa propre existence;

« 2° Garder, sur le fond de l'affaire, toute notre indépendance; ne reconnaître à personne le droit de s'y opposer, aux termes des traités et des principes du droit public;

« 3° Observer soigneusement les dispositions des diverses puissances à cet égard. En sont-elles toutes préoccupées dans le même sens et au même degré ? Quelles différences existent entre elles ? Jusqu'où iraient-elles dans leur résistance ? Des objections, des efforts cachés pour empêcher, une protestation publique, la guerre, voilà les divers pas possibles dans cette carrière ; à quel point telle ou telle puissance s'y arrêterait-elle ?

« 4° Quant à présent, au delà de ce travail d'observation et d'attente, une seule chose nous importe ; c'est d'empêcher toute démonstration, toute démarche collective et officielle. Cela nous compromettrait et nous gênerait. Regardez-y bien. »

J'adressai la même lettre, *mutatis mutandis*, aux représentants du roi à Londres, à Vienne, à Pétersbourg, à Bruxelles et à La Haye. Je ne pouvais ignorer que les diverses puissances n'attachaient pas toutes, à cette question, autant d'importance que l'Angleterre ou la Prusse, et n'y portaient pas toutes la même ardeur. Je savais notamment que le prince de Metternich avait écrit au comte d'Appony : « Quant au travail du roi Léopold avec le cabinet français pour arriver à une union douanière des deux pays, j'y donne, pour mon compte, très-peu d'importance, et je trouve que le cabinet de Berlin a bien tort de s'en inquiéter autant. La France ne demanderait pas mieux que d'avaler la Belgique, et la Belgique serait charmée de s'engraisser commercialement à la table de la France. Cela est clair et fort simple. Cependant aucun gouvernement ni aucun pays ne se laisse volontiers dévorer par un autre, et dans de telles transactions le plus petit est toujours celui qui se tient le plus sur ses gardes. S'il ne s'en tire pas bien, cela aussi est fort simple, et c'est son affaire. Je vous répète que j'attache peu d'importance à tout ce projet. » Dans ses relations avec les cours de Londres et de Berlin, comme dans les communications officieuses qu'il me fit faire à ce sujet, le prince de Metternich ne s'employa qu'à apaiser les inquiétudes, à empêcher toute démarche active, collective et officielle. Il prenait d'autant plus volontiers ce rôle impartial et amical qu'il était convaincu que le projet d'union douanière franco-belge ne se réaliserait pas : « Quand je considère, dit-il un jour au comte de Flahault, tous les genres de danger auxquels le roi Léopold s'expose en le poursuivant, quand je songe qu'une modification réciproque des tarifs assurerait aux deux pays (tout aussi bien que pourrait le faire l'union douanière) tous les avantages commerciaux qu'ils peuvent désirer, je me demande si le roi Léopold a jamais eu bien sérieusement l'intention de conclure un pareil traité, et s'il n'est pas plus probable qu'il a mis en avant ce projet, qu'il doit savoir inexécutable, afin de n'arriver à rien, tout en paraissant disposé à tout faire pour plaire au roi son beau-père, à la nation française, au parti français en Belgique et au sentiment national qui cherche un débouché pour l'excédant des produits belges. » Je suis fort tenté de croire que M. de Metternich avait raison, et que le roi Léopold n'a jamais sérieusement poursuivi le projet d'union douanière, ni compté sur son succès. Quoi qu'il en fût de l'intention du roi des Belges, le fait définitif fut conforme à la prévoyance du chancelier d'Autriche; les négociations, les conférences, les visites et les conversations royales et ministérielles n'aboutirent à rien; l'idée de l'union douanière entre la France et la Belgique fut peu à peu délaissée sans bruit; et le 13 décembre 1845, après quelques mois d'une négociation plus restreinte et plus efficace, un nouveau traité de commerce, en abaissant sur un grand nombre d'objets les tarifs mutuels, régla pour six ans, d'une façon plus étendue et plus libérale que n'avait fait celui du 16 juillet 1842, les relations commerciales des deux pays.

J'eus peu de regret de ce résultat. Plus j'avais approfondi la question, plus je m'étais convaincu que l'union douanière franco-belge aurait, pour la France, des inconvénients que ne compenseraient point les avantages politiques qu'on s'en promettait. Ces avantages étaient plus apparents que réels et auraient été achetés plus cher qu'ils ne valaient. Nous aurions trouvé dans ce fait une satisfaction vaniteuse plutôt qu'un solide accroissement de force et de puissance. Quoi qu'en disent les partisans de la mesure, la Belgique ne se serait point complétement assimilée et fondue avec la France; l'esprit d'indépendance et de nationalité, qui y avait prévalu en 1830, s'y serait maintenu, et aurait jeté, dans les rapports des deux États, des incertitudes, des difficultés et des perturbations continuelles. Je suis persuadé que les quatre grandes puissances auraient immédiatement opposé, à l'union douanière franco-belge, une résistance formelle, et qu'elles auraient officiellement réclamé la neutralité de la Belgique en la déclarant compromise par un tel acte; l'Angleterre et la Prusse étaient déjà unies dans ce dessein éventuel ; la Russie se fût empressée de les soutenir, et l'Autriche n'eût eu garde de s'en séparer. Mais dans l'hypothèse la plus favorable, en admettant que les quatre puissances n'eussent pas pris sur-le-champ une attitude active, elles n'en auraient pas moins été profondément blessées et inquiètes ; elles auraient perdu toute confiance dans notre sagesse politique et dans la stabilité du régime général qu'après 1830, et de concert avec nous, elles avaient fondé en Europe ; elles se seraient de nouveau concertées contre nous, c'est-à-dire qu'elles seraient rentrées dans la voie des coalitions antifrançaises. Et au moment même où nous aurions accepté cette mauvaise situation européenne, nous aurions porté un sérieux mécontentement et un grand trouble dans les principales industries françaises ; nous aurions fortement agité, au dedans, le pays replacé au dehors sous le vent des méfiances et des alliances hostiles de l'Europe. Les inquiétudes et les réclamations de l'industrie nationale eurent, auprès de nous, bien plus de part que les considérations diplomatiques à l'abandon du projet d'union douanière franco-belge ; mais nous fîmes, en le laissant tomber et en le remplaçant par l'abaissement mutuel des tarifs, acte de prévoyance au dehors aussi bien que d'équité et de prudence au dedans.

Nous avions, à cette époque, dans nos rapports avec l'Angleterre, une affaire, ou plutôt des affaires bien plus graves et plus permanentes que l'union douanière franco-belge, les affaires d'Espagne.

Je n'ai rencontré dans ma vie et je ne connais dans l'histoire point d'exemple d'une politique aussi obstinément rétrospective que celle de l'Angleterre envers l'Espagne. La guerre de la succession espagnole sous Louis XIV, le traité d'Utrecht, la maison royale de France régnante en Espagne, le pacte de famille sous Louis XV, l'Espagne concourant avec la France, sous Louis XVI, à l'indépendance des États-Unis d'Amérique, l'invasion de l'Espagne par l'empereur Napoléon, tous ces faits étaient encore, en 1840, et sont probablement encore aujourd'hui aussi présents à la pensée du gouvernement anglais, aussi décisifs pour sa conduite que s'ils étaient actuels et flagrants. La crainte des vues ambitieuses et de la prépondérance de la France en Espagne est toujours une préoccupation permanente et dominante en l'Angleterre.

Je n'ai garde de m'étonner de cet empire de la tradition dans la politique d'un État bien gouverné ; la mémoire est mère de la prévoyance, et le passé tient toujours dans le présent une grande place. Les faits changent pourtant ; les situations se modifient, et la bonne politique consiste à reconnaître ces changements et à en tenir compte, aussi bien qu'à ne pas oublier les faits anciens et leur part d'influence. Depuis 1830, et surtout depuis 1840, les situations relatives de la France et de l'Angleterre, quant à l'Espagne, étaient profondément changées, et leurs politiques n'avaient plus les mêmes raisons d'être contraires, ni même diverses. Quand nous avions, en 1833, reconnu la reine Isabelle et le régime constitutionnel en Espagne, nous nous étions hautement séparés du parti absolutiste espagnol qu'avait protégé la Restauration, en nous rapprochant du parti libéral qui, depuis 1808, avait pour patron l'Angleterre. Quand nous avions, en 1835, refusé d'intervenir à main armée en Espagne, malgré les sollicitations de l'Angleterre elle-même, nous avions donné la preuve la plus éclatante que nous n'y recherchions point une prépondérance exclusive. Depuis le mois de septembre 1840 enfin, la reine Christine et les chefs du parti constitutionnel modéré, qu'on appelait le parti français, avaient perdu en Espagne le pouvoir; il avait passé aux mains du parti libéral exalté, reconnu comme le parti anglais; le nouveau régent du royaume, Espartero, déclarait ouvertement que « ses inclinations et ses opinions étaient et avaient toujours été en faveur d'une alliance intime avec la Grande-Bretagne, et que c'était là l'amitié sur laquelle il comptait. » Le gouvernement anglais avait lieu d'être content de sa situation en Espagne et peu inquiet de nos prétentions à y dominer.

Pourtant son inquiétude était toujours la même ; la nécessité de combattre en Espagne l'ambition et l'influence de la France le préoccupait toujours passionnément. L'avénement du cabinet tory ne paraissait pas avoir changé grand'chose à cette disposition ; lord

Aberdeen témoignait, sur ce point comme sur tous les autres, plus de liberté d'esprit et d'impartialité ; mais les méfiances antifrançaises de sir Robert Peel étaient si profondes qu'il se déclarait enclin à rechercher, sur les affaires d'Espagne, l'entente et l'action concertée de l'Angleterre avec l'Autriche, la Prusse et la Russie, qui n'avaient reconnu ni la reine Isabelle ni le régime constitutionnel espagnol, plutôt que l'accord avec la France : « Notre position et nos intérêts, disait-il, s'accordent mieux avec la position et les intérêts de ces puissances qu'avec ceux de la France ; elles ont en commun avec nous le dessein d'empêcher que l'Espagne ne devienne un pur instrument entre les mains de la France. Résister à l'établissement de l'influence française en Espagne, tel doit être notre principal et constant effort. » Le ministre d'Angleterre à Madrid, M. Aston, homme d'esprit et d'honneur, mais placé là à bon escient par lord Palmerston, était imbu des mêmes préventions et de la même passion ; il avait été un moment question de le changer ; mais il fut maintenu à son poste, et la politique de rivalité et de lutte contre la France continua de prévaloir en fait à Madrid pendant qu'à Londres le premier ministre la soutenait en principe dans le conseil.

En même temps que je rencontrais à chaque pas cette disposition du gouvernement anglais, j'apprenais d'Espagne, avant même qu'à Londres le cabinet whig et lord Palmerston fussent tombés, que le régent Espartero perdait chaque jour du terrain, et que le parti des modérés, les chefs militaires surtout, préparaient contre lui une insurrection dont ils se promettaient le retour au pouvoir de la reine Christine et de ses amis. Espartero et ses partisans ne cachaient pas leurs alarmes ; on allait jusqu'à dire que, dans la perspective du succès de ce soulèvement, ils méditaient de quitter l'Espagne et de se retirer à Cuba, emmenant avec eux la jeune reine Isabelle, sa sœur l'Infante doña Fernanda, et restant ainsi en possession de la royauté et du pouvoir légal. Je n'ajoutais nulle foi à ce bruit, presque aussi invraisemblable à concevoir qu'impossible à exécuter ; mais j'étais très-frappé de l'état des partis qu'il révélait et des événements qu'il faisait pressentir. Le 6 août 1841, j'écrivis au roi, alors au château d'Eu : « Il est bien à désirer que les amis de la reine Christine se tiennent tranquilles et laissent le gouvernement du régent actuel suivre le cours de ses propres fautes et des destinées qu'elles lui feront. Il descend visiblement : si on tente de le renverser, on le relèvera peut-être, et réussît-on à le renverser, il y aurait une victoire pleine de périls ; tandis que, si l'on attend, les bras croisés, que la victoire vienne, elle sera sûre. La mort naturelle est, pour les gouvernements, la seule mort véritable, la seule qui ouvre réellement leur héritage. M. Zéa [1] m'a paru fort pénétré de ces idées, et la reine Christine est, je crois, très-disposée à les accueillir. » Et quelques jours après, le 17 août, considérant

---

[1] M. Zéa Bermudez, naguère ministre de la reine Christine, était resté dans l'exil son intime et fidèle conseiller.

les affaires d'Espagne sous un autre aspect, j'écrivis également au roi : « Une idée me préoccupe ; je crains que nous n'ayons l'air d'abandonner sans protection, sans secours, cette pauvre petite reine qui n'a auprès d'elle, ni mère, ni gouvernante, ni gardien ou serviteur sûr et dévoué. Ne serait-ce pas un moment très-convenable, très-digne, très-bien choisi pour envoyer en Espagne un ambassadeur, accrédité auprès d'elle en cas de mouvements révolutionnaires ? Le gouvernement de Madrid n'aurait aucun droit de se plaindre. Le roi ferait acte de prévoyance politique et de protection de famille. Personne ne pourrait s'y méprendre, et je ne vois pas, dans aucune hypothèse, qu'aucune mauvaise conséquence puisse en résulter. Je prie le roi d'y bien penser et de vouloir bien me faire connaître son impression. »

A ma première lettre, le roi répondit[1] : « La reine Christine est venue à Saint-Cloud le jour de mon départ ; je lui ai parlé dans le sens que vous me développez dans votre lettre d'hier, et elle y a complétement abondé. » Et à la seconde[2] : « Je partage votre opinion sur l'opportunité de nommer dès à présent un ambassadeur près de la reine Isabelle II, et de la couvrir ainsi de toute la protection que nous pouvons lui donner aujourd'hui. Je préfère même beaucoup que nous prenions l'initiative, à cet égard, avant l'Angleterre. Pourtant je crains qu'on ne donne à cette démarche une interpré-

[1] Le 7 août 1841.
[2] Le 18 août 1841.

tation qui, en en faussant le caractère et l'objet, amènerait un résultat tout contraire à celui que nous voulons obtenir. Cette interprétation consisterait à faire considérer l'envoi d'un ambassadeur comme un pas vers Espartero et un hommage à sa régence. Je crois que tout dépendra de la manière dont la reine Christine et ses amis politiques envisageront et qualifieront la démarche. Par conséquent, je voudrais que vous pussiez voir M. Zéa demain matin de bonne heure, assez tôt pour que vous pussiez encore voir la reine Christine elle-même avant votre départ pour Lisieux. Quand vous vous serez assuré de la manière dont la reine et Zéa envisageraient cet acte, s'il est pris par eux comme je le désire, alors l'effet est assuré et nous pouvons aller immédiatement de l'avant. Mais si, au contraire, ils n'y voient qu'un avantage pour Espartero, alors je crois qu'il faut y renoncer quant à présent, et rester sur la ligne que nous avions adoptée, c'est-à-dire attendre, avant de rien faire, ce que fera le nouveau ministère anglais, et probablement ce qu'il voudra même concerter avec nous. »

J'écrivis dès le lendemain au roi : « Je viens de voir M. Zéa. Il est convaincu que la nomination immédiate d'un ambassadeur à Madrid tournerait au profit d'Espartero, et serait regardée par le parti modéré comme un grave échec. Il préfère beaucoup que le roi attende la formation du nouveau cabinet britannique qui sera, dit-il, très-disposé et même empressé à se concerter avec la France. J'ai trouvé la conviction de M. Zéa si arrêtée et si profonde que je n'ai pas jugé nécessaire de voir, sur le même sujet, la reine Christine. Je pense, comme Votre Majesté, que la mesure ne serait bonne à prendre qu'autant qu'elle produirait en Espagne sur tous les partis, exaltés ou modérés, un effet analogue à l'intention dans laquelle elle serait prise. Puisqu'il n'en serait pas ainsi, il faut attendre. »

Nous n'attendîmes pas longtemps : dès que le cabinet tory fut formé, M. Zéa retira son objection à la nomination de notre ambassadeur à Madrid, et me pressa même de l'accomplir. Il connaissait depuis longtemps lord Aberdeen, et il en était fort connu et estimé. Il avait la confiance que le nouveau cabinet anglais, essentiellement monarchique et conservateur, le serait même en Espagne, et s'entendrait avec nous. Pour mon compte, je tenais beaucoup à ce que notre ambassadeur fût nommé avant l'explosion des troubles que tout le monde prévoyait au delà des Pyrénées : si ces troubles tournaient en faveur du régent Espartero, l'envoi inattendu d'un ambassadeur de France à Madrid devenait une platitude ; si au contraire la reine Christine et ses partisans triomphaient, notre ambassadeur ne serait arrivé qu'à leur suite et comme leur instrument. Ni l'une ni l'autre de ces situations ne nous convenait ; aux yeux de l'Angleterre comme de l'Espagne, nous voulions être les amis de la reine Isabelle et de la monarchie constitutionnelle espagnole, non des auxiliaires au service de l'un des partis qui, sous ce régime, se disputaient violemment le pouvoir. Nous n'avions nulle confiance dans le régent Espartero, mais nul dessein non plus d'entrer, contre lui, dans l'arène et de travailler à son renversement. Nous ne cachions point nos opinions et nos vœux quant au gouvernement intérieur de l'Espagne, mais nous restions fidèles à notre politique de non-intervention. Je demandai au roi d'instituer sans délai cette ambassade, et de la confier à M. de Salvandy : esprit élevé, généreux, entreprenant, monarchique et libéral avec une sincérité profonde quoique un peu fastueuse, plein de vues politiques saines, même quand elles étaient exubérantes et imparfaitement équilibrées, pas toujours mesuré dans les incidents et les dehors de la vie publique, mais sensé au fond, capable de faire des fautes, mais capable aussi de les reconnaître, d'en combattre loyalement les conséquences et d'en porter dignement le poids. Il avait été ministre de l'instruction publique dans le cabinet de M. Molé, et je trouvais un réel avantage à le retirer de l'opposition et à le rallier au ministère. Il connaissait et aimait l'Espagne. Il accepta volontiers cette aventureuse mission [1]. La reine Christine l'accueillit de bonne grâce, quoique avec quelque déplaisir ; elle ne trouvait pas qu'en envoyant un ambassadeur à Madrid pendant cette régence d'Espartero contre laquelle elle avait protesté, le roi son oncle fût aussi *Christino* qu'elle l'aurait voulu ; mais elle était de ceux qui savent se résigner sans renoncer. M. de Salvandy se disposait à partir quand les nouvelles de

---

[1] Il fut nommé le 9 septembre 1841.

l'insurrection du général O'Donnell en Navarre contre Espartero, dans les premiers jours d'octobre 1841, arrivèrent à Paris, encore confuses et sans résultat.

Je sentis, en les recevant, que la nécessité et en même temps l'occasion étaient venues de faire pleinement connaître au nouveau cabinet anglais notre attitude, notre intention et le fond de notre pensée dans nos relations avec l'Espagne. J'écrivis sur-le-champ à M. de Sainte-Aulaire[1] : « Je suis sûr qu'à Londres, comme ailleurs, on nous attribue ce qui se passe en Espagne ; on croit que nous travaillons au rétablissement de la reine Christine. Je ne m'en étonne pas ; c'est une idée naturelle, conforme aux vraisemblances et aux apparences. Voici le vrai sur ce que nous avons pensé et fait depuis quelques années quant à l'Espagne, sur ce que nous pensons et faisons aujourd'hui.

« Notre disposition générale envers la reine Christine est bienveillante, bienveillante par esprit de famille, bienveillante à cause de la personne même qui mérite vraiment et inspire naturellement de l'intérêt.

« La raison politique a concouru, pour nous, avec la bienveillance personnelle. Lorsque, en 1833, malgré d'anciennes traditions et de grands intérêts français, nous avons reconnu la régence de la reine Christine, c'est que nous l'avons crue seule capable de gouverner l'Espagne, d'y maintenir un peu de royauté et d'ordre, entre et contre les prétentions de l'absolutisme inintelligent et du radicalisme révolutionnaire.

---

[1] Le 11 octobre 1841.

« Si toute l'Europe avait pensé alors comme la France et l'Angleterre, si les cinq grandes puissances avaient reconnu à la fois la royauté d'Isabelle, la régence de Christine, et exercé à Madrid leur influence, très-probablement cette influence aurait imprimé aux événements un autre cours, et épargné à l'Espagne bien des malheurs, à l'Europe bien des embarras.

« Malgré ses fautes, malgré ses malheurs, nous pensons qu'à tout prendre la reine Christine n'a pas manqué à sa situation. Tant qu'elle a gouverné, elle a employé, au profit de la bonne cause, au profit des principes d'ordre et de justice, ce qu'elle a eu de force et d'influence. Elle a été souvent entraînée, souvent vaincue, mais elle a constamment lutté, et sa défaite a été le triomphe de l'esprit d'anarchie.

« Voilà, sans rien taire ni rien exagérer, notre bienveillance pour la reine Christine, son sens politique et ses motifs. Les faits ont déjà montré quelle en était la limite.

« Après la chute de la reine Christine, nous avons accepté, sans hésitation, sans interruption, les relations politiques avec la régence, d'abord provisoire, puis définitive, d'Espartero. Il n'y a eu, entre les deux gouvernements, point de rupture, même momentanée, point de choc, même caché. J'ai hautement déclaré, dans les deux Chambres, que nous ne nous mêlerions point des affaires intérieures de l'Espagne, que nous ne nuirions en rien à son nouveau gouvernement.

« Notre conduite a été conforme à notre langage.

Au profit du régent Espartero comme de la reine Christine, nous avons retenu don Carlos en France et, autant qu'il était en nous, préservé l'Espagne de la guerre civile. Pas plus contre le régent Espartero que contre la reine Christine, nous n'avons poursuivi l'exécution des engagements relatifs aux quarante ou cinquante millions que l'Espagne nous doit, ce qui l'aurait réduite à la publicité de la banqueroute.

« Les nouvelles occasions de querelle ne nous ont pas manqué. Les procédés du nouveau gouvernement espagnol, envers la France et le roi, ont été souvent très-inconvenants. Un conflit a failli éclater sur notre frontière, à l'occasion de territoires et de droits de pâturage contestés entre les deux pays. On a décidé et presque ordonné, à Mahon, l'évacuation de l'îlot *del Rey*, sans nous en avoir seulement avertis. J'ai évité ces occasions de brouillerie; j'ai été conciliant, au sein même de relations froides et quelquefois épineuses ; je n'ai témoigné aucune susceptibilité, aucune défiance. Entre le cabinet de Madrid et nous l'intimité n'existait pas ; je n'ai pas souffert que la malveillance s'y glissât un moment.

« Le séjour de la reine Christine en France, le bon accueil qu'elle y a reçu, c'est là, je le sais bien, ce qui a excité et excite le plus de soupçons.

« Comment eût-il pu en être autrement ? Si nous n'avions pas bien reçu la reine Christine, nous aurions manqué aux premiers devoirs de famille, d'honneur, aux exemples de respect mutuel que se doivent entre eux les souverains. Nous aurions également manqué aux plus simples conseils de la prudence. Nous ne le dissimulons point; nous n'avons jamais bien pensé de la révolution de septembre 1840 en Espagne et de l'avenir d'Espartero ; nous avons craint, au delà des Pyrénées, de nouvelles explosions révolutionnaires ; nous avons regardé la reine Christine comme pouvant être, un jour, une ancre de salut pour l'Espagne, le seul moyen possible de transaction et de gouvernement. A ce titre aussi, je n'hésite pas à le dire, nous avons dû l'accueillir et ménager sa situation.

« Nous lui avons conseillé de demeurer étrangère à toute menée contre le nouveau gouvernement de Madrid. Nous lui avons dit que, si elle devait être quelque jour utile à l'Espagne, c'était à la condition de n'être remise en scène que par la nécessité évidente, après l'épuisement et la chute des partis contraires, non par les intrigues de son propre parti. Et, pour notre compte, nous nous sommes tenus absolument en dehors, non-seulement de toute action exercée en Espagne par les partisans de la reine Christine, mais même de toute relation avec eux. Nous avons écarté toute insinuation de ce genre, et scrupuleusement accompli, envers le gouvernement espagnol, ce que nous conseillait la prudence, ce que nous prescrivait la probité. J'affirme que nous sommes complétement étrangers à ce qui vient d'éclater en Espagne; nous n'y avons point connivé ; nous ne l'avons point connu d'avance; nous n'y aidons et nous n'y aiderons en rien.

Nous ne méconnaissons point les difficultés de notre situation envers le gouvernement de Madrid, et nous ne saurions y échapper puisque nous ne saurions changer la situation même. Mais nous ne changerons rien non plus à notre conduite ; elle sera, comme elle a été depuis un an, parfaitement loyale et pacifique. Nous venons de le prouver à l'instant même en ordonnant, selon le désir de M. Olozaga[1], que les carlistes, qui s'étaient rassemblés sur la frontière pour rentrer en Espagne en vertu de l'amnistie, en soient éloignés et refluent vers nos départements de l'intérieur.

« Sur ce qui se passe et pour le moment actuel, voilà, mon cher ami, ce qui est et ce que j'ai à dire ; mais évidemment, et quoi qu'il arrive du mouvement qui vient d'éclater, il faut penser à l'avenir de l'Espagne.

« Des trois partis qui s'agitent là, les absolutistes et don Carlos, les modérés et la reine Christine, les exaltés et le régent Espartero ou le tuteur Arguelles, aucun n'est assez fort ni assez sage pour vaincre ses adversaires, les contenir et rétablir dans le pays l'ordre et un gouvernement régulier. L'Espagne n'arrivera à ce résultat que par une transaction entre les partis.

« A son tour, cette transaction n'arrivera pas tant que la France et l'Angleterre n'y travailleront pas de concert. La rivalité de la France et de l'Angleterre en Espagne, leurs luttes pour l'influence, l'opposition de leurs patronages, cette seule cause suffirait à entretenir

---

[1] Envoyé extraordinaire et ministre plénipotentiaire d'Espagne en France, depuis la régence d'Espartero.

la guerre des partis espagnols et à les frapper tous d'impuissance quand ils arrivent au gouvernement.

« La bonne intelligence et l'action commune de la France et de l'Angleterre sont indispensables à la pacification de l'Espagne.

« Et, comme vous l'a très-bien dit lord Aberdeen, pour que la France et l'Angleterre s'entendent et agissent de concert en Espagne, il importe qu'elles ne soient pas les seuls acteurs sur ce théâtre, et qu'avec elles les autres grandes puissances y paraissent. A deux, il est à craindre que la rivalité ne continue. A cinq, on peut espérer que l'intérêt le plus général, le plus élevé, finira par prévaloir.

« Sans doute, les intérêts de second ordre ne cesseront pas d'exister; sans doute, il y aura toujours entre la France et l'Angleterre, à propos de l'Espagne, des questions d'amour-propre national et de jalousie traditionnelle, des questions d'alliance et de mariage. Je ne méconnais point l'importance et la difficulté de ces questions. Je n'hésite pas à dire que, sur toutes, on nous trouvera modérés, conciliants, sans arrière-pensées et sans prétentions exclusives. Je n'ai rien de plus à dire aujourd'hui. Nous désirons vivement la pacification de l'Espagne; elle importe à notre repos, à notre prospérité. Nous ne pouvons souffrir qu'une influence hostile s'établisse là, aux dépens de la nôtre. Mais j'affirme que, sur le théâtre de l'Espagne pacifiée et régulièrement gouvernée, dès que nous n'aurons rien à craindre pour nos justes intérêts et nos justes droits, nous saurons vivre en harmonie avec tout le monde, et ne rien vouloir, ne rien faire qui puisse inspirer à personne, pour l'équilibre des forces et des influences en Europe, aucune juste inquiétude. »

En expédiant cette lettre à M. de Sainte-Aulaire, j'ajoutai : « Lisez-la à lord Aberdeen, et quoique bien particulière et confidentielle, offrez-lui de lui en donner une copie. C'est l'expression vraie de notre situation et de notre pensée : je désire qu'elle reste sous les yeux de lord Aberdeen et de sir Robert Peel. Il est impossible de prévoir ce que deviendra l'insurrection des *christinos*. Je n'en augure guère, quant à présent, qu'une nouvelle cause d'anarchie dans le pays et d'impuissance dans le gouvernement. Je tremble pour ces deux petites filles. C'est une situation du moyen âge et de Shakspeare. »

Qnand les premiers bruits de l'insurrection des *christinos* arrivèrent à Londres, lord Aberdeen s'en montra d'abord assez peu ému ; il en parla froidement à M. de Sainte-Aulaire, ajoutant, comme par occasion : « Je ne voudrais pas trop émettre cette idée ; mais au fond je ne vois de salut pour l'Espagne que dans la réunion des partis de la reine Christine et de don Carlos, au moyen d'un mariage. » Le surlendemain, il était plus animé; comme M. de Sainte-Aulaire lui affirmait que nous n'étions pour rien dans ce qui venait de se passer en Navarre : « Voilà encore, lui dit-il, des choses que je dois croire contre toute vraisemblance ; mais assurément vous trouverez bien des incrédules.

La reine Christine n'est-elle pas à Paris? Ne va-t-elle pas partir pour se mettre à la tête de l'insurrection ? » Quand M. de Sainte-Aulaire lui eut lu et remis, le 15 octobre, ma lettre du 11, il en fut frappé, la garda cinq jours, et lui dit, en la lui rendant, qu'il l'avait montrée à sir Robert Peel et aussi à la reine « qu'elle devait beaucoup intéresser : Je crois, ajouta-t-il, tout ce qu'affirme M. Guizot, quant à l'Espagne ; mais il sera difficile de le persuader à Madrid. Pourtant, les préventions qu'en entrant aux affaires j'apportais contre Espartero sont aujourd'hui diminuées ; je le trouve modéré, sans grands talents, mais animé de bonnes intentions et disposé à entendre raison. Du reste, j'ai écrit à M. Aston pour lui prescrire de rester, vis-à-vis du régent, dans la mesure que commandent les principes du droit public vis-à-vis d'un gouvernement reconnu, sans toutefois rien exagérer et sans se compromettre par des manifestations trop vives. »

Ce n'était pas à Madrid seulement qu'il était difficile de persuader que nous n'étions pour rien dans l'insurrection des *christinos*, et que nous n'avions en Espagne point d'autre dessein que ce que j'écrivais à M. de Sainte-Aulaire. On mandait de Paris à Londres que très-probablement j'étais, pour mon compte, étranger à l'insurrection, et sincère dans ce que j'affirmais à cet égard, mais que ni du roi, ni du maréchal Soult on n'en pouvait croire autant : on racontait les fréquents entretiens du roi avec la reine Christine, la joie que, disait-on, il avait témoignée en apprenant le soulèvement du général O'Donnell; on parlait des audiences du maréchal Soult à divers officiers *christinos* partis pour l'Espagne. Le roi Louis-Philippe se laissait quelquefois trop aller à ses premières impressions, et le maréchal Soult s'inquiétait peu de mettre dans ses démarches de l'unité et de la cohérence ; mais quelles que fussent ses vivacités d'un moment, le roi tenait fermement à sa politique générale, et le maréchal la servait sans embarras à travers les déviations et les contradictions qu'un moment il trouvait utiles ou commodes. Ils étaient l'un et l'autre bien décidés à ne point engager la France et eux-mêmes dans les affaires de l'Espagne, et l'erreur des diplomates était d'attacher à de petits faits un sens et des conséquences qu'ils n'avaient pas. Les méfiants ne savent pas combien ils sont crédules, ni avec quelle légèreté, dans leur empressement à croire ce qui est vraisemblable, ils méconnaissent ce qui est vrai.

Le mauvais succès de l'insurrection mit bientôt fin à ces doutes et à ces rapports devenus sans importance. A Madrid comme dans les provinces, le régent Espartero triompha rapidement. Le plus brillant et le plus dévoué des partisans de la reine Christine, le général Diégo Léon, fut pris et fusillé. A Paris, le résultat de la victoire du régent fut une visite de M. Olozaga qui vint me dire qu'il avait ordre de demander que la reine Christine fût éloignée de France; en cas de refus, il devait, ajouta-t-il, demander lui-même ses passe-ports. Je n'attendis pas d'avoir consulté le roi et le cabinet pour lui répondre qu'il n'obtiendrait qu'un refus, et j'engageai en même temps M. de Salvandy à retarder son départ; le roi, que j'en informai sur-le-champ, me répondit : « Quant au départ de Salvandy, il me semble en effet impossible de le laisser partir avant de savoir comment se sera terminée l'impertinente demande d'Olozaga. Vous croyez que c'est ici qu'on la lui a suggérée, je le crois comme vous ; mais avec l'arrogance espagnole et leur crainte de se compromettre avec la tribune ou les journaux, il est probable que, quels que soient les inventeurs, le gouvernement d'Espartero la soutiendra. Nous verrons. J'espère que la réponse sera un peu altière. Si Olozaga le prend doucement et renonce, nous dirons: « C'est bon, » et « Partez, Salvandy, » s'il n'est retenu par d'autres raisons. Mais il est clair que nous serions fort empêtrés du départ de Salvandy si Olozaga, se renfermant dans le cercle de Popilius, nous disait de chasser la reine Christine ou de lui donner, à lui, ses passe-ports. Alors ce serait à lui qu'il faudrait dire : « C'est bon, » et « Partez, Olozaga. » Je pense bien qu'il n'y aurait pas, parmi nous, *a dissentient voice.* »

Le cabinet fut unanime et le refus péremptoire. M. Olozaga n'insista point, ne demanda point ses passeports, et M. de Salvandy resta à Paris en attendant que la conduite du gouvernement espagnol, en Espagne et envers nous, nous indiquât celle que nous avions nous-mêmes à tenir envers lui.

Au bout de six semaines, et sinon au fond, du moins

à la surface, les situations étaient changées. En repoussant la demande de M. Olozaga quant à la reine Christine, nous avions envoyé quelques troupes sur notre frontière des Pyrénées et quelques vaisseaux sur la côte de Catalogne, disant très-haut, ce qui était parfaitement vrai, que nous n'avions nulle pensée agressive, mais que nous ne voulions supporter aucune hostilité, aucune impertinence. Le régent Espartero, de son côté, n'avait guère retiré, de sa victoire sur les *christinos*, d'autre fruit que d'échapper au danger du moment ; à leur tour, les anarchistes l'attaquaient; à Barcelone, à Valence, sur plusieurs autres points, il était aux prises avec les désordres et les insurrections révolutionnaires; il travaillait honnêtement à les réprimer et s'efforçait de suppléer, par le courage du soldat, à la fermeté que le politique n'avait pas. Il nous témoignait en même temps des dispositions modérées et conciliantes ; au lieu de nous adresser des demandes ou des plaintes inattendues et hautaines, M. Olozaga consultait M. Bulwer, premier secrétaire de l'ambassade anglaise, sur la façon dont il devait s'y prendre pour obtenir de nous les réponses ou les démonstrations qu'on désirait à Madrid. J'écrivis à M. de Sainte-Aulaire [1] :

« La corde se détend entre nous et l'Espagne. L'attitude prise par le régent Espartero contre les anarchistes nous permet de modifier la nôtre envers lui. Les vaisseaux que nous avions envoyés devant Barcelone en

---

[1] Le 22 novembre 1841.

sont déjà revenus. Sans retirer de notre frontière des Pyrénées les troupes qui y sont déjà arrivées, nous ralentissons le mouvement de celles qui étaient en marche pour s'y rendre. Très-probablement M. de Salvandy partira bientôt pour Madrid. » M. de Sainte-Aulaire me répondit sur-le-champ[1] : « Je crois en effet que le moment est venu de faire partir M. de Salvandy. Je crois qu'il ferait bien à Madrid et je suis sûr que l'effet de son départ serait bon à Londres. J'approuve fort l'attitude que nous avons prise, et je ne vois pas de raison pour éloigner nos troupes de la frontière ; mais l'absence de l'ambassadeur laisse le champ libre à nos rivaux, et en même temps qu'elle leur donne sur nous des avantages, elle les entretient dans une humeur tous les jours plus âcre et qui sera bientôt chronique. J'ai fait honneur à M. de Salvandy, auprès de lord Aberdeen, de ses dispositions favorables à Espartero ; j'ai dit qu'elles vous étaient connues et qu'ainsi ce choix pour Madrid démentait la malveillance qu'on voulait nous imputer contre le régent. Lord Aberdeen m'a écouté avec une satisfaction sensible, et le départ de notre ambassadeur dissiperait des méfiances qui peuvent embarrasser notre politique sans profit. »

M. de Salvandy partit pour Madrid le 29 novembre, et ses instructions déterminaient clairement le caractère pacifique et impartial de sa mission [2]. Entré en Espagne le 8 décembre, son voyage d'Irun à Madrid

---

[1] Le 24 novembre 1841.
[2] *Pièces historiques*, n° XV.

fut une sorte de triomphe : « L'ambassade du roi, m'écrivit-il en arrivant[1], a reçu sur la route, de la part du gouvernement espagnol, des marques constantes d'égards et de sollicitude. Les alcades de toutes les villes et villages sans exception sont venus la complimenter et lui offrir leurs services. Cependant, à la frontière, elle n'a pas reçu les saluts d'usage ; mais les harangues que lui ont adressées toutes les autorités militaires, ecclésiastiques et civiles à Irun, et les salves qui lui ont été accordées à Saint-Sébastien ne permettent pas de supposer une préméditation ou un calcul. Je ferai toutefois une observation à cet égard, dans l'intérêt de l'avenir. A Irun, les harangues ont été pleines de respect et d'attachement pour la France ; l'alliance des deux nations, le besoin particulier de cette alliance pour le peuple espagnol, l'appel à l'action française pour assurer enfin l'union de tous les partis, ont été des textes vivement développés plusieurs fois. Dans les provinces basques, l'empressement des populations s'unissait visiblement aux démarches officielles des autorités. A Vittoria, le capitaine général, malgré l'heure avancée de la nuit, se tenait debout pour m'attendre. A Burgos, le lieutenant général de Hoyos, capitaine général, m'a immédiatement visité. Je n'ai pas cru devoir me présenter chez les Infants. Dans cette dernière ville, le chef politique et les alcades ont vivement insisté, auprès de moi, sur l'erreur où serait le

---

[1] Le 22 décembre 1841.

gouvernement français de croire l'Espagne inclinée vers les idées révolutionnaires ou vers l'influence anglaise ; la cause de l'ordre, disaient-ils, l'affermissement de la monarchie, l'affection pour la France sont dans le cœur de tous les Espagnols. Dans plusieurs cantons des provinces basques, j'ai trouvé encore toutes vives les traces des dévastations de la guerre civile. Dans les Castilles, les ravages de la guerre de l'indépendance ne sont pas encore effacés. Après vingt et un ans j'ai donc trouvé peu de changements ; les seuls que j'aie remarqués sont des communications plus régulières et plus fréquentes, des cultures plus avancées et l'aspect des troupes meilleur ; elles sont très-délabrées pour des yeux français ; elles le sont moins qu'en 1820. »

Trois jours après, M. de Salvandy m'écrivit : « Un incident grave s'est élevé ; le cabinet espagnol ne reconnaît pas l'ambassadeur accrédité auprès de la reine Isabelle II ; il prétend que les lettres de créance soient remises et l'ambassadeur présenté au régent, dépositaire constitutionnel de l'autorité de la reine. J'ai décliné péremptoirement ces prétentions inattendues. J'attends les ordres du roi. »

Il y avait, dans la première phrase, un peu d'exagération et de confusion : le cabinet espagnol ne refusait point de reconnaître l'ambassadeur accrédité auprès de la reine Isabelle II ; il ne s'étonnait et ne se plaignait point que les lettres de créance fussent adressées à la jeune reine elle-même ; il prétendait qu'elles devaient être remises au régent, dépositaire constitutionnel de l'autorité de la reine. M. de Salvandy soutenait qu'en sa qualité d'ambassadeur, représentant personnellement le roi des Français auprès de la reine d'Espagne, c'était à la reine personnellement, quoique mineure, qu'il devait remettre ses lettres de créance, sauf à traiter ensuite de toutes les affaires avec le régent seul et ses ministres. Il se fondait sur les principes monarchiques, sur les usages constants des cours d'Europe, et spécialement sur ce qui s'était passé entre la France et l'Espagne elles-mêmes lorsque, en 1715, le comte de Cellamare, ambassadeur d'Espagne en France, avait présenté ses lettres de créance à Louis XV mineur, non au régent, le duc d'Orléans. Le cabinet espagnol répondait, par l'organe de M. Antonio Gonzalès, ministre des affaires étrangères, que le régent exerçant, aux termes de l'art. 59 de la constitution espagnole, toute l'autorité du roi, c'était devant lui que devaient se produire les lettres de créance des représentants étrangers. Une longue discussion s'engagea entre l'ambassadeur et le ministre ; plusieurs notes furent échangées ; on essaya de quelques moyens d accommodement ; M. de Salvandy se déclara prêt à remettre ses lettres de créance à la reine en présence du régent qui les recevrait aussitôt de la main de la reine et les ouvrirait devant elle ; on offrit à M. de Salvandy de donner à sa réception par le régent, dans le palais même de la reine, tout l'éclat qu'il désirerait, en ajoutant que, dès qu'il aurait remis au régent ses lettres de créance, il serait autorisé à remettre à la jeune reine elle-même les lettres particulières de la reine Christine, sa mère, ou du roi Louis-Philippe, son oncle, dont il pourrait être chargé. La discussion ne fit que confirmer les deux diplomates dans la position qu'ils avaient prise et dans la thèse qu'ils avaient soutenue, et toutes les tentatives de transaction échouèrent contre les impérieuses prétentions des deux principes en présence et en lutte.

C'était bien vraiment deux principes en présence et en lutte. En me rendant compte de la difficulté qui s'élevait, M. de Salvandy avait ajouté : « J'ai la conviction qu'une main alliée a tout dirigé. Dans une conférence avec M. Aston, et je l'ai dit à M. Pageot quand cet incident ne s'était pas encore élevé, j'ai vu le whig opiniâtre, le continuateur résolu et passionné de la politique de lord Palmerston, qui trouvait, dans son rôle ici, une double satisfaction, et à se venger de la France, et à se venger du cabinet même qui l'emploie. Mes paroles précises et cordiales sur l'alliance des deux nations, sur les rapports des deux gouvernements, ne m'ont pas obtenu de réponse. Je n'en ai pas obtenu davantage à mes assurances d'efforts sincères et soutenus pour m'entendre avec lui. Son visage, son accent seuls répondaient. Ses formes polies ne m'ont en rien dissimulé son inquiétude de ne plus être seul sur ce théâtre et de se le voir disputer. Encore une fois, j'ai eu toutes ces impressions, j'ai porté ce jugement avant l'incident qui est survenu. » Les impressions de M. de Salvandy étaient justes, mais excessives, et il en tirait, comme cela lui arrivait souvent, de trop grandes conséquences. Les dispositions de M. Aston n'étaient pas meilleures qu'il ne les pressentait ; accoutumé à représenter et à pratiquer la politique de méfiance et d'hostilité entre l'Angleterre et la France en Espagne, le ministre de lord Palmerston avait plus de goût pour les inspirations de son ancien chef que pour celles de lord Aberdeen, et il ne s'affligea probablement guère, dans son âme, du désaccord qui éclata entre le nouvel ambassadeur français et le gouvernement espagnol ; mais son attitude fut embarrassée et faible plutôt que nette et active ; il ne dirigea point, dans la querelle où ils s'engagèrent, le régent Espartero et ses conseillers ; il ne fit que les suivre, écrivant à Londres que, selon lui, ils avaient raison, et s'appliquant surtout à se ménager à Madrid en ne les contrariant pas. Il eût pu avoir une bonne influence qu'il ne rechercha point, et celle qu'il exerça fut mauvaise, mais peu puissante. Les instincts et les passions du parti exalté, alors dominant en Espagne et autour du régent, furent le vrai mobile de l'événement ; ce parti fut choqué de la position secondaire que faisait à son chef la demande de l'ambassadeur de France ; choqué que, pendant l'inaction légale du pouvoir héréditaire, le pouvoir électif ne fût pas tout dans toutes les circonstances du gouvernement. Le parti ne méditait point l'abolition de la monarchie, mais les considérations monarchiques le touchaient peu et les sentiments radicaux le dominaient ; il croyait le sens et l'honneur de la constitution engagés dans la querelle. Ce ne fut point l'action du ministre d'Angleterre, ni les menées des intrigants qui cherchaient leur fortune personnelle dans l'hostilité contre la France, ce fut la disposition générale et profonde du parti alors en possession du pouvoir qui détermina l'opiniâtreté avec laquelle le régent et ses conseillers persistèrent dans leur refus d'accéder à la demande de notre ambassadeur.

Quoi qu'il en fût des causes et des auteurs de l'événement, nous approuvâmes pleinement la conduite de M. de Salvandy, et je lui écrivis le 22 décembre 1841 : « Le gouvernement du roi n'a pas appris sans un vif étonnement l'obstacle inattendu qui a empêché la remise de vos lettres de créance. La prétention énoncée par le ministre espagnol est complétement inadmissible et contraire à tous les précédents connus. Sauf les cas peu nombreux où la régence s'est trouvée exercée par une personne royale, par le père ou la mère du souverain, jamais les lettres de créance n'ont été remises qu'au souverain même à qui elles étaient adressées. Vous avez cité très à-propos ce qui s'est passé en France pendant la minorité de Louis XV et pour la présentation de l'ambassadeur espagnol lui-même. Cet exemple est d'un poids irrésistible dans le cas actuel. Un autre exemple qui, par sa date toute récente et par ses circonstances, s'applique plus spécialement encore à la difficulté si inopinément survenue, c'est ce qui a eu lieu, au Brésil, il y a peu d'années, lorsque M. Feijão y fut élevé à la régence. Il voulut aussi exiger que les lettres de créance lui fussent remises ; mais le gouvernement du roi n'y ayant pas consenti, M. Feijão finit par s'en désister. En Grèce, pendant la minorité du roi Othon, la question ne s'est pas même élevée. L'usage dont nous réclamons le maintien a été uniformément suivi jusqu'ici, et est fondé sur des motifs tellement puissants qu'il serait superflu de les développer. Évidemment, lorsque le souverain se trouve, par son âge, hors d'état d'exercer les fonctions actives de la souveraineté, il importe beaucoup, dans l'intérêt du principe monarchique, de lui en laisser la représentation extérieure, et d'entretenir ainsi dans l'esprit des peuples ces habitudes de respect que pourrait affaiblir une éclipse complète de la royauté. A des considérations d'un tel poids, nous ne saurions même entrevoir quels arguments on aurait à opposer. Il nous est donc impossible, je le répète, d'admettre les prétentions du gouvernement espagnol. Autant il serait loin de notre pensée de modifier, à son préjudice, les usages établis par le droit des gens, autant nous croirions manquer à un devoir sacré en sacrifiant, pour lui complaire dans une occasion où il ne se rend pas bien compte de sa situation et de ses propres intérêts, des formes tutélaires dont l'abandon pourrait entraîner de graves conséquences. Nous aimons à penser que de mûres réflexions le ramèneront à une appréciation plus juste de la question, et que, réduisant ses exigences au sens littéral de la lettre de M. Gonzalès, il se bornera à demander ce que nous trouverions parfaitement naturel, la présence du régent à la remise des lettres de créance qui passeraient immédiatement des mains de la reine dans les siennes. Si notre espoir était trompé, si, malgré les observations que je vous transmets, le gouvernement espagnol persistait dans sa prétention, la volonté du roi est que vous quittiez aussitôt Madrid; et M. Pageot, qui n'aurait pas perdu un instant le caractère de chargé d'affaires, puisque vous n'auriez pas eu la possibilité de déployer celui d'ambassadeur, en reprendrait naturellement les fonctions. »

Avant que ma dépêche parvînt à Madrid, la controverse y avait continué, et s'était, en continuant, grossie et envenimée : les Cortès avaient été ouvertes sans que l'ambassadeur de France, ni personne de son ambassade, assistât à la séance; dans l'embarras causé par la non-présentation de ses lettres de créance, on ne l'y avait invité que d'une façon maladroite et inconvenante, en lui envoyant un simple billet, en son nom personnel, qu'il avait renvoyé aussitôt avec cette brève formule : « L'ambassadeur de France renvoie à M. l'introducteur des ambassadeurs la lettre ci-incluse qui ne lui est pas adressée convenablement. » De part et d'autre, les sentiments de dignité blessée et de susceptibilité personnelle se mêlaient à l'échange des arguments. Soutenus par l'approbation formelle des deux chambres espagnoles, du sénat aussi bien que des Cortès, le régent et ses ministres se retranchaient chaque jour plus fortement derrière leurs scrupules constitutionnels. A l'ombre de ces scrupules, la faction ennemie de la France poussait vivement, contre nous, ses intrigues. Le ministre d'Angleterre prêtait, à d'insignifiantes tentatives de conciliation, un concours froid et embarrassé. Arrivant à M. de Salvandy au milieu de cette situation tendue et chaude, ma dépêche du 22 décembre ne le satisfit guère; dans l'effervescence de son imagination portée à grandir hors de mesure toutes choses et lui-même, il avait rêvé, comme conséquence de l'incident où il était engagé, tout autre chose que son rappel; il m'écrivit sur-le-champ[1] : « Si je n'obtiens pas le dénoûment que je poursuis, et que vos dépêches, une fois encore, me font plus vivement poursuivre, je n'entrevois que deux partis à prendre : attendre ou frapper.

« Attendre, les relations avec l'Espagne rompues et les intérêts de la France, dans lesquels je comprends ceux de la royauté espagnole, placés sous la sauvegarde de quelques *veto* si nets qu'ils arrêtent tout le monde, si légitimes qu'ils n'arment personne. C'est une politique qui ne compromet rien, qui, à la longue, assure tout. Le gouvernement espagnol, que vous voyez, le genou en terre, demander la reconnaissance des monarchies lointaines, comprendra ce que sont les bonnes relations avec la nôtre quand il sentira, et ce sera à l'instant même, les conséquences de leur interruption. Le parti monarchique reprenant sa confiance et ses armes, le parti révolutionnaire ses exigences et ses brandons, un protectorat importun menaçant tous les

---

[1] Le 29 décembre 1841.

intérêts vitaux de ce pays et, avant tout, blessant son orgueil, le pouvoir établi rencontrant partout des résistances et bientôt des compétitions, celle de la république théorique représentée par Arguelles ou tout autre, celle de la république armée représentée par Rodil, la concession et la violence devenant les deux refuges dans lesquels ce pouvoir s'abîmerait bientôt : telles seraient les conséquences quand la France, ouvrant la main à la guerre civile pour la laisser passer librement, et envoyant en Espagne la banqueroute par ses réclamations légitimes, comme je vous l'ai ouï-dire si bien, ne se chargerait pas de hâter le terme d'une inévitable réaction.

« Cette réaction se ferait si promptement sentir que, pour éviter les conséquences que j'expose et qui apparaîtraient dès l'abord, je crois incontestable qu'un retour digne et admissible serait offert sur-le-champ à l'action française.

« L'Angleterre serait la première à la vouloir et à y travailler.

« L'autre système serait plus net et plus prompt. Il fut un temps où, pour en finir avec les périls que l'état révolutionnaire de ce royaume fait courir à notre repos et à notre royauté, la politique du roi aurait accepté les occasions légitimes que la folie et l'audace de ce gouvernement lui auraient données. En ce temps-là, je me serais inquiété de cette politique : Votre Excellence en a le souvenir. J'aurais craint qu'avec toutes les complications des événements, toutes les accusations qui en étaient sorties, la légitimité des occasions n'eût pas été assez évidente pour ne pas laisser l'Espagne, l'Espagne offensive des partis et du gouvernement révolutionnaire, à ses seules forces. Mon devoir est d'ajouter que, de loin, je croyais à ces forces ; je parlais d'une seconde Afrique sur nos frontières. Aujourd'hui, avec une décision ferme et prompte, je ne croirai ni à une Afrique, ni à une Europe. Je persiste dans l'opinion où j'étais de loin, qu'on peut faire durer ceci, qu'on le peut laborieusement, avec de bons conseils, s'ils sont écoutés, avec de bonnes intentions, si elles sont appréciées, avec de bonnes chances, si Dieu les donne. Mais je crois que c'est là le difficile, que le facile c'est d'abattre tout cet échafaudage d'une révolution qui ne repose pas sur un peuple, d'une usurpation qui ne repose pas sur un homme... Je ne sais quel est l'avenir réservé à la politique du roi, quelle est l'autorité qui pourra appartenir à mes paroles ; mais à tort ou à raison, au risque de me tromper, sachant tout ce que renfermerait une erreur et devant au gouvernement de mon pays ce qui m'apparaît la vérité, je déclare que, pour abattre tout ceci, à mon avis, il faut à peine vingt mille hommes, vingt jours et un prétexte. Le prétexte, vous l'avez.

« Je m'arrête ici, monsieur le ministre ; j'étais venu avec l'ambition, puisque le roi le voulait, de reconquérir ce royaume à la France par la politique ; d'autres m'ont rendu l'œuvre impossible à accomplir, en me rendant impossible de la tenter. Je crois voir d'autres moyens de reconquérir l'Espagne à notre alliance, à nos maximes, à notre civilisation, à notre liberté constitutionnelle, au sang et à la politique de Louis XIV. Je vous en indique deux, attendre ou marcher. Je suis en sûreté, car le roi en décidera et vous êtes son ministre. »

Je n'accueillis ni l'une ni l'autre des propositions de M. de Salvandy. Je les trouvai l'une et l'autre violentes et chimériques, dépassant les exigences de la situation et faites pour amener des conséquences tout autres que celles qu'il prévoyait. Le roi et le conseil en pensèrent comme moi, et le 5 janvier 1842, je répondis à l'ambassadeur : « La volonté du roi, que je vous ai déjà annoncée par le télégraphe, est que, si le différend dans lequel vous vous trouvez engagé, par rapport à la remise de vos lettres de créance, n'est pas terminé conformément à nos justes demandes, au moment où cette dépêche vous parviendra, vous demandiez vos passe-ports et partiez immédiatement pour la France.

« Vous m'exprimez l'opinion que, pour la dignité de la France comme dans l'intérêt de l'Espagne, votre rappel devrait être suivi de l'une de ces deux mesures, l'envoi d'une armée française au delà des Pyrénées, ou tout au moins l'interruption absolue des relations diplomatiques entre les deux États. Le gouvernement du roi, après avoir mûrement pesé les considérations que vous faites valoir à l'appui de cette alternative, n'a pas cru qu'il fût possible de l'accepter. D'une part, en ce qui concerne l'envoi d'une armée française en Espagne, il lui a paru que l'incident qui donne lieu à votre rappel ne justifierait pas suffisamment, dans l'opinion publique, un parti aussi extrême, dont les conséquences, prochaines ou possibles, paraîtraient plus graves que ses motifs. D'autre part, il est évident qu'entre deux pays limitrophes qui ont continuellement à débattre tant d'intérêts essentiels, étrangers à la politique, l'interruption complète de tous rapports diplomatiques ne saurait constituer un état permanent, ni même une situation de quelque durée, et qu'on ne peut prendre raisonnablement une pareille attitude que, pour ainsi dire, à la veille et en forme de déclaration d'une guerre déjà certaine.

« Le roi et son conseil n'ont donc pas pensé qu'il fût possible d'adopter l'une ou l'autre des deux déterminations que vous m'indiquiez. Cependant nous avons également reconnu qu'après l'éclat qui vient d'avoir lieu, les choses ne pouvaient être remises purement et simplement sur le pied où elles étaient auparavant, et que le gouvernement du roi devait témoigner, d'une façon non équivoque, son juste mécontentement. On n'a pas voulu, à Madrid, que la reine reçût l'ambassadeur accrédité auprès d'elle par le roi des Français ; le roi ne veut recevoir auprès de lui aucun agent espagnol accrédité à Paris avec un titre supérieur à celui de chargé d'affaires. M. Pageot restera lui-même comme chargé d'affaires au ministère espagnol, et je vous prie de lui remettre la dépêche ci-jointe qui le charge de faire cette déclaration à M. Gonzalès. »

Quand cette dépêche définitive lui arriva, M. de Salvandy était encore en Espagne, mais déjà hors de Madrid ; il en était parti le 6 janvier 1842, en y laissant comme chargé d'affaires, non pas le premier secrétaire de l'ambassade, M. Pageot, fort engagé lui-même dans la querelle, mais le second secrétaire, le duc de Glücksberg, « dont la maturité précoce, le bon sens, la mesure et la réserve me rassurent entièrement, m'écrivait-il, sur ce que sa situation pourrait avoir de délicat et de difficile. » Je partageais la confiance de l'ambassadeur dans son jeune secrétaire, et j'approuvai sa disposition. Il n'avait pas encore quitté le sol de l'Espagne, quand lord Cowley vint, le 9 janvier, me communiquer une lettre de lord Aberdeen à M. Aston, en date du 7, expédiée à Madrid par un courrier qui, me dit-il, ne s'était point arrêté en passant. J'avais tenu notre ambassadeur à Londres au courant de tous les incidents de notre contestation avec le cabinet espagnol, en le chargeant de communiquer pleinement à lord Aberdeen les faits et les pièces. Dès le premier moment, lord Aberdeen lui dit « qu'en pareille matière les précédents avaient une grande autorité et devraient être soigneusement vérifiés, qu'*à priori* il était disposé à nous donner raison et à trouver l'exigence d'Espartero très-impolitique ; que si M. Aston l'y avait encouragé, il avait eu grand tort, mais que rien ne justifiait une telle supposition. — J'ai demandé à lord Aberdeen, ajoutait M. de Sainte-Aulaire, s'il ne ferait pas connaître à Madrid sa pensée sur cet incident; il m'a répondu qu'une dépêche de lui arriverait probablement trop tard pour exercer aucune influence sur la solution, qu'il était cependant disposé à l'écrire après en avoir conféré avec sir Robert Peel, et à cet effet il m'a prié de lui laisser les pièces dont je venais de lui donner lecture. »

Je ne me refuserai pas le plaisir d'insérer ici cette lettre à M. Aston que, sur la demande de M. de Sainte-Aulaire, lord Aberdeen chargea lord Cowley de me communiquer : témoignage éclatant de la ferme équité et de la parfaite loyauté qu'en dépit des préventions, des méfiances, des routines nationales, et tout en maintenant la politique anglaise, il portait dès lors dans les relations de l'Angleterre avec la France, quant à l'Espagne : « Il est nécessaire, écrivait-il à M. Aston, que je vous parle avec la plus entière franchise au sujet de la querelle entre le gouvernement espagnol et l'ambassadeur de France. Vous savez sans doute qu'on l'impute exclusivement à votre influence. Ce n'est pas seulement la conviction de M. de Salvandy et du gouvernement français; j'ai vu des lettres de Madrid, écrites par des personnes qui n'ont avec eux aucun rapport, mais pleines de la même persuasion. Je n'ai pas besoin de vous dire que je n'attache à ces rapports aucune foi, et que je crois que vous vous êtes efforcé, par des voies conciliantes, d'accommoder ce différend. Mais en même temps, comme vous avez agi dans l'idée que le gouvernement espagnol était fondé dans ses prétentions, il est clair que votre conseil, de quelque façon que vous l'ayez donné, ce que vous ne m'expliquez pas avec détail, n'a pas dû ni pu produire beaucoup d'effet.

« Personne ne peut être plus disposé que moi à soutenir le gouvernement espagnol quand il a raison, spécialement contre la France. Mais, dans cette circonstance, je crois qu'il a décidément tort, et je regrette beaucoup que votre jugement, ordinairement si sain, soit arrivé à une autre conclusion. La justification que le gouvernement espagnol prétend trouver dans l'art. 59 de la constitution est une pure argutie et un tel sophisme que cela suffit pour inspirer des doutes sérieux sur sa sincérité. Tenez pour certain que, si on y persévère, il faut dire adieu à tout espoir de la reconnaissance de la reine Isabelle par les puissances du Nord. Elles n'y verront, et très-naturellement, qu'une habile tentative du parti révolutionnaire pour abaisser la monarchie, tentative soutenue par la jalousie anglaise à l'aspect de l'influence française.

« Je ne suis point surpris que les Espagnols voient avec méfiance toute démarche de la France, et qu'ils y supposent quelque intention de traiter légèrement le régent et son autorité. Dans le cas présent, je crois que ce soupçon est sans fondement, et que la mission française a été entreprise dans un esprit amical et pressée par notre propre désir. Le procédé naturel, simple et tout indiqué était, sans nul doute, que l'ambassadeur présentât les lettres de créance à la reine à qui elles étaient adressées; et quoique j'attribue la difficulté qui s'est élevée à un soupçon mal fondé du gouvernement espagnol, d'autres y verront un abaissement prémédité de la royauté et un parti pris de se quereller, à tout risque, avec la France.

« Je n'entends pas dire que M. de Salvandy ait élevé aucune prétention comme ambassadeur de famille, ni qu'il ait tenté de faire revivre d'anciens priviléges de communication avec la reine d'Espagne, en dehors des règles que le gouvernement espagnol peut juger nécessaire ou convenable d'établir. Toute tentative de ce genre devrait être fermement repoussée. Depuis que le pacte de famille n'existe plus, l'ambassadeur français doit être sur le même pied que tous les autres.

« Je n'ai pas besoin de vous dire que cette affaire a été la source de grands embarras et déplaisirs. Si M. de Salvandy n'a pas encore quitté Madrid, je ne désespère pas que vous ne parveniez à amener quelque accommodement. Il y aura des discours violents dans les Cortès ; les deux gouvernements seront de plus en plus compromis, et chaque jour aggravera la difficulté. Il n'est point improbable que, d'ici à peu de temps, des conséquences très-sérieuses ne viennent à éclater. Quant à présent, nous croyons le gouvernement espagnol tout à fait dans son tort ; mais cet incident sera vivement ressenti en France, et le cours des choses amènera probablement les Français à être les agresseurs. Notre position sera alors très-difficile et compliquée. Quand même, à la fin, le gouvernement espagnol aurait raison, l'origine de la querelle serait toujours mauvaise.

« En vous recommandant de prompts et énergiques efforts pour amener le gouvernement espagnol à des dispositions plus traitables dans cette malheureuse querelle, je dois vous laisser le choix des moyens à prendre dans ce but; vous saurez mieux que nul autre comment on peut réussir, et j'affirme que vous ne pouvez rendre un plus grand service à l'Espagne et à l'intérêt public. »

Comme l'avait présumé lord Aberdeen, sa lettre arriva trop tard à Madrid pour exercer, sur la solution de la question qui s'y agitait, quelque influence; mais elle fut, pour moi, un premier et précieux indice de l'élévation et de l'équité d'esprit qu'il porterait dans les relations des deux gouvernements. Je la communiquai à M. de Salvandy qui s'était arrêté à Bayonne; il revint immédiatement à Paris, rassuré et même satisfait dans son amour-propre, puisque lord Aberdeen lui-même lui donnait raison. J'adressai, le 5 février 1842, aux divers représentants de la France en Europe une circulaire destinée à faire partout bien connaître l'attitude que nous avions prise envers le gouvernement espagnol, les principes qui nous avaient dirigés, l'adhésion qu'ils avaient reçue de tous les grands cabinets[1]; et l'incident prit fin sans nous laisser en Espagne aucun affaiblissement de notre situation, en Europe aucun embarras.

[1] *Pièces historiques*, n° XVI.

Parmi les cabinets qui nous témoignèrent leur complète approbation de nos principes et de notre attitude dans cette circonstance, je ne nommai point dans ma circulaire celui de Saint-Pétersbourg ; nous venions d'entrer, à ce moment même, avec la cour de Russie, dans une situation particulière et tendue. On sait que, depuis 1830, l'empereur Nicolas n'avait jamais, dans sa correspondance, donné au roi Louis-Philippe, comme il le faisait pour les autres souverains, le titre de *Monsieur mon frère*, et que le roi avait paru ne tenir nul compte de cette offense tacite entre les deux souverains, au sein de la paix entre les deux États. C'était l'usage que chaque année, le 1er janvier et aussi le 1er mai, jour de la fête du roi Louis-Philippe, le corps diplomatique vînt, comme les diverses autorités nationales, offrir au roi ses hommages, et celui des ambassadeurs étrangers qui se trouvait, à cette époque, le doyen de ce corps, portait la parole en son nom. Plusieurs fois cette mission était échue à l'ambassadeur de Russie qui s'en était acquitté sans embarras, comme eût fait tout autre de ses collègues ; le 1er mai 1834, entre autres, et aussi le 1er janvier 1835, le comte Pozzo di Borgo, alors doyen des ambassadeurs à Paris, avait été, auprès du roi, avec une parfaite convenance, l'interprète de leurs sentiments. Dans l'automne de 1841, le comte d'Appony, alors doyen du corps diplomatique, se trouvait absent de Paris, et son absence devait se prolonger au delà du 1er janvier 1842. Le comte de Pahlen, ambassadeur de Russie et, après lui, le plus ancien des amsadeurs, était appelé à le remplacer dans la cérémonie du 1ᵉʳ janvier. Le 30 octobre 1844, il vint me voir et me lut une dépêche, en date du 12, qu'il venait de recevoir du comte de Nesselrode ; elle portait que l'empereur Nicolas regrettait de n'avoir pu faire venir son ambassadeur de Carlsbad à Varsovie et désirait s'entretenir avec lui; qu'aucune affaire importante n'exigeant, en ce moment, sa présence à Paris, l'empereur lui ordonnait de se rendre à Saint-Pétersbourg, sans fixer d'ailleurs avec précision le moment de son départ. Le comte de Pahlen ne me donna et je ne lui demandai aucune explication, et il partit le 11 novembre suivant.

Ce même jour, 11 novembre, avec le plein assentiment du roi et du conseil, j'adressai à M. Casimir Périer, qui se trouvait chargé d'affaires à Saint-Pétersbourg, pendant l'absence de notre ambassadeur, M. de Barante, alors en congé, ces instructions : « M. le comte de Pahlen a reçu l'ordre fort inattendu de se rendre à Saint-Pétersbourg et il est parti aujourd'hui même. Le motif allégué dans la dépêche de M. le comte de Nesselrode, dont il m'a donné lecture, c'est que l'empereur, n'ayant pu le voir à Varsovie, désire s'entretenir avec lui. La cause réelle, qui n'est un mystère pour personne, c'est que, par suite de l'absence de M. le comte d'Appony, l'ambassadeur de Russie, en qualité de doyen des ambassadeurs, se trouvait appelé à complimenter le roi, le premier jour de l'an, au nom du corps diplomatique. Lorsqu'il est allé annoncer au roi son prochain départ, Sa Majesté lui a dit : « Je vois toujours avec plaisir le comte de Pahlen auprès de moi et je regrette toujours son éloignement ; au delà, je n'ai rien à dire. » Pas un mot ne s'est adressé à l'ambassadeur.

« Quelque habitué qu'on soit aux étranges procédés de l'empereur Nicolas, celui-ci a causé quelque surprise. On s'étonne dans le corps diplomatique, encore plus que dans le public, de cette obstination puérile à témoigner une humeur vaine, et si nous avions pu en être atteints, le sentiment qu'elle inspire eût suffi à notre satisfaction. Une seule réponse nous convient. Le jour de la Saint-Nicolas [1], la légation française à Saint-Pétersbourg restera renfermée dans son hôtel. Vous n'aurez à donner aucun motif sérieux pour expliquer cette retraite inaccoutumée. Vous vous bornerez, en répondant à l'invitation que vous recevrez sans doute, suivant l'usage, de M. de Nesselrode, à alléguer une indisposition. »

Le 21 décembre M. Casimir Périer m'écrivit : « Je me suis exactement conformé, le 18 de ce mois, aux ordres que m'avait donnés V. Exc., en évitant toutefois avec soin ce qui aurait pu en aggraver l'effet ou accroître l'irritation. Le lendemain, c'est-à-dire le 19, à l'occasion de la fête de Sa Majesté impériale, bal au palais, auquel j'ai jugé que mon absence du cercle de la veille m'empêchait

---

[1] Le 18 décembre selon le calendrier russe, le 6, selon le nôtre.

de paraître, et pendant ces quarante-huit heures, je n'ai pas quitté l'hôtel de l'ambassade. Il n'y a pas eu, cette année, de dîner chez le vice-chancelier. Jusqu'à ce moment, les rapports officiels de l'ambassade avec le cabinet impérial ou avec la cour n'ont éprouvé aucune altération. J'ai cependant pu apprendre déjà que l'absence de la légation de France avait été fort remarquée et avait produit une grande sensation. Personne n'a eu un seul instant de doute sur ses véritables motifs. L'empereur s'est montré fort irrité. Il a déclaré qu'il regardait cette démonstration comme s'adressant directement à sa personne, et ainsi que l'on pouvait s'y attendre, ses entours n'ont pas tardé à renchérir encore sur les dispositions impériales. Je ne suis pas éloigné de penser et l'on m'a déjà donné à entendre que mes relations avec la société vont se trouver sensiblement modifiées. »

Trois jours après, le 24 décembre, M. Casimir Périer ajoutait : « L'ambassade de France a été frappée d'interdit et mise au ban de la société de Saint-Pétersbourg. J'ai la complète certitude que cet ordre a été donné par l'empereur. Toutes les portes doivent être fermées. Aucun Russe ne paraîtra chez moi. Des soirées et des dîners, auxquels j'étais invité ainsi que madame Périer, ont été remis ; les personnes dont la maison nous était ouverte, et qui ont des jours fixes de réception, nous font prier, par des intermédiaires, de ne pas les mettre dans l'embarras en nous présentant chez elles, et font alléguer, sous promesse du secret, les ordres qui leu sont donnés. » Le 4 janvier 1842, je répondis à M. Casimir Périer : « J'ai reçu la dépêche dans laquelle vous me dites que vous vous êtes exactement conformé à mes instructions. Vous saurez peut-être déjà, lorsque celle-ci vous parviendra, que M. de Kisseleff et sa légation n'ont pas paru aux Tuileries le 1er janvier ; peu d'heures avant la réception du corps diplomatique, M. de Kisseleff a écrit à M. l'introducteur des ambassadeurs pour lui annoncer qu'il était malade. Son absence ne nous a point surpris. Notre intention avait été de témoigner que nous avons à cœur la dignité de notre auguste souverain, et que des procédés peu convenables envers sa personne ne nous trouvent ni aveugles, ni indifférents. Nous avons rempli ce devoir. Nous ne voyons maintenant, pour notre compte, aucun obstacle à ce que les rapports d'égards et de politesse reprennent leur cours habituel. C'est dans cette pensée que je vous ai autorisé, dès le 18 novembre dernier, à vous présenter chez l'empereur et à lui rendre vos devoirs, selon l'usage, le premier jour de l'année. Vous semblez croire que le cabinet de Saint-Pétersbourg pourra vouloir donner d'autres marques de son mécontentement. Tant que ce mécontentement n'ira pas jusqu'à vous refuser ce qui vous est officiellement dû comme chef de la mission française, vous ne devrez pas vous en apercevoir ; mais si on affectait de méconnaître les droits de votre position et de votre rang, vous vous renfermeriez dans votre hôtel, vous vous borneriez à l'expédition des affaires courantes, et vous attendriez mes instructions. »

Rien de semblable n'arriva ; les rapports officiels de la légation de France avec le cabinet de Saint-Pétersbourg demeurèrent parfaitement réguliers et convenables; toutes les fois que les affaires appelaient M. Casimir Périer chez le comte de Nesselrode, il y trouvait la même politesse, les mêmes dispositions modérées et sensées. A la cour, M. et madame Casimir Périer, invités dans les occasions accoutumées, recevaient de l'Empereur un accueil exempt de toute froideur affectée et qui laissait même quelquefois entrevoir une nuance bienveillante : « Comment ça va-t-il depuis que nous nous sommes vus ? » dit l'empereur à M. Périer en passant à côté de lui dans le premier bal où il le rencontra ; ça va mieux, n'est-ce pas ? » L'impératrice lui demanda avec une certaine insistance quand revenait M. de Barante et s'il ne savait rien de son retour. Mais l'interdit prescrit à la société russe envers le chargé d'affaires de France était maintenu; elle continuait de l'observer; et quand, soit dans la famille impériale, soit de la part de ses plus intimes conseillers, quelques insinuations conciliantes étaient faites à l'empereur, il les repoussait en disant : « Je ne commencerai pas; que M. de Barante revienne, et mon ambassadeur partira pour Paris. » Nous étions, de notre côté, bien décidés à ne nous prêter à ce retour que si les relations des deux souverains devenaient ce qu'elles devaient être. Au bout de sept mois et sur sa demande, j'accordai à M. Casimir Périer un congé dont la santé de madame Périer avait besoin ; M. d'André, second secrétaire de l'ambassade, alla le remplacer à Saint-Pétersbourg. En juillet 1843, M. de Kisseleff vint me communiquer une dépêche du comte de Nesselrode particulièrement courtoise pour moi ; j'en pris occasion pour m'expliquer, sans détour ni réserve, sur notre attitude, sur sa cause première et son motif accidentel, et sur notre intention d'y persister tant que sa cause subsisterait : « Nous ne voyons en général, dis-je à M. de Kisseleff, dans les intérêts respectifs de la France et de la Russie, que des motifs de bonne intelligence entre les deux pays, et si, depuis douze ans, leurs rapports n'ont pas toujours présenté ce caractère, c'est que les relations des deux souverains et des deux cours n'étaient pas en parfaite harmonie avec ce fait essentiel. La régularité de ces rapports, et M. le comte de Nesselrode peut se rappeler que nous l'avons souvent fait pressentir, est donc elle-même une question grave et qui importe à la politique des deux États. Le gouvernement du roi a accepté l'occasion, qui lui a été offerte, de s'en expliquer avec une sérieuse franchise. A mon avis, ce que j'ai fait aurait dû être fait, ce que j'ai dit aurait dû être dit il y a douze ans. Dans les questions où la dignité est intéressée, on ne saurait s'expliquer trop franchement, ni trop tôt ; elles ne doivent jamais être livrées à des chances douteuses, ni laissées à la merci de personne. Sans le rétablissement de bonnes et régulières relations entre les deux souverains et les deux cours, le retour des ambassadeurs manquerait de vérité et de convenance. Le roi aime mieux s'en tenir aux chargés d'affaires. »

Les deux ambassadeurs ne retournèrent point à leurs postes ; des chargés d'affaires continuèrent seuls de résider à Paris et à Saint-Pétersbourg. A en juger par les apparences, la situation respective des deux souverains restait la même ; au fond, elle était fort changée ; l'empereur Nicolas s'était montré embarrassé dans son obstination, et le roi Louis-Philippe ferme dans sa modération. Au lieu de subir en silence une attitude inconvenante, nous en avions témoigné hautement notre sentiment, et nous avions déterminé nous-mêmes la forme et la mesure des relations entre les deux souverains. Les affaires mutuelles des deux pays n'en souffrirent point ; la dignité était gardée sans que la politique fût compromise. C'était là le but que j'avais saisi l'occasion de poursuivre, et que je me félicitai d'avoir atteint [1].

[1] Je donne parmi les *Pièces historiques*, n° XVII, toute la correspondance relative à cet incident.

CHAPITRE XXXVIII.

AFFAIRES DIVERSES A L'INTÉRIEUR (1840-1842).

Situation du cabinet du 29 octobre 1840 à l'intérieur. — Idées politiques et philosophiques accréditées et puissantes comme moyens d'opposition. — Appréciation sommaire de ces idées. — En quoi elles sont fausses et par quelle cause. — Comment elles devaient être combattues. — Insuffisance de nos armes pour cette lutte. — Attentat commis contre le duc d'Aumale et les princes, ses frères, le 13 septembre 1841. — Entrée du duc d'Aumale et du 17 régiment d'infanterie légère dans la cour des Tuileries. — Complot lié à l'attentat. — M. Hébert est nommé procureur général près la cour royale de Paris. — Procès de Quénisset et de ses complices devant la Cour des pairs. — Débats législatifs. — Lois sur le travail des enfants dans les manufactures ; — Sur l'expropriation pour cause d'utilité publique ; — Sur les grands travaux publics; — Sur le réseau général des chemins de fer. —Propositions de M. Ganneron sur les incompatibilités parlementaires et de M. Ducos sur la réforme électorale. — Discussion et rejet de ces propositions. — Opération du recensement pour la contribution personnelle et mobilière et pour celle des portes et fenêtres. — Troubles à ce sujet. — Inquiétudes de M. Humann. — Il est fermement soutenu. — Sa mort subite. — Son remplacement par M. Lacave-Laplagne. — Le général Bugeaud est nommé gouverneur général de l'Algérie. — Ses relations et sa correspondance avec moi. — Ses premières campagnes. — Clôture de la session de 1841-1842.

Le cabinet s'était formé sur une question de politique extérieure, et pendant tout le cours de sa durée, de 1840 à 1848, ce furent surtout les questions de politique extérieure qui remplirent et animèrent la scène :

la question égyptienne, le droit de visite, l'occupation de Taïti, la guerre du Maroc, le sort des chrétiens de Syrie, l'établissement du régime constitutionnel en Grèce, les mariages espagnols, les jésuites en France et à Rome, les réformes politiques en Italie, le Sonderbund et la guerre civile en Suisse. Chargé de diriger cette portion des affaires de la France, je n'en avais pas moins la profonde conviction et le sentiment constant que c'était surtout du bon gouvernement intérieur que dépendaient la force et les succès de l'État. L'harmonie des grands pouvoirs constitutionnels, l'ordre public, la prospérité publique, la bonne administration des finances, l'autorité contrôlée par la liberté, la liberté contenue par les lois, à ces conditions seulement la bonne politique extérieure est possible. C'est au dedans que sont les causes premières et décisives de l'influence au dehors et de la solide grandeur des peuples.

La situation du gouvernement à l'intérieur en 1840 était à la fois très-semblable à ce qu'elle avait été de 1830 à 1835 et très-différente, meilleure à la surface, mais, au fond, toujours difficile et périlleuse. Les insurrections, les émeutes, les conspirations à but précis et prochain avaient cessé ; l'ordre régnait à Paris et dans le pays ; le pouvoir s'exerçait sans obstacle ; mais l'hostilité des partis républicain et légitimiste restait la même ; ils n'avaient renoncé ni à leurs espérances, ni à leurs desseins ; nous étions toujours en présence d'un actif et continu travail de renversement ; c'était par la presse, les élections, la tribune, par toutes les armes de la liberté que ce travail se poursuivait. Tranquille sur le sol et dans le présent, le gouvernement était ardemment contesté et attaqué dans les esprits et dans l'avenir.

Ce serait un pouvoir bien inintelligent et bien frivole que celui qui se contenterait de l'ordre matériel et actuel, et n'aspirerait pas à posséder aussi les esprits et l'avenir. Personne n'est plus convaincu que moi du grand rôle que jouent, dans la vie des peuples, les idées qui fermentent dans leur sein, et de la nécessité qu'ils aient foi dans la durée comme dans le droit du pouvoir qui les régit. C'est la dignité, c'est l'honneur des hommes de ne s'attacher à leur gouvernement que lorsque leur pensée est satisfaite en même temps que leurs intérêts sont garantis, et d'avoir besoin de croire qu'il vivra quand ils ne seront plus. Mais les gouvernements libres sont, à cet égard, dans une situation tout autre que celle des gouvernements absolus ; et quand il s'agit, soit de faire à une idée nouvelle sa place et sa part dans la conduite des affaires publiques, soit de faire entrer dans les âmes la confiance dans l'avenir, ils ont de bien autres difficultés à surmonter et des devoirs bien plus compliqués à remplir.

Nous avons vécu et agi, de 1840 à 1848, en présence et sous le feu de plusieurs idées que je voudrais résumer et caractériser aujourd'hui, à la lumière des épreuves qu'elles ont subies et de mes propres épreuves dans l'arène où je les ai rencontrées.

Le droit universel des hommes au pouvoir politique;

— le droit universel des hommes au bien-être social ; — l'unité et la souveraineté démocratiques substituées à l'unité et à la souveraineté monarchiques ; — la rivalité entre le peuple et la bourgeoisie succédant à la rivalité entre la bourgeoisie et la noblesse ; — la science de la nature et le culte de l'humanité mis à la place de la foi religieuse et du culte de Dieu : telles étaient les idées que, sous des noms divers, républicains, démocrates, socialistes, communistes, positivistes, des partis politiques, des groupes philosophiques, des associations secrètes, des écrivains isolés, tous adversaires du gouvernement établi, prenaient pour maximes fondamentales et travaillaient ardemment à propager.

Je n'ai garde d'entrer ici dans l'examen théorique de ces idées ; je ne veux que marquer leur caractère commun et la cause essentielle de leur fatale influence sur notre société et notre temps. Elles ont toutes ce vice radical que, contenant une parcelle de vérité, elles l'isolent, l'enflent et l'exagèrent au point d'en faire sortir une énorme et détestable erreur.

Sans nul doute, ce doit être le but et c'est le résultat naturel des bonnes institutions sociales d'élever progressivement un plus grand nombre d'hommes à ce degré d'intelligence et d'indépendance qui les rend capables et dignes de participer à l'exercice du pouvoir politique ; mais entre ce principe de gouvernement libre et le suffrage universel donné pour loi première et fondamentale aux sociétés humaines, quel abîme ! Quel oubli d'un nombre infini de faits, de droits, de vérités qui réclament à juste titre, dans l'organisation sociale, leur place et leur part!

Que ce soit le devoir du gouvernement de venir en aide aux classes les moins favorisées du sort, de les soulager dans leurs misères et de les seconder dans leur effort ascendant vers les bienfaits de la civilisation, rien n'est plus évident ni plus sacré; mais établir que c'est des vices de l'organisation sociale que découlent toutes les misères de tant de créatures, et imposer au gouvernement la charge de les en garantir et de répartir équitablement le bien-être, c'est ignorer absolument la condition humaine, abolir la responsabilité inhérente à la liberté humaine, et soulever les mauvaises passions par les fausses espérances.

M. Royer-Collard disait en 1822 : « Je conviens que la démocratie coule à pleins bords dans la France telle que les siècles et les événements l'ont faite. Il est vrai que, dès longtemps, l'industrie et la propriété ne cessant de féconder, d'accroître, d'élever les classes moyennes, elles ont abordé les affaires publiques ; elles ne se sentent coupables ni de curiosité ni de hardiesse d'esprit pour s'en occuper ; elles savent que ce sont leurs affaires. Voilà notre démocratie telle que je la vois et la conçois ; oui, elle coule à pleins bords dans notre belle France plus que jamais favorisée du ciel. Que d'autres s'en affligent ou s'en courroucent; pour moi, je rends grâces à la Providence de ce qu'elle a appelé aux bienfaits de la civilisation un plus grand nombre de ses créatures. » La vérité coule à pleins bords dans ces belles paroles; mais conclure, du grand fait ainsi résumé, que la démocratie est maintenant le seul élément, le seul maître de la société, que nul pouvoir n'est légitime ni salutaire s'il n'émane d'elle, et qu'elle a toujours droit de défaire comme elle a seule droit de faire les gouvernements, c'est méconnaître frivolement la diversité des situations et des droits qui coexistent naturellement, bien qu'à des degrés inégaux, dans toute société; c'est substituer l'insolence et la tyrannie du nombre à l'insolence et à la tyrannie du privilége; c'est introniser, sous le nom et le manteau de la démocratie, tantôt l'anarchie, tantôt le despotisme.

Comme toutes les associations d'hommes que rapproche une situation semblable, les classes moyennes ont leurs défauts, leurs erreurs, leur part d'imprévoyance, d'entêtement, de vanité, d'égoïsme, et c'est une œuvre facile de les signaler; mais c'est une œuvre calomnieuse d'attribuer à ces imperfections une portée qu'elles n'ont point et de les grossir outre mesure pour en faire sortir, entre la bourgeoisie et le peuple, une rivalité, une hostilité active et profonde, analogue à celle qui a existé longtemps entre la bourgeoisie et la noblesse. La bourgeoisie moderne ne dément point son histoire; c'est au nom et au profit de tous qu'elle a conquis les droits qu'elle possède et les principes qui prévalent dans notre ordre social; elle n'exerce et ne réclame aucune domination de classe, aucun privilége exclusif; dans le vaste espace qu'elle occupe au sein de la société, les portes sont toujours ouvertes, les places ne manquent jamais à qui sait et veut entrer. On dit souvent, et avec raison, que l'aristocratie anglaise a eu le mérite de savoir s'étendre et se rajeunir en se recrutant largement dans les autres classes, à mesure que celles-ci grandissaient autour d'elle. Ce mérite appartient encore bien plus complétement et plus infailliblement à la bourgeoisie française; c'est son essence même et son droit public; née du peuple, elle puise et s'alimente incessamment à cette même source qui coule et monte sans cesse. La diversité des situations et les velléités des passions subsistent et subsisteront toujours; elles sont le fruit naturel du mouvement social et de la liberté; mais c'est une grossière erreur de se prévaloir de ces observations morales sur la nature et la société humaines pour en induire, entre la bourgeoisie et le peuple, une guerre politique qui n'a point de motifs sérieux ni légitimes : « L'infanterie est la nation des camps, » disait le général Foy; mais il n'en concluait pas qu'elle fût en hostilité naturelle et permanente contre la cavalerie, l'artillerie, le génie et l'état-major.

Que dirai-je d'une autre idée encore obscure et presque inaperçue en 1840, maintenant montée sur la scène et en train de faire du bruit et de se répandre ? Il est vrai : à côté du bien et de l'honneur qu'elles ont fait aux sociétés humaines, la foi religieuse et l'influence ecclésiastique ont été souvent une source d'erreur et d'oppression; elles ont tantôt égaré, tantôt entravé la pensée et la liberté humaines; maintenant l'esprit scientifique et libéral s'est affranchi de leur joug, et, à son tour, il rend à l'humanité d'immenses services qui ne seront pas non plus sans mélange d'erreur et de mal. Que concluent de cette évolution sociale M. Auguste Comte et ses disciples[1]? Que les croyances et les influences religieuses ont fait leur temps, qu'elles ne sont plus qu'une dépouille usée, une ruine inhabitable, un débris stérile; au lieu du monde fantastique et impénétrable de la théologie et de la métaphysique, le monde réel, disent-ils, s'est ouvert et se livre à l'homme; la connaissance de la nature a tué le surnaturel; la science occupera désormais le trône de la religion; Dieu fait homme sera remplacé par l'homme fait Dieu. Peut-on méconnaître et mutiler plus étrangement l'humanité et l'histoire ? Peut-on descendre et s'enfermer dans un horizon plus étroit et plus dénué de toute grande lumière sur les grands problèmes et les grands faits qui préoccupent invinciblement l'esprit humain ?

Je touche en passant, et au nom du simple bon sens, à des questions bien graves ; mais j'ai la confiance qu'en cette occasion comme dans toutes, la philosophie

---

[1] Je me fais un devoir de redresser ici une erreur qui s'est glissée dans le tome III de ces *Mémoires*. J'ai dit (p. 126) qu'avant mon ministère de l'instruction publique (1832-1836), je ne connaissais pas M. Auguste Comte. C'était, de ma part, un oubli; bien avant 1830, M. Auguste Comte m'avait fait quelques visites, et j'avais eu avec lui quelques entretiens dont, en 1860, le souvenir m'avait complétement échappé. Dans son ouvrage intitulé *Auguste Comte et la philosophie positive*, M. Littré a rectifié, avec autant de convenance que de fondement, cette erreur involontaire.

la plus profonde et la plus libre confirme les données générales du bon sens, et je reviens à ce que j'ai dit d'abord : c'est en se laissant éblouir par un mince rayon et enivrer par une petite dose de vérité que des esprits droits et sincères, grossissant à perte de vue des idées qui, si elles étaient restées à leur place et à leur mesure, auraient été justes et utiles, les ont transformées en d'énormes et détestables erreurs.

Erreurs puissantes, car, sous le manteau de la part de vérité qu'elles contiennent, elles évoquent des intérêts désordonnés et de mauvaises passions. Plus puissantes sous un gouvernement libre que sous tout autre, car elles ont alors à leur service toutes les armes de la liberté. Plus puissantes au début d'un gouvernement libre, naguère issu d'une révolution, qu'à toute autre époque de sa durée, car à leur influence propre et naturelle s'ajoute le souffle longtemps prolongé du vent révolutionnaire. C'est contre ces forces ennemies que, malgré l'ordre matériel rétabli, nous avions encore à défendre, en 1840, la société et le gouvernement.

Nous n'avons employé, dans cette lutte, que deux armes, les lois et la liberté : la répression judiciaire et légale quand les erreurs enfantaient des délits ; la discussion libre, publique et continue de notre politique et de ses motifs.

J'ai déjà dit dans ces *Mémoires*[1] ce que je pense de la multiplicité des procès contre les délits de la presse, et

---

[1] Tome III, pages 209-218.

de l'indifférence que le gouvernement doit presque toujours opposer à des excès auxquels on donne, en les poursuivant, plus d'éclat qu'on ne leur impose de frein. Mais une telle indifférence n'est guère possible qu'à des gouvernements anciens et bien établis; nous étions, de 1840 à 1848, en présence d'attaques directes et flagrantes contre les principes vitaux et l'existence même de la monarchie constitutionnelle de 1830; les lois nous faisaient un devoir de l'en défendre; nos amis politiques, tout le parti conservateur, dans les Chambres et dans le public, nous en faisaient une loi. Le 17 décembre 1840, le surlendemain des obsèques de Napoléon aux Invalides, *le National* fut traduit devant la Cour d'assises de la Seine pour avoir dit dans son numéro du 9 décembre, en parlant de M. Thiers et de moi : « Que nous importe, à nous, vos vaines querelles? Vous êtes tous complices. Le principal coupable, oh! nous savons bien quel il est, où il est; la France le sait bien aussi, et la postérité le dira ; mais vous, vous avez été complices. » Le 23 septembre suivant, ce journal fut acquitté par le jury, et le lendemain, en annonçant son acquittement, il s'écria : « Oui, c'est le roi que nous avons voulu désigner; notre pensée était évidente; nos expressions la rendaient avec fidélité. Le nier, c'eût été une véritable insulte au bon sens et à l'intelligence du jury; c'eût été, de notre part, un indigne mensonge. » J'écrivis le jour même au roi, alors au château de Compiègne : « *Le National* a été acquitté hier. L'article dans lequel il se vante ce matin de son acquittement m'a paru beaucoup plus coupable que celui qui avait été l'objet de la poursuite; MM. Duchâtel, Martin du Nord et Villemain en ont pensé comme moi. Nous l'avons donc fait saisir de nouveau et il sera cité à bref délai. Le procureur général portera la parole lui-même. Je lui ai fait sentir, et je crois qu'il a bien senti la nécessité d'agir et de parler, dans ce procès et dans les procès analogues, avec une énergie soutenue. Il est homme de devoir et de talent; il est décidé à payer de sa personne. Nous verrons quelle impression il produira sur l'esprit des jurés. En tout cas, je persiste à penser que, toutes les fois qu'il y a délit et danger, le gouvernement doit poursuivre et mettre les jurés en demeure de faire leur devoir, en faisant lui-même le sien. »

Poursuivi en effet à raison de ce nouvel article, encore plus scandaleusement agressif que le précédent, le *National* fut de nouveau acquitté.

A la même époque, le 13 septembre 1841, M. le duc d'Aumale, revenant d'Algérie avec le 17me régiment d'infanterie légère dont il était colonel, et accompagné de ses frères les ducs d'Orléans et de Nemours, qui étaient allés à sa rencontre, rentrait dans Paris à la tête de ce régiment qui servait avec éclat en Afrique depuis sept ans. Dans la rue Saint-Antoine, le groupe des princes, et spécialement le duc d'Aumale, fut visé presque à bout portant par un assassin. Au moment où le coup partit, le cheval du lieutenant-colonel du régiment, M. Levaillant, qui marchait à côté du duc d'Aumale, releva la tête, reçut la balle destinée au colonel, et tomba mort devant lui. La foule était grande et joyeusement empressée à voir ce brave régiment dont le numéro et les faits d'armes avaient, depuis sept ans, retenti dans les journaux. De Marseille à Paris, il n'y avait eu partout, sur son passage, que des marques de satisfaction et de bienveillance populaire : l'assassinat était dans un révoltant contraste avec le sentiment public. On eut de la peine à préserver l'assassin de l'indignation des assistants. J'étais aux Tuileries quand, vers deux heures, le 17° léger entra dans la cour du château, son jeune colonel en tête, au bruit des acclamations de tout un peuple qui remplissait la place du Carrousel et les rues adjacentes. Officiers et soldats avaient cet aspect à la fois grave et animé des vieilles troupes qui rentrent dans leurs foyers après avoir longtemps combattu, souffert et vaincu. Les habits étaient usés, les visages hâlés, les regards sérieusement contents, avec quelque fatigue. Le drapeau du régiment flottait, noirci et déchiré. J'ai rarement vu un mouvement plus vif que celui qui éclata autour des Tuileries quand le roi Louis-Philippe vint au-devant de son fils et l'embrassa au milieu de la cour, pendant que le régiment se rangeait sur deux lignes par un mouvement rapide et silencieux. Toute pleine des sympathies militaires, des émotions de famille et d'une colère honnête, la population semblait avoir à cœur de démentir bruyamment les factions.

Les premières recherches de l'instruction indiquèrent clairement que l'assassin n'était pas isolé et qu'un complot avait préparé l'attentat. L'affaire fut déférée à la Cour des pairs. Nous ne voulions rien changer à la législation de la presse. Nous respections l'indépendance des jurés, et nous ne pouvions rien pour leur donner plus d'intelligence et de fermeté ; mais nous pouvions et nous devions assurer à l'action légale des magistrats toute son efficacité. C'est la première condition d'un gouvernement libre que tous ceux qui y concourent, ministres, magistrats, administrateurs, chefs militaires, en restant chacun dans les limites de son rôle, conviennent et suffisent pleinement aux fonctions spéciales qui leur sont confiées, car c'est de l'harmonie et de l'énergie de ces actions diverses que dépend le succès général. J'étais convaincu que, dans les procès politiques, le ministère public à Paris avait souvent manqué d'habileté et de vigueur. Je demandai que M. Frank-Carré, qui l'occupait plus honorablement qu'efficacement, fût appelé à la première présidence, alors vacante, de la Cour royale de Rouen, et que M. Hébert le remplaçât comme procureur général près la Cour royale de Paris. Membre de la Chambre des députés, M. Hébert s'y était fait remarquer et honorer par la franchise et la fermeté de ses idées et de sa conduite; avocat général à la Cour de cassation, il y avait promptement acquis le renom d'un habile jurisconsulte, précis et puissant dans la discussion; il inspirait, comme homme politique et comme magistrat, une sérieuse confiance. Le roi et le conseil approuvèrent ce choix; il fut nommé le 12 octobre 1841, et chargé de suivre, devant la Cour des pairs, le procès de l'assassin du duc d'Aumale, Quénisset dit Pappart, et de ses complices.

Le lendemain même de sa nomination, j'eus, à son sujet, un moment de vive sollicitude. A sept heures du matin, je vis entrer dans mon cabinet madame Hébert triste et agitée ; son mari, me dit-elle, était si frappé, si troublé de la gravité de ses nouvelles fonctions et de la responsabilité qu'elles lui imposeraient, que, malgré son acceptation officielle et publique, il ne pouvait se résoudre à en subir le fardeau et demandait à en être déchargé. Je me rendis sur-le-champ chez lui, et je le trouvai en effet en proie à une extrême perplexité suscitée par les scrupules d'une conscience exigeante et les inquiétudes d'une fierté passionnée qui ne supportait pas la perspective d'un échec dans une grande situation et un grand devoir. Nous causâmes longtemps ; je combattis ses pressentiments d'insuccès ; j'insistai sur les motifs qui l'avaient fait choisir. Il se rassura, reprit confiance en lui-même, me promit de se mettre immédiatement à l'œuvre ; et quoiqu'un peu surpris de son accès d'hésitation, je le quittai avec un redoublement d'estime pour lui, et convaincu que nous aurions en lui le procureur général énergique et efficace dont nous avions besoin.

Mon attente ne fut point trompée : appelé, dès ses premiers pas dans ses nouvelles fonctions, à poursuivre devant la Cour des pairs, les auteurs et les complices de l'attentat et du complot dirigés le 13 septembre contre le duc d'Aumale et ses frères, M. Hébert déploya, dans ce grand procès, une vigueur de caractère et d'esprit égale aux plus difficiles épreuves et digne des plus éminents magistrats. Ne se laissant ni troubler, ni embarrasser, ni irriter par les violences et les subtilités du débat, il ne s'arma contre les accusés que de la loi commune, le code pénal réformé en 1832 et la législation libérale de 1819 en matière de presse; il mit en éclatante lumière le complot aussi bien que l'attentat; non pas en alléguant une simple complicité morale, comme le prétendirent au dehors les amis des accusés, mais bien en démontrant la complicité réelle et légale des provocateurs à l'attentat ou au complot, quels que fussent le mode et l'instrument de la provocation. En même temps que son attitude était ferme et consciencieusement animée, son argumentation fut simple, précise, appliquée à mettre le vrai caractère des faits en face du vrai sens des lois, et exempte d'emphase autant que de faux ménagements. La Cour des pairs rendit, avec mansuétude dans l'application des peines, un arrêt conforme aux conclusions du procureur général, et la clémence du roi atténua encore pour plusieurs des coupables les décisions de la cour. Personne, pas plus les journalistes que les affiliés de sociétés secrètes, ne réussit à éluder la responsabilité de ses actes et la justice des lois.

A l'occasion de plusieurs procès politiques portés, dans le cours de 1842, devant la Cour d'assises de Paris, M. Hébert fit preuve du même talent et du même courage, et plusieurs fois avec le même succès.

Mais ces succès partiels dans la résistance judiciaire étaient un remède bien insuffisant contre le mal dont nous étions travaillés. On punit, on intimide un moment par des arrêts les assassins et les conspirateurs ; on ne change pas, par de tels moyens, l'état des esprits et le cours des idées ; c'est dans la région intellectuelle même qu'il faut combattre les mauvais courants qui s'y élèvent ; c'est la vérité qu'il faut opposer à l'erreur ; ce sont les esprits sains qu'il faut mettre aux prises avec les esprits malades. Emportés, surmontés par les affaires de chaque jour, les dépositaires du pouvoir perdent souvent de vue cette part de leur tâche, et, satisfaits de vaincre dans l'arène politique, ils ne se préoccupent pas assez de la sphère morale dans laquelle ils ont aussi tant et de si grands combats à livrer. Nous n'avons pas été tout à fait exempts de cette faute ; nous n'avons pas pris assez de soins ni fait assez d'efforts pour soutenir dans la presse, dans les journaux, dans l'enseignement public, par des moyens de tout genre, une forte lutte contre les idées fausses que je viens de résumer et qui assaillaient sans relâche le gouvernement dont la garde nous était confiée. Un fait explique et excuse dans une certaine mesure cette lacune dans notre action ; les champions nous manquaient pour une telle lutte. Contemporaines de notre grande révolution, nées dans son berceau ou de son souffle, les idées qu'il s'agissait de combattre étaient encore, dans la plupart des esprits, implicitement admises et liées à sa cause. Les uns les regardaient comme nécessaires à la sûreté de ses conquêtes ; les autres, comme ses conséquences naturelles et le gage de ses progrès futurs ; d'autres y tenaient sans y penser, par routine et préjugé. On ne sait pas assez à quel point se sont étendues et à quelles profondeurs ont pénétré les racines des mauvaises théories philosophiques et politiques qui entravent si déplorablement aujourd'hui le progrès régulier des gouvernements libres et du bon état social. Même parmi les hommes qui, de 1830 à 1848, en sentaient l'erreur comme le péril, et qui, dans la pratique de chaque jour, en combattaient avec nous les conséquences, la plupart, et quelques-uns des plus éminents, ne remontaient pas jusqu'à la source du mal et s'arrêtaient avant d'y atteindre, soit incertitude dans la pensée, soit crainte de venir en aide à la réaction vers l'ancien régime et le pouvoir absolu. La jeune génération aussi, élevée dans les ornières ou séduite par les nouvelles perspectives de la révolution, était peu disposée à entrer dans les voies plus laborieuses et plus lentes de la liberté sous la loi. Les philosophes étaient en proie aux mêmes perturbations, aux mêmes hésitations que les politiques ; l'école spiritualiste, qui avait si brillamment et si utilement combattu les erreurs du siècle dernier, maintenait honorablement son drapeau, mais sans y rallier les masses et sans pouvoir empêcher que beaucoup d'esprits distingués ne tombassent dans un matérialisme prétendu scientifique, tantôt ouvertement déclaré, tantôt déguisé sous le nom de panthéisme. En un tel état des faits, comment trouver, en assez grand nombre, des esprits assez sûrs de leur propre pensée et assez résolus pour proclamer et développer, tous les jours et sur tous les points, les vrais principes rationnels et moraux de ce gouvernement libre que, dans l'arène politique, nous travaillions à fonder?

Dans cette rareté des armes nécessaires pour la lutte philosophique et morale, la tribune politique était notre principal et constant moyen d'action. On a dénaturé et on continue à dénaturer étrangement ce fait caractéristique de notre situation et du gouvernement tout entier de 1830 à 1848. On magnifie et on calomnie tour à tour la parole, ou comme on dit, quand on veut joindre le compliment à l'injure, l'éloquence; sous le régime parlementaire, c'est, dit-on, l'éloquence qui gouverne, et le pouvoir appartient aux plus beaux diseurs que, pour rabattre leur orgueil, on appelle des rhéteurs. On fait trop d'honneur à l'éloquence; même dans les temps de discussion libre où elle est un peu nécessaire, elle est fort loin de suffire, et pas plus en fait qu'en droit ce n'est à elle que va et demeure naturellement le pouvoir; elle peut, à un moment donné, dans une circonstance spéciale, déterminer un succès passager; elle n'est point, au sein de la liberté politique, la condition première de l'art de gouverner; les mérites de la pensée et de l'action y sont bien supérieurs à ceux de la parole, et dans le régime parlementaire comme dans tout autre, le bon sens, la bonne conduite et le courage sont bien plus indispensables et bien plus efficaces que l'éloquence. C'est l'honneur du gouvernement libre qu'il exige les mêmes qualités que tout autre mode de gouvernement et bien plus de qualités réunies ; et c'est précisément cette forte exigence qui garantit la bonne gestion des affaires publiques et la satisfaction éclairée du sentiment public.

Pendant notre première session, du 5 novembre 1840 au 25 juin 1841, la situation du cabinet dans les Chambres fut très-animée et très-laborieuse, mais au fond peu périlleuse. D'importants alliés nous venaient de rangs divers, et nos adversaires mêmes, peu jaloux d'avoir à nous succéder, ne tentaient pas sérieusement de nous renverser. Entre la paix ou la guerre, la crise était forte et la responsabilité pesante ; soit conviction, soit prudence, on nous en laissait volontiers le fardeau. Dans les grandes questions de la politique extérieure, MM. de Lamartine, Dufaure et Passy nous apportèrent leur appui ; les questions embarrassantes de la politique intérieure ne furent pas soulevées. Nous mîmes à profit ces dispositions tolérantes pour traiter et résoudre d'autres questions plus sociales que politiques et peu orageuses, quoique très-difficiles. Pendant la courte durée du cabinet du 12 mai 1839, deux de ses membres, MM. Cunin-Gridaine et Dufaure, avaient présenté aux Chambres deux projets de loi d'une incontestable opportunité, l'un sur le travail des enfants dans les manufactures, l'autre sur l'expropriation pour cause d'utilité publique. Le cabinet de M. Thiers en avait accepté l'héritage ; mais plus passager encore, il avait laissé ces questions au point où il les avait trouvées. D'accord avec nous, MM. Renouard et Dufaure demandèrent à la Chambre des députés, le 16 novembre 1840 et le 4 janvier 1841, la reprise des deux projets de loi; nous en approuvions pleinement la pensée et nous prîmes une part assidue à la discussion. Elle fut longue et approfondie ; toutes les objections des manufacturiers au premier projet, toutes les difficultés que trouvaient les jurisconsultes dans le second furent produites et débattues; les questions furent traitées sous leurs diverses faces, sans aucune complication de dissentiments politiques, dans la seule vue du bien social, et le débat aboutit à deux lois essentiellement pratiques, promulguées, l'une le 22 mars, l'autre le 5 mai 1841. On a repris et on reprendra encore plus d'une fois la question du travail des enfants dans les manufactures; il y a là des intérêts moraux et des intérêts matériels, des droits de liberté et des droits d'autorité difficiles à concilier, et dont la conciliation doit varier selon la diversité et la mobilité des faits industriels ; mais on n'a pas délaissé, on ne délaissera pas les principes posés dans la loi du 22 mars 1841 ; on ne sortira pas des voies où elle a fait entrer la puissance publique ; elle a franchement accepté le problème d'économie politique et de morale posé par la condition des enfants dans les manufactures, et elle l'a résolu selon le bon sens et l'humanité. Quant à la loi sur l'expropriation pour cause d'utilité publique, elle a disparu. On connaît le régime qui lui a succédé.

Je n'hésite pas à affirmer qu'elle reparaîtra. En administration comme en politique, la dictature n'a qu'un temps, et la propriété se passe encore moins de garanties que la liberté.

Nous ne nous bornâmes pas à vider ainsi les questions que nous avaient léguées les cabinets précédents; nous portâmes en même temps devant les Chambres les questions nouvelles que provoquait l'intérêt public. M. Humann, qui ne s'était pas résigné sans peine à l'entreprise des fortifications de Paris et à ses charges, n'en fut pas moins empressé à proposer, le 18 janvier 1841, à la Chambre des députés, selon le vœu du roi et du cabinet, un grand ensemble de travaux extraordinaires pour les divers services des ponts et chaussées, de la guerre et de la marine : « Depuis dix ans, dit-il en présentant le projet de loi, le gouvernement est entré chaque jour plus avant dans cette carrière d'utiles entreprises. De 1830 à 1832, au milieu des plus graves embarras, environ 20 millions furent affectés annuellement à des travaux extraordinaires. De 1833 à 1836, ce genre de dépense a été porté en moyenne à 30 millions par année. De 1837 à 1840, le même service a obtenu une dotation moyenne de 50 millions. Elle dépassera 60 millions en 1840, et le projet de loi que nous vous apportons a pour but de l'élever à 75 millions pendant six années consécutives, à partir de 1842. » M. Humann affectait à ce service une somme de 450 millions à recueillir par la voie de l'emprunt; et peu après la promulgation du projet de loi adopté par les deux Chambres à de fortes majorités, un premier emprunt de 150 millions, en rentes 3 p. 100, fut souscrit au taux de 78 fr. 52 c. 1/2. La mesure administrative et l'opération financière étaient à la fois larges et contenues dans de prudentes limites, secondant ainsi le développement de la prospérité publique sans peser lourdement et précipitamment sur le trésor.

Dans la session suivante, du 27 décembre 1841 au 11 juin 1842, le cabinet entreprit et accomplit une œuvre bien plus considérable et plus difficile. Depuis plusieurs années la question des chemins de fer préoccupait fortement le gouvernement et le public; l'un et l'autre hésitaient, tâtonnaient, et quant à la détermination des principales lignes à construire, et quant au système à adopter pour leur construction. Des deux systèmes en présence, la construction par l'État et aux frais de l'État, ou la construction par des compagnies industrielles à qui serait faite la concession des chemins, le cabinet de M. Molé avait, en 1837 et 1838, adopté le premier et proposé l'exécution, par l'État, de quatre grandes lignes; mais ses projets de loi et le principe sur lequel ils reposaient avaient été rejetés à une forte majorité. Un pas fut fait en 1840, sous le ministère de M. Thiers; quelques chemins de fer, et dans le nombre deux importants, celui de Paris à Rouen et celui de Paris à Orléans furent votés; mais la question générale, la question de la détermination des grandes lignes à construire et du mode de construction pour toute la France subsistait toujours ; sur ces deux points fondamentaux, les esprits et les mesures restaient encore en suspens. Nous résolûmes de mettre fin à cette incertitude, et le 7 février 1842 nous présentâmes à la Chambre des députés un projet de loi qui ordonnait la construction d'un réseau général de chemins de fer formé par les six grandes lignes de Paris à la frontière de Belgique, de Paris au littoral de la Manche, de Paris à Strasbourg, de Paris à Marseille et à Cette, de Paris à Nantes et de Paris à Bordeaux. L'exécution de ces lignes devait avoir lieu par le concours de l'État, des départements et des communes intéressées et de l'industrie privée, dans des proportions déterminées par le projet et qui mettaient les deux tiers des indemnités de terrain à la charge des départements et des communes, le tiers restant de ces indemnités, les terrassements et les ouvrages d'art à la charge de l'État, la voie de fer, le matériel et les frais d'exploitation et d'entretien à la charge des compagnies à qui serait faite la concession. A travers beaucoup de difficultés et d'objections spéciales, ce projet et son principe général furent reçus avec une faveur marquée ; et après deux mois employés à l'examiner, M. Dufaure, rapporteur de la commission, en proposa l'adoption, sauf quelques amendements, et termina son rapport en disant : « Votre commission vous devait un compte fidèle de ses recherches et de ses travaux ; elle vous a exposé jusqu'aux dissentiments qui, sur quelques portions de la loi, se sont élevés dans son sein, et elle a autorisé son rapporteur à vous dire que, sur plusieurs points importants, il a fait partie de la minorité. Mais elle le déclare en finissant; elle a été fermement et constamment unanime pour désirer que le projet de loi ait un utile résultat; que toutes les opinions de détail, après avoir cherché à obtenir, par la discussion, un légitime triomphe, se soumettent au jugement souverain de la Chambre; que la création d'un réseau de chemins de fer soit considérée par nous tous comme une grande œuvre nationale; et qu'au moment où nous émettrons notre vote définitif sur la loi qui est présentée, chacun de nous s'éclaire aux idées générales et de bien public qui élèvent nos délibérations et les rendent fécondes, au lieu de céder à des passions de localité qui les abaisseraient et les rendraient stériles.»

La discussion se prolongea pendant quinze jours, et les deux principes fondamentaux du projet de loi, l'établissement du réseau général de chemins de fer et la répartition des frais entre l'État, les départements intéressés et l'industrie privée, triomphèrent de toutes les jalousies locales et de toutes les objections systématiques. Mais quand on vint à régler l'exécution même du réseau, une question s'éleva, non plus de principe, mais de conduite : plusieurs membres, M. Thiers à leur tête, demandèrent qu'au lieu de partager, dès le commencement des travaux, le concours et les fonds de l'État entre les diverses lignes dont le réseau était formé, on les concentrât sur une ligne unique, la plus importante de toutes, disait-on, la ligne de Paris à la frontière de Belgique d'une part et à la Méditerranée de l'autre. C'était presque détruire le vote déjà prononcé en faveur d'un réseau général, car c'était ajourner pour longtemps l'application du principe d'équité qui avait déterminé le gouvernement à faire participer simultanément, aux avantages fécondants des chemins de fer, les diverses régions de la France. C'était de plus compromettre gravement le sort du projet de loi qui avait besoin de recueillir, sur un grand nombre de points divers du territoire, les éléments de la majorité. Le rapporteur, M. Dufaure, avait, dans le cours de la discussion générale, pressenti et combattu d'avance cet amendement en disant : « Si vous indiquez une ligne unique, vous continuez l'œuvre incomplète et incohérente que vous avez commencée dans les dernières années ; vous ne déterminez pas à l'avance l'emploi des ressources que le gouvernement pourra, dans cinq, dix ou quinze ans, appliquer au grand œuvre des chemins de fer. C'est ce que nous devons faire, ce qu'il est urgent de faire. Ce n'est pas seulement une satisfaction théorique que nous donnerons au pays ; c'est le but que nous assignerons à nos efforts; c'est une destination que nous donnerons à nos ressources. Ce classement a des difficultés ; nous ne pouvons le faire sans de vives discussions ; nous devons nous y attendre ; il causera de grandes émotions dans le pays ; cependant nous devons le faire si nous voulons arriver à quelque chose de grand et de complet dans l'entreprise des chemins de fer. » Un vif débat s'éleva à ce sujet ; M. Thiers, d'une part, et M. Duchâtel, de l'autre, y furent les principaux acteurs. C'était surtout par des considérations financières que M. Thiers soutenait l'amendement en faveur de la ligne unique; M. Duchâtel le combattit au nom et de l'état de nos finances, et du grand avenir des chemins de fer, et de la justice distributive qui était à la fois le principe rationnel du projet de loi et la condition pratique de son succès. M. Billault et M. de Lamartine appuyèrent M. Duchâtel. La Chambre leur donna raison; l'amendement fut rejeté à une forte majorité; la Chambre des pairs unit son vote à celui de la Chambre des députés; et l'expérience, à son tour, a donné pleinement raison à cette conduite du gouvernement et des Chambres; de 1842 à 1848, l'exécution simultanée du réseau général a été poursuivie sans aucune perturbation dans les finances publiques; et depuis cette époque, à travers toutes nos révolutions politiques et administratives, la loi du 11 juin 1842 est restée la base sur laquelle s'est élevé l'édifice général des chemins de fer de la France; elle a fait ce qui a fait le reste.

En matière de législation politique, le cabinet vit s'élever, dans la session de 1842, des questions plus délicates et plus d'opposition qu'il n'en avait rencontré dans la session précédente. Les graves inquiétudes de 1840 n'existaient plus; la paix était assurée; le public ne se préoccupait plus exclusivement des affaires extérieures; les alliés qu'elles nous avaient momentanément valus dans les Chambres ne se faisaient plus le même devoir de nous appuyer et reprenaient peu à peu leur position distincte et mitoyenne entre le gouvernement et l'opposition. Les deux questions qu'en 1840 le cabinet de M. Thiers s'était appliqué à éluder, la question des incompatibilités parlementaires et celle de la réforme électorale reparurent ; deux membres du tiers-parti, MM. Ganneron et Ducos, en firent, les 10 et 14 février 1842, l'objet de propositions formelles. M. Ganneron interdisait, à un grand nombre de fonctionnaires publics, l'entrée de la Chambre des députés, et demandait que, sauf quelques exceptions pour les fonctions supérieures de l'ordre politique, aucun membre de cette Chambre, qui ne serait pas fonctionnaire public salarié au jour de son élection, ne pût le devenir pendant qu'il siégerait dans la Chambre et un an après l'expiration de son mandat. M. Ducos proposait que tous les citoyens inscrits, dans chaque département, sur la liste du jury, fussent électeurs.

Je n'avais, à ces deux propositions, aucune objection de principe, ni de nature perpétuelle. Diverses incompatibilités parlementaires étaient déjà légalement établies, et en vertu de la loi rendue en 1840 sur ma propre demande comme ministre de l'intérieur, tout député promu à des fonctions publiques était soumis à l'épreuve de la réélection. Je ne pensais pas non plus que l'introduction de toute la liste départementale du jury dans le corps électoral menaçât la sûreté de l'État, ni que le droit électoral ne dût pas s'étendre progressivement à un plus grand nombre d'électeurs. Mais, dans les circonstances du temps, je regardais les deux propositions comme tout à fait inopportunes, nullement provoquées par des faits graves et pressants, et beaucoup plus nuisibles qu'utiles à la consolidation du gouvernement libre, ce premier intérêt national.

En fait, au 1er février 1842, sur 459 membres dont la Chambre des députés était composée, il y avait 149 fonctionnaires salariés. Dans ce nombre, 16 étaient des ministres ou de grands fonctionnaires politiques que la proposition de M. Ganneron pour l'extension des incompatibilités parlementaires laissait toujours éligibles. Sur les 133 députés restants, 53 étaient des magistrats inamovibles. La Chambre ne contenait donc que 80 députés fonctionnaires amovibles et placés, à ce titre, dans la dépendance du pouvoir. Quant aux députés promus, depuis leur entrée dans la Chambre, à des fonctions publiques salariées, on dressa le tableau des nominations de ce genre faites par les divers cabinets du 1er novembre 1830 au 1er février 1842; leur nombre était de 211, et dans ce nombre se trouvaient 72 ministres ou grands fonctionnaires politiques que personne ne voulait exclure de la Chambre. Sur 1400 députés élus à la Chambre dans l'espace de ces douze années, il n'y en avait eu donc que 139 qui eussent été appelés à des fonctions auxquelles les incompatibilités réclamées dussent s'appliquer.

A ce premier aspect et en ne considérant que les chiffres, il n'y avait, dans le nombre des députés fonctionnaires, rien d'étrange, rien qui pût inspirer, sur l'indépendance des résolutions de la Chambre, un doute légitime, aucun de ces abus choquants qui appellent d'indispensables et promptes réformes. MM. Villemain, Duchâtel et Lamartine, en signalant ces faits, firent valoir, contre la proposition de M. Ganneron, d'autres considérations plus hautes; ils peignirent l'état actuel de la société française où les fonctionnaires tiennent une si grande place que, lorsqu'on lui demande de se faire représenter, elle les appelle naturellement elle-même à tenir aussi une grande place dans sa représentation ; ils insistèrent sur la nécessité de ne pas réduire, par la loi, le nombre, déjà si restreint dans toute société démocratique, des hommes pratiquement éclairés, expérimentés, et prêts à comprendre, au sein de la liberté politique, les conditions du gouvernement. Mais bien que très-justes et profondes, ces considérations n'auraient pas suffi à surmonter les vieux préjugés et les passions vivantes qui avaient provoqué et qui soutenaient la proposition ; ce n'était pas, à vrai dire, d'une question de principe et d'organisation qu'il s'agissait; l'attaque était dirigée contre la politique qui prévalait dans la Chambre bien plus que contre le nombre des députés fonctionnaires, et c'était surtout pour changer la majorité en la mutilant qu'on demandait la réforme d'un abus dont on exagérait fort l'étendue et la gravité. M. Duchâtel ramena judicieusement le débat à ces termes ; la chambre comprit le vrai sens de l'attaque, et la proposition fut rejetée, bien qu'à une faible majorité.

Sur la proposition de M. Ducos pour la réforme électorale, la discussion était à la fois plus facile et plus grande : la loi d'élections dont on demandait le changement avait à peine onze ans d'existence : quand elle avait été rendue en 1831, l'opposition avait elle-même proclamé qu'elle satisfaisait pleinement aux besoins de la liberté. Par l'abaissement du cens électoral de 300 à 200 francs et par le progrès naturel des institutions libres comme de la prospérité publique, le nombre des électeurs s'était rapidement accru ; parti de 99,000, en 1830, il s'était élevé, en 1842, à 224,000. Lorsque, sous le ministère du 1er mars 1840, la Chambre des députés avait eu à délibérer sur des pétitions dont la plupart réclamaient le suffrage universel et quelques-unes seulement des modifications analogues à la proposition de M. Ducos, M. Thiers, au nom du cabinet comme au sien propre, s'était formellement déclaré contraire à la réforme électorale, et avait demandé, sur toutes les pétitions, l'ordre du jour que la Chambre avait en effet prononcé. Une telle réforme n'était, à coup sûr, pas plus urgente ni plus opportune le 15 février 1842 que le 16 mai 1840. Mais je ne me bornai pas à la repousser par ces considérations préalables et accessoires ; j'entrai dans le fond même de la question et dans l'examen des motifs au nom desquels la réforme électorale était réclamée. Il ne fallait pas une grande sagacité pour entrevoir que le suffrage universel était au fond comme au bout de ce mouvement, et que ses partisans étaient les vrais auteurs et faisaient la vraie force de l'attaque dirigée contre le régime électoral en vigueur. Je n'ai, contre le suffrage universel, point de prévention systématique et absolue ; je reconnais que, dans certains états et certaines limites de la société, il peut être praticable et utile ; j'admets que, dans certaines circonstances extraordinaires et passagères, il peut servir tantôt à accomplir de grands changements sociaux, tantôt à retirer l'État de l'anarchie et à enfanter un gouvernement. Mais, dans une grande société, pour le cours régulier de la vie sociale et pour un long espace de temps, je le regarde comme un mauvais instrument de gouvernement, comme un instrument dangereux tour à tour pour le prince et pour le peuple, pour l'ordre et pour la liberté. Je ne discutai pas directement ni pleinement la théorie du suffrage universel que nous n'avions devant nous qu'en perspective ; mais j'attaquai, comme routinière et fausse, l'idée principale sur laquelle repose le suffrage universel, la nécessité du grand nombre d'électeurs dans les élections politiques : « La société, dis-je, était jadis divisée en classes diverses, diverses de condition civile, d'intérêts, d'influences. Et non-seulement diverses, mais opposées, se combattant les unes les autres, la noblesse et la bourgeoisie, les propriétaires terriens et les industriels, les habitants des villes et ceux des campagnes. Il y avait là des différences profondes, des intérêts contraires, des luttes continuelles. Qu'arrivait-il alors de la répartition des droits politiques ? Les classes qui ne les avaient pas avaient beaucoup à souffrir de cette privation ; la classe qui les possédait s'en servait contre les autres ; c'était son grand moyen de force dans leurs combats. Rien de semblable n'existe chez nous aujourd'hui : on parle beaucoup de l'unité de la société française et l'on a raison ; mais ce n'est pas seulement une unité géographique ; c'est aussi une unité morale, intérieure. Il n'y a plus de luttes entre les classes, car il n'y a plus d'intérêts profondément divers ou contraires. Qu'est-ce qui sépare aujourd'hui les électeurs à 300 francs, des électeurs à 200, à 100, à 50 francs ? Ils sont dans la même condition civile, ils vivent sous l'empire des mêmes lois. L'électeur à 300 francs représente parfaitement l'électeur à 200 ou à 100 francs ; il le protége, il le couvre, il parle et agit naturellement pour lui, car il partage et défend les mêmes intérêts ; ce qui n'était encore jamais arrivé dans le monde, la similitude des intérêts s'allie aujourd'hui, chez nous, à la diversité des professions et à l'inégalité des conditions. C'est là le grand fait, le fait nouveau de notre société. Un autre grand fait en résulte : c'est que ceux-là se trompent qui regardent le grand nombre des électeurs comme indispensable à la vérité du gouvernement représentatif. Le grand nombre des électeurs importait autrefois, quand les classes étaient profondément séparées et placées sous l'empire d'intérêts et d'influences contraires, quand il fallait faire à chacune une part considérable. Rien de semblable, je le répète, n'existe plus chez nous ; la parité des intérêts, l'appui qu'ils se prêtent naturellement les uns aux autres permettent de ne pas avoir un très-grand nombre d'électeurs sans que ceux qui ne possèdent pas le droit de suffrage aient à en souffrir. Dans une société aristocratique, en face d'une aristocratie ancienne et puissante, c'est par le nombre que la démocratie se défend ; le nombre est sa principale force ; il faut bien qu'à l'influence de grands seigneurs puissants et accrédités elle oppose son nombre, et même son bruit. Nous n'avons plus à pourvoir à une telle nécessité ; la démocratie n'a plus, chez nous, à se défendre contre une aristocratie ancienne et puissante. Prenez garde, messieurs, une innovation n'est une amélioration qu'autant qu'à un besoin réel elle applique un remède efficace ; à mon avis, la réforme électorale qu'on vous propose n'est pas aujourd'hui un besoin réel. Savez-vous ce que vous feriez en l'acceptant ? Au lieu d'appliquer un remède à un mal réel, au lieu de satisfaire à une nécessité véritable, vous donneriez satisfaction (je ne voudrais pas me servir d'un mot trop vulgaire) à ce prurit d'innovation qui nous travaille. Vous compromettriez, vous affaibliriez notre grande société saine et tranquille pour plaire un moment à cette petite société maladive qui s'agite et et nous agite. Portez, je vous prie, vos regards sur le côté pratique de nos affaires et l'ensemble de notre situation. Nous avons une tâche très-rude, plus rude qu'il n'en a été imposé à aucune autre époque ; nous avons trois grandes choses à fonder : une société nouvelle, la grande démocratie moderne, jusqu'ici inconnue dans l'histoire du monde ; des institutions nouvelles, le gouvernement représentatif, jusqu'ici étranger à notre pays ; enfin une dynastie nouvelle. Jamais, non, jamais il n'est arrivé à une génération d'avoir une pareille œuvre à accomplir. Cependant, nous approchons beaucoup du but. La société nouvelle est aujourd'hui victorieuse, prépondérante; personne ne le conteste plus; elle a fait ses preuves; elle a conquis et les lois civiles, et les institutions politiques, et la dynastie qui lui conviennent et qui la servent. Toutes les grandes conquêtes sont faites, tous les grands intérêts sont satisfaits; notre intérêt actuel, dominant, c'est de nous assurer la ferme jouissance de ce que nous avons conquis. Pour y réussir, nous n'avons besoin que de deux choses, la stabilité dans les institutions et la bonne conduite dans les affaires journalières et naturelles du pays. C'est là maintenant la tâche, la grande tâche du gouvernement, la responsabilité qui pèse sur vous comme sur nous. Mettons notre honneur à y suffire; nous y aurons assez de peine. Gardez-vous d'accepter toutes les questions qu'on se plaira à élever devant vous, toutes les affaires où l'on vous demandera d'entrer. Ne vous croyez pas obligés de faire aujourd'hui ceci, demain cela; ne vous chargez pas si facilement des fardeaux que le premier venu aura la fantaisie de mettre sur vos épaules, lorsque le fardeau que nous portons nécessairement est déjà si lourd. Résolvez les questions obligées; faites bien les affaires indispensables que le temps amène naturellement, et repoussez celles qu'on vous jette à la tête légèrement et sans nécessité. »

La Chambre fut convaincue et elle repoussa la réforme électorale de M. Ducos à une majorité plus forte que celle qui avait écarté les incompatibilités parlementaires de M. Ganneron. J'avais réussi à faire dominer, dans l'esprit de cette majorité, l'idée qui dominait dans le mien, la nécessité de nous appliquer, surtout et avant tout, à la consolidation du gouvernement libre et régulier encore si nouveau parmi nous. On a appelé cette politique la politique de résistance, et on s'est armé de ce nom pour la représenter comme hostile au mouvement social, au progrès de la liberté. Accusation singulièrement inintelligente ; sans nul doute, c'est la mission, c'est le devoir du gouvernement de seconder le progrès des forces et des destinées publiques, et toute politique serait coupable qui tendrait à rendre la société froide et stationnaire. Mais ce qui importe le plus au progrès de la liberté, c'est la pratique de la liberté ; c'est en s'exerçant dans le présent qu'elle prépare et assure ses conquêtes dans l'avenir. De même qu'en 1830, sous le ministère de M. Casimir-Périer, la résistance au désordre matériel était la première condition de la liberté, de même, en 1842, c'était de la mobilité des lois et des fantaisies politiques que nous avions à préserver le régime naissant de la liberté. Ce qu'il y avait de résistance dans notre politique n'avait point d'autre dessein et ne pouvait avoir d'autre effet. Que les racines de l'arbre s'affermissent, ses branches ne manqueront pas de s'étendre ; si, au moment où l'on vient de le planter, on le secoue trop souvent, au lieu de grandir, il tombe. La durée d'un gouvernement libre garantit à un peuple bien plus de liberté et de progrès que ne peuvent lui en donner les révolutions.

Une seule fois, de 1840 à 1842, nous eûmes à résister au désordre matériel. La loi de finances du 14 juillet 1838 avait ordonné que « dans la session de 1842 et ensuite de dix années en dix années, il serait soumis aux Chambres un nouveau projet de répartition, entre les départements, tant de la contribution personnelle et mobilière que de la contribution des portes et fenêtres. A cet effet, les agents des contributions directes continueront de tenir au courant les renseignements destinés à faire connaître le nombre des individus passibles de la contribution personnelle, le montant des loyers d'habitation et le nombre des portes et fenêtres imposables. » En 1841, pour exécuter cette prescription de la loi de 1838 et se mettre en mesure de soumettre aux Chambres, en 1842, la nouvelle répartition annoncée, M. Humann ordonna le recensement, dans toute la France, des personnes et des matières imposables. Il espérait peut-être faire sortir un jour, de cette mesure, une notable augmentation du revenu public par la transformation de la contribution mobilière et de celle des portes et fenêtres, jusque-là impôts de répartition dont le montant total était annuellement fixé par les Chambres, en impôts de quotité susceptibles d'un accroissement indéfini. Le bruit se répandit que tel était au fond le but de l'opération, ce qui la rendit, dès le premier moment, suspecte et déplaisante. M. Humann démentit le bruit et déclara qu'il n'avait d'autre dessein que d'arriver à une répartition plus égale de ces taxes sans en augmenter nullement lt montant. Mais l'effet était produit; et d'ailleurs, indépendamment de toute augmentation de la somme totale des deux taxes, la mesure devait avoir pour résultat de les faire payer à des personnes qui n'en avaient pas encore été atteintes ; il fut constaté, entre autres, le 15 juin 1841, que 129,486 maisons n'étaient pas imposées. M. Humann, dont les idées générales en fait de gouvernement et de finances étaient fort saines, ne prévoyait pas toujours bien l'effet politique des mesures administratives, ne s'en inquiétait pas assez d'avance, et ne prenait pas assez de soin pour s'en entendre avec ses collègues. Il communiquait peu et agissait seul. Le recensement, ordonné par lui comme une opération toute simple et facile, rencontra sur plusieurs points du pays, entre autres dans quelques grandes villes, Toulouse, Lille, Clermont-Ferrand, des résistances qui, soit par la faiblesse des autorités, soit par la prompte complicité des factions, devinrent de véritables rébellions que la force armée dut réprimer. La répression fut partout efficace; mais la fermentation se prolongeait et M. Humann en fut troublé. Le roi m'écrivit du château d'Eu [1] : M. Humann me fait un tableau assez sombre de notre situation, et il ajoute (je transcris ses propres paroles)— Mes convictions à l'égard du recensement sont telles qu'il y va de mon honneur de ne pas reculer. La me-

[1] Le 14 août 1841.

sure cependant suscite des difficultés extrêmes; ces difficultés peuvent devenir insurmontables, et il y a lieu d'examiner s'il est prudent d'en courir le risque. Aujourd'hui, ma retraite, motivée par l'état de ma santé, calmerait les esprits et n'entraînerait aucun inconvénient; si, au contraire, elle était forcée plus tard par les circonstances, l'autorité morale du gouvernement du roi en serait compromise. Je soumets cette réflexion à Votre Majesté ; je la supplie d'examiner si son consentement à ma retraite ne serait pas, dans les circonstances actuelles, un acte de bonne politique.—« Je ne répondrai à M. Humann que ce soir, ajoutait le roi, je lui exprimerai combien je désire le conserver et éviter tout ce qui pourrait ébranler le ministère actuel que je tiens tant à conserver ; mais j'ajouterai que la circonstance est trop grave pour que je ne transmette pas au président du conseil la communication qu'il me fait, afin qu'il en délibère lui-même avec ses collègues, et que le conseil me donne son avis. »

Je répondis sur-le-champ au roi : « Je viens de voir le maréchal, M. Duchâtel et M. Humann. Le conseil se réunira à deux heures. Le maréchal, qui est encore souffrant, partira cependant, je crois, dans la soirée et portera au roi le résultat de la délibération. Ce résultat n'est pas douteux. M. Humann a mis sa retraite à la disposition du roi et du conseil pour acquitter sa conscience ; il n'a aucune envie de se retirer; il sent que son honneur est engagé dans l'opération du recensement; il désire rester et la mener jusqu'au bout. Si son offre était acceptée, il se regarderait comme une victime sacrifiée, et sacrifiée par faiblesse. A mon avis, il aurait raison. Les difficultés de la situation sont réelles, mais non insurmontables, ni menaçantes; nous n'avons pas été encore appelés à tirer un coup de fusil. Les résistances, là même où elles s'élèvent vivement, tombent bientôt et facilement. La plupart des grands conseils municipaux se prononcent pour la légalité de l'opération. Nous ne sommes pas au terme des embarras, mais je ne vois nulle part apparaître le danger. L'abandon du recensement serait l'abandon du gouvernement. Il n'y aurait plus ni loi, ni administration, ni cabinet, et le pouvoir aurait été lui-même au-devant de sa ruine, car en vérité il n'y a, dans ce qui se passe, rien d'assez grave pour inspirer une sérieuse inquiétude. M. Humann comprend que, tout en accomplissant l'opération, il est nécessaire de la tempérer, de l'adoucir, de se montrer facile sur les formes et d'arriver promptement au terme. Il donne depuis plusieurs jours et continuera de donner des ordres en conséquence. Je n'hésite donc pas à dire au roi que l'avis du conseil sera d'écarter toute idée de retraite de M. Humann et de poursuivre l'opération, en rendant la loi aussi flexible, aussi indulgente qu'il se pourra, mais en assurant partout obéissance à la loi. »

Le roi nous sut, de notre fermeté, plus de gré qu'elle ne valait : « Votre lettre, m'écrivit-il, me cause un sensible plaisir. Vous avez assurément dit et écrit de bien belles et bonnes choses dans le cours de votre vie;

vous avez honorablement proclamé de grandes vérités, et défendu ces précieux principes qui peuvent seuls conserver la morale et assurer la prospérité des sociétés humaines ; mais jamais vous n'avez rien dit ni écrit de mieux que la lettre que je viens de recevoir de vous, et elle est, en tous points, l'expression de ma pensée et de mes désirs. Dès que j'aurai vu le maréchal, ou qu'il m'aura écrit, j'écrirai à M. Humann, et en lui répétant combien je désire qu'il reste, je lui témoignerai combien j'apprécie la marche qu'il suit actuellement. Avec ce parfait accord, les nuages du moment se dissiperont, et notre soleil politique brillera avec plus d'éclat qu'auparavant. Je n'ai eu d'autre inquiétude que celle des conséquences qu'aurait entraînées la retraite de M. Humann au milieu de cette crise ; une fois rassuré sur ce point, je le suis sur l'issue, et en attendant que je lui écrive, vous pouvez lui dire combien je jouis de la résolution que vous m'annoncez de sa part. »

M. Humann ainsi raffermi, l'opération du recensement se termina sans nouveaux troubles, et cessa d'être pour lui un échec. Mais huit mois après, le 25 avril 1842, au moment où il allait prendre part au débat du projet de loi sur le réseau général des chemins de fer, M. Humann, atteint d'un anévrisme au cœur, mourut subitement, assis dans son cabinet, devant son bureau, et la main encore posée sur son papier. Sa mort, s'il se sentit mourir, le surprit moins lui-même que ses amis ; deux jours auparavant, causant avec l'un de ses employés : « Je sens que je m'en vais, lui avait-il dit ; la vie que je mène m'épuise; je n'en ai pas pour longtemps. » C'était un homme d'un esprit élevé, de mœurs graves, d'une grande autorité financière, laborieux, ombrageux, susceptible, inquiet en silence, très-soigneux de sa considération personnelle, portant dans la vie publique plus de dignité que de force et plus de prudence que de tact, conservateur par goût comme par position, trop éclairé pour ne pas être libéral autant que le comportaient les intérêts de l'ordre, et tenant bien partout sa place sans se donner nulle part tout entier. Je n'avais avec lui point de lien intime, mais je le regrettai sérieusement; c'était à ma demande et par confiance en moi que, le 29 octobre 1840, il était entré dans le cabinet; il y était une force réelle dans le monde des affaires et dans les Chambres, et un personnage considérable dans le public. Le vide que faisait parmi nous sa mort fut immédiatement comblé; dès le lendemain nous offrîmes le ministère des finances à M. Hippolyte Passy qui le refusa sans hostilité : homme d'esprit et de lumières plus que d'action, ayant plus d'amour-propre et de dignité que d'ambition, craignant plus d'échouer qu'il ne désirait de réussir, se complaisant dans la critique, et préférant l'indépendance à la responsabilité. Les finances furent données le jour même à M. Lacave-Laplagne qui les avait occupées avec capacité sous la présidence de M. Molé et qui s'empressa de les accepter. Ainsi se ralliaient successivement au cabinet toutes les fractions du parti conservateur divisé en 1839 par la coalition.

A côté de ces affaires extérieures et intérieures, nous en avions une autre fort grande, qui, sans être du dehors, n'était pas tout à fait du dedans, et à laquelle, peu de jours après la formation du cabinet, nous fîmes faire un grand pas, l'Algérie. Je m'en étais toujours sérieusement préoccupé; j'avais pris part à toutes les discussions dont elle avait été l'objet; j'avais exprimé à la fois la ferme résolution que la France conservât sa nouvelle possession, et l'intention de n'y pousser notre établissement que pas à pas, selon les exigences et les chances de chaque jour, sans préméditation de guerre et sans impatience d'agrandissement. C'était, à mon avis, la seule conduite sensée, et la disposition des Chambres nous en faisait une loi : au sein non-seulement du parti conservateur, mais de l'opposition, beaucoup de personnes croyaient peu à l'utilité de cette conquête, en redoutaient l'extension et résistaient aux dépenses qu'elle entraînait; quelques-unes allaient même jusqu'à provoquer formellement l'abandon. Nous trouvâmes, en 1840, les affaires de l'Algérie dans un état à la fois de crise et de langueur : la paix conclue en 1837, à la Tafna, avec Abd-el-Kader, avait été rompue; après en avoir employé les loisirs à rallier les tribus éparses, à organiser ses bataillons réguliers et à se procurer des munitions, le héros arabe avait recommencé partout la guerre. Le maréchal Valée, gouverneur général depuis la prise de Constantine, la soutenait dignement, mais sans résultats décisifs : des expéditions partielles réussissaient; princes, officiers et soldats se faisaient grand honneur ; nos journaux retentissaient de la résistance de Mazagran, de la prise de Cherchell, du passage de l'Atlas, de l'occupation de Médéah et de Milianah ; mais la situation générale restait la même, et Abd-el-Kader, toujours battu, maintenait ou rallumait toujours l'insurrection. C'était un sentiment répandu parmi les personnes qui prenaient aux affaires de l'Algérie le plus d'intérêt que, de tous nos officiers, le général Bugeaud était le plus propre à poursuivre efficacement cette difficile guerre : il exposait, en toute occasion, ses idées à ce sujet avec une verve abondante et puissante et une confiance en lui-même qui avait bien plus l'apparence que la réalité de la présomption, car en même temps qu'il se promettait le succès, il ne se faisait aucune illusion sur les difficultés, et ne négligeait aucun moyen de les surmonter. Employé déjà plus d'une fois en Afrique, il y avait promptement fait preuve d'habileté et d'influence ; l'armée avait confiance en lui et goût pour lui ; les Arabes avaient peur de lui. Le cabinet de M. Thiers avait eu, si je suis bien informé, envie de le nommer gouverneur général ; mais par sa rude ardeur dans la politique de résistance, par son attitude dans la Chambre, par ses divers antécédents, le général Bugeaud était antipathique au côté gauche, et M. Thiers ne le fit pas nommer. Nous n'avions pas les mêmes motifs d'hésitation ; j'avais foi dans le talent militaire du général Bugeaud et dans sa fermeté politique ; le roi, le maréchal Soult et tout le conseil partagèrent mon opinion ; le 29 décembre 1840, il fut nommé gouverneur général de l'Algégie, et après avoir subi avec un plein succès, dans son arrondissement, l'épreuve de la réélection, il entra, vers la fin de février 1841, en possession active de son gouvernement.

Dès son début, dans ses deux campagnes du printemps et de l'automne en 1841, il justifia largement notre attente. Abd-el-Kader ne fut pas détruit; on ne détruit pas, tant qu'on ne l'a pas tué ou pris, un grand homme à la tête de sa nation; mais il fut partout battu, pourchassé et réduit à la défensive. Plusieurs tribus arabes, et des plus considérables, se soumirent. Plusieurs points de la Régence, et des plus importants, furent atteints et fortement occupés. Notre domination reprit son cours d'affermissement et de solide progrès. Le général Bugeaud, en partant, m'avait exposé son plan de conduite; depuis qu'il était en Algérie, il me tenait au courant de ses opérations, de leur intention et de leur résultat, se plaignant un peu de n'avoir point de lettre de moi, réserve que je gardais pour ne pas offusquer la susceptibilité du maréchal Soult officiellement chargé des affaires de l'Algérie. J'écrivis le 21 septembre 1841 au gouverneur général : « Si je vous écrivais toutes les raisons pour lesquelles je ne vous ai pas encore écrit, je suis sûr que, dans le nombre, vous en trouveriez de très-bonnes, et que vous me pardonneriez mon silence. Je le romps aujourd'hui sans perdre mon temps à l'expliquer. Je le regretterais amèrement si je pouvais supposer qu'il vous a donné une seule minute de doute sur mes sentiments pour vous. Mais cela ne peut pas être. Soyez sûr, mon cher général, qu'il n'y a personne qui vous porte plus d'estime et d'amitié sincère. Nous nous sommes vus et éprouvés dans des moments qu'on n'oublie jamais.

« Vous avez eu de vrais succès. Vous en aurez encore. Votre prochaine campagne affermira et développera les résultats de la première. Je m'en réjouis pour nous comme pour vous. Évidemment il faut, avant tout et par-dessus tout, rétablir en Afrique notre ascendant moral, en donner aux Arabes le sentiment profond, permanent, et si on ne peut espérer leur soumission complète et durable, jeter au moins parmi eux la désorganisation et l'abattement.

« C'est là la question du moment. Vous êtes en train de la résoudre. J'admets que ce n'est pas fini, que vous avez encore bien des efforts à faire, que pour ces efforts il vous faut des moyens, que c'est à nous de vous les fournir; et pour mon compte, dans le conseil et à la tribune, je vous soutiendrai de tout mon pouvoir. Même bien soutenu, votre fardeau est encore très-lourd. Nous vous devons d'en prendre notre part.

« Mais je suppose la question du moment résolue, les Arabes intimidés, la confédération qui entoure Abd-el-Kader désunie. Reste la grande question, la question de notre établissement en Afrique et de la conduite à tenir pour qu'il soit solide. S'il est solide, il deviendra utile.

« Le premier point, à mon avis, c'est la délimitation

claire, rigoureuse, entre deux territoires : l'un, directement occupé par la France et livré à des colons européens, l'autre indirectement dominé au nom de la France et laissé aux Arabes.

« La séparation des deux races me paraît être la règle fondamentale de l'établissement, la condition de son succès.

« Quel doit être, dans les diverses provinces de la régence, le territoire réservé à notre domination directe et à la colonisation européenne? Vous seul pouvez nous fournir les renseignements nécessaires pour résoudre cette question. Recueillez-les, je vous prie, avec soin; arrivez à des propositions précises. Nous ne ferons rien de raisonnable, ni de durable, tant que nous n'aurons pas, à cet égard, un parti bien pris et bien connu, en Afrique comme ici.

« Dans le choix et la délimitation du territoire européen, il faut se diriger d'après cette idée qu'il doit suffire un jour à la nourriture et à l'entretien de notre établissement, soit de la population qui le cultivera, soit de l'armée qui le défendra. Ce sera là un résultat très-long à obtenir; mais il faut, dès aujourd'hui, l'avoir en vue et régler en conséquence la limite de notre occupation directe.

« Cette limite fixée, il faut déterminer, dans le territoire européen, les portions qui seront livrées les premières à la colonisation, et procurer aux colons, quels qu'ils soient, militaires ou civils, compagnies ou individus, une sécurité réelle. Par quels moyens cette sécurité peut-elle être acquise ? A quelle étendue de terrain doit-elle d'abord s'appliquer ? Je l'ignore. Ce que je sais, c'est qu'il faut un territoire européen, que, dans ce territoire, il faut des colons, qu'à ces colons il faut la sécurité.

« Toutes les autres questions que soulève la colonisation sont secondaires et ne doivent être abordées que lorsque celles-ci seront résolues.

« Quant au territoire arabe, en l'interdisant absolument aux colons européens, nous devons évidemment y occuper quelques points militaires où notre domination soit visible et d'où elle s'exerce en cas de besoin. Plus j'observe, plus je demeure convaincu que ces points doivent être peu nombreux et fortement occupés.

« Hors de ces points, l'exploitation et l'administration du pays doivent être laissées aux Arabes, à leurs chefs, à leurs lois, à leurs mœurs, sous la seule condition du tribut. Toute notre activité doit être là une activité de savoir-faire et de diplomatie pour bien vivre avec les tribus diverses, les empêcher de se coaliser contre nous, nous en attacher spécialement quelques-unes, avoir des intelligences dans toutes, et maintenir, parmi elles, le sentiment de notre force sans nous mêler de leurs affaires.

« Ici, comme pour le territoire européen, je laisse de côté les questions secondaires. Vous seul pouvez, non-seulement les résoudre, mais les poser.

« Je laisse également de côté d'autres questions, importantes mais spéciales, comme celle des travaux maritimes à exécuter sur certains points de la côte, celles de la fixation du domaine public et de l'organisation administrative. Je ne veux aujourd'hui, mon cher général, que vous faire bien connaître l'état de mon esprit sur l'ensemble et les conditions générales de notre établissement, vous demander si votre pensée s'accorde avec la mienne, et poser ainsi les bases de l'entente qui doit exister entre nous pour que je puisse vous aider efficacement quand j'aurai à débattre, au Palais-Bourbon et au Luxembourg, ce que vous aurez fait en Afrique. »

Dans le plan que j'exposais ainsi au général Bugeaud, il y avait, l'expérience me l'a appris, un peu de système préconçu et d'utopie. Je croyais trop à la possibilité de régler, selon la justice et par la paix, les rapports des Français avec les Arabes, des chrétiens avec les musulmans, des colons avec des indigènes. Je ne tenais pas assez de compte des difficultés et des entraînements que devait amener la juxtaposition des races, des religions, des territoires, des autorités, des propriétés. La réflexion préalable ne voit jamais les choses exactement comme elles sont, et la raison ne devine pas tout ce que révèlera l'expérience. Mais c'est précisément la mission et l'honneur de l'esprit humain de prendre, dans les affaires humaines, une initiative salutaire malgré les erreurs qui s'y mêlent, et la politique pratique tomberait dans un abaissement ou un engourdissement déplorable, si 'utopie ne venait de temps en temps la sommer de faire une part à ses généreuses espérances. J'aspirais à introduire, dans le gouvernement de l'Algérie conquise, une large mesure d'équité, d'humanité, de respect du droit, et j'indiquais au général Bugeaud quels en étaient, selon moi, les conditions et les moyens.

Il me répondit de Mostaganem, le 6 novembre 1841 :

« Je trouve ici votre excellente lettre. Elle demande une réponse sérieuse, bien réfléchie, que je n'ai pas le temps de vous faire en ce moment, mais que vous aurez dès que je serai débarrassé du plus gros de ma besogne arriérée par cinquante-trois jours de campagne que je viens de faire. Je sens combien il est important que je satisfasse à vos questions.

« Vous me demandez en quoi vous pouvez m'aider; le voici. Le plus grand service que vous puissiez me rendre pour le moment, c'est de faire récompenser raisonnablement mon armée. Après avoir été prodigue envers elle sous le maréchal Valée qui obtenait tout ce qu'il demandait pour les plus minimes circonstances, on est devenu extrêmement avare. Je n'ai pu rien obtenir pour grand nombre d'officiers très-méritants, malgré mes demandes réitérées. L'armée d'Afrique, de laquelle j'ai exigé beaucoup cette année, compare ses services, et elle n'est pas satisfaite. Elle compare aussi les époques, et la comparaison ne m'est pas avantageuse puisque j'exige beaucoup plus de fatigue et que j'obtiens beaucoup moins de faveurs. J'ai cru devoir ramener les bulletins à la vérité et à la modestie qu'ils doivent avoir chez une armée que, pour la rendre capable de faire de grandes choses, on ne doit pas exalter sur les petites. Je suis tenté de croire que cela a tourné contre nous. On a cru que nous avions peu fait, parce que nous n'avons pas rédigé de pompeux bulletins pour de petits combats. Mais on devrait savoir que nous ne pouvons pas avoir en Afrique des batailles d'Austerlitz, et que le plus grand mérite dans cette guerre ne consiste pas à gagner des victoires, mais à supporter avec patience et fermeté les fatigues, les intempéries et les privations. Sous ce rapport, nous avons dépassé, je crois, tout ce qui a eu lieu jusqu'ici. La guerre a été poussée avec une activité inouïe, tout en soignant les troupes autant que les circonstances le permettaient, et elles le reconnaissent; le soin que je prends d'elles et la vigueur de nos opérations me font un peu pardonner la rareté des récompenses; mais si la parcimonie continuait, il pourrait en être autrement. Il est de l'intérêt du pays que mon autorité morale ne soit pas affaiblie.

« Je comprends qu'il est délicat, pour vous, de toucher cette corde dans le conseil. Cependant il peut se présenter une circonstance favorable et naturelle de dire votre mot. Vous pouvez d'ailleurs en avoir un entretien particulier avec le roi. J'espère que Sa Majesté ne m'en veut pas pour avoir eu quelques petites vivacités avec M. le duc de Nemours, que j'ai du reste fort bien traité. Plût au ciel que tous les serviteurs de la monarchie lui fussent aussi dévoués que je le suis et eussent mes vivacités! »

Je fis, auprès du roi, ce que désirait le général Bugeaud; plusieurs de ses officiers obtinrent les récompenses qu'il avait demandées pour eux, et personne ne lui rendit, dans les conversations diverses, plus de justice que M. le duc de Nemours, plus sensible que personne au mérite simple et au devoir bien accompli. Rentré à Alger, le général Bugeaud m'écrivit[1] : « Ayant à peu près comblé mon arriéré de deux mois et imprimé une nouvelle activité à tous les services, à tous les travaux, je relis votre bonne lettre du 21 septembre que je n'ai reçue que le 5 novembre et pour laquelle je vous ai promis une réponse.

« Je pourrais me borner à vous envoyer, comme je le fais, copie d'un mémoire sous forme de lettre que j'adresse au ministre de la guerre, en réponse à une série de questions qu'il avait posées dès les premiers jours de septembre ; vous y trouveriez la plus grande partie des choses que vous me demandez. Mais certains passages de votre lettre appellent quelque chose de plus ; je vais tâcher d'y satisfaire.

« D'abord, j'ai remarqué avec grand plaisir que vous avez bien compris la situation, ce qui fait qu'en général vous posez les questions comme il faut. Vous reconnaissez « qu'avant tout, il faut rétablir en Afrique notre ascendant moral et en donner aux Arabes le sentiment profond. » Puis vous ajoutez : « Et si l'on ne peut espérer leur soumission complète, il faut au moins jeter parmi eux la désorganisation et l'abattement. »

[1] Le 27 novembre 1841.

« Dans la première partie de ce paragraphe, nous sommes parfaitement d'accord ; mon système de guerre a eu ce but et, je crois, en grande partie cet effet. Sur le second point, nous différons, en ce que vous paraissez douter de la soumission complète et que j'en suis assuré, pourvu que nous sachions persévérer dans notre impolitique entreprise.

« Si nous sommes en voie, comme j'en ai la conviction, de produire la désorganisation et l'abattement, avec de la ténacité nous obtiendrons infailliblement la conquête et la domination des Arabes. Que ferions-nous d'ailleurs de la désorganisation et de l'abattement si nous abandonnions la partie ? Le découragement aurait bientôt fait place à la confiance et à l'arrogance qui est un caractère de ce peuple. Il penserait avec raison que, si nous n'avons pas achevé notre œuvre, c'est que nous ne l'avons pas pu, et avant six mois, il faudrait recommencer la guerre.

« Mais j'ai tort d'insister sur votre doute ; il est évident que ce n'est qu'un pis-aller, puisque vous ajoutez immédiatement : « Vous êtes en train de résoudre la question ; j'admets que ce n'est pas fini, que vous avez bien des efforts à faire, que, pour ces efforts, il vous faut des moyens, que c'est à nous de vous les fournir, etc., etc. »

« Non, tout n'est pas fini et il y a encore beaucoup à faire ; mais la besogne la plus difficile est faite ; les premières pierres de cet édifice arabe, beaucoup plus solide qu'on ne croyait, sont arrachées ; encore quelques-unes, et la démolition ira vite. Nous avons détruit presque tous les dépôts de guerre. Nous avons foulé les plus belles contrées. Nous avons fortement approvisionné les places que nous possédons à l'intérieur. Nous avons profondément étudié le pays dans un grand nombre de directions, et nous connaissons les manœuvres et les retraites des tribus pour nous échapper, en sorte qu'à la prochaine campagne nous serons en mesure de leur faire beaucoup plus de mal. Mais ce qui est beaucoup plus capital, c'est que nous avons singulièrement affaibli le prestige qu'exerçait Abd-el-Kader sur les populations. Il leur avait persuadé que nous ne pouvions presque pas nous éloigner de la mer : « Ils sont comme des poissons, disait-il ; ils ne peuvent vivre qu'à la mer ; leur guerre n'a qu'une courte portée et ils passent comme les nuages. Vous avez des retraites où ils ne vous atteindront jamais. » Nous les avons atteints cette année dans les lieux les plus reculés, ce qui a frappé les populations de stupeur. Aussi commençons-nous à avoir des alliés et des auxiliaires ; il est permis de croire que la défection du Sud grossira ; la soumission de cette partie des douars et des smélas qui était restée toujours fidèle à l'émir, et qui se composait des familles les plus fanatiques, est un événement important parce qu'en outre des quatre cents cavaliers que nous y gagnons, c'est un excellent symptôme de l'affaiblissement du chef arabe. Cet exemple doit être contagieux, et dès que nous aurons un certain nombre de tribus, la boule de neige se grossira vite si nous savons la pousser avec énergie, et la faire toujours rouler jusqu'à ce que nous ayons tout ramassé, tout dominé. Les demi-moyens n'obtiennent que des demi-résultats qui n'assurent rien ; c'est toujours à recommencer. Notre politique et notre guerre en Afrique doit être ce qu'aurait dû être la vôtre à l'intérieur : on vous a attaqué trois fois les armes à la main et trois fois vous avez vaincu ; mais trois fois aussi vous vous êtes arrêté comme ayant peur d'être trop victorieux. Voyez le parti qu'en ont tiré les factions ; voyez-les aujourd'hui plus audacieuses et plus vivaces que jamais ; vous ont-elles su gré de vos ménagements, de votre mansuétude? Non ; elles ont dit que vous aviez peur et vous n'avez découragé que vos amis. Et voilà pourquoi vous êtes obligé de leur dire : « Nous n'aurons point de repos, nous sommes condamnés à être infatigables. » (Expressions de votre lettre.)

« Ne faisons pas de même en Afrique, ne nous contentons pas d'une demi-soumission, d'un léger tribut, ce qui serait infailliblement précaire. Puisque nous avons été assez insensés pour engager la lutte, triomphons complétement et gouvernons les Arabes. *Mélons-nous de leurs affaires* et demandons-leur l'impôt tout entier, car c'est, dans leurs mœurs, le signe le plus marquant de la puissance d'une part et de la soumission de l'autre. Toute la diplomatie dont vous me parlez ne vaut pas cela, et cela n'empêche pas d'être habile d'ailleurs.

« Je n'entends pas dire par là que nous devions donner partout aux Arabes des chefs et des administrateurs français, bien que quelques tribus de la province de Constantine en aient demandé ; non, nous devons les gouverner longtemps par des indigènes ; mais ces chefs de notre choix doivent être tenus vigoureusement et ne gouverner qu'en notre nom. Le général Négrier [1] les tient très-bien ; aussi a-t-il considérablement augmenté les revenus, et il les augmentera chaque année davantage.

« Vous voulez savoir mon opinion sur la manière de nous établir dans le pays pour y maintenir notre puissance et pour que la conquête ne soit pas éternellement à charge à la métropole ; je vais vous la dire.

« Vous verrez, dans ma lettre au ministre de la guerre, que, comme vous, je pense qu'il doit y avoir un territoire arabe et un territoire français, c'est-à-dire que nous ne devons pas nous mêler dans l'exploitation rurale des localités, et que la fusion n'est possible que dans un certain nombre de villes ; mais je pense en même temps que nous ne devons pas être divisés par grandes masses géographiques, car cette division ne nous permettrait pas d'exercer l'action gouvernementale dont j'ai cherché à démontrer la nécessité pour rendre notre établissement durable.

« Dans l'assiette de nos établissements, nous devons avoir toujours en vue la révolte, la guerre qui l'accompagne, et la force militaire plus encore que les conve-

---

[1] Commandant dans la province de Constantine.

nances agricoles et commerciales. Il faut donc occuper les positions militaires, les centres d'action, et vous énoncez une grande vérité de guerre en disant que ces points doivent être peu nombreux, mais que nous devons y être forts. Quand les points d'occupation sont nombreux, on ne peut qu'être faible dans chacun, et dès lors il y a paralysie de toutes les forces. Les points d'occupation n'ont en général d'autre puissance que celle de la mobilité des troupes qui peuvent en sortir ; quand elles ne sont tout juste que ce qu'il faut pour garder le poste, elles sont dominées par lui ; mais quand elles peuvent sortir avec des forces suffisantes, elles commandent dans un rayon de trente ou quarante lieues.

« Ces vérités si simples paraissent avoir été ignorées, et l'éparpillement des postes paralyse encore, en ce moment, plus du tiers de l'armée d'Afrique.

« A ce point de vue, je voudrais placer la colonisation civile sur la côte et la colonisation militaire dans l'intérieur, sur des points bien choisis et sur nos lignes de communication les plus importantes. Ainsi, colonisation civile autour d'Oran, Arzew, Mostaganem, Cherchell, Alger, Philippeville et Bone; colonisation militaire à Tlemcen, Mascara, Milianah, Médéah, Sétif, Constantine, et de poste en poste sur la communication de ces points-là avec la côte. Sur quelques-uns des points de la côte et de la colonie militaire seraient placées de petites réserves de troupes régulières que fournirait et relèverait la métropole, mais que payerait, à un temps donné, le budget de la colonie. La colonisation civile serait militarisée autant que possible.

« Ce système étreindrait le pays une fois soumis, de manière à ce que les révoltes sérieuses fussent à peu près impossibles. La politique et l'énervante civilisation compléteraient l'œuvre. La race européenne, plus favorisée, mieux constituée et plus industrieuse que la race arabe, progresserait, je crois, davantage, et pourrait, dans la suite des temps, former la plus grande masse de la population.

« Reste une grande question qui, bien que trop tardive, demande pourtant à être résolue : quels avantages la métropole tirera-t-elle de sa conquête ?

« Des avantages proportionnés aux sacrifices qu'elle a faits et fera, aux dangers et aux embarras que cette conquête lui aura causés, ne les cherchons pas, ce serait en vain. Mais nous pouvons trouver d'assez nombreuses fiches de consolation. A cet égard, mes idées sont moins fâcheuses qu'elles ne l'étaient avant d'avoir parcouru l'Algérie, comme je l'ai fait cette année ; jugeant de tout par quelques parties, je croyais que l'Algérie était loin de mériter son antique réputation de fertilité. Je pense aujourd'hui qu'elle est fertile en grains, qu'elle peut l'être en fruits, en huile, en soie, et j'ai acquis la certitude qu'actuellement elle nourrit, sans industrie, beaucoup de bétail et de chevaux, et qu'elle possède beaucoup plus de combustible qu'on ne le pensait ; seulement ce combustible est mal réparti.

« Nos colons et les Arabes, quand ils ne feront plus la guerre, pourront donc être dans l'abondance, et avoir un excédant de produits pour le livrer au commerce. Actuellement, malgré leur mauvaise administration, leurs guerres incessantes et la barbarie de leur agriculture, les Arabes produisent plus de grains et de bétail qu'il ne leur en faut pour leur consommation.

« Je juge de la fertilité, non-seulement par les produits que j'ai vus sur le Chélif, la Mina, l'Illel, l'Habra, le Sig, etc.; mais encore par la population et celle-ci par le grand nombre de cavaliers. J'ai la certitude que la province d'Oran possède 23,000 cavaliers montés sur des chevaux qui leur appartiennent; quatre surfaces pareilles en France ne produiraient pas autant de chevaux. Un tel pays n'est pas pauvre : bien administré, il pourra très-bien payer les impôts nécessaires pour couvrir les dépenses gouvernementales et procurer à la métropole des échanges avantageux. Elle y trouvera d'excellents chevaux pour monter sa cavalerie légère; elle peut même y former des Numides modernes qui lui rendraient de grands services dans ses guerres d'Europe. Elle y trouvera un débouché pour sa population croissante et pour ses produits manufacturés, si elle a le bon esprit de concentrer la population algérienne dans l'agriculture. Enfin elle y trouvera quelques emplois pour ces capacités pauvres qui nous obstruent et constituent l'un des plus grands dangers de notre société.

« L'Algérie sera aussi une cause d'activité pour notre marine, et quelques-uns de ses ports améliorés ne seront pas sans utilité dans une guerre sur la Méditerranée et pour étendre notre influence sur cette mer.

« Je pourrais trouver d'autres compensations de moindre importance. Je pourrais dire qu'on formera en Algérie des hommes pour la guerre et le gouvernement, qu'on y trouvera du plomb, du cuivre et d'autres minéraux, etc., etc. Je n'ai voulu toucher que les points principaux. »

Le général Bugeaud était trop modeste quand il classait ainsi à la fin de sa liste, et comme par *postscriptum*, les hommes de guerre et de gouvernement parmi les produits possibles de l'Algérie; les événements leur ont assigné un plus haut rang. Il était plus pressé que moi de poursuivre, par la force, la complète domination de la France sur les Arabes, et plus sceptique que moi sur les avantages et l'avenir de notre établissement en Afrique; mais je ne m'inquiétais pas beaucoup de l'une ni de l'autre de ces différences entre nos vues; j'avais la confiance qu'il ferait bien la guerre, et qu'en la faisant il ne s'emporterait pas fort au delà de ses instructions; il était plus vaillant que téméraire et plus intempérant dans ses paroles que dans sa conduite : « Il me faut un gouvernement, » disait-il au milieu des crises de 1848, quand la France cherchait partout un gouvernement et quand il eût pu être tenté de lui offrir le sien; il se jugeait bien lui-même; il était plus capable de bien servir et de bien défendre le gouvernement de son pays qu'ambitieux d'en prendre et propre à en porter lui-même le fardeau.

Quelques mois après la date de la lettre que je viens de citer [1], il m'écrivit d'Alger : « Encore une lettre confidentielle et expansive. Des lettres de Paris parlent de la retraite de M. le maréchal Soult pour cause de santé, et ajoutent que l'on flotte entre M. le maréchal Valée et moi. Je regarderais l'éloignement actuel de M. le maréchal Soult comme un grand malheur, et si mon rappel de l'Afrique en était la conséquence, ce serait, à mes yeux, doublement regrettable. Non que j'aie l'orgueil de penser qu'on ne pourrait pas me remplacer ici pour le talent et le savoir-faire; mais parce que j'ai acquis, sur les Arabes, un ascendant qu'un autre, quelque habile qu'il fût, aurait besoin d'acquérir avant d'être aussi utile que moi.

« J'ajouterai, comme considération très-secondaire, que j'ai aujourd'hui le plus vif désir de mener mon œuvre à fin avant de quitter, et vous le comprendrez aisément sans que je m'explique davantage.

« Assurément vous êtes, de tous les hommes politiques, celui avec lequel j'aimerais le mieux m'associer au gouvernement du pays; mais je serais désespéré d'abandonner l'Afrique au moment où je crois toucher à la fin de la guerre.

« Peut-être je combats un fantôme. Il se peut qu'on n'ait jamais eu l'ombre de cette pensée; mais dans tous

[1] Le 3 mars 1842.]

les cas, il ne peut pas être nuisible de vous faire connaître d'avance mon opinion à cet égard. »

Je crois, et la lettre du général Bugeaud m'y autorise, que la pensée dont il se défendait ne lui était point désagréable, et qu'il eût volontiers consenti à conduire les affaires de l'Algérie, avec toutes celles du département de la guerre, de Paris au lieu d'Alger. Mais il combattait, comme il le dit, un fantôme; il n'était nullement question, à cette époque, de la retraite du maréchal Soult : les grandes difficultés de la situation à l'extérieur étaient surmontées; celles de l'intérieur, tout en se faisant pressentir, n'avaient pas un aspect très-redoutable. Quand la session de 1842 fut close et la Chambre des députés dissoute, le 13 juin 1842, le cabinet bien établi avait en perspective un succès probable dans les élections et un avenir plus chargé de travaux que d'orages.

PIÈCES HISTORIQUES

PIÈCES HISTORIQUES

I

(Page 127.)

1° *Protocole de clôture de la question d'Égypte, signé à Londres, le 10 juillet 1841.*

Les difficultés dans lesquelles Sa Hautesse le Sultan s'est trouvé placé et qui l'ont déterminé à réclamer l'appui et l'assistance des Cours d'Autriche, de la Grande-Bretagne, de Prusse et de Russie, venant d'être aplanies, et Méhémet-Ali ayant fait, envers S. H. le Sultan, l'acte de soumission que la convention du 15 juillet 1840 était destinée à amener, les représentants des Cours signataires de ladite convention ont reconnu qu'indépendamment de l'exécution des mesures temporaires résultant de cette convention, il importe essentiellement de consacrer de la manière la plus formelle le respect dû à l'ancienne règle de l'empire ottoman, en vertu de laquelle il a été de tout temps défendu aux bâtiments de guerre des puissances étrangères d'entrer dans les détroits des Dardanelles et du Bosphore.

Ce principe étant par sa nature d'une application générale et permanente, les plénipotentiaires respectifs, munis à cet effet des ordres de leurs cours, ont été d'avis que, pour manifester l'accord et l'union qui président aux intentions de toutes les cours, et dans l'intérêt de l'affermissement de la paix européenne, il conviendrait de constater le respect dû au principe susmentionné au moyen d'une transaction à laquelle la France serait appelée à concourir, à l'invitation et d'après le vœu de S. H. le Sultan.

Cette transaction étant de nature à offrir à l'Europe un gage de l'union des cinq puissances, le principal secrétaire d'État de Sa Majesté Britannique, ayant le département des affaires étrangères, d'accord avec les Plénipotentiaires des quatre autres puissances, s'est chargé de porter cet objet à la connaissance du gouvernement français en l'invitant à participer à la transaction par laquelle, d'une part, le Sultan déclarerait sa ferme résolution de maintenir à l'avenir le susdit principe, de l'autre, les cinq puissances annonceraient leur détermination unanime de respecter ce principe et de s'y conformer.

Le 10 juillet 1841.

L. S. Esterhazy, Neumann, Palmerston, Bulow, Brunnow.

2° *Convention pour la clôture des détroits du Bosphore et des Dardanelles, signée à Londres le 13 juillet 1841 :*

Au nom de Dieu très-miséricordieux.

LL. MM. le roi des Français, l'empereur d'Autriche, roi de Hongrie et de Bohême, la reine du royaume uni de la Grande-Bretagne et d'Irlande, le roi de Prusse et l'empereur de toutes les Russies, persuadés que leur union et leur accord offrent à l'Europe le gage le plus certain de la conservation de la paix générale, objet constant de leur sollicitude, et Leursdites Majestés voulant attester cet accord du respect qu'Elles portent à l'inviolabilité de ses droits souverains, ainsi que leur désir sincère de voir se consolider le repos de son empire, Leursdites Majestés ont résolu de se rendre à l'invitation de S. H. le Sultan, afin de constater en commun, par un acte formel, leur détermination unanime de se conformer à l'ancienne règle de l'empire ottoman, d'après laquelle le passage des détroits des Dardanelles et du Bosphore doit toujours être fermé aux bâtiments de guerre étrangers tant que la Porte se trouve en paix.

Leurs dites Majestés d'une part et S. H. le Sultan de l'autre, ayant résolu de conclure entre elles une convention à ce sujet, ont nommé à cet effet pour leurs plénipotentiaires, savoir :

S. M. le roi des Français, le sieur Adolphe baron de Bourqueney, commandeur de l'ordre royal de la Légion d'honneur, maître des requêtes en son conseil d'État, son chargé d'affaires et son plénipotentiaire à Londres ;

S. M. l'empereur d'Autriche, roi de Hongrie et de Bohême, le sieur Paul prince Esterhazy de Galanta, comte d'Edelstett, chevalier de la Toison d'or, grand-croix de l'ordre royal de Saint-Étienne, chevalier des ordres de Saint-André, de de Saint-Alexandre Newsky et de Sainte-Anne de la première classe, chevalier de l'ordre de l'Aigle noir, grand-croix de l'ordre du Bain et des ordres des Guelphes du Hanovre, de Saint-Ferdinand et du Mérite de Sicile et du Christ du Portugal, chambellan conseiller intime actuel de S. M. l'empereur d'Autriche et son ambassadeur extraordinaire et plénipotentiaire auprès de Sa Majesté Britannique, et le sieur Philippe baron de Neumann, commandeur de l'ordre de Léopold d'Autriche, décoré de la croix pour son mérite civil, commandeur des ordres de la Tour et de l'Épée du Portugal, de la Croix du Sud du Brésil, chevalier grand-croix de l'ordre de Saint-Stanislas, de première classe, de Russie, conseiller aulique et son plénipotentiaire auprès Sa Majesté Britannique ;

S. M. la reine du royaume uni de la Grande-Bretagne et d'Irlande, le très-honorable Henri-Jean comte Palmerston, baron Temple, pair d'Irlande, conseiller de Sa Majesté Britannique en son conseil privé, chevalier grand-croix du très-honorable ordre du Bain, membre du Parlement du

Royaume-Uni et principal secrétaire d'État de Sa Majesté Britannique ayant le département des affaires étrangères;

S. M. le roi de Prusse, le sieur Henri Guillaume, baron de Bulow, chevalier de l'ordre de l'Aigle rouge de première classe de Prusse, grand-croix des ordres de Léopold d'Autriche, de Sainte-Anne de Russie et des Guelphes du Hanovre, chevalier de l'ordre de Saint-Stanislas de deuxième classe et de Saint-Wladimir de quatrième classe de Russie, commandeur de l'ordre du Faucon blanc de Saxe-Weimar, son chambellan, conseiller intime actuel, envoyé extraordinaire et ministre plénipotentiaire près de Sa Majesté Britannique;

S. M. l'Empereur de toutes les Russies, le sieur Philippe Brunnow, chevalier de l'ordre de l'Aigle blanc, de Sainte-Anne de première classe, de Saint-Stanislas de première classe, de Saint-Wladimir de troisième, commandeur de l'ordre de Saint-Etienne de Hongrie, chevalier de l'ordre de l'Aigle rouge et de Saint-Jean de Jérusalem, son conseiller privé, envoyé extraordinaire et ministre plénipotentiaire auprès de Sa Majesté Britannique ;

Et S. M. le Très-Majestueux, Très-Puissant et Très-Magnifique sultan Abdul-Medjid, Empereur des Ottomans, Chekib-Effendi, décoré du Nicham-Iftichar de première classe, bfeylikdgi du divan impérial, conseiller honoraire du département des affaires étrangères, son ambassadeur extraordinaire auprès de Sa Majesté Britannique ;

Lesquels, s'étant réciproquement communiqué leurs pleins pouvoirs trouvés en bonne et due forme, ont arrêté, et signé les articles suivants :

ARTICLE PREMIER.

S. H. le Sultan, d'une part, déclare qu'il a la ferme résolution de maintenir à l'avenir le principe invariablement stable, comme ancienne règle de son empire, et en vertu duquel il a été de tout temps défendu aux bâtiments de guerre des puissances étrangères d'entrer dans les détroits des Dardanelles et du Bosphore, et que tant que la Sublime-Porte se trouvera en paix, Sa Hautesse n'admettra aucun bâtiment de guerre étranger dans lesdits détroits.

Et LL. MM. le roi des Français, l'empereur d'Autriche, roi de Hongrie et de Bohême, la reine du royaume uni de la Grande-Bretagne et d'Irlande, le roi de Prusse et l'Empereur de toutes les Russies de l'autre part, s'engagent à respecter cette détermination du Sultan, et à se conformer au principe ci-dessus énoncé.

ART. 2.

Il est entendu qu'en constatant l'inviolabilité de l'ancienne règle de l'empire ottoman, mentionnée dans l'article précédent, le Sultan se réserve, comme par le passé, de délivrer des firmans de passage aux bâtiments légers sous pavillon de guerre, lesquels sont employés, comme il est d'usage, au service des légations des puissances amies.

ART. 3.

S. H. le Sultan se réserve de porter la présente convention à la connaissance de toutes les puissances avec lesquelles la Sublime-Porte se trouve en relation d'amitié, en les invitant à y accéder.

ART. 4.

La présente convention sera ratifiée et les ratifications en seront échangées à Londres, à l'expiration de deux mois, ou plus tôt si faire se peut. En foi de quoi les plénipotentiaires respectifs l'ont signée et y ont apposé les sceaux de leurs armes.

Fait à Londres, le 13 juillet 1841, signé :

BOURQUENEY, ESTERHAZY, NEUMANN, PALMERSTON, BULOW, BRUNNOW, CHEKIB.

II

(Page 433.)

Texte anglais de l'extrait du discours prononcé par lord Palmerston à Tiverton, devant ses électeurs (Morning-Chronicle *du* 30 *juin* 1841).

We brought within British influence, in one campaign, a vast extent of country larger than France, almost as big as half of Europe ; and the way in which this was done and the results which have followed are well deserving of the people of England. There is a contrast of which we may have reason to be proud, between the progress of our arms in the East and the operations which a neighbouring power, France, is now carrying on in Africa. The progress of the British army in Asia has been marked by a scrupulous reference to justice, an inviolable respect for property, an abstinence from anything which could tend to wound the feelings and prejudicies of the people; and the result is this that I saw, not many weeks ago, a distinguished military officer who had just returned from the center of Affghanistan, from a place called Candahar which many of you perhaps never heard of, and told me that he, accompagnied by half a dozen attendants, but without any military escort, had ridden on horseback many thousand miles, through a country inhabited by wild and semibarbarous tribes who, but two years ago, were arrayed in fierce hostility against the approach of British arms, but that he had ridden through them all with as much safety as he could have ridden from Tiverton to *John ó Great's house,* his name as a British officer being a pas-

sport through them all, because the English had respected
their rights, and afforded them protection, and treated them
with justice. Thence it is that an unarmed Englishman was
safe in the midst of their wilds. The different system pur-
sued in Africa by the French has been productive of very
different results; there the French army, I am sorry to say,
is tarnished by the character of their operations. They sally
forth unawares on the villagers of the country; they put to
death every man who cannot escape by flight, and they carry off into captivity the women and children (*shame, shame!*)
They carry away every head of cattle, every sheep, and every
horse, and they burn what they cannot carry off. The crop on
the ground and the corn in the granaries are consumed by
the fire (*shame!*) What is the consequence? While in India
our officers ride about unarmed and alone amidst wildest tribes of the wilderness, there is not a Frenchman in Africa who
shows his face above a given spot, from the sentry at his post,
who does nos fall a victim to the wild and justifiable retali-
ation of the Arabs (*hear, hear!*) They professed to colonize
Algeria; but they are only encamped in military posts; and
while we in India have the feelings of the people with us, in
Africa every native is opposed to the French, and every heart
burns with desire of vengeance (*hear, hear!*). I mention these
things because it is right you know them; they are an addi-
tional proof that, even in this world, the Providence has de-
creed that injustice and violence shall meet with their ap-
propriate punishment, and that justice and mercy shall also
have their reward, etc. etc.

III

(Page 140.)

Lettre de lord Palmerston à M. Bulwer communiquée à M. Guizot (texte anglais).

Carlton Terrace, 17 August 1841.

My dear Bulwer,

I am very sorry to find, from your letter of last week, that you observed, in your conversation with M. Guizot, that there is an impression in his mind that, upon certain occasions which you mention, I appear not to have felt sufficient consideration for his ministerial position; and you would much oblige me, if you should have an opportunity of doing so, by endeavouring to assure him that nothing has been farther from my intention then so to act. I have a great regard and esteem for M. Guizot; I admire his talents and I respect his character, and I have found him one of the most agreeable men in public affairs, because he takes large and philosophical views of things, discusses questions with clearness, and sifts them to the bottom, and seems always anxious to arrive at the truth. It is very unlikely that I should have intentionally done any thing that could be personally disagreeable to him.

You say he mentioned three circumstances with regard to which he seemed to think I had taken a course unnecessarily embarrassing to him, and I will try to explain to you my course upon each occasion.

First he adverted to my note of the 2nd November last in reply to M. Thiers's note of the 8th. of the preceding October. I certainly wish that I had been able to answer M. Thiers's note sooner, so that the reply would have been given to him instead of his successor; but I could not; I was overwhelmed with business of every sort and kind, and had no command of my time; I did not think however that the fact of M. Thiers having gone out of office was a reason for withholding my reply; the note of October contained important doctrines of public law which it was impossible for the British government to acquiesce in; and silence would have been construed as acquiescence. I considered it to be my indispensable duty, as minister of the crown, to place my answer upon record; and I will fairly own that, though I felt that M. Thiers might complain of my delay, and might have said that, by postponing my answer till he was out of office, I prevented him from making a reply, it did not occur to me at the time that M. Guizot would feel at all embarrassed by receiving my answer to his predecessor.

When M. Guizot, as ambassador here, read me Thiers's note of the 8 october, he said, if I mistake not, that he was not going to discuss with me the arguments or the doctrines contained in it, and that he was not responsible for them. In fact I clearly perceived that M. Guizot saw through the numerous fallacies and false doctrines which that note contained. It appeared to me therefore that, as M. Guizot could not intend to adopt the paradoxes of his predecessor, it would rather assist than embarass him, in establishing his own position, to have those paradoxes refuted, and that it was better that this would be done by me than that the ungracious task of refuting his predecessor should, by my neglect, devolve upon him.

Secondly M. Guizot mentioned my reply to a question in the house of commons about the war between Buenos-Ayres and Montevideo. I understood the question which was put to me to be whether any agreement had been made between England and France to interpose by force to put an end to that war; and I said that no formal agreement of any kind had been made between the two governments; and certainly none of that kind had taken place, but that a formal application had been made some time before, by the government of Montevideo, for our mediation, and that we had instructed M. Mandeville to offer it to the other party, the Buenos-Ayres government; I ought perhaps also to have mentioned the conversation which I had had with baron Bourqueney, and in which he proposed, on the part of his goverment, that our representatives at Buenos-Ayres should communicate and assist each other in this matter; but in the hurry of reply, it did not occur to me that that conversation came within the reach of the question.

With regard to what I said at Tiverton about the proceedings of the French troops in Africa, I may have judged wrong ; but I chose that opportunity on purpose, thinking that it was the least objectionable way of endeavouring to promote the interests of humanity and, if possible, to put a check to proceedings which have long excited the regret of all those who attended to them; and it certainly did not occur to me to consider whether what I said might or might not be agreeable. That every thing which I said of those proceedings is true, is proved by the French newspapers, and even by the general orders of French generals. I felt that the English government could not with property say any thing on the subject to the government of France ; for a like reason I could not, in my place in parlement, advert to it ; but I thought that, when I was standing as an individual on the hustings before my constituents, I might use the liberty of speech belonging to the occasion, in order to draw public attention to proceedings which I think it would be for the honour of France to put an end to; and if the public discussion which my speech produced shall have the effect of putting an end to a thousand part of the human misery which I dwelt upon, I am sure M. Guizot will forgive me for saying that I should not think that result too dearly purchased by giving offence to the oldest and dearest friend I may have in the world. But I am quite sure that M. Guizot regrets these proceedings as much as I can do ; though I well know that, from the mechanism of government, a minister cannot always controul departements over which he does not himself preside.

We are now about to retire, and in ten days' time our successors will be in office. I sincerely hope that the French government may find them as anxious as we have been to maintain the closest possible union between France and England ; more anxious, whatever may have been said or thought to the contrary, I am quite sure they cannot be.

Yours sincerely.

IV

(Page 147.)

Pleins pouvoirs donnés à M. le comte de Sainte-Aulaire, à l'effet de signer un traité relatif à la répression de la traite des noirs, avec l'Autriche, la Grande-Bretagne, la Prusse et la Russie. (20 novembre 1841.)

Louis-Philippe, roi des Français, à tous ceux qui ces présentes lettres verront, salut : N'ayant rien plus à cœur que d'opposer une efficace et complète répression au crime de la traite des noirs, et LL. MM. l'empereur d'Autriche, roi de Hongrie et de Bohême, la reine du royaume-uni de la Grande-Bretagne et d'Irlande, le roi de Prusse et l'empereur de toutes les Russies, animés des mêmes sentiments, ayant manifesté le désir de concourir avec nous au même but d'humanité, nous avons pensé que le meilleur moyen d'arriver à cet heureux résultat serait de signer avec Leurs dites MM. un traité commun et solennel qui consacrât nos mutuelles dispositions à cet égard.

A ces causes, nous confiant entièrement à la capacité, prudence, zèle et fidélité à notre service de notre cher et bien-aimé le comte Louis Beaupoil de Sainte-Aulaire, pair de France, grand-officier de notre ordre royal de la Légion d'honneur, etc., etc., et notre ambassadeur extraordinaire près Sa Majesté Britannique, nous l'avons nommé, commis et constitué, et, par ces présentes signées de notre main, nous le nommons, commettons et constituons notre plénipotentiaire, nous lui avons donné et donnons plein et absolu pouvoir et mandement spécial à l'effet de se réunir aux plénipotentiaires, également munis de pleins pouvoirs en bonne forme de la part de Leursdites MM. l'empereur d'Autriche, roi de Hongrie et de Bohême, la reine du royaume-uni de la Grande-Bretagne et d'Irlande, le roi de Prusse et l'empereur de toutes les Russies, afin de négocier, conclure et signer, avec la même autorité que nous pourrions le faire nous-même, tels traité, convention ou articles qu'il jugera nécessaires pour atteindre le but que nous nous proposons. *Promettant*, en foi et parole de roi, d'avoir pour agréable d'accomplir et exécuter ponctuellement tout ce que notredit plénipotentiaire aura stipulé et signé en notre nom, en vertu des présents pleins pouvoirs, sans jamais y contrevenir ni permettre qu'il y soit contrevenu directement ni indirectement pour quelque cause et de quelque manière que ce soit; sous la réserve de nos lettres de ratification que nous ferons délivrer en bonne et due forme pour être échangées dans le délai qui sera convenu. En foi de quoi, nous avons fait mettre notre sceau à ces présentes. Donné en notre palais de Saint-Cloud, le 20ᵉ jour du mois de novembre de l'an de grâce 1841.

V

(Page 160.)

M. Guizot à M. le comte de Sainte-Aulaire, ambassadeur de France à Londres.

Paris, 17 février 1842.

Monsieur le Comte,

Le gouvernement de Sa Majesté Britannique ne croit pas pouvoir consentir aux modifications que nous avions réclamées dans le traité signé à Londres le 20 décembre dernier, et sa résolution se fonde moins sur la nature même de ces modifications que sur des motifs d'ordre intérieur et parlementaire qu'il ne m'appartient pas de discuter. Quant à nous, monsieur le comte, les motifs que je vous exposais dans ma dépêche n° 7 du 1er de ce mois, et qui ne nous permettent pas de donner au traité du 20 décembre une ratification pure et simple, subsistent dans toute leur force. J'ai rendu compte au roi de la réponse du cabinet britannique ainsi que des considérations sur lesquelles, en vous la communiquant, lord Aberdeen l'a appuyée; et le roi, de l'avis de son Conseil, n'a pas cru pouvoir rien changer aux instructions que, par son ordre, je vous avais déjà transmises à ce sujet. Mais, animés du plus sincère désir de conciliation, et persévérant dans notre intention d'assurer la répression efficace de la traite, nous sommes prêts à entrer en négociation sur les modifications, réserves ou stipulations additionnelles dont le traité du 20 décembre nous paraît susceptible, et que l'incident élevé par le vote de la Chambre des députés nous place dans la nécessité de réclamer. Il ne nous appartient pas d'indiquer, aux puissances qui ont pris part avec nous à la signature du traité, la marche qu'elles ont à suivre en cette occasion ; mais soit qu'elles jugent à propos d'ajourner leurs propres ratifications en attendant que nous puissions donner aussi les nôtres, soit qu'il leur paraisse convenable d'échanger, au terme fixé, leurs ratifications et de laisser le protocole ouvert pour la France jusqu'à la conclusion des négociations qui s'engageraient sur ces modifications indiquées, nous n'élèverons contre l'une ou l'autre de ces manières de procéder aucune objection, et nous ferons tous nos efforts pour amener la négociation nouvelle à une bonne fin. C'est en ce sens, monsieur le comte, que vous aurez à vous expliquer dans la conférence qui aura lieu sans doute au Foreign-Office le 20 de ce mois. Je ne doute pas que toutes les puissances contractantes ne demeurent convaincues de la loyauté des intentions du gouvernement du roi et de la gravité des motifs qui déterminent sa conduite.

Agréez, etc.

VI

(Page 162.)

Memento pour les ministres d'Autriche, de Prusse et de Russie. — Conférence du 19 février 1842.

Le plénipotentiaire de France a dit :
Que des incidents survenus depuis la signature du traité du 20 décembre ont fait sentir à son gouvernement la nécessité d'apporter à la ratification de ce traité certaines réserves explicatives ou modificatives.

Ces réserves n'impliquent en aucune sorte une diminution dans la ferme volonté de son gouvernement de poursuivre, par les moyens les plus efficaces, la suppression de la traite des noirs. — Elles ne tendent pas non plus à infirmer les moyens d'exécution consentis en 1831 et 1833. Ces réserves, au contraire, serviront efficacement au but commun que se proposent toutes les puissances en rendant plus populaires en France les dispositions du nouveau traité, et en dissipant des erreurs dans lesquelles l'opinion pourrait être entraînée à son sujet, erreurs qui, dans l'application, feraient naître des obstacles locaux contre lesquels la volonté et l'action du gouvernement ne seraient pas toujours efficaces.

Aux objections de lord Aberdeen, le plénipotentiaire de France a répondu qu'il ne tenait pas à ce que les explications ci-dessus, quant à la nature des réserves de la France, fussent portées au protocole, pourvu que le délai qui allait être convenu ne laissât supposer de sa part aucun engagement direct ni indirect d'apporter, dans un délai quelconque, les ratifications pures et simples de son gouvernement.

VII

(Page 176.)

1° *Déclaration du comte de Sainte-Aulaire au comte d'Aberdeen que le gouvernement du roi n'ayant pas l'intention de ratifier le traité du 20 décembre 1841, le protocole ne doit plus rester ouvert pour la France.*

Le protocole du 20 février 1842 étant resté ouvert pour la France, le soussigné, etc., a l'honneur d'informer S. Exc. le comte d'Aberdeen, etc., d'après les instructions qu'il vient de recevoir, que le gouvernement du roi, ayant pris en grande considération les faits graves et notoires qui, depuis la signature de la convention du 20 décembre 1841, sont survenus à ce sujet en France, a jugé de son devoir de ne point ratifier ladite convention.

Le soussigné doit ajouter également, d'après les ordres de son gouvernement, que cette ratification ne devant pas avoir lieu plus tard, il n'existe désormais, en ce qui concerne la France, aucun motif pour que le protocole demeure ouvert.

Le soussigné saisit, etc.

Signé : Sainte-Aulaire.

Londres, 8 novembre 1842.

2. *Protocole de la conférence tenue au Foreign-Office le 9 novembre 1842. Présents : les plénipotentiaires d'Autriche, de la Grande-Bretagne, de Prusse et de Russie.*

Le principal secrétaire d'État de Sa Majesté Britannique pour les affaires étrangères a invité les plénipotentiaires des cours d'Autriche, de Prusse et de Russie à se réunir en conférence aujourd'hui pour leur donner connaissance d'une communication qui lui a été adressée par M. l'ambassadeur de France. Elle a pour objet d'annoncer que le gouvernement de S. M. le roi des Français a jugé de son devoir de ne point ratifier le traité conclu à Londres le 20 décembre 1841 relatif à la suppression de la traite des nègres d'Afrique.

Les plénipotentiaires ont unanimement exprimé le regret que leur fait éprouver cette détermination du gouvernement français. Mais, en même temps, ils ont jugé nécessaire de constater d'un commun accord que, nonobstant le changement survenu dans les intentions du gouvernement français, les cours d'Autriche, de la Grande-Bretagne, de Prusse et de Russie n'en sont pas moins fermement décidées à mettre à exécution les engagements qu'elles ont contractés par le susdit traité qui, pour leur part, restera dans toute sa force et valeur.

En manifestant cette détermination au nom de leurs cours, les plénipotentiaires d'Autriche, de la Grande-Bretagne, de Prusse et de Russie ont cru devoir la consigner formellement par écrit.

Finalement, ils ont résolu de déclarer que le protocole, jusqu'ici resté ouvert pour la France, est clos.

Signé : Neumann. Aberdeen.
Bunsen. Brunnow.

VIII

(Page 224.)

Paris, le 26 décembre 1844.

M. *Guizot à M. le comte de Sainte-Aulaire.*

Monsieur le comte, l'an dernier, à pareille époque, je vous invitai à rappeler l'attention de lord Aberdeen sur la grave question du droit de visite et sur les motifs puissants qui nous portaient à désirer que les deux cabinets se concertassent en vue de substituer, à ce mode de répression de la traite des noirs, un mode nouveau qui, tout en étant aussi efficace pour notre but commun, n'entraînât pas les mêmes inconvénients ni les mêmes périls. Lord Aberdeen, à la communication que vous lui fîtes, répondit que « parfaitement convaincu de ma résolution sincère de travailler avec persévérance à la suppression de la traite, il était prêt à se concerter avec moi sur les moyens d'y parvenir ; que toute proposition faite par moi serait accueillie par lui avec confiance et examinée avec la plus religieuse attention [1]. Si, depuis lors, je me suis abstenu, monsieur le comte, de vous entretenir, dans ma correspondance officielle, de cette importante affaire, si j'ai différé l'envoi des instructions que je vous avais annoncées, ce n'est assurément pas que le gouvernement du roi ait, un seul jour, perdu de vue le but qu'il devait se proposer ni que ses convictions se soient affaiblies. Vous connaissez les diverses causes intérieures qui, en nous obli-

---

[1] Dépêche de M. de Sainte-Aulaire, 18 décembre 1843, n° 137.

geant à consacrer à des questions urgentes tous nos efforts, nous ont fait une loi de suspendre la négociation dont vous aviez été chargé de provoquer l'ouverture à Londres sur la question des moyens de répression de la traite. Le moment est venu de la reprendre.

Ainsi que je vous le disais tout à l'heure, monsieur le comte, notre conviction sur la nécessité de recourir, de concert avec l'Angleterre, à un nouveau mode de répression de la traite, est entière et profonde. Tous les événements qui sont survenus, toutes les réflexions que nous avons été appelés à faire, depuis que cette question s'est élevée, nous ont fait plus fortement sentir la nécessité de modifier le système actuellement en vigueur. Pour que ce système soit efficace et sans danger, il ne suffit pas que les deux gouvernements soient animés d'un bon vouloir et d'une confiance réciproques. Incessamment exposé dans son application à contrarier, à gêner, à blesser des intérêts privés, le plus souvent légitimes et inoffensifs, ce système entretient, au sein d'une classe d'hommes nombreuse, active et nécessairement rude dans ses mœurs, un principe d'irritation qui peut bien sommeiller pendant un temps plus ou moins long, mais qu'un incident de mer imprévu, que la moindre oscillation dans les rapports politiques des deux États, peut, à tout moment, développer, échauffer, propager, et transformer en un sentiment national puissant et redoutable. Arrivé à ce point, le système du droit de visite, employé comme moyen de répression de la traite, est plus dangereux qu'utile, car il compromet tout à la fois la paix, la bonne intelligence entre les deux pays, et le succès même de la grande cause qu'il est destiné à servir. Ce n'est point là, monsieur le comte, une simple conjecture, c'est aujourd'hui un fait démontré par l'expérience. Pendant dix ans, le droit de visite réciproque a été accepté et exercé par la France et par l'Angleterre, d'un commun accord et sans aucun sentiment prononcé, sans aucune manifestation de méfiance ni de répulsion. Par des causes qu'il est inutile de rappeler, il n'en est plus de même aujourd'hui.

Ce système est fortement repoussé en France par le sentiment national. Ce n'est pas, monsieur le comte, que notre pays soit aujourd'hui plus indifférent qu'il ne l'était, il y a quelques années, aux horreurs de la traite ; mais on est convaincu en France (et le gouvernement du roi partage cette conviction) qu'il est possible de trouver d'autres moyens tout aussi efficaces, plus efficaces même que le droit de visite réciproque, pour atteindre cet infâme trafic. Et désormais, je dois le dire, le concours du pays et des Chambres, leur concours sérieux, actif, infatigable, à la répression de la traite, ne saurait être obtenu et assuré que par l'adoption d'un système différent. Mais quel doit être le nouveau système ? Par quelle mesure, par quel ensemble de mesures peut-on raisonnablement se flatter d'obtenir, en fait de répression, des résultats au moins égaux à ceux que le droit de visite a pu faire espérer ? Je pourrais, monsieur le comte, indiquer ici quelques-uns de ces moyens; mais, dans une matière où nécessairement les hommes spéciaux des deux pays doivent être entendus, il me paraît préférable que le soin de réunir et d'examiner tous les éléments de la question soit d'abord confié à une commission mixte. Cette commission, qui siégerait à Londres, devrait, je pense, être formée d'hommes considérables dans leurs pays respectifs, bien connus par leur franche sympathie pour la cause de la répression de la traite, et par leur entière liberté d'esprit relativement aux moyens d'atteindre ce noble but. Aux principaux commissaires seraient adjoints deux officiers de marine, l'un français et l'autre anglais, choisis parmi ceux dont l'expérience en cette matière est constatée. Et quand la commission aurait profondément examiné la question, quand elle aurait bien recherché et déterminé quels nouveaux moyens de répression de la traite pourraient être aussi efficaces, plus efficaces même que le système actuellement en vigueur, son travail serait présenté aux deux gouvernements et soumis à leur décision.

Veuillez, monsieur le comte, mettre cette proposition

sous les yeux de lord Aberdeen. J'ai la confiance que, dans la communication que vous lui donnerez de la présente dépêche, il verra un nouveau témoignage de notre sollicitude constante pour les deux grands intérêts que nous avons également à cœur, le maintien de la paix et de la bonne intelligence entre les deux pays, et la répression de la traite des noirs.

Agréez, etc., etc.

IX

(Page 225.)

Lord Aberdeen à lord Cowley.

Foreign-Office, January 9 1845.

Mylord,	My lord
L'ambassadeur de France m'a remis une dépêche de son gouvernement, dans laquelle M. Guizot décrit, en termes énergiques, le sentiment qui prévaut depuis quelque temps dans les Chambres françaises, et généralement en France, quant au droit de visite.	The French ambassador has delivered to me a despatch from his government, in which M. Guizot describes in strong terms the feeling which has prevailed for some time past in the French Chambers and generally in France, relative to the right of search.
Après avoir longuement développé les raisons qui l'ont conduit à cette conclusion, il suggère au gouvernement de S. M. la convenance de former une commission mixte chargée d'examiner si on ne pourrait pas découvrir, pour la suppression de la traite, des moyens aussi efficaces ou même plus efficaces que ceux qui résultent des traités par lesquels est institué le droit mutuel de visite.	After detailing at length the reasons which have induced him to arrive at such a conclusion, he suggests to Her Majesty's government the expediency of appointing a joint commission for the purpose of inquiring whether means may not be discovered for the suppression of the slave trade, as effectual or even more effectual than those afforded by the treaties which confer the mutual right search.
Je joins ici, pour l'information de Votre Excxcellence, une copie de cette dépêche.	A copy of this despatch is enclosed for your Excellency's information.
M. Guizot établit avec exactitude qu'à la fin de l'année 1843, le comte de Sainte-Aulaire m'annonça que le gouvernement avait l'intention de proposer certaines mesures qui, dans sa	M. Guizot correctly states that when, at the close of the year 1843, the count of Sainte-Aulaire announced to me the intention of the French government to propose certain measu-

conviction, étaient préférables à l'exercice du droit de visite, et mieux calculées pour atteindre le but que nous avions en vue. Je dis alors à l'ambassadeur de France que ma confiance dans la sincérité et le zèle de M. Guizot pour l'abolition de la traite me déciderait à recevoir toutes les suggestions qui me viendraient de lui sur ce point, et à les soumettre à l'examen du gouvernement de Sa Majesté.

Votre Excellence peut assurer M. Guizot que le gouvernement de Sa Majesté n'attache au droit de visite aucune valeur autre que celle des moyens efficaces qu'il fournit pour la répression de la traite. Nous savons que l'exercice de ce droit ne peut pas manquer d'entraîner quelques inconvénients, et nous nous prêterions volontiers à l'adoption de toutes les mesures qui seraient aussi efficaces pour le grand but que nous avons en vue, et qui ne donneraient pas lieu aux mêmes objections.

Je suis cependant obligé de déclarer sincèrement que jusqu'ici je n'ai entendu proposer aucun plan qui pût être adopté avec sécurité en remplacement du droit de visite. Et quand M. Guizot se rappellera avec quelle ardeur cette nation a désiré l'abolition de la traite, et les énormes sacrifices qu'elle a faits et qu'elle fait chaque jour pour y parvenir, il ne sera pas surpris que nous hésitions à abroger des traités dont les stipulations ont été trouvées efficaces, jusqu'à ce que nous soyons convaincus que les mesures proposées which they felt satisfied would be found preferable to the exercice of the right of search, and better calculated to attain the objects in view, I at that time informed the French ambassador that my conviction of the sincerity and zeal of M. Guizot for the abolition of the slave trade would induce me to receive any suggestions from him on the subject, and to submit them for the consideration of Her Majesty's government.

Your Excellency may assure M. Guizot that her Majesty's government attach no special value to the right of search, except in so far as it affords an effectual means of suppressing the slave trade. They are indeed aware that the exercise of this right cannot fail to be attended with some inconvenience; and they would willingly see the adoption of any measures which should be as effectual for the accomplishment of the great end in view, and which should not be liable to the same objections.

I am bound however, in candour, to declare that I have not hitherto seen any plan proposed which could safely be adopted as a substitute for the right of search : and when M. Guizot recollects how earnestly the people of this country have desired the abolition of the slave trade, and the enormous sacrifies which they have made, and are dayly making, to secure the attainment of this object, he will not be surprised if we hesitate to abrogate treaties the stipulations of which have been found efficient, until we are satisfied posées auront un égal succès.

Je m'abstiens de rechercher les causes qui ont amené ce grand changement de sentiment en France quant à des traités dont naguère encore le gouvernement français, de concert avec celui de Sa Majesté, avait sollicité l'adoption par les autres nations.

Quelles que soient ces causes, j'admets pleinement que, si de tels engagements ne sont pas exécutés cordialement et avec zèle par les deux parties contractantes, ils répondront vraisemblablement beaucoup moins bien au dessein qu'on poursuit et que leur valeur en sera fort diminuée.

Il est donc inutile d'insister sur les mesures qu'a prises le gouvernement de S. M. pour écarter toute objection raisonnable à l'exercice du droit de visite, et sur le soin avec lequel ont été préparées les instructions données naguère aux officiers employés à ce service.

Le seul fait, officiellement déclaré par M. Guizot, que le gouvernement, la législature et la nation française demandent sérieusement une révision de ces engagements, tout en professant en même temps un égal désir d'atteindre le but dans lequel ils avaient été contractés, ce fait est, pour le gouvernement de S. M., un motif suffisant de consentir à l'enquête proposée.

Mais en consentant à la proposition de M. Guizot, V. Exc.

that the measures about to be proposed will be attended with equal success.

I abstain from enquiring into the causes which have led to the great change of sentiment in France respecting these treaties, which up to a recent period the French government had united with that of Her Majesty in pressing on the adoption of other nations.

Be these causes what they may, I fully admit that such engagements, if not executed with cordiality and zeal by both the contracting parties, must become less likely to answer the purpose intended, and their value be justly impaired.

It is unnecessary, therefore, to dwell on the means taken by Her Majesty's government to remove all reasonable grounds of objection to the exercise of the right of search, and on the care with which the instructions recently delivered to the officers employed in this service have been prepared.

The mere fact, officially declared by M. Guizot, that the government, the Legislature and the people of France earnestly demand a revision of these engagements, while they profess at the same time an undiminished desire to attain the objects for which they were contracted, would afford to Her Majesty's government a sufficient reason for agreeing to the proposed enquiry.

But in assenting to the suggestion of M. Guizot, your Excel

ne peut lui représenter trop fortement combien tout dépendra du caractère et de la réputation des personnes choisies en qualité de commissaires, et qui doivent être telles qu'elles inspirent une confiance indispensable, et qu'elles assurent un résultat efficace.

Il paraît indispensable au gouvernement de S. M. que la commission soit composée d'hommes d'un rang élevé, d'un esprit éclairé, parfaitement indépendants et bien connus pour leur attachement à la grande cause de la liberté et de l'humanité.

Il doit être bien entendu que l'objet de la commission n'est pas de mettre de côté les traités, mais de constater la possibilité de mesures propres à les remplacer avantageusement.

Il paraît essentiel aussi que toute mesure de ce genre, si on en trouve, soit considérée d'abord comme une expérience par laquelle l'action des traités à ce sujet sera suspendue jusqu'à ce que le succès ou l'insuccès du nouveau système soit manifeste.

Le gouvernement de S. M. non-seulement ne pourrait avoir aucune objection à une commission ainsi formée et pourvue d'instructions pareilles ; mais il serait disposé à l'accueillir avec satisfaction et espérance, de concert avec toutes les personnes qui désirent sincèrement la prompte et complète abolition de ce détestable trafic.

Je suis, etc., etc.

Signé : Aberdeen.

lency cannot too strongly impress upon his mind how much will depend upon the character of the persons who may be selected as commissioners, in order to inspire the necessary degree of confidence, and to ensure any useful result.

It appears to Her Majesty's government to be indispensable that the commission should be composed of individuals of high station and of enlightened views, men perfectly independent and well known for their attachment to the great cause of freedom and humanity.

It must clearly be made known that the object of the commission is not to get rid of the treaties, but to ascertain the possibility of adopting measures by which they may advantageously be replaced. It appears essential also that, whatever substitute may be proposed, if any be found, should be considered in the first instance only as an experiment, by which the operation of the treaties in this respect would necessarily be suspended until its success or failure had been manifest.

To a commission thus constituted and thus instructed, Her Majesty's government could not only entertain no objection, but would be disposed, in common with all who sincerely desire the early and complete abolition of this detestable traffick, to look with hope and satisfaction.

I am, etc., etc.

Signé : Aberdeen.

X

(Page 230.)

Note du duc de Broglie sur les motifs et la légitimité de l'abrogation des conventions de 1831 et 1833.

Le gouvernement français estime que les conventions de 1831 et de 1833 sont révocables à la volonté de chacune des deux parties contractantes ; il n'entend point par là que chaque partie soit libre de se dégager de ces conventions arbitrairement et sans un motif valable ; mais il entend par là que chaque partie demeure juge, selon sa conscience et ses lumières, de la question de savoir si le but de ces conventions est atteint autant qu'il peut l'être ; il entend qu'aucune des deux parties ne peut contraindre l'autre à demeurer indéfiniment dans le lien d'une obligation qui n'a plus, aux yeux de celle-ci, de cause légitime, ou même, si l'on veut, suffisante.

La conviction du gouvernement français, à cet égard, se fonde :

1° Sur la nature même de l'obligation qui résulte des conventions de 1831 et de 1833 ;

2° Sur l'intention manifeste des parties contractantes ;

3° Sur le texte littéral de la convention de 1831, dont celle de 1833 n'est que l'accessoire et le commentaire.

On présentera, sur chacun de ces trois points, de courtes réflexions.

§ I. — Dans le droit international, les conventions de 1831 et 1833 sont, entre la France et l'Angleterre, ce qu'est, dans le droit privé, un contrat de société ; l'un de ces contrats par lesquels deux hommes, deux personnes individuelles ou collectives se placent, à certains égards et dans une certaine mesure, à la discrétion, à la disposition l'une de l'autre.

Comme tous les contrats sans exception, celui-ci, pour être valide, doit avoir une cause, une cause véritable et légitime[1]. Ici cette cause ne saurait être qu'un intérêt commun à poursuivre, un but commun à atteindre, un but appréciable et qui ne soit pas placé manifestement hors de la portée des parties contractantes. Il suit de là que, lorsque ce but est spécial, déterminé, un tel contrat est essentiellement temporaire; il a pour terme naturel et nécessaire l'accomplissement du but commun, dans la mesure du possible. Par delà, l'obligation n'existe plus, dans le for intérieur, faute de cause. Il s'ensuit également que dans le for extérieur, aucun des contractants ne peut renoncer indéfiniment, moins encore être réputé avoir renoncé indéfiniment au droit d'apprécier, en son âme et conscience, si l'obligation subsiste et quand elle doit prendre fin. Ce serait renoncer en quelque sorte à sa propre individualité[2].

Lorsque la durée de l'obligation est fixée par le contrat lui-même, c'est-à-dire d'un commun accord, si cette durée n'est pas évidemment excessive, l'obligation est censée subsister pendant l'intervalle mutuellement stipulé. Lorsque le contrat est muet sur ce point, chaque partie est censée s'être réservé *à posteriori* le droit qu'elle n'a pas exercé *à priori*. Chaque partie est réputée libre de provoquer et maîtresse de déterminer, dès qu'elle l'estime juste et convenable, la dissolution de la société; autrement il dépendrait, après le but accompli, de celle des parties à laquelle l'association serait

---

[1] *L'obligation sans cause, ou sur une fausse cause, ou sur une cause illicite, ne peut avoir aucun effet.* (Code civil, art. 1131.)

[2] La société finit : *Par l'expiration du temps pour lequel elle a été contractée, par l'extinction de la chose, ou la consommation de la négociation par la volonté qu'un seul ou plusieurs expriment de n'être plus en société.* (Code civil, art. 1865.)

profitable, d'en faire peser indéfiniment et sans compensation le joug sur celle à qui cette même association serait onéreuse. Il y aurait, d'un côté tyrannie et de l'autre servitude.

Que si ces principes sont incontestables et incontestés en droit privé, ils s'appliquent avec bien plus de force encore dans le droit international.

Dans le droit privé, en effet, si la tyrannie, d'une part, et la servitude, de l'autre, peuvent être, pour un temps indéfini, la conséquence du système opposé à celui qui vient d'être développé, tout au moins, l'un et l'autre ont un terme inévitable, à savoir la mort des contractants, ou simplement de l'un d'eux.

Dans le droit international, les contractants, ce sont des nations ; les nations ne meurent point. La tyrannie de l'une et la servitude de l'autre pourraient devenir perpétuelles.

Dans le droit privé, un homme qui abdiquerait indéfiniment et sans recours possible une partie de son individualité ferait une chose absurde et même jusqu'à un certain point immorale ; mais enfin ce qu'il s'aliénerait serait à lui.

Dans le droit international, un gouvernement qui abdiquerait indéfiniment et sans recours possible une portion de l'indépendance nationale, une portion des droits de la souveraineté, aliénerait ce qui ne lui appartient pas, ce dont il n'a pas le droit de disposer.

Quel est, au vrai, le dernier résultat des conventions de 1831 et de 1833 ? C'est l'abandon que se font mutuellement l'Angleterre et la France d'un droit de juridiction sur une partie de leurs territoires respectifs. Les bâtiments de commerce de chaque pays sont des fragments détachés de son territoire, ou, si l'on veut, des colonies flottantes placées sous la sauvegarde des lois et des institutions de leurs métropoles respectives. La France concède à l'Angleterre, à charge de réciprocité, le droit d'arrêter, de soumettre à des perquisitions, de détruire, de livrer à la justice des Français sur le territoire français. Cela est déjà exorbitant ; cela peut se concevoir néanmoins, mais à la condition expresse que la concession sera temporaire et révocable ; cela peut se concevoir comme on conçoit qu'un gouvernement place momentanément ses armées sous les ordres d'un général étranger, ou permette momentanément à un corps de troupes étranger de s'établir sur son territoire ; mais que le roi de France ou la reine d'Angleterre, par un simple acte de leur prérogative royale, puissent aliéner, indéfiniment et sans recours, sur ce point ou sur tout autre, les droits de la souveraineté française et britannique, placer, indéfiniment et sans recours, le territoire français sous la juridiction de l'Angleterre, le territoire anglais sous la juridiction de la France, cela ne se peut ; la constitution de chaque pays s'y oppose, et, si les conventions de 1831 et de 1833 avaient cette portée, elles seraient nulles de plein droit.

§ II. — Les considérations qui dominent les conventions de 1831 et de 1833 suffiraient pour invalider, au besoin, toutes stipulations contraires, s'il en existait de semblables dans ces conventions. Mais il n'en existe point. Loin de là; l'intention des parties a été manifestement conforme aux principes qui viennent d'être exposés ; l'intention évidente des parties a été d'imprimer à ces conventions, non point un caractère permanent, mais un caractère temporaire ; non point un caractère irrévocable, à moins d'un consentement mutuel, mais un caractère révocable au gré de chaque partie.

C'est ce qu'il est aisé de démontrer.

Il résulte, en effet, de la correspondance échangée entre le gouvernement français et le gouvernement britannique, correspondance dont les extraits ont été régulièrement communiqués au parlement, que, de 1815 à 1831, le gouvernement britannique n'a cessé d'attacher un prix infini à obtenir du gouvernement français la concession d'un droit de visite réciproque.

Il en résulte également que le gouvernement français n'a jamais cessé de témoigner à cet égard la plus extrême répugnance.

Le 19 février 1831, lord Granville, ambassadeur d'Angleterre à Paris, d'après les ordres qu'il avait reçus de lord Palmerston (dépêche du 4 février[1]), proposa pour la cinquième ou sixième fois peut-être, au général Sébastiani, alors ministre des affaires étrangères en France, cette concession d'un droit de visite mutuel; la proposition était conçue en termes généraux, sans distinction, sans exception. Elle fut péremptoirement repoussée par le général Sébastiani (voir la lettre de ce ministre en date du 7 avril 1831[2]).

Le 7 novembre de la même année, lord Granville reçut l'ordre de renouveler une dernière fois cette proposition en la *modifiant* ; ce sont les termes de la dépêche de lord Palmerston ; il ne s'agissait plus d'un droit de *visite général et permanent*, mais d'une *expérience partielle et temporaire (partial and temporary experiment)* qui laisserait constamment la question sous le contrôle des deux gouvernements *(which would still leave the question at all times within the controul of the two governments)* ; et, pour atteindre ce but, il était proposé que chaque gouvernement délivrât aux croiseurs de l'autre des mandats, lesquels ne seraient exécutoires qu'en dedans de certaines zones et pourraient être renouvelés périodiquement de trois en trois ans, par exemple, ou même constamment sujets à une révocation de la part du gouvernement qui les aurait délivrés, en cas *d'abus ou d'inconvénient*.

Réduite à ces termes et renfermée dans ces limites, la proposition fut admise par le général Sébastiani; elle est devenue la convention du 30 novembre 1831, et le rapprochement des dates aussi bien que le silence absolu de la correspondance officielle concourent avec l'étroite analogie des dispositions pour démontrer qu'aucune proposition nouvelle n'est intervenue du 7 au 30 novembre 1831.

Dans l'intervalle, un projet de convention, rédigé sur les

---

[1] State papers, 1831-1862, pages 558, 561, 562, 563.
[2] *Ibid.*, page 153.

bases de la proposition du 7 novembre, fut soumis par le général Sébastiani à l'examen de deux hommes qu'il honorait de sa confiance, M. le comte Portalis, premier président de la Cour de cassation, et M. le duc de Broglie. Il les chargea de négocier officieusement avec lord Granville la convention à intervenir. Plusieurs changements importants furent introduits dans la proposition primitive ; le seul qu'il importe de signaler ici, c'est qu'à la délivrance de mandats en nombre indéterminé, valables pour *trois ans* et révocables seulement en cas *d'abus* ou *d'inconvénient*, on substitua des mandats en nombre déterminé et valables simplement *pour un an*.

Le but évident de cette restriction était de placer, de plus en plus chaque année, le maintien du droit de visite *sous le contrôle de chaque gouvernement*.

§ III. — Oublions maintenant les principes posés dans le premier numéro du présent mémorandum ; oublions tous les renseignements historiques rappelés dans le deuxième numéro. Plaçons-nous simplement en face de la convention de 1831. Que dit-elle ?

Dit-elle, comme la convention signée à Washington en 1842, que les deux gouvernements s'engagent l'un envers l'autre à entretenir sur la côte d'Afrique chacun une croisière de 10, 20, 25 bâtiments, plus ou moins ?

Nullement.

A cet égard, le silence est absolu. Le droit de chaque gouvernement d'avoir ou de n'avoir pas de croisière sur la côte d'Afrique est plein et entier.

Mais la convention de 1831 part de ce fait que les deux gouvernements entretiennent habituellement des croiseurs sur la côte d'Afrique; et le fait admis, ils s'engagent l'un envers l'autre à investir leurs croiseurs du droit de visite réciproque, pourvu toutefois que, dans aucun cas, le nombre des croiseurs de l'un ne dépasse le double du nombre des croiseurs de l'autre.

L'engagement est tout à la fois limité et *conditionnel* :

Limité quant au nombre proportionnel des mandats à délivrer ;

Conditionnel quant à l'existence même des croisières.

Le jour où l'un des deux gouvernements croira possible et convenable de supprimer toute croisière sur la côte d'Afrique, ce jour-là cessera pour lui, de droit et de fait, l'obligation de délivrer des mandats aux croiseurs de l'autre gouvernement, à moins qu'on ne veuille soutenir qu'il est obligé d'entretenir une croisière qu'il juge inutile, dans l'unique but de se constituer dans l'obligation de délivrer des mandats. La proposition serait si extraordinaire qu'elle aurait besoin, pour être admise, d'être énoncée dans les termes les plus explicites ; or, il n'en est rien.

Sans doute, si le gouvernement dont il s'agit cessait d'entretenir une croisière utile et nécessaire afin d'échapper à l'obligation qui résulte de la convention de 1831, il agirait de mauvaise foi, et sinon contre la lettre, du moins contre l'esprit de la convention de 1831 ; mais s'il cessait d'entretenir une croisière parce que sincèrement, loyalement, il la considérerait désormais comme inutile, il userait de son droit et ne mériterait aucun reproche.

On peut soutenir sans doute, et avec raison, que ce moment n'est pas venu. C'est l'opinion personnelle de l'auteur du présent mémorandum ; c'est l'opinion du ministère français actuel. Mais d'autres pourraient penser différemment. D'autres pourraient soutenir que les conventions de 1831 et 1833 avaient deux buts, l'un direct, celui-là est atteint ; l'autre indirect, celui-ci ne peut plus l'être. Le but direct, c'était l'abolition complète de la traite sous le pavillon français et britannique. D'un commun aveu, la traite des noirs ne se fait plus ni sous l'un ni sous l'autre pavillon. Le but indirect, c'était la répression de la traite sous tous les pavillons, au moyen de l'association de toutes les puissances maritimes à la convention de 1831 et du droit de visite universel. Il n'est plus permis de se flatter d'atteindre ce dernier but depuis que le gouvernement anglais lui-même y a renoncé en signant la convention de Washington. On conclurait de là que les conventions de 1831 et de 1833 sont désormais sans objet, et l'argument, il faut bien en convenir, ne serait entièrement dépourvu ni de force, ni de vérité.

XI

(Page 234)

Premier projet d'un nouveau mode de répression de la traite remis par le duc de Broglie au docteur Lushington.

La commission mixte nommée par les deux gouvernements a pour objet de chercher un nouveau moyen de répression de la traite des noirs qui puisse remplacer le droit de visite réciproque établi par les conventions de 1831 et de 1833; droit dont le maintien, sous quelque forme et dans quelques limites que ce puisse être, est jugé impossible et dont, après l'enquête que les commissaires ont entendue, l'utilité est plus que douteuse.

1° Aucun bâtiment français n'étant, comme il a été reconnu, et ne pouvant être engagé dans la traite des noirs, et, d'autre part, les croiseurs français n'ayant non plus aucune occasion d'exercer leur droit de visite sur les bâtiments anglais, le seul danger qu'on pût craindre, de la suppression du droit de visite réciproque entre la France et l'Angleterre, serait l'usurpation du pavillon français par un bâtiment négrier d'une autre nation. On propose de pourvoir à cette éventualité, d'ailleurs peu vraisemblable, en établissant à la côte d'Afrique une escadre de croiseurs français (tant bâtiments à vapeur que bâtiments à voiles), envoyée dans l'intention expresse de servir à la poursuite des bâtiments négriers et disposée sur le modèle le plus convenable. Le nombre en serait déterminé d'après les besoins de leur destination spéciale ; chaque station serait mise en relation habituelle avec la station anglaise du même point, de manière à être à portée de donner et de recevoir tous les avertissements nécessaires et de concerter avec elle toutes ses opérations.

2º Cette force maritime une fois constituée, on propose de la faire servir à la répression de la traite par un moyen plus efficace que la simple surveillance en mer. On propose d'entamer, tantôt au nom de la France, tantôt au nom de l'Angleterre, mais toujours de concert, des négociations avec les divers chefs des tribus indigènes qui possèdent la souveraineté de la côte, à l'effet d'obtenir d'eux, par des traités, l'engagement de supprimer la traite des noirs sur leur territoire. Les deux croisières seraient chargées de tenir la main à l'exécution de ces engagements, en exerçant sur la conduite des chefs et sur les faits qui se passeraient à la côte, une active surveillance, et, au besoin, si la simple intimidation produite par leur présence ne suffisait pas, en faisant usage des moyens de contrainte matérielle (blocus, débarquement ou autres) dont l'emploi est autorisé par les règles communes du droit des gens, même sans stipulations particulières, en cas de rupture d'un traité conclu. Il y a même lieu de penser que, sur quelques points, on pourrait obtenir des chefs, de plein gré, le droit de faire la police de leur territoire. Dans le cas où l'emploi de la force serait nécessaire, le gouvernement français dispose, dans ses possessions de la côte d'Afrique, de ressources d'une nature particulière dont l'usage serait précieux.

XII

(Page 235.)

Note du duc de Broglie sur le projet du docteur Lushington pour remplacer les conventions de 1831 et 1833.

Le plan proposé par le docteur Lushington, autant qu'on peut l'entrevoir, prend pour base le système mis en avant par le gouvernement français, en y apportant cependant les modifications suivantes :

1° Les conventions de 1831 et de 1833 ne seraient que suspendues en ce moment, et cela, non point à partir du jour même de la conclusion, mais à partir seulement du commencement des opérations des deux croisières anglaise et française sur la côte d'Afrique.

2° Pour prévenir l'usurpation des pavillons anglais et français, on accorderait aux croiseurs de chaque nation, sur les bâtiments suspects d'avoir usurpé le pavillon de l'autre, un droit non pas de *visite*, mais de simple *vérification de la nationalité*, par l'inspection des papiers de bord et autres moyens.

3° Pour arriver plus aisément à la conclusion des traités avec les chefs naturels de la côte, les deux escadres formeraient, dès à présent, autour des centres principaux de traite, non point un blocus proprement dit, mais une croisière très-active et très-serrée. On espère que la gêne produite par cette croisière diminuerait en peu de temps, et l'activité de la traite des noirs sur ces points et le profit que les chefs naturels peuvent en retirer, et qu'ils seraient ainsi amenés plus aisément à consentir à son abolition. Mais pour rendre cette mesure efficace, le docteur Lushington paraît croire qu'il serait nécessaire de conserver sur ces points, et sur ces points seulement, quelques-unes des stipulations des traités de 1831 et de 1833, comme, par exemple, le droit de capture d'un bâtiment d'une des nations par les croiseurs de l'autre, en cas où ce bâtiment serait trouvé portant des noirs à son bord.

4° Si au bout d'un certain nombre d'années, qui serait fixé au traité, les deux puissances reconnaissaient que le but qu'elles se sont proposé est atteint, toutes les conventions, aussi bien celles de 1834 et de 1833 que le nouvel arrangement aujourd'hui à conclure, seraient annulées; on y substituerait une simple déclaration, faite en commun par les deux puissances, et posant, comme principe de droit des gens, le droit, pour tous les vaisseaux de marine militaire, de toutes les nations, de vérifier la nationalité des bâtiments marchands qu'ils rencontrent et qu'ils soupçonnent d'usurper un pavillon étranger pour couvrir un commerce illicite.

Ce plan comprend, on peut le voir, deux parties distinctes, l'une immédiatement applicable et provisoire, la seconde ajournée à une époque ultérieure, mais destinée à devenir permanente; la première qui suspend seulement les conventions de 1831 et de 1833 et en laisse même subsister quelques clauses; la seconde qui les abolit définitivement, mais qui leur substitue la solution, dans le sens de l'Angleterre, du point de droit contesté entre ce gouvernement et celui des États-Unis.

XIII

(Page 238.)

Traité signé à Londres, le 29 mai 1845, pour l'abrogation des conventions de 1831 et 1833 et leur remplacement par un nouveau mode de répression de la traite des nègres.

S. M. le roi des Français et S. M. la reine du royaume-uni de la Grande-Bretagne et de l'Irlande, considérant que les conventions du 30 novembre 1831 et du 22 mars 1833 ont atteint leur but en prévenant la traite des noirs sous les pavillons français et anglais, mais que ce trafic odieux subsiste encore, et que lesdites conventions sont insuffisantes pour en assurer la suppression complète, S. M. le roi des Français ayant témoigné le désir d'adopter, pour la suppression de la traite, des mesures plus efficaces que celles qui sont prévues par ces conventions, et S. M. la reine du royaume-uni de la Grande-Bretagne et de l'Irlande ayant à cœur de concourir à ce dessein, Elles ont résolu de conclure une nouvelle convention qui sera substituée, entre les deux hautes parties contractantes, aux lieu et place desdites conventions de 1831 et 1833, et, à cet effet, Elles ont nommé pour leurs plénipotentiaires, savoir :

S. M. le roi des Français, le sieur Louis de Beaupoil, comte de Sainte-Aulaire, pair de France, grand-croix de l'ordre royal de la Légion d'honneur, grand-croix de l'ordre de Léopold de Belgique, son ambassadeur près S. M. Britannique ;

Et le sieur Charles-Léonce-Achille-Victor duc de Broglie,

pair de France, grand-croix de l'ordre royal de la Légion d'honneur, vice-président de la Chambre des pairs ;

Et S. M. la reine du royaume-uni de la Grande-Bretagne et d'Irlande ; le très-honorable George, comte d'Aberdeen, vicomte Gordon, vicomte Formartine, lord Haddo, Methlick, Tarvis et Kellie, pair du Royaume-Uni, conseiller de Sa Majesté en son conseil privé, chancelier du très-ancien et très-noble ordre du Chardon, et principal secrétaire d'État de Sa Majesté, ayant le département des affaires étrangères ;

Et le très-honorable Stephen Lushington, conseiller de Sa Majesté en son conseil privé, et juge de sa haute cour d'amirauté ;

Lesquels, après s'être communiqué leurs pleins pouvoirs respectifs trouvés en bonne et due forme, ont arrêté et conclu les articles suivants :

ART. 1er. — Afin que le pavillon de S. M. le roi des Français et celui de S. M. la reine du royaume-uni de la Grande-Bretagne et d'Irlande ne puissent être usurpés, contrairement au droit des gens et aux lois en vigueur dans les deux pays, pour couvrir la traite des noirs, et afin de pourvoir plus efficacement à la suppression de ce trafic, S. M. le roi des Français s'engage à établir, dans le plus court délai possible, sur la côte occidentale de l'Afrique, depuis le cap Vert jusqu'au 16° 30 de latitude méridionale, une force navale composée au moins de vingt-six croiseurs, tant à voiles qu'à vapeur ; et S. M. la reine du royaume-uni de la Grande-Bretagne et d'Irlande s'engage à établir, dans le plus court délai possible, sur la même partie de la côte occidentale de l'Afrique, une force composée au moins de vingt-six croiseurs, tant à voiles qu'à vapeur, et sur la côte orientale de l'Afrique le nombre de croiseurs que Sadite Majesté jugera suffisant pour la suppression de la traite sur cette côte, lesquels croiseurs seront employés dans le but ci-dessus indiqué, conformément aux dispositions suivantes.

ART. 2. — Lesdites forces navales françaises et anglaises

agiront de concert pour la suppression de la traite des noirs. Elles établiront une surveillance exacte sur tous les points de la partie de la côte occidentale d'Afrique où se fait la traite des noirs, dans les limites désignées par l'article 1er. Elles exerceront, à cet effet, pleinement et complétement tous les pouvoirs dont la couronne de France et celle de la Grande-Bretagne sont en possession pour la suppression de la traite des noirs, sauf les modifications qui vont être ci-après indiquées en ce qui concerne les navires français et anglais.

Art. 3. — Les officiers au service de S. M. le roi des Français et les officiers au service de S. M. la reine du royaume-uni de la Grande-Bretagne et de l'Irlande, qui seront respectivement chargés du commandement des escadres françaises et anglaises destinées à assurer l'exécution de la présente convention, se concerteront sur les meilleurs moyens de surveiller exactement les points de la côte d'Afrique ci-dessus indiqués, en choisissant et en désignant les lieux de station, et en confiant ces postes aux croiseurs des deux nations, agissant ensemble ou séparément, selon qu'il sera jugé convenable; de telle sorte néanmoins que, dans le cas où l'un de ces postes serait spécialement confié aux croiseurs de l'une des deux nations, les croiseurs de l'autre nation puissent, en tout temps, y venir exercer les droits qui leur appartiennent pour la suppression de la traite des noirs.

Art. 4. — Des traités pour la suppression de la traite des noirs seront négociés avec les princes ou chefs indigènes de la partie de la côte occidentale d'Afrique ci-dessus désignée, selon qu'il paraîtra nécessaire aux commandants des escadres françaises ou anglaises.

Ces traités seront négociés ou par les commandants eux-mêmes, ou par les officiers auxquels ils donneront à cet effet des instructions.

Art. 5. — Les traités ci-dessus mentionnés n'auront d'autre objet que la suppression de la traite des noirs. Si l'un de ces traités vient à être conclu par un officier de la marine britannique, la faculté d'y accéder sera expressément réservée à S. M. le roi des Français ; la même faculté sera réservée à S. M. la reine du royaume-uni de la Grande-Bretagne et de l'Irlande, dans tous les traités qui pourraient être conclus par un officier de la marine française. Dans le cas où S. M. le roi de Français et S. M. la reine du royaume-uni de la Grande-Bretagne et d'Irlande deviendraient tous deux parties contractantes à de tels traités, les frais qui auraient pu être faits pour leur conclusion, soit en cadeaux ou autres dépenses semblables, seront supportés également par les deux nations.

Art. 6. — Dans le cas où il deviendrait nécessaire, conformément aux règles du droit des gens, de faire usage de la force pour assurer les traités conclus en conséquence de la présente convention, on ne pourra y avoir recours, soit par terre, soit par mer, que du commun consentement des officiers commandant les escadres françaises et anglaises.

Et s'il était jugé nécessaire, pour atteindre le but de la présente convention, d'occuper quelques points de la côte d'Afrique ci-dessus indiqués, cette occupation ne pourrait avoir lieu que du commun consentement des deux hautes parties contractantes.

Art. 7. — Dès l'instant où l'escadre que S. M. le roi des Français doit envoyer à la côte d'Afrique sera prête à commencer ses opérations sur ladite côte, S. M. le roi des Français en donnera avis à S. M. la reine du royaume-uni de la Grande-Bretagne et d'Irlande, et les deux hautes parties contractantes feront connaître, par une déclaration commune, que les mesures stipulées dans la présente convention sont sur le point d'entrer en cours d'exécution : ladite déclaration sera publiée partout où besoin sera.

Dans les trois mois qui suivront la publication de ladite déclaration, les mandats délivrés aux croiseurs des deux nations, en vertu des conventions de 1831 et de 1833 pour l'exercice du droit de visite réciproque, seront respectivement restitués.

Art. 8. — Attendu que l'expérience a fait voir que la traite des noirs, dans les parages où elle est habituellement exercée, est souvent accompagnée de faits de piraterie dangereux pour la tranquillité des mers et la sécurité de tous les pavillons, considérant en même temps que, si le pavillon porté par un navire est, *prima facie*, le signe de la nationalité de ce navire, cette présomption ne saurait être considérée comme suffisante pour interdire, dans tous les cas, de procéder à sa vérification, puisque, s'il en était autrement, tous les pavillons pourraient être exposés à des abus en servant à couvrir la piraterie, la traite des noirs ou tout autre commerce illicite; afin de prévenir toute difficulté dans l'exercice de la présente convention, il est convenu que des instructions fondées sur les principes du droit des gens et sur la pratique constante des nations maritimes seront adressées aux commandants des escadres et stations françaises et anglaises sur la côte d'Afrique.

En conséquence, les deux gouvernements se sont communiqué leurs instructions respectives, dont le texte se trouve annexé à la présente convention.

Art. 9. — S. M. le roi des Français et S. M. la reine du royaume-uni de la Grande-Bretagne et d'Irlande s'engagent réciproquement à continuer d'interdire, tant à présent qu'à l'avenir, toute traite des noirs dans les colonies qu'elles possèdent ou pourront posséder par la suite, et à empêcher, autant que les lois de chaque pays le permettront, leurs sujets respectifs de prendre dans ce commerce une part directe ou indirecte.

Art. 10. — Trois mois après la déclaration mentionnée en l'article 7, la présente convention entrera en cours d'exécution. La durée en est fixée à dix ans. Les conventions antérieures seront suspendues. Dans le cours de la cinquième année, les deux hautes parties contractantes se concerteront de nouveau et décideront, selon les circonstances, s'il convient, soit de modifier, soit de remettre en vigueur tout ou partie de la convention actuelle. A la fin de la dixième année, si les conventions antérieures n'ont pas été remises en vigueur, elles seront considérées comme définitivement abrogées. Les hautes parties contractantes s'engagent, en outre, à continuer de s'entendre pour assurer la suppression de la traite des noirs par tous les moyens qui leur paraîtront les plus utiles et les plus efficaces, jusqu'au moment où ce trafic aura été complétement aboli.

Art. 11. — La présente convention sera ratifiée, et les ratifications en seront échangées à Londres à l'expiration de dix jours, à compter de ce jour, ou plus tôt si faire se peut.

En foi de quoi les plénipotentiaires respectifs l'ont signée et y ont apposé le sceau de leurs armes.

Fait à Londres, le 29 mai 1845.

L. S. Sainte-Aulaire. V. Broglie, Aberdeen.
Stephen Lushington.

XIV

(Pages 260 et 263.)

1° *Dépêche adressée par M. Guizot, le 11 mars 1841, aux ambassadeurs et ministres de France à Londres, Vienne, Berlin et Saint-Pétersbourg, sur les affaires de Grèce.*

Monsieur, l'attention du gouvernement du roi, quelque temps distraite de la situation de la Grèce par des questions plus urgentes, commence à s'y reporter.

La sollicitude du cabinet de Londres a été dernièrement appelée, et il a appelé lui-même celle des autres puissances sur des actes déplorables qu'il serait souverainement injuste d'attribuer à la volonté du gouvernement grec, mais qui autorisent à craindre que le pouvoir n'ait pas en Grèce toute l'énergie nécessaire pour maintenir ses agents dans les voies d'une administration régulière, juste et humaine. Le mal est d'autant plus regrettable qu'à d'autres égards l'état intérieur du royaume fondé par le concours de la France, de l'Angleterre et de la Russie semble prouver que ces puissances n'avaient pas cédé à une généreuse illusion en se décidant à tant de sacrifices pour replacer au rang des nations indépendantes une contrée qui leur paraissait renfermer en elle-même tous les éléments essentiels de régénération. L'accroissement de la population, le perfectionnement de l'agriculture, l'augmentation progressive du revenu qui s'équilibre enfin avec les charges ordinaires, ce sont là autant de symptômes d'une vitalité intérieure et naturelle qu'il serait déplorable de voir arrêtée ou compromise par l'impuissance ou l'incurie de l'administration. C'est sans doute au seul roi Othon qu'il appartient de porter remède, de concert avec le peuple qu'il gouverne. à des maux ou à des périls signalés peut-être avec quelque exagération, mais qui ont un fond de réalité...

Toute mesure qui serait à cet effet imposée au roi Othon par une volonté étrangère manquerait, et, à coup sûr, aucune des puissances qui ont élevé la nouvelle monarchie n'a la pensée de porter ainsi atteinte à son indépendance.

Cependant, les puissances qui ont élevé la nouvelle monarchie et celles qui, sans avoir pris part au traité du 8 juillet 1827, ont contracté depuis avec le cabinet d'Athènes des relations plus ou moins intimes, considèrent sans doute comme un devoir envers ce cabinet et envers elles-mêmes de lui donner des conseils propres à prévenir des catastrophes dont les conséquences n'affecteraient pas les intérêts de la Grèce seule.

Pour que ces conseils aient quelque chance de produire une impression réelle, il faut qu'ils soient unanimes; il faut qu'ils ne paraissent pas émaner d'influences rivales, dont les tendances contraires deviendraient pour la Grèce une cause de divisions intestines et de tiraillements funestes; il faut encore qu'ils aient été préparés avec une maturité et une réflexion qui, en ménageant la juste susceptibilité du gouvernement et du peuple grec, assurent à l'influence des puissances unies l'autorité morale sans laquelle elles ne feraient qu'aggraver les maux qu'il faut guérir.

Le plus grave de ces maux, celui duquel dérivent presque tous les autres, c'est évidemment la faiblesse et l'inertie du pouvoir, assailli chaque jour par les prétentions rivales des partis ou des individus, se réfugiant pour leur échapper dans un isolement qui l'éloigne de sa nation même, et le met hors d'état de la connaître et de la diriger. Il s'inquiète, hésite, ajourne toute résolution, toute action et, ne trouvant nulle part ni impulsion décidée, ni point d'appui suffisant, il semble près de tomber dans cet état de nullité qui laisse subsister les abus les plus flagrants et pourrait ouvrir la porte aux périls les plus graves.

On a quelquefois pensé que le meilleur moyen de mettre fin à cette inertie du pouvoir, et aux fâcheux état qui en résulte dans les esprits comme dans les affaires, ce serait de donner à la Grèce le régime constitutionnel dans le sens qu'on est généralement convenu de donner à ce mot, c'est-à-dire d'y appeler des pouvoirs divers et indépendants à participer au plein exercice de la puissance législative et à la direction des affaires.

Loin d'être convaincu des avantages d'une telle innovation, le gouvernement du roi ne voit ni dans l'organisation intérieure de la Grèce, ni dans les habitudes et l'existence des diverses classes de la population, les conditions propres à en préparer le succès. Dans son opinion, elle risquerait de n'être pas comprise des sujets du roi Othon, et de ne devenir entre leurs mains qu'un nouvel instrument de discorde et d'anarchie.

Au lieu d'exposer la Grèce et sa monarchie naissante à ce nouveau péril, le gouvernement du roi pense qu'il n'est pas impossible de trouver, dans les institutions déjà existantes et déjà accréditées en Grèce, des moyens de donner à l'administration du roi Othon le point d'appui, la régularité, l'activité qui lui manquent, de réprimer ainsi les abus dont on se plaint et de préparer à la Grèce un meilleur avenir.

Il suffirait peut-être, pour atteindre à ce but, d'étendre les attributions et d'assurer l'action efficace du conseil d'État qui siége maintenant auprès du roi, et de rattacher cette institution à celle des conseils municipaux et provinciaux dont la base, empruntée à d'antiques établissements, était enracinée dans les mœurs nationales, même à l'époque de la domination turque. Une telle combinaison, en affermissant et réglant l'exercice de l'autorité royale, aurait tout à la fois l'avantage de se lier aux traditions nationales, d'accomplir, dans une mesure raisonnable, des promesses qui peuvent être diversement interprétées, mais dont, sous plus d'un rapport, il ne serait pas sans inconvénient de ne tenir aucun compte, enfin, de ne donner aucun motif de crainte à ceux qui redoutent, avant tout, pour un trône mal affermi, l'intervention active d'un contrôle populaire.

Je viens, monsieur, de vous indiquer sommairement notre pensée sur la nature des conseils que les puissances pourraient faire entendre au gouvernement grec, dans le cas où, comme paraît le désirer le cabinet de Londres, elles jugeraient nécessaire d'intervenir pour signaler au roi Othon les maux qui se font sentir dans l'administration de ses États.

J'insiste, en même temps, sur les ménagements, sur le caractère amical et confidentiel qui devraient présider à cette intervention dans les affaires intérieures d'un État indépendant.

Veuillez, je vous prie, communiquer la présente dépêche au cabinet de Londres. Si je ne donne pas plus de développement aux idées qui y sont exprimées, c'est que je me propose moins d'en provoquer l'adoption immédiate et complète que d'inviter les cours alliées à y réfléchir de leur côté et à me communiquer les résultats de leurs réflexions ; je n'ai pas besoin d'ajouter qu'elles seront de notre part l'objet de l'examen le plus attentif et le plus scrupuleux. Nous pensons que l'honneur des cabinets européens est engagé à prévenir, dans le nouvel État qu'ils ont contribué à fonder en Grèce, des maux qui seraient assez graves pour compromettre l'œuvre commencée et tous les intérêts qui s'y rattachent.

2° *M. Guizot à M. de Lagrené, ministre de France à Athènes.*

7 juin 1841.

Monsieur, j'ai reçu les dépêches que vous m'avez fait l'honneur de m'écrire jusqu'au n° 41 inclusivement.

Nous avons été satisfaits du langage tenu et des intentions manifestées par M. Maurocordato pendant le séjour qu'il a fait à Paris. Il m'a paru que sa manière de voir sur les réformes à introduire dans l'administration de la Grèce se rapproche beaucoup plus de celle du gouvernement du roi que de l'empressement du cabinet de Londres à y substituer un régime constitutionnel. Il a hautement protesté contre toute idée d'exclusion dans le choix des personnes, et a reconnu qu'en s'aliénant la France et les hommes qui passent pour ses amis, il se mettrait dans l'impossibilité d'organiser une administration stable et efficace. Vous le trouverez disposé à entretenir avec vous les meilleurs rapports, et en lui prêtant votre concours dans tout ce qui tendra au bien général du pays, vous êtes certain d'entrer dans la pensée du gouvernement du roi.

3° *M. Guizot à M. de Lagrené, ministre de France à Athènes.*

17 septembre 1841.

Monsieur, j'ai reçu les dépêches que vous m'avez fait l'honneur de m'écrire par le dernier paquebot. J'ai reçu aussi celle de M. Piscatory. Ceux de vos collègues qui ont attribué à l'action de la France le changement de ministère naguère accompli à Athènes, sont tombés dans une erreur si évidente que, sans doute, ils n'auront pas tardé à la reconnaître. Quelles que soient, d'ailleurs, à cet égard leurs préoccupations, ils ne sauraient les faire partager à leurs gouvernements auprès desquels nous soutenions si vivement la cause de M. Maurocordato, au moment où, à notre insu, ce ministre donnait sa démission. Nous nous étions loyalement décidés à lui accorder notre appui, parce qu'il nous avait paru animé d'intentions sages et droites, parce que ses qualités personnelles et son influence avaient dû nous faire croire qu'appelé par la volonté du roi Othon à tirer la Grèce de la situation difficile où elle se trouve placée, il avait plus de chances qu'un autre d'y réussir. Il n'entrait, vous le savez, aucune préférence personnelle dans l'attitude que nous avions prise à son égard. C'est assez dire que sa retraite ne changera rien aux dispositions bienveillantes dont nous avons été constamment animés pour la Grèce, et que notre concours est également acquis à quiconque entreprendra, avec le courage, le dévouement et l'intelligence nécessaires, la tâche difficile sous laquelle M. Maurocordato a succombé. A ces titres, M. Christidès, dont le gouvernement du roi connaît et apprécie d'ailleurs tout le mérite, peut compter sur notre empressement à seconder ses efforts. Vous pouvez lui en donner l'assurance. Quant à l'opinion peu favorable qu'il exprime sur les idées que nous avions indiquées pour l'organisation du conseil d'État, que M. Christidès ne craigne pas que nous en soyons moins bienveillants pour lui et moins enclins à le soutenir. A la distance où nous sommes du pays qu'il va gouverner, nous n'avons pas la prétention de juger mieux que lui de la route qu'il convient de suivre pour arriver au but commun de nos vœux et des siens, l'affermissement de l'ordre, la création d'une administration régulière et qui puisse développer toutes les ressources de la Grèce. Par cela même que nous avons toujours cru que les mesures à prendre à cet effet devaient se rattacher aux mœurs, aux idées, aux institutions et aux traditions nationales, plutôt que d'être puisées dans l'imitation précipitée et confuse des institutions étrangères, c'est au gouvernement du roi Othon, dirigé par les conseils de ses sujets les plus éclairés, que nous entendons laisser l'appréciation des remèdes appropriés à la guérison du mal; et quand nous avons pris l'initiative à cet égard, nous avons voulu appeler sur ces graves et urgentes questions l'attention de la Grèce et de l'Europe, bien plutôt que les résoudre nous-mêmes par des conseils précis et positifs. Ce que je viens de vous dire, monsieur, suffit pour vous indiquer la marche que vous avez à suivre dans les circonstances nouvelles créées par la retraite de M. Maurocordato. Je me propose de vous écrire bientôt avec plus de détails sur la situation de la Grèce et du nouveau cabinet qui vient de se former.

XV

(Page 268.)

M. Guizot à Son Altesse Royale Monseigneur le prince de Joinville, commandant l'escadre française dans la Méditerranée.

Monseigneur,

Juin 1846.

D'après de nouveaux avis parvenus au gouvernement du roi au sujet des préparatifs hostiles plus ou moins directs qui se font, à ce qu'il paraît, à Tripoli contre la régence de Tunis, le roi a décidé que Votre Altesse Royale, au lieu de détacher, pour les envoyer devant Tunis, deux vaisseaux de son escadre, se présenterait sur les côtes de la Régence avec l'escadre entière. Votre Altesse Royale ne dira point qu'elle vient expressément et spécialement dans le dessein de protéger le bey contre les tentatives qui peuvent le menacer. L'apparition de Votre Altesse Royale devant Tunis fera partie des promenades et des exercices qu'elle fait faire à l'escadre dans la Méditerranée. Mais elle saisira cette occasion pour renouveler au bey l'assurance de la protection du roi qui persiste et persistera toujours à ne souffrir, dans l'état actuel et traditionnel de la régence, aucune altération. Après avoir ainsi rassuré le bey, Votre Altesse Royale se présentera ensuite avec l'escadre entière, et comme suite de ses exercices, devant Tripoli, et là, dans ses communications avec le pacha, elle lui fera connaître que le roi est informé des menées et des préparatifs auxquels il se livre contre la régence de Tunis, et lui notifiera que le gouvernement du roi, comme il l'a plusieurs fois déclaré à la Porte, est résolu à ne rien souffrir de semblable et à maintenir, en ce qui touche le bey et la régence, le complet *statu quo*, et que si quelque tentative hostile avait lieu de sa part sur une partie quelconque du territoire de la régence, Votre Altesse Royale a ordre formel de s'y opposer. Et le cas échéant, ce qui ne paraît pas probable, vous vous y opposerez en effet, Monseigneur, conformément aux instructions données en 1843, dans des circonstances analogues, à M. le capitaine de vaisseau Le Goarant de Trommelin, et dont je joins ici copie.

Ces instructions sont de tous points conformes aux déclarations que nous avons, à plusieurs reprises, faites à la Porte ottomane. Nous en avons reçu, à plusieurs reprises aussi, les assurances les plus formelles qu'elle ne méditait et ne préparait absolument rien contre le bey de Tunis.

Le gouvernement du roi pense en effet que, contenue par nos déclarations et nos actes, la Porte n'entreprendra rien. Cependant, elle garde toujours certaines velléités et fait de temps en temps des commencements de démonstration que nous devons surveiller avec soin. On nous annonce à Tunis et à Tripoli, dans ce moment même, qu'une partie de l'escadre turque doit sortir du Bosphore et se rendre à Malte. C'est ce qui détermine le gouvernement du roi à donner à Votre Altesse Royale les ordres que je vous transmets et qu'elle exécutera avec la prudence et le tact dont elle a déjà donné de si honorables preuves.

Dès que Votre Altesse Royale aura accompli avec toute l'escadre, sur les côtes de Tunis et de Tripoli, l'excursion que lui prescrit le roi, elle se rapprochera des côtes de France pour être à la portée de recevoir les directions ultérieures qu'il pourrait entrer dans les vues de Sa Majesté de lui donner.

Je suis, etc., etc....

XVI

(Page 346.)

1° *M. Guizot, ministre des affaires étrangères, à M. le comte de Salvandy, ambassadeur de France en Espagne.*

Paris, 29 novembre 1841.

Monsieur le comte, en se déterminant, de l'avis de son conseil, à accréditer un ambassadeur en Espagne, quoique le gouvernement espagnol n'eût revêtu que d'un titre inférieur son représentant en France, le roi a voulu surtout donner à la reine Isabelle un témoignage d'affectueuse considération, et contribuer, autant qu'il est en nous, à garantir contre tout danger son trône et ses droits; il nous a paru qu'un agent investi du caractère diplomatique le plus élevé aurait, pour veiller à ce grand intérêt, des facilités et des moyens qui manquent à un simple chargé d'affaires. C'est donc là l'objet essentiel de votre mission, celui que vous ne devez jamais perdre de vue au milieu des incidents et des complications qui peuvent survenir.

Je ne saurais entrer aujourd'hui dans des développements étendus sur la nature des devoirs que ces incidents pourraient vous imposer. La crise violente produite par les événements du mois dernier a nécessairement modifié la situation de l'Espagne; cependant il n'est pas encore possible d'apprécier la portée de cette modification, qui ne peut manquer d'influer sur les rapports que nous entretiendrons avec ce pays.

Lorsque le gouvernement du régent a paru vouloir recourir, pour repousser les attaques de ses ennemis, à un système de violence contre lequel il nous eût été difficile de ne pas protester, au moins par notre attitude, lorsque surtout quelques-uns de ses actes ont semblé l'associer aux accusations que la haine absurde d'un parti faisait retentir contre la France, le gouvernement du roi a dû retarder votre départ. Votre présence au sein d'un pays livré à de pareilles influences n'eût été d'aucune utilité, et vous pouviez vous trouver exposé à des manifestations qui eussent eu des suites graves ; aujourd'hui que le gouvernement espagnol se montre disposé à rentrer dans des voies régulières, et nous tient à nous-mêmes un langage plus convenable, l'intention du roi est que vous alliez prendre immédiatement possession du poste qu'il vous a confié.

Aucun sentiment, aucun dessein hostile ne nous anime contre la régence du duc de la Victoire. Rien n'est plus éloigné de notre pensée que de le contrarier dans ce qu'il entreprendra pour donner enfin à l'Espagne l'ordre et la tranquillité, pour contenir les partis et pour consolider le gouvernement de la reine Isabelle. Nous accomplirons scrupuleusement les devoirs prescrits par le droit des gens, et les services qu'on nous demandera, à titre de bon voisinage, seront accordés dans la limite compatible avec les intérêts et l'honneur de la France. C'est là, monsieur le comte, la ligne de conduite que nous nous proposons de suivre, et quoi qu'on en puisse dire, que nous avons constamment suivie à l'égard de l'Espagne. Nous avons lieu d'espérer que son gouvernement y répondra par des sentiments et des procédés semblables.

Je ne saurais, je vous le répète, vous donner en ce moment des instructions plus précises. Vos premiers rapports, en nous exposant l'ensemble de la situation que nous auront faite les circonstances, me mettront probablement en mesure de vous tracer plus complétement votre marche. Vous connaissez assez bien, d'ailleurs, la politique du gouvernement du roi pour pouvoir attendre, sans inconvénient, les directions spéciales que je m'empresserai de vous transmettre.

Recevez, etc.

2° *M. Guizot, ministre des affaires étrangères, aux représentants du roi près les cours de Londres, Vienne, Berlin, etc.*

Paris, 5 février 1842.

M...... Le roi, en se décidant à envoyer un ambassadeur à Madrid, s'était d'abord proposé de témoigner hautement son affection et sa sollicitude pour la reine Isabelle. Il avait voulu, en même temps, donner au gouvernement espagnol une marque de son impartialité au milieu des dissensions civiles de l'Espagne, et lui prêter un appui moral qui l'aidât à triompher, au dedans, des tentations anarchiques, et à se faire reconnaître, au dehors, par les puissances qui ne sont pas encore entrées en relation avec lui. Le cabinet de Madrid avait paru comprendre ces loyales intentions. Il avait témoigné une vive satisfaction de la nomination de M. le comte de Salvandy, et dans toute la portion de l'Espagne que l'ambassadeur du roi a dû traverser pour se rendre à son poste, les fonctionnaires publics de toutes les classes ont joint leurs démonstrations à celles de la sympathie populaire.

Arrivé à Madrid, M. de Salvandy n'eut pas lieu d'être moins satisfait de ses premiers rapports avec le ministre des affaires étrangères, M. Gonzalès. Et comme il le priait de vouloir bien lui indiquer le jour où il pourrait être admis à présenter à la reine ses lettres de créance, M. Gonzalès lui répondit, sans élever aucune objection, que dès qu'il aurait reçu à ce sujet les ordres qu'il allait provoquer, il s'empresserait de les lui faire connaître.

Cependant, dès le lendemain, les choses avaient changé d'aspect. Le ministre espagnol vint annoncer à l'ambassadeur du roi que, dans l'opinion du cabinet de Madrid, ce n'était pas à la jeune reine que devaient être remises les lettres de créance qui lui étaient adressées, mais au régent. A l'appui de cette prétention imprévue, le cabinet de Madrid alléguait, d'une part, l'art. 59 de la constitution espagnole de 1831, qui confère au régent toute l'autorité royale ; de l'autre, l'usage constamment suivi pendant la régence de la reine Christine, et ce qui a eu lieu depuis que la reine Christine a été remplacée par le duc de la Victoire à l'égard d'un ministre de Portugal et d'un ou deux autres agents diplomatiques de l'Amérique du Sud.

M. de Salvandy n'a pas cru, et le gouvernement du roi, auquel il s'est empressé d'en référer, n'a pas cru davantage que ces arguments et ces faits fussent de nature à l'emporter sur un principe du droit des gens, consacré par une pratique universelle et par des considérations dont les amis de la monarchie ne pouvaient méconnaître la gravité.

Il résulte, en effet, de l'examen attentif des précédents qu'à toutes les époques, sauf le cas où, comme sous la reine Christine, en Espagne, et l'empereur dom Pedro, en Portugal, la régence a reposé sur une tête couronnée, sur le père ou la mère du souverain mineur, les lettres de créance ont été remises à ce souverain lui-même. C'est ce qui a eu lieu en France pendant la minorité de Louis XV, bien que le régent fût alors le premier prince du sang. C'est ce qui a eu lieu en Grèce pendant la minorité du roi Othon, et au Brésil pendant celle de dom Pedro. Et ce dernier exemple est d'autant plus concluant que, là aussi, le régent avait voulu d'abord élever une prétention semblable à celle du gouvernement de Madrid, mais il ne tarda pas à y renoncer.

Dans une question de cette nature, le seul fait de ces précédents serait décisif ; des raisons morales, puisées dans les plus graves intérêts de la monarchie, sont peut-être encore plus impérieuses. L'incapacité temporaire qui résulte de la minorité du souverain est déjà pour le pouvoir une épreuve assez forte, assez périlleuse pour qu'on doive la restreindre dans les limites les plus étroites, et n'interdire au monarque mineur que les actes qu'il est incontestablement hors d'état d'accomplir. Par cela même que cette éclipse momentanée de la royauté altère plus ou moins, dans l'esprit des peuples, le prestige dont le trône a besoin d'être entouré, il faut qu'elle ne soit pas complète, et lorsque le jeune souverain se trouve nécessairement privé de l'exercice réel de son pouvoir, il importe plus que jamais de lui en laisser toute la représentation extérieure et de bien constater, aux yeux de tous, qu'il est toujours le possesseur suprême de ce pouvoir, et que si ses mains ne manient pas le sceptre, sa tête porte toujours la couronne.

Le cabinet espagnol lui-même l'a si bien senti que, dans ces derniers temps, il a pris soin de faire figurer la reine Isabelle dans les occasions d'apparat qui se sont présentées. Pour n'en citer que l'exemple le plus récent et le plus éclatant à la fois, au moment même où l'on nous affirmait que cette jeune princesse ne pouvait recevoir de la main de l'ambassadeur de France les lettres de créance du roi des Français, elle assistait à l'ouverture des Cortès, et le président du Conseil s'inclinait devant elle et lui baisait la main avant de remettre le discours du trône au régent qui devait le lire. Si l'on eût voulu prouver la faiblesse de l'argument tiré de la constitution espagnole pour établir que la reine ne pouvait intervenir dans la remise des lettres de créance, si l'on s'était proposé de faire ressortir la distinction si naturelle entre les actes d'autorité réservés au régent et les actes de dignité de représentation qui doivent toujours appartenir à la royauté, on n'eût pu alléguer un exemple plus frappant ni trouver une démonstration plus décisive.

La discussion suscitée à Madrid par cet incident s'est prolongée pendant plus de vingt jours. M. de Salvandy a porté l'esprit de conciliation aussi loin que son devoir lui permettait. Il a proposé notamment que le régent assistât à l'audience dans laquelle la reine recevrait ses lettres de créance, et qu'elle les lui remît immédiatement pour qu'il les ouvrît et qu'il répondît de vive voix à l'ambassadeur. Il offrait de plus d'aller avec toute son ambassade faire une visite officielle au régent dans sa propre demeure. Aucune de ces propositions n'a été acceptée et l'ambassadeur du roi a quitté Madrid le 6 février, en y laissant un des secrétaires de l'ambassade qui est resté chargé de suivre les affaires courantes et de protéger les intérêts des Français.

Tel est, M....., l'exposé fidèle d'un différend qui a déjà eu et qui aura peut-être encore bien du retentissement. Je vous invite à faire usage des explications dans lesquelles je viens d'entrer pour rectifier les versions inexactes qui se répandraient dans le pays où vous résidez. Le gouvernement du roi n'a été animé, à l'origine et dans le cours de cet incident, que des intentions les plus bienveillantes pour le gouvernement espagnol. Nous regrettons que ces intentions n'aient pu devenir efficaces ; mais notre conduite était réglée d'avance par les principes du droit des gens, par nos propres précédents, par les intérêts permanents de toute monarchie, par ceux de la monarchie espagnole elle-même. Nous avons dû et voulu les soutenir quand ils nous paraissent méconnus et compromis, et le sentiment de l'Europe a été d'accord avec le nôtre. Le cabinet de Londres, naturellement appelé à exprimer son opinion dans cette circonstance, n'a pas hésité non-seulement à reconnaître que nous avions raison, mais encore à faire parvenir à Madrid l'expression de sa pensée, et les cours de Vienne et de Berlin, à qui leur position ne permettait pas la même démarche, ont positivement témoigné qu'elles adhéraient à notre doctrine.

« Recevez, etc.

« *Signé* : Guizot. »

3º *Texte anglais de la lettre du comte d'Aberdeen à M. Aston, ministre d'Angleterre en Espagne.*

The Earl of Aberdeen to M. Aston.

(Private) Foreign-Office, january 7, 1842.

« My dear Sir,

« It is necessary that I should write to you with the utmost frankness on the subject of the dispute between the spanish government and the french ambassador. You are of course aware that it is attributed exclusively to you influence. This is not only the conviction of M. de Salvandy himself and the french governement, but I have seen letters from Madrid, from persons entirely unconnected with either, written under the same persuasion. I need not say that I attach no credit to this report, and that I believe you have endeavoured, by conciliatory means, to adjust the difference. At the same time, as you have acted in the belief that the spanish government were right in their pretensions, it is clear that your advice, whatever it was, and you do not describe it particularly, could not be expected to produce much effect.

« It is impossible for any one to be more desirous of supporting the spanish government tham I am, whenever they are right, and especially against France. But in this case, we think them decidedly wrong; and I regret very much that your usually sound judgment should have been led to a different conclusion. The ground of justification taken by the government in adducing the 59th article of the Constitution, is a mere quibble. It is so wretchedly sophistical that it is quite sufficient to raise serious doubts of their sincerity. You may rely on it, if this is persevered in, that we must bid adieu to all our hopes of recognition by the Northern Powers. They will see in it, and not unnaturally, nothing but a successul attempt of the revolutionary part to degrade Monarchy, supported by English jealousy of French influence.

I am not at all surprised that Spaniards should view with suspicion any proceeding whatever on the part of France, and that they should imagine there was some intention to slight the Regent and his authority. In the present instance, I really believe the suspicion to be entirely unfounded, and that the mission was undertaken in the most friendly spirit, and was hastened at our request. The natural, simple, and obvious course was undoubtedly to let the ambassador present his letters to the Queen, to whom they were addressed, and although I attribute the difficulty only to a mistaken suspicion on the part of the spanish government, others will see in it the studied abasement of Royalty, or a determination to quarrel with France at all risks.

« I do not understand that M. de Salvandy has made any pretensions, as a family Ambassador, or has attempted to revive any old privileges of access to the Queen, except under such regulations as the government may deem necessary or expedient. Anything else, of course, ought to be strenuously resisted. With the end of the family compact, the French ambassador must be like any other.

I need nod tell you that this affair has been the cause of great vexation. If M. de Salvandy should not have yet left Madrid, I shall not despair of your being able to bring it to some adjustment. But there will be violent speeches in the Cortes, both governments will become more deeply pledged, and every day will add to the difficulty. It is by no mean improbable that very serious consequences will at no distant time ensue. At present, we think the spanish government clearly wrong; but this affair will be resented by France, and the course of events will most probably make them the agressors. Thus our own position will become more difficult and complicated. However right Spain may be in the end, the origin of the quarrel will be tainted.....

In recomending to you rearly and strenuous endeavours the attempt to bring the Spanish government to a more tractable state with respect to this unfortunate dispute, I must leave to you the manner of going to work. You will best know the course which is likely to succeed, and I am sure that you cannot render a greater service to Spain and to the public interest.

XVII

(Page 342.)

Correspondance entre M. Guizot, ministre des affaires étrangères, et M. Casimir Périer, chargé d'affaires à Saint-Pétersbourg.

1° M. Guizot à M. Casimir Périer.

11 novembre 1841.

« Monsieur,

« M. le comte de Pahlen a reçu l'ordre fort inattendu de se rendre à Saint-Pétersbourg, et il part aujourd'hui même. Le motif allégué dans la dépêche de M. le comte de Nesselrode, dont il m'a donné lecture, c'est que l'empereur, n'ayant pu le voir à Varsovie, désire s'entretenir avec lui. La cause réelle, et qui n'est un mystère pour personne, c'est que, par suite de l'absence de M. le comte Appony, l'ambassadeur de Russie, en sa qualité de doyen des ambassadeurs, se trouvait appelé à complimenter le roi, le premier jour de l'an, au nom du corps diplomatique. Lorsqu'il est allé annoncer au roi son prochain départ, Sa Majesté lui a dit : « Je vois toujours avec plaisir le comte de Pahlen auprès de moi, et je regrette toujours son éloignement ; au delà, je n'ai rien à dire. » Pas un mot ne s'est adressé à l'ambassadeur.

« Quelque habitué qu'on soit aux étranges procédés de l'empereur Nicolas, celui-ci a causé quelque surprise. On s'étonne dans le corps diplomatique, encore plus que dans le public, de cette obstination puérile à témoigner une humeur vaine, et, si nous avions pu en être atteints, le sentiment qu'elle inspire eût suffi à notre satisfaction. Une seule réponse nous convient. Le jour de la Saint-Nicolas [1], la légation française à Saint-Pétersbourg restera renfermée dans son hôtel. Vous n'aurez à donner aucun motif sérieux pour expliquer cette retraite inaccoutumée. Vous vous bornerez, en répondant à l'invitation que vous recevrez sans doute, suivant l'usage, de M. de Nesselrode, à alléguer une indisposition.

« P. S. Je n'ai pas besoin de vous dire que, jusqu'au 18 décembre, vous garderez, sur l'ordre que je vous donne quant à l'invitation pour la fête de l'empereur, le silence le plus absolu. Et d'ici là vous éviterez avec le plus grand soin la moindre altération dans vos rapports avec le cabinet de Saint-Pétersbourg. »

Quelques jours après, le 18 novembre, M. Guizot écrivit de plus à M. Casimir Périer :

« Aussitôt après le 18 décembre vous m'enverrez un courrier pour me rendre compte de ce qui se sera passé, et au premier jour de l'an vous devrez paraître à la cour et rendre vos devoirs à l'empereur comme à l'ordinaire. »

2° *M. Casimir Périer à M. Guizot.*

Saint-Pétersbourg, 21 décembre 1841.

« Monsieur le ministre,

« Je me suis exactement conformé, le 18 de ce mois, aux ordres que m'avait donnés Votre Excellence, en évitant toutefois avec soin ce qui aurait pu en aggraver l'effet ou accroître l'irritation. Le lendemain, c'est-à-dire le 19, à l'occasion de la fête de Sa Majesté Impériale, bal au palais, auquel j'ai jugé que mon absence du cercle de la veille m'empêchait de

---

[1] 18 décembre, selon le calendrier russe.

paraître, et pendant ces quarante-huit heures je n'ai pas quitté l'hôtel de l'ambassade.

« Il n'y a pas eu cette année de dîner chez le vice-chancelier. Jusqu'à ce moment, les rapports officiels de l'ambassade avec le cabinet impérial ou avec la cour n'ont éprouvé aucune altération. J'ai cependant pu apprendre déjà que l'absence de la légation de France avait été fort remarquée et avait produit une grande sensation. Personne n'a eu un seul instant de doute sur ses véritables motifs. L'empereur s'est montré fort irrité. Il a déclaré qu'il regardait cette démonstration comme s'adressant directement à sa personne, et, ainsi que l'on pouvait s'y attendre, ses entours n'ont pas tardé à renchérir encore sur les dispositions impériales. Je ne suis pas éloigné de penser et l'on m'a déjà donné à entendre que mes relations avec la société vont se trouver sensiblement modifiées : comme c'est ainsi que j'aurai la mesure certaine des impressions du souverain, dont les propos du monde ne sont guère que l'écho, j'attendrai de savoir à quoi m'en tenir avant d'expédier M. de La Loyère, qui portera de plus grands détails à Votre Excellence. Jusqu'à présent, je n'ai encore vu personne ; je ne veux pas paraître pressé ou inquiet, et ne reprendrai mes habitudes de société que dans leur cours accoutumé.

« Dans le premier moment, on a dit que l'empereur avait exprimé l'intention de supprimer l'ambassade à Paris, et fait envoyer à M. de Kisseleff l'ordre de ne pas paraître aux Tuileries le 1ᵉʳ janvier. J'ai peine à croire à ces deux bruits, que rien ne m'a confirmés. Je sais qu'on a expédié un courrier à M. de Kisseleff ; mais j'ignorerai sans doute ce qui lui a été mandé.

« Quoi qu'il en soit, je ne dois pas dissimuler à Votre Excellence toute la portée de la conduite qu'il m'avait été enjoint de suivre, et dont les conséquences devaient être graves dans un pays constitué comme l'est celui-ci, avec un souverain du caractère de l'empereur. La position du chargé d'affaires de France devient dès à présent difficile ; elle peut devenir désagréable, peut-être insoutenable. Je serais heureux de recevoir des instructions qui me guidassent et qui prévissent par exemple le cas où le corps diplomatique serait convoqué ou invité sans moi. D'ici là, je chercherai à apporter dans mes actes toute la mesure et tout le calme qui seront conciliables avec le sentiment de dignité auquel je ne puis pas plus renoncer personnellement que mes fonctions ne me permettraient de l'oublier. »,

A cette dépêche officielle, M. Casimir Périer ajoutait, dans une lettre particulière du 23 décembre :

« L'effet produit a été grand, la sensation profonde, même au delà de ce que j'en attendais peut-être. L'empereur s'est montré vivement irrité, et bien que, mieux inspiré que par le passé, il n'ait point laissé échapper de ces expressions toujours déplacées dans une bouche impériale, il s'est cependant trouvé offensé dans sa personne, et aurait, à ce qu'on m'a assuré, tenté d'établir une différence entre les représailles qui pouvaient s'adresser à sa politique et celles qui allaient directement à lui. La réponse était bien facile sans doute, et il pouvait aisément se la faire ; mais la passion raisonne peu.

« Tout en me conformant rigoureusement aux instructions que j'avais reçues et en ne me croyant pas le droit d'en diminuer en rien la portée, j'ai voulu me garder de ce qui eût pu l'aggraver. Ma position personnelle, avant ces événements, était, j'ose le dire, bonne et agréable à la fois. J'ai fait plus de frais pour la société qu'on ne devait l'attendre d'un simple chargé d'affaires ; ma maison et ma table étaient ouvertes au corps diplomatique comme aux Russes. Ne pouvant que me louer de mes rapports avec la cour et avec la ville, voyant l'empereur bienveillant pour moi, attentif et gracieux pour madame Périer, je n'avais qu'à perdre à un changement. Je ne l'ai pas désiré. Quand vos ordres me sont arrivés, je n'avais qu'à les exécuter.

« Que va-t-on faire ? Je l'ignore encore. On m'assure

qu'on a, dès le 18, écrit à M. de Kisseleff de ne pas paraître aux Tuileries le 1ᵉʳ janvier, et peut-être de ne donner aucune excuse de son absence. On dit que l'ambassade en France sera supprimée, le comte de Pahlen appelé à d'autres fonctions. On vient de m'annoncer qu'une ligue va se former contre moi dans la société, sous l'inspiration ou même d'après l'ordre de l'empereur, qu'aucun salon ne me sera ouvert, et que l'ambassade se trouvera frappée d'interdit. Je ne sais que penser des premiers bruits, que je me borné à enregistrer; mais le dernier se confirme déjà : déjà plusieurs faits particuliers sont venus en vingt-quatre heures accuser les premiers symptômes de cette levée de boucliers...

« Décidé à mettre beaucoup de circonspection dans mes premières démarches, je me tiendrai sur la réserve et n'affronterai pas, dans les salons qui n'ont aucun caractère officiel, des désagréments inutiles contre lesquels je ne pourrais réclamer. Il peut être important de ménager la société où une réaction est possible, de ne pas me l'aliéner en la mettant dans l'embarras, de ne pas rendre tout rapprochement impossible en me commettant avec elle. Je viens d'ailleurs d'apprendre, avec autant de certitude qu'il est possible d'en avoir quand on n'a ni vu ni entendu soi-même, je viens, dis-je, d'apprendre que le mot d'ordre a été donné par la cour, et que c'est par la volonté expresse de l'empereur que je n'ai pas été et ne serai plus invité nulle part.

« Daignez, je vous prie, m'indiquer la conduite que je dois suivre. Celle dont je chercherai à ne pas m'écarter jusque-là me sera dictée à la fois par le sentiment profond de la dignité de la France et par le souci des intérêts que pourrait compromettre trop de précipitation ou une susceptibilité trop grande. Je ne prendrai, *dans aucun cas*, l'initiative de la moindre altération dans les rapports officiels. »

3° *M. Casimir Périer à M. Guizot.*

Saint-Pétersbourg, 24 décembre 1841.

« Monsieur,

« La situation s'est aggravée, et il m'est impossible de prévoir quelle en sera l'issue.

« L'ambassade de France a été frappée d'interdit et mise au ban de la société de Saint-Pétersbourg. J'ai la complète certitude que cet ordre a été donné par l'empereur. Toutes les portes doivent être fermées ; aucun Russe ne paraîtra chez moi. Des soirées et des dîners auxquels j'étais invité, ainsi que madame Périer, ont été remis ; les personnes dont la maison nous était ouverte et qui ont des jours fixes de réception nous font prier, par des intermédiaires, de ne pas les mettre dans l'embarras en nous présentant chez elles, et font alléguer, sous promesse du secret, les ordres qui leur sont donnés.

« L'empereur, fort irrité et ne pouvant comprendre qu'une simple manifestation, couverte d'une excuse officielle et enveloppée de toutes les formes, laisse soupçonner, après dix ans de patience, le juste mécontentement qu'inspirent ses étranges procédés, l'empereur, dis-je, espère faire prendre à l'Europe une démonstration unanime de sa noblesse pour le témoignage du dévouement qu'on lui porte. Il aura de la peine à y réussir. Il se plaint hautement et m'accuse personnellement d'avoir ajouté, sans doute de mon chef, aux instructions que j'aurais pu recevoir. Quant à moi, mon attitude officielle n'a rien eu jusqu'ici que de facile ; je n'ai cessé de me retrancher derrière l'excuse de mon indisposition, paraissant ne rien comprendre à l'incrédulité qu'on lui oppose et au déchaînement général qui en est la suite. En présence de procédés si insolites et si concertés, dont l'effet s'est déjà fait sentir et dont on me menace pour l'avenir, que dois-je faire, monsieur ? Jusqu'à quel point faut-il pousser la patience ? J'éprouve un vif désir de recevoir à cet égard les instructions de Votre Excellence. Jusquelà, je chercherai à me maintenir de mon mieux sur ce terrain glissant, bien déterminé à ne rien compromettre volontairement et à ne pas engager le gouvernement du roi sans m'y trouver impérieusement contraint.

« Je sens tout ce qu'une rupture aurait de graves conséquences ; je ferai pour l'éviter tout ce que l'honneur me permettra ; je ne reculerai jamais devant une responsabilité que je me croirais imposée par mon devoir ; mais votre Excellence peut être assurée que je ne l'assumerai pas légèrement, et qu'une provocation ou une offense directe, positive, officielle, pourrait seule me faire sortir de l'attitude expectante que je me conserve.

« Ayant reçu avant-hier la dépêche que Votre Excellence m'a fait l'honneur de m'écrire le 8 de ce mois, relativement aux affaires de Grèce, je me suis empressé de demander un rendez-vous à M. Nesselrode pour l'en entretenir. Le vicechancelier me l'a indiqué pour aujourd'hui, et je pourrai en rendre compte dans un *post-scriptum* avant de fermer cette dépêche. »

« *P.-S.* — Je sors de chez M. de Nesselrode ; ainsi que je l'avais prévu et espéré, son accueil a été le même que par le passé, et pas une seule nuance n'a marqué la moindre différence. Nous ne nous sommes écartés ni l'un ni l'autre du but de l'entretien, qui avait pour objet les affaires de la Grèce et la dépêche de Votre Excellence. Je devrai entrer à cet égard dans quelques détails que je remets à ma prochaine expédition. »

4° *M. Casimir Périer à M. Guizot.*

Saint-Pétersbourg, 28 décembre 1841.

« Monsieur,

« La situation est à peu près la même. Je crois toutefois

pouvoir vous garantir que le gouvernement impérial et la cour ne changeront rien à leurs relations officielles avec moi. Si mon entrevue avec M. de Nesselrode depuis le 18 ne suffisait pas pour établir à cet égard ma conviction, mes doutes seraient levés par l'attitude et le langage de l'empereur qui, sentant toute la maladresse de sa colère, affecte maintenant une sorte d'indifférence et s'efforce de paraître complétement étranger aux démonstrations de la noblesse et de la société : il prétend ne pouvoir pas plus s'y opposer qu'il n'a pu les commander. Ce ne sera pas là une des scènes les moins curieuses de cette triste comédie qui ne fera pas de dupes.

« Je sais de bonne source, j'apprends par des messages qui m'arrivent et les communications qui me sont faites, sous le secret, par l'intermédiaire de quelques-uns de mes collègues, combien, à l'exception d'un petit nombre d'exaltés et de *dévoués quand même*, combien, dis-je, on regrette les procédés auxquels on est contraint.

« Pour bien faire apprécier à Votre Excellence la nature et l'étendue de la consigne impériale, je suis obligé de lui citer un ou deux faits. Au théâtre français, un jeune homme qui se trouvait dans une loge à côté de la nôtre ayant demandé de ses nouvelles à madame Périer, l'empereur s'informa de son nom, et le lendemain le *coupable* reçut une verte semonce et l'invitation d'être plus circonspect à l'avenir.

« On a poussé l'inquisition jusqu'à envoyer au jeu de paume, qui est un exercice auquel j'aime à me livrer, et à faire demander au paumier les noms de ceux avec qui j'aurais pu jouer. Heureusement il n'y a eu personne à mettre sur cette liste de proscription d'un nouveau genre.

« Vous comprendrez facilement, monsieur, qu'avec un pareil système on établisse sans peine une unanimité dont la cause se trahit par l'impossibilité même de sa libre existence.

« L'empereur profite de cette position, et, satisfait de ce qu'il a obtenu maintenant que le mot d'ordre a circulé et que l'impulsion est donnée, il se montre parfaitement doux. On fait répandre qu'il n'y a rien d'officiel dans ce qui s'est passé, que l'empereur n'y peut rien, qu'il a dû admettre et admis mon excuse, mais que la société est libre de ressentir ce qu'elle a pris comme un manque d'égards envers la personne du souverain.

« J'irai demain à un bal donné à l'assemblée de la noblesse, où j'étais invité et où le corps diplomatique se rend, non pas précisément officiellement, mais cependant en uniforme. Cette dernière circonstance m'aurait déterminé si j'avais hésité sur la conduite que j'avais à tenir. On a cherché en effet à me faire dire que je ferais peut-être mieux de m'abstenir. Je me suis retranché derrière mon droit et mon *ignorance absolue* des motifs qui pourraient me faire m'abstenir volontairement d'un bal où va la cour et où se trouvera *tout* le corps diplomatique.

« Ce n'est qu'après le 1ᵉʳ janvier, quand je serai retourné au palais, qu'on peut attendre dans la société le revirement qui m'est annoncé. Je devrai, ce me semble, me montrer poli, mais froid. J'attendrai les avances qui pourraient m'être faites sans les chercher, mais sans les repousser. Je sens et sentirai davantage par la suite le besoin d'être soutenu par vous. Croyez du reste, monsieur, je vous en prie, que ce n'est pas un intérêt personnel qui me le fait désirer. Dans les circonstances où je me trouve, je me mets complétement hors de la question, et, en ce qui ne concerne que moi, vous me trouverez disposé à me soumettre avec abnégation à tout ce que vous croiriez utile de m'ordonner. »

5º *M. Guizot à M. Casimir Périer.*

Paris, 4 janvier 1842.

« Monsieur, j'ai reçu la dépêche que vous m'avez fait l'honneur de m'écrire le 21 décembre, et dans laquelle vous me dites que, le 18 du même mois, vous vous êtes exactement conformé à mes instructions, en évitant toutefois avec soin ce qui aurait pu en aggraver l'effet. D'après la teneur même de ces instructions, je dois présumer, quoique vous n'en fassiez pas mention expresse, que vous avez eu soin de motiver par écrit votre absence de la cour sur un état d'indisposition. Vous saurez peut-être déjà, lorsque cette dépêche vous parviendra, que M. de Kisseleff et sa légation n'ont pas paru aux Tuileries le 1er janvier ; peu d'heures avant la réception du corps diplomatique, M. de Kisseleff a écrit à M. l'introducteur des ambassadeurs pour lui annoncer qu'il était malade. Son absence ne nous a point surpris. Notre intention avait été de témoigner que nous avions à cœur la dignité de notre auguste souverain, et que des procédés peu convenables envers sa personne ne nous trouvent ni aveugles ni indifférents. Nous avons rempli ce devoir. Nous ne voyons maintenant, pour notre compte, aucun obstacle à ce que les rapports d'égards et de politesse reprennent leurs cours habituel. C'est dans cette pensée que je vous ai autorisé, dès le 18 novembre dernier, à vous présenter chez l'empereur et à lui rendre vos devoirs, selon l'usage, le premier jour de l'année. Vous semblez croire que le cabinet de Saint-Pétersbourg pourra vouloir donner d'autres marques de son mécontentement : tant que ce mécontentement n'irait pas jusqu'à vous refuser ce qui vous est officiellement dû en votre qualité de chef de la mission française, vous devriez ne pas vous en apercevoir ; mais si on affectait de méconnaître les droits de votre position et de votre rang, vous vous renfermeriez dans votre hôtel, vous vous borneriez à l'expédition des affaires courantes et vous attendriez mes instructions.

« J'apprécie, monsieur, les difficultés qui peuvent s'élever pour vous. J'ai la confiance que vous saurez les résoudre. Le prince et le pays que vous représentez, le nom que vous portez, me sont de sûrs garants de la dignité de votre attitude, et je ne doute pas qu'en toute occasion vous ne joigniez à la dignité cette parfaite mesure que donne le sentiment des convenances et du bon droit. »

6° *M. Guizot à M. Casimir Périer.*

Paris, 5 janvier 1842.

« Je voudrais bien, monsieur, pouvoir vous donner les instructions précises et détaillées que vous désirez ; mais à de telles distances et quand il s'agit des formes et des convenances de la vie sociale, il n'y a pas moyen. Les choses ne peuvent être bien appréciées et réglées que sur les lieux mêmes, au moment même, et par ceux qui en voient de près les circonstances et les effets. Je ne saurais vous transmettre d'ici que des indications générales. Je m'en rapporte à vous pour les appliquer convenablement. Ne soyez pas maintenant exigeant et susceptible au delà de la nécessité. Ce que nous avons fait a été vivement senti ici comme à Saint-Pétersbourg. L'effet que nous désirions est produit. On saura désormais que les mauvais procédés envers nous ne passent pas inaperçus. Quant à présent, nous nous tenons pour quittes et nous reprendrons nos habitudes de courtoisie. Si on s'en écartait envers vous, vous m'en informeriez sur-le-champ. Ce courrier ne vous arrivera qu'après le jour de l'an russe. Si vous avez été averti, selon l'usage, avec tout le reste du corps diplomatique, du moment où vous auriez à rendre vos devoirs à l'empereur, vous vous en serez acquitté comme je vous l'avais prescrit le 18 novembre dernier. Si vous n'avez pas été averti, vous m'en aurez rendu compte, et nous verrons ce que nous aurons à faire. J'ai causé de tout ceci avec M. de Barante, et nous ne prévoyons pas d'autre occasion prochaine et déterminée où quelque embarras de ce genre puisse s'élever pour vous.

« M. de Kisseleff se conduit ici avec mesure et convenance. Son langage dans le monde est en harmonie avec ce qu'il a écrit le 1ᵉʳ janvier à M. de Saint-Morys, et j'ai lieu de croire qu'il est dans l'intention de ne faire aucun bruit de ce qui s'est passé, et de remplir, comme précédemment, tous les devoirs d'égards et de politesse qui appartiennent à sa situation. Il sera invité, comme tout le corps diplomatique, au prochain grand bal de la cour. Nous témoignons ainsi que, comme je viens de vous le dire, nous nous tenons pour quittes et n'avons point dessein de perpétuer les procédés désobligeants. Nous agirons du reste ici, envers M. de Kisseleff, d'après la façon dont on agira à Pétersbourg envers vous. Vous m'en rendrez compte exactement. »

7° *M. Guizot à M. le comte de Flahault, ambassadeur à Vienne.*

Paris, 5 janvier 1842.

« Mon cher comte,

« Je veux que vous soyez bien instruit d'un petit incident survenu entre la cour de Saint-Pétersbourg et nous, et dont probablement vous entendrez parler. Je vous envoie copie de la correspondance officielle et particulière à laquelle il a donné lieu. Je n'ai pas besoin de vous dire que je vous l'envoie pour vous seul, et uniquement pour vous donner une idée juste de l'incident et du langage que vous devrez tenir quand on vous en parlera. Nous avons atteint notre but et nous sommes parfaitement en règle. *Officiellement,* le comte de Pahlen a été rappelé à Pétersbourg pour causer avec l'empereur; M. Casimir Périer a été malade le 18 décembre et M. de Kisseleff le 1ᵉʳ janvier. *En réalité,* l'empereur n'a pas voulu que M. de Pahlen complimentât le roi, et nous n'avons pas voulu que ce mauvais procédé passât inaperçu. De part et d'autre, tout est correct et tout est compris. Les convenances extérieures ont été observées et les intentions réelles senties. Cela nous suffit et nous nous tenons pour quittes.

« Il faut qu'on en soit partout bien convaincu. Plus notre politique est conservatrice et pacifique, plus nous serons soigneux de notre dignité. Nous ne répondrons point à de mauvais procédés par de la mauvaise politique; mais nous ressentirons les mauvais procédés et nous témoignerons que nous les ressentons. Du reste, je crois cette petite affaire finie. M. de Kisseleff se conduit ici avec mesure et convenance. Nous serons polis envers lui comme par le passé. On ne fera rien, je pense, à Pétersbourg qui nous en empêche. Ne parlez de ceci que si on vous en parle, et sans y mettre d'autre importance que de faire bien entrevoir notre parti pris de n'accepter aucune inconvenance. »

8° *M. Guizot à M. Casimir Périer.*

6 janvier 1842.

« Vous avez raison, monsieur, les détails que vous me donnez sont étranges; mais, s'ils m'étonnent un peu, ils ne me causent pas la moindre inquiétude. Je vois que toute cette irritation, toute cette humeur dont vous me parlez, se manifestent dans la société de Saint-Pétersbourg et point dans le gouvernement. Vos rapports libres avec le monde en sont dérangés, gênés, peu agréables. Vos rapports officiels avec le cabinet demeurent les mêmes, et votre entrevue du 24 décembre avec le comte de Nesselrode, au sujet des affaires de Grèce, en a donné la preuve immédiate.

« Cela devait être, et je n'aurais pas compris qu'il en pût arriver autrement. On n'a rien, absolument rien à nous reprocher. Vous avez été indisposé le 18 décembre. Vous en avez informé avec soin le grand-maître des cérémonies de la cour. Vous avez scrupuleusement observé toutes les règles, toutes les convenances. Le cabinet de Saint-Pétersbourg les connaît trop bien pour ne pas les respecter envers vous, comme vous les avez respectées vous-même.

« M. de Kisseleff n'a point paru le 1er janvier chez le roi, à la réception du corps diplomatique. Il était indisposé et en avait informé le matin M. l'Introducteur des ambassadeurs. M. de Kisseleff est et sera traité par le gouvernement du roi de la même manière, avec les mêmes égards qu'auparavant. Rien, je pense, ne viendra nous obliger d'y rien changer.

« La société de Paris se conduira, je n'en doute pas, envers M. de Kisseleff comme le gouvernement du roi. Il n'y rencontrera ni impolitesse, ni embarras, ni froideur affectée, ni désagréments calculés : cela est dans nos sentiments et dans nos mœurs; mais la société de Saint-Pétersbourg n'est point tenue d'en faire autant. Elle ne vous doit ni manières bienveillantes ni relations agréables et douces. Si elle ne juge pas à propos d'être avec vous comme elle était naguère, vous n'avez point à vous en préoccuper ni à vous en plaindre. Restez chez vous, monsieur, vivez dans votre intérieur; soyez froid avec ceux qui seront froids, étranger à ceux qui voudront être étrangers. Vous n'aurez sans doute à repousser aucun de ces procédés qu'un homme bien élevé ne saurait accepter et qui n'appartiennent pas à un monde bien élevé. Que cela vous suffise. Dans votre hôtel, au sein de votre légation, vous êtes en France; renfermez-vous dans cette petite patrie qui vous entoure, tant que la société russe le voudra elle-même. Vous êtes jeune, je le sais; madame Périer est jeune et aimable; le monde lui plaît et elle y plaît : je regrette pour elle et pour vous les agréments de la vie du monde; mais vous avez l'un et l'autre l'esprit trop juste et le cœur trop haut pour ne pas savoir y renoncer sans effort et vous suffire parfaitement à vous-mêmes quand la dignité de votre pays et votre propre dignité y sont intéressées.

« J'apprends avec plaisir, quoique sans surprise, que toutes les personnes attachées à votre légation se conduisent dans cette circonstance avec beaucoup de tact et de juste fierté. Pour vous, monsieur, je me plais à vous faire compliment de votre attitude parfaitement digne et convenable. Persistez-y tranquillement. Dans vos rapports avec le cabinet de Saint-Pétersbourg, pour tout ce qui tient aux affaires, soyez ce que vous étiez, faites ce que vous faisiez avant cet incident; il n'y a aucune raison pour que rien soit changé à cet égard. Et quant à vos relations avec la société, tant qu'elles ne seront pas ce qu'elles doivent être pour la convenance et pour votre agrément, tenez-vous en dehors ; il n'y a que cela de digne et de sensé. »

9° *M. Casimir Périer à M. Guizot.*

Saint-Pétersbourg, 6 janvier 1842.

« Monsieur,

« L'empereur s'est fort calmé, et si rien ne vient réveiller son irritation, il est à croire qu'elle n'aura pas de nouveaux effets. La consigne donnée à la société n'est pas levée, mais on n'attend, si je suis bien informé, qu'une occasion de sortir d'une attitude dont on sent tout le ridicule. Cette occasion semble devoir, aux yeux de tous, se rencontrer dans ma présence à la cour, le 1er/13 janvier. Ainsi que j'ai eu l'honneur de le mander à Votre Excellence, me sentant atteint, non dans ma personne, mais dans ma position officielle, à laquelle on a pris soin de me faire comprendre qu'on voulait s'adresser, je me tiendrai fort sur la réserve, et des avances bien positives et bien marquées pourraient seules m'en faire départir. J'espère d'ailleurs recevoir les instructions de Votre Excellence avant de devoir dessiner nettement l'attitude que pourrait me faire adopter un changement complet et subit dans celle qu'on a prise vis-à-vis de moi. »

10° *Le même au même.*

Saint-Pétersbourg, 11 janvier 1842.

« Monsieur,

« Le secret sur les ordres qui ont pu être donnés à M. de Kisselef pour le 1er janvier a été si bien gardé que rien de positif n'a transpiré à cet égard. Tous les membres du corps diplomatique paraissent persuadés, et je partage cette croyance, qu'il lui a été enjoint ne pas paraître aux Tuileries, et si ce parti a été pris dans un moment d'irritation, le temps aura manqué pour donner le contre-ordre que la réflexion pourrait avoir conseillé. Quoi qu'il en soit, je sais que M. de Nesselrode et ceux qui approchent l'empereur affirment qu'aucun courrier n'a été envoyé au chargé d'affaires de Russie à Paris. Bien que la vérité doive être connue de Votre Excellence au moment où elle recevra cette dépêche, je crois nécessaire de la mettre au courant de tout ce qui se dit et se fait ici. Ma conduite n'en peut être affectée, ni mon attitude modifiée ; je reste dans l'ignorance de tout ce qui n'a pas un caractère officiel, et ne dois pas hésiter, ce me semble, à moins d'ordres contraires, à me rendre au palais le 1er/13 janvier.

« J'ai eu l'honneur de dire à Votre Excellence que la société paraissait embarrassée de sa position vis-à-vis de l'ambassade, et empressée d'en pouvoir sortir. Dans le salon de madame de Nesselrode, où j'ai cru de mon droit et de mon devoir de me montrer, ne fût-ce que pour protester contre l'ostracisme dont j'étais frappé, j'ai pu me convaincre que j'avais été bien informé et que mes appréciations étaient fondées. J'ai trouvé madame de Nesselrode froide, mais polie ; plusieurs des assistants ont été fort prévenants. Au bal de l'assemblée de la noblesse, où j'ai facilement remarqué que ma présence causait une espèce de sensation, je n'ai eu à me plaindre de personne ; l'accueil des uns a été ce qu'il était naguère, celui des autres empreint d'une espèce de gêne ; mais si quelques personnes ont cherché, quoique sans affectation, à m'éviter, ce n'était guère que celles qui, volontairement ou non, se sont trouvées le plus compromises vis-à-vis de moi.

« Ces deux occasions ont été les seules où je me sois trouvé en contact avec la société, les seules où j'aie jugé utile et convenable de me montrer. Pas un Russe n'a paru chez moi. Quant à madame Casimir Périer, je n'ai pas trouvé à propos qu'elle sortît de chez elle. Déterminé à éviter tout ce qui, dans des circonstances si bizarres et si exceptionnelles, pouvait amener de nouvelles complications, je n'ai pas voulu courir la chance de ressentir, avec une vivacité dont j'aurais pu ne pas être maître, un manque d'égards ou un mauvais procédé. Je demande pardon à Votre Excellence d'entrer dans ces détails qui, malgré le caractère personnel qu'ils peuvent avoir, m'ont paru nécessaires à un complet exposé de la situation. »

11° *Le même au même.*

Saint-Pétersbourg, 13 janvier 1842.

« Monsieur,

« J'ai reçu hier, à onze heures du soir, une circulaire adressée au corps diplomatique par le grand-maître des cérémonies, annonçant purement et simplement que le cercle qui devait avoir lieu ce matin au palais était contremandé.

« La poste part aujourd'hui à deux heures, et je ne puis donner à cet égard aucun renseignement à Votre Excellence. Deux de mes collègues, les seuls membres du corps diplomatique que j'aie rencontrés, semblaient croire que la santé de l'impératrice avait motivé ce contre-ordre, qui s'étend à tous, à la cour comme à la noblesse. Jusqu'à présent, toutefois, Sa Majesté avait paru beaucoup mieux portante que par le passé, et rien n'avait préparé à une aggravation dans son état assez sérieuse pour que l'empereur ne pût recevoir les félicitations de nouvelle année. »

12° *Le même au même.*

Saint-Pétersbourg, 15 janvier 1842.

« Monsieur,

« On a appris hier à Pétersbourg que M. de Kisseleff

n'avait point paru aux Tuileries le 1ᵉʳ janvier. Cette nouvelle, après tout ce qui s'est passé ici, n'a surpris personne, mais a généralement affligé. On prévoit que le gouvernement du roi en témoignera, d'une manière ou d'une autre, son juste mécontentement, et si l'empereur a pu imposer une unanimité de démonstrations extérieures, il s'en faut de beaucoup, ainsi que j'ai eu l'honneur de le mander à Votre Excellence, qu'il ait obtenu le même résultat sur l'opinion. Aujourd'hui surtout, un mécontentement assez grand se manifeste. Le cercle du 1ᵉʳ janvier n'ayant pas eu lieu, quels que soient les motifs qui l'aient fait contremander, et le corps diplomatique n'étant plus officiellement appelé à paraître au palais avant le jour de Pâques, la société ne sait quelle ligne suivre vis-à-vis de moi. Elle se trouverait humiliée d'avances trop positives, et cependant elle sent que je ne puis en accueillir d'autres; elle se plaint d'ailleurs d'avoir été mise en avant par l'empereur qui, en invitant le chargé d'affaires de France, semble avoir porté un démenti à l'interprétation donnée à ma conduite... La Russie, quoi qu'on en dise, n'épouse pas les passions et les injustes préventions de son souverain.

« Le corps diplomatique est fort bien pour moi ; il apprécie ma position avec justesse et convenance. Si dans les premiers moments, malgré la réserve dont nous devions les uns et les autres envelopper notre pensée, j'ai cru remarquer parmi ses membres quelque dissidence d'opinion, je dois dire que tous aujourd'hui se montrent jaloux et soigneux de la dignité d'un de leurs collègues, et semblent approuver que je ne m'écarte pas de l'attitude que les circonstances m'imposent. »

13° *Le même au même.*

Saint-Pétersbourg, 19 janvier 1842.

« Monsieur,

« Il y a ce soir bal à la cour, où je suis invité et me rendrai avec madame Périer. Ce bal a lieu tous les ans vers la fête du 6/18 janvier, jour des Rois et de la bénédiction de la Néva; mais le corps diplomatique n'y est pas ordinairement invité. Il paraît qu'on a voulu cette fois faire une exception en raison de ce que le cercle du 1er janvier n'a pas été tenu. Il ne serait pas impossible aussi que le désir de donner à la légation française une prompte occasion de reparaître à la cour entrât pour quelque chose dans cette innovation. »

14° *Le même au même.*

Saint-Pétersbourg, 23 janvier 1842.

« Monsieur,

« Je ne puis aujourd'hui que confirmer ce que j'ai eu l'honneur de mander à Votre Excellence, dans ma précédente dépêche, de l'excellent effet que produisent l'attitude du gouvernement du roi, l'indifférence avec laquelle il a accueilli l'absence de M. de Kisseleff lors de la réception du 1er janvier, et la ligne de conduite dans laquelle il m'a été ordonné de me renfermer ici...

« Au dernier bal, qui n'était point précédé d'un cercle, l'empereur et l'impératrice ont trouvé, dans le courant de la soirée, l'occasion, que je ne cherchais ni ne fuyais, de m'adresser la parole. Ils ont parlé l'un et l'autre, à plusieurs reprises, à madame Casimir Périer. Enfin tout s'est passé fort convenablement et avec l'intention évidente de ne marquer aucune différence entre l'accueil que nous recevions et celui qui nous était fait naguère.., »

15° *Le même au même.*

Saint-Pétersbourg, 24 janvier 1842.

« Monsieur,

« Grâce à vos lettres, à l'appui qu'elles m'ont prêté, la

situation de la légation du roi est devenue excellente. Si la société russe, engagée dans une fausse voie, ne se presse pas d'en sortir, elle sent au moins ses désavantages.

« Au dernier bal, l'empereur s'est borné à me dire, en passant à côté de moi, d'un air et d'un ton qui n'avaient rien de désobligeant : « Comment ça va-t-il depuis que nous ne nous sommes vus? Ça va mieux, n'est-ce pas? »

« L'impératrice m'a demandé, avec une certaine insistance, quand revenait M. de Barante, et si je n'apprenais rien de son retour. J'ai répondu en protestant de mon entière ignorance à cet égard. Je ne puis décider si ce propos n'était qu'une marque de bienveillance pour l'ambassadeur, qui a laissé ici les meilleurs souvenirs, ou s'il cachait une intention, par exemple une sorte d'engagement implicite du retour de M. de Pahlen à Paris.

« Entre M. de Nesselrode et moi, pas un seul mot n'a été dit qui se rapportât à tout cet incident ou qui y fît allusion. Il m'a paru qu'il ne me convenait pas de prendre l'initiative. Je ne voulais, comme j'ai eu l'honneur de vous le dire, paraître ni embarrassé, ni inquiet, ni pressé de sortir de la situation qu'il a plu à la société de me faire, et dans laquelle rien ne m'empêche, surtout aujourd'hui, de me maintenir avec honneur. Dans un intérêt fort avouable de conciliation, je n'aurais certes pas évité une conversation confidentielle à cet égard que M. de Nesselrode aurait pu chercher. Sa modération m'est connue : j'ai la certitude qu'il regrette tout ce qui s'est passé ; mais je n'ai pas pensé qu'il fût utile d'aller au-devant d'explications que le caractère tout aimable de nos entretiens et la position supérieure du vice-chancelier lui rendaient facile de provoquer. »

16° *M. Guizot à M. Casimir Périer.*

Paris, 18 février 1842.

« Je ne veux pas laisser partir ce courrier, monsieur, sans

vous dire combien les détails que vous m'avez mandés m'ont satisfait. Une bonne conduite dans une bonne attitude, il n'y a rien à désirer au delà. Persistez tant que la société russe persistera. Son entêtement commence à faire un peu sourire, comme toutes les situations qu'on prolonge plutôt par embarras d'en sortir que par envie d'y rester. Vous qui n'avez point d'embarras, attendez tranquillement, vous n'avez qu'à y gagner. Le temps, quand on l'a pour soi, est le meilleur des alliés.

« Répondez toujours que vous ne savez rien, absolument rien, sur le retour de M. de Barante. Il ne quittera certainement point Paris tant que M. de Pahlen ou un autre ambassadeur n'y reviendra pas... Y a-t-il quelque conjecture à ce sujet dans le corps diplomatique que vous voyez ?

« Vous avez très-bien fait de ne prendre avec M. de Nesselrode l'initiative d'aucune explication. »

17° *Le même au même.*

Paris, 24 février 1842.

« Je vous sais beaucoup de gré, monsieur, du dévouement si complet que vous me témoignez. Je suis sûr que ce ne sont point, de votre part, de vaines paroles, et qu'en effet, de quelque façon que le roi disposât de vous, vous le trouveriez bon et vous obéiriez de bonne grâce ; mais c'est dans le poste où vous êtes que vous pouvez, quant à présent, servir le roi avec le plus d'honneur. Il me revient que quelques personnes affectent de dire que, si la société de Saint-Pétersbourg s'obstine à se tenir éloignée de vous, c'est à vous seul qu'il faut l'imputer, et que c'est à vous seul, à vos procédés personnels, que s'adresse cette humeur. Je ne saurais admettre cette explication. Vous n'avez rien fait que de correct et de conforme à vos devoirs, et je vous connais trop bien pour croire que vous ayez apporté, dans le détail de votre conduite, aucune inconvenance. Il est de l'honneur du gouvernement du roi de vous soutenir dans la situation délicate et évidemment factice où l'on essaye de vous placer, et l'empereur lui-même a, j'en suis sûr, l'esprit trop juste et trop fin pour ne pas le reconnaître.

« Beaucoup de gens pensent et disent ici qu'il suffirait d'un mot ou d'un geste de l'empereur pour que la société de Saint-Pétersbourg ne persévérât point dans sa bizarre conduite envers vous. Je réponds, quand on m'en parle, que vos rapports avec le cabinet russe sont parfaitement convenables, que l'empereur vous a traité dernièrement avec la politesse qui lui appartient, et que certainement, chez nous, si le roi avait, envers un agent accrédité auprès de lui quelque juste mécontentement, il ne le lui ferait pas témoigner indirectement et par des tiers.

« Gardez donc avec pleine confiance, monsieur, l'attitude que je vous ai prescrite, et qui convient seule au gouvernement du roi comme à vous-même. Ne vous préoccupez point de la froideur qu'on vous témoigne; n'en ressentez aucune impatience, aucune humeur; tenez-vous en mesure d'accueillir, sans les devancer, les marques de retour qui vous seraient adressées. Vous avez pour vous le bon droit, les convenances, les habitudes du monde poli dans les pays civilisés. Votre gouvernement vous approuve. Le gouvernement auprès duquel vous résidez fait tout ce qu'il vous doit. Le nécessaire ne vous manque point. Attendez tranquillement que le superflu vous revienne, et continuez à prouver, par la dignité et la bonne grâce de votre conduite, que vous pouvez vous en passer. »

18° *M. Casimir Périer à M. Guizot.*

8 juin 1842.

« Monsieur,

« Je viens, fort à regret, aujourd'hui vous supplier de ne pas retarder la décision par laquelle vous avez bien voulu me faire donner l'espoir que vous mettriez un terme à une position qui ne peut plus se prolonger. Il m'en coûte beaucoup, daignez le croire, de faire cette démarche ; mais vous me permettrez de vous rappeler qu'après six mois de la situation la plus pénible, c'est la première fois que j'ai une pensée qui ne soit pas toute de dévouement et d'abnégation. Je sais quels devoirs me sont imposés par mes fonctions : à ceux-là je ne crois pas avoir failli pendant douze ans de constants services. Je ne puis ni ne veux faillir à d'autres devoirs qui ne sont pas moins sacrés. Madame Casimir Périer est fort souffrante, et sa santé m'inquiète. Exilée à huit cents lieues de son pays le lendemain même de son mariage, trop délicate pour un climat sévère, elle a besoin maintenant, elle a un pressant besoin de respirer un air plus doux, et les médecins ordonnent impérieusement les bains de mer pour cet été. Veuillez donc, monsieur, supplier le roi de me permettre de quitter la Russie vers la fin de juillet ou dans les premiers jours d'août.

« Le roi connaît mon dévouement à son service ; vous, monsieur, vous connaissez mon attachement à votre personne : c'est donc sans crainte d'être mal compris ou mal jugé que je vous expose la nécessité pénible à laquelle me soumet aujourd'hui le soin des intérêts les plus légitimes et les plus chers. On m'a mandé que votre intention était de ne pas reculer mon retour au delà de l'époque que je viens d'indiquer, et j'ai la conviction intime qu'en vous rendant à ma prière vous prendrez le parti le mieux d'accord avec ce que les circonstances exigent. En effet, l'empereur s'est prononcé, et il n'y a plus à en douter, M. de Pahlen ne retournera pas à Paris dans l'état actuel des choses. La prolongation de mon séjour à Pétersbourg devient aussi inutile qu'incompatible avec la dignité du gouvernement du roi. »

19° *M. Guizot à M. Casimir Périer.*

28 juin 1842.

« Monsieur,

« Le roi vient de vous nommer commandeur de la Légion d'honneur. Le baron de Talleyrand vous en porte l'avis officiel et les insignes. Je suis heureux d'avoir à vous transmettre cette marque de la pleine satisfaction du roi. Dans une situation délicate, vous vous êtes conduit et vous vous conduisez, monsieur, avec beaucoup de dignité et de mesure. Soyez sûr que j'apprécie toutes les difficultés, tous les ennuis que vous avez eus à surmonter, et que je ne négligerai rien pour qu'il vous soit tenu un juste compte de votre dévouement persévérant au service du roi et du pays.

« Je comprends la préoccupation que vous cause et les devoirs que vous impose la santé de madame Périer. J'espère qu'elle n'a rien qui doive vous alarmer, et que quelques mois de séjour sous un ciel et dans un monde plus doux rendront bientôt à elle tout l'éclat de la jeunesse, à vous toute la sécurité de bonheur que je vous désire. Le roi vous autorisera à prendre un congé et à revenir en France du 1er au 15 août. Dès que le choix du successeur qui devra vous remplacer par *interim*, comme chargé d'affaires, sera arrêté, je vous en informerai.

« J'aurais vivement désiré qu'un poste de ministre se trouvât vacant en ce moment. Je me serais empressé de vous proposer au choix du roi. Il n'y en a point, et nous sommes obligés d'attendre une occasion favorable. Je dis *nous*, car je me regarde comme aussi intéressé que vous dans ce succès de votre carrière. J'espère que nous n'attendrons pas longtemps. »

20° *M. Guizot à M. le comte de Flahault.*

4 juillet 1842.

« Mon cher comte,

« Casimir Périer me demande avec instance un congé

pour ramener en France sa femme malade, et qui a absolument besoin de bains de mer sous un ciel doux. Je ne puis le lui refuser. Il en usera du 1ᵉʳ au 15 août, après les fêtes russes de juillet. J'ai demandé pour lui au roi et il reçoit ces jours-ci la croix de commandeur. Elle était bien due à la fermeté tranquille et mesurée avec laquelle il a tenu, depuis plus de six mois, une situation délicate. Il gardera son poste de premier secrétaire en Russie tant que je n'aurai pas trouvé un poste de ministre vacant pour lequel je puisse le proposer au roi, et il sera remplacé, pendant son congé, par un autre chargé d'affaires, probablement par le second secrétaire de notre ambassade à Pétersbourg, M. d'André, naturellement appelé à ce poste quand l'ambassadeur et le premier secrétaire sont absents. Sauf donc un changement de personnes, la situation restera la même. Ce n'est pas sans y avoir bien pensé que, l'automne dernier, nous nous sommes décidés à la prendre. Pendant dix ans, à chaque boutade, à chaque mauvais procédé de l'empereur Nicolas, on a dit que c'était de sa part un mouvement purement personnel, que la politique de son gouvernement ne s'en ressentait pas, que les relations des deux cabinets étaient suivies et les affaires des deux pays traitées comme si rien n'était. Nous nous sommes montrés pendant dix ans bien patients et faciles ; mais en 1840 la passion de l'empereur a évidemment pénétré dans sa politique. L'ardeur avec laquelle il s'est appliqué à brouiller la France avec l'Angleterre, à la séparer de toute l'Europe, nous a fait voir ses sentiments et ses procédés personnels sous un jour plus sérieux. Nous avons dû dès lors en tenir grand compte. A ne pas ressentir ce que pouvaient avoir de tels résultats, il y eût eu peu de dignité et quelque duperie. Une occasion s'est présentée : je l'ai saisie. Nous n'avons point agi par humeur, ni pour commencer un ridicule échange de petites taquineries. Nous avons voulu prendre une position qui depuis longtemps eût été fort naturelle, et que les événements récents rendaient parfaitement convenable. J'ai été charmé pour mon compte de me trouver appelé à y placer mon roi et mon pays. Nous la garderons tranquillement. M. de Barante attendra à Paris que M. de Pahlen revienne. Ce n'est pas à nous de prendre l'initiative de ce retour. Dans l'état actuel des choses, des chargés d'affaires suffisent très-bien aux nécessités de la politique comme aux convenances des relations de cour, et le jour où à Pétersbourg on voudra qu'il en soit autrement, nous sortirons de cette situation sans plus d'embarras que nous n'en avons aujourd'hui à y rester.

21° « *M. Guizot à M. Casimir Périer.*

Paris, 14 juillet 1842.

« Monsieur, une affreuse catastrophe vient de plonger la famille royale dans le deuil le plus profond, et de jeter dans Paris un sentiment de douleur que la France entière partagera bientôt. Hier matin, monseigneur le duc d'Orléans, sur le point de partir pour Saint-Omer, où il devait inspecter une partie des troupes destinées à former le camp de Châlons, se rendait à Neuilly pour y prendre congé du roi. Les chevaux qui le conduisaient s'étant emportés, Son Altesse Royale a voulu sortir de la voiture pour échapper au danger qui la menaçait. Dans sa chute, Elle s'est fait des blessures tellement graves que, lorsqu'on l'a relevée, Elle était sans connaissance et qu'Elle n'a plus repris ses sens. Transporté dans une maison voisine, le prince y a rendu le dernier soupir, après quelques heures d'agonie, entre les bras du roi et de la reine, et de tous les membres de la famille royale présents à Paris et à Neuilly. Mme la duchesse d'Orléans est à Plombières, où elle s'était rendue pour prendre les eaux. Mme la princesse Clémentine et Mme la duchesse de Nemours viennent de partir pour lui donner, en mêlant leurs larmes aux siennes, les seules consolations qu'elle puisse recevoir. M. le duc de Nemours, M. le prince de Joinville, M. le comte de Paris et M. le duc de Chartres sont également absents.

PIÈCES HISTORIQUES.

Des exprès leur ont été envoyés. Dans ce malheur si affreux et si imprévu, Leurs Majestés ont montré un courage qui ne peut être comparé qu'à l'immensité de leur douleur. Elles n'ont pas quitté un moment le lit de leur fils mourant, et elles ont voulu accompagner son corps jusqu'à la chapelle où il a été déposé. La population de Paris tout entière s'est associée au sentiment de cette grande infortune, et toute autre préoccupation a fait place à celle d'un événement qui n'est pas seulement une grande calamité pour la famille royale, puisqu'il enlève à la patrie un prince que ses hautes qualités rendaient si digne d'occuper un jour le trône auquel sa naissance l'appelait. »

22° « *M. Casimir Périer à M. Guizot.*

Saint-Pétersbourg, 23 juillet 1842.

« Monsieur,

« La dépêche que vous m'avez fait l'honneur de m'écrire le 14 de ce mois a porté ici la confirmation officielle de l'affreuse catastrophe dont nous avions déjà la triste certitude.

« Il n'y a pas de paroles qui puissent rendre le sentiment d'un tel malheur. Il faut courber la tête, se taire et se soumettre.

« L'Europe saura, non moins que la France, quelle perte elle a faite. Cela sera compris partout, et j'en ai déjà trouvé la preuve dans le langage plein de conviction des membres du corps diplomatique.

« P.-S., 24 juillet.

« M. le comte de Nesselrode sort de chez moi.

« Il est venu, de la part de l'empereur, m'exprimer en son nom toute la part que Sa Majesté Impériale avait prise au malheur qui a frappé la famille royale et la France.

« L'empereur, m'a dit M. de Nesselrode, a été vivement

affecté de cette terrible nouvelle ; il a pris immédiatement le deuil et a fait contremander un bal qui devait avoir lieu à l'occasion de la fête de Son Altesse Impériale madame la grande-duchesse Olga. »

23° *Le même au même.*

Saint-Pétersbourg, 31 juillet 1842.

« Monsieur,

« L'impression produite par le fatal événement du 13 a été aussi profonde que ma dernière lettre vous le faisait pressentir.

« Vous savez, monsieur, que je continue à être exclu de tous rapports avec la société ; je n'ai donc pas constaté moi-même ce que j'apprends cependant d'une manière certaine, combien chacun apprécie l'étendue de la perte qu'ont faite la France et l'Europe.

« Ces jours de deuil sont aussi des jours de justice et de vérité. Le nom du roi était dans toutes les bouches, le souhait de sa conservation dans tous les cœurs.

« On n'hésitait plus à reconnaître hautement que de sa sagesse dépendait depuis douze ans la paix de l'Europe ; on n'hésitait plus à faire à notre pays la large part qu'il occupe dans les destinées du monde ; on applaudissait aux efforts de ceux dont le courage et le dévouement viennent en aide au roi dans l'œuvre qu'il accomplit.

« J'ai vivement regretté, monsieur, qu'une situation qui me maintient forcément isolé m'empêchât d'exercer sur les opinions, sur les sentiments, sur la direction des idées, aucune espèce de contrôle ou d'influence.

« M. de Nesselrode, lors de la visite dont j'ai eu l'honneur de vous rendre compte et où il me porta au nom de l'empereur de fort convenables paroles, ne sortit pas des généralités, et ne me laissa en rien deviner que son souverain eût pris en cette occasion le seul parti digne d'un cœur élevé et d'un sage esprit, celui d'écrire au roi, de saisir cette triste, mais unique occasion d'effacer le passé, et de renouer des rapports qui n'auraient jamais dû cesser d'exister.

« Cette pensée me dominait, et si le moindre mot de M. de Nesselrode m'y eût autorisé, j'aurais pu la dire à un homme qui, j'en ai la conviction, partageait intérieurement et mon opinion et mes idées à cet égard ; mais sa réserve commandait la mienne ; ce qui s'est passé depuis huit mois ne m'encourageait pas à m'en départir le premier ; ce que j'aurais dit dans le cours de mes relations confidentielles et intimes ne pouvait trouver place dans un entretien tout officiel.

« Si j'avais pu hésiter sur la conduite à tenir, vos directions mêmes, monsieur, m'auraient tiré d'incertitude. Je suis convaincu avec vous que, devant nous tenir prêts à accueillir toute espèce d'ouvertures ou d'avances, nous avons aussi toutes raisons de ne pas les provoquer. Dans le cas actuel, l'initiative nous appartenait moins que jamais.

« Le lendemain, quand je suis allé remercier le vice-chancelier de sa démarche, il ne s'est pas montré plus explicite.

« L'incertitude est la même pour tous, et le corps diplomatique s'agite vivement pour savoir ce qui a été fait, si l'empereur a écrit, s'il a écrit dans la seule forme qui donnerait à sa lettre une véritable importance.

« Je puis vous assurer, monsieur, que chacun le désire, que chacun en sent l'à-propos et comprend les conséquences de l'une et de l'autre alternative. Ou c'est une ère nouvelle qui va s'ouvrir, que chacun souhaite sans oser l'espérer, ou c'est la preuve évidente qu'il n'y a rien à attendre d'un entêtement que chacun blâme et dont chacun souffre. Ces sentiments, ces craintes, ces désirs ne sont pas seulement ceux des étrangers ; ils appartiennent à la société russe tout entière ; je le dis hautement, et si je ne puis être suspecté de partialité en sa faveur, je suis trop heureux de cette disposition des esprits et je respecte trop la vérité pour ne pas vous en instruire.

« Si l'empereur n'a pas compris ce qu'exigeaient les plus

simples convenances, ce que lui imposaient le soin de sa propre dignité, ses devoirs de souverain, de hautes considérations de politique et d'avenir, il sera jugé sévèrement non-seulement par l'Europe, mais par ses sujets.

« Au moment où j'écris, monsieur, vous êtes bien près de connaître la vérité. De toutes manières, un bien quelconque doit sortir de cette situation. Les rapports entre les deux souverains, entre les deux pays, seront rétablis, et donneront un gage de plus à la sécurité de l'Europe, ou nous saurons définitivement à quoi nous en tenir, et nous pourrons agir en conséquence, libres de tout scrupule, déchargés de toute responsabilité.

« Je n'ai rien autre chose à vous mander, monsieur, qui, dans un pareil moment, pût avoir de l'intérêt pour vous. J'ajouterai toutefois que, voulant rendre impossible que la prolongation de mon séjour ici servît de motif ou de prétexte aux déterminations de l'empereur, je n'ai vu aucun inconvénient à annoncer mon prochain départ à M. de Nesselrode dès notre première entrevue. J'ai eu soin de dire que le triste état de santé de madame Périer m'avait seul déterminé à solliciter le congé que j'avais obtenu. »

24° *Le même au même.*

Saint-Pétersbourg, 4 août 1842.

« Monsieur,

« J'ai maintenant acquis la certitude que l'empereur n'a écrit aucune lettre, et je sais avec exactitude tout ce qui s'est passé à Peterhof. Les instances faites auprès de lui ont été plus pressantes encore que je ne le pensais. L'opinion de la famille impériale, de la cour, des hommes du gouvernement, était unanime ; tous ont trouvé une volonté de fer, un parti pris, un amour-propre et un orgueil excessifs. L'empereur a repoussé tout ce qu'on lui a proposé, tout ce qui aurait eu, à ses yeux, l'apparence d'un premier pas : « Je ne commencerai pas! » sont les seuls mots qu'on ait obtenus de lui. A la demande du renvoi de M. de Pahlen à Paris, il n'a cessé de répondre : « Que M. de Barante revienne, et mon ambassadeur partira. »

« A côté de cela, comme l'empereur a senti que sa conduite n'était pas approuvée, comme il sait que le vœu unanime appelle le rétablissement des relations entre les deux cours, il a affecté le plus convenable langage; il a cru que quelques mots tombés de sa bouche, quelques paroles inofficielles et sans garantie, portées à Paris par Horace Vernet, que l'envoi d'un aide de camp du comte de Pahlen, au lieu d'un courrier ordinaire, pour remettre une dépêche à M. de Kisseleff, il a cru, dis-je, que tout cela suffirait peut-être pour déterminer des avances. S'il ne l'a pas cru, il l'a voulu tenter. Il a mesuré avec parcimonie chaque geste et chaque mot; il a tracé avec soin les limites où il voulait se renfermer. Il voit là une merveilleuse adresse, et ne comprend pas tout ce qu'il y a de peu digne d'un souverain dans ces subterfuges et ces calculs. Telle est son habileté, telle est sa tactique, telles sont ses illusions.

« Vous seriez surpris, monsieur, de voir avec quel mécontentement tout cela est accueilli ici. Cependant pas un Russe ne s'est fait inscrire chez moi depuis le douloureux événement du 13 juillet. En présence des sentiments unanimes inspirés par cette affreuse catastrophe, cela est significatif. Vous y trouverez la mesure de ce que peut, exige ou impose la volonté du souverain.

25° *M. Guizot à M. Casimir Périer.*

11 août 1842.

« Monsieur, je vous envoie copie d'une lettre écrite par M. le comte de Nesselrode à M. de Kisseleff à l'occasion de la mort de monseigneur le duc d'Orléans, et dont M. de Kisseleff m'a donné communication. Je me suis empressé de la mettre sous les yeux du roi. A cette lecture, et surtout en apprenant que l'empereur avait immédiatement pris le deuil et contremandé la fête préparée pour Son Altesse Impériale madame la grande-duchesse Olga, Sa Majesté a été vivement touchée. La reine a ressenti la même émotion. L'empereur est digne de goûter la douceur des affections de famille puisqu'il en sait si bien comprendre et partager les douleurs.

« Vous vous rendrez, monsieur, chez M. le comte de Nesselrode, et vous le prierez d'être, auprès de l'empereur et de l'impératrice, l'interprète de la sensibilité avec laquelle le roi et la reine ont reçu, au milieu de leur profonde affliction, l'expression de la sympathie de Leurs Majestés Impériales. »

« Copie d'une dépêche de M. le comte de Nesselrode à M. de Kisseleff.

Saint-Pétersbourg, 26 juillet 1842.

« Monsieur,

« C'est dans la journée d'hier, au palais impérial de Peterhof, où la cour se trouvait réunie, que m'est parvenue la dépêche par laquelle vous nous annonciez l'accident aussi terrible qu'inattendu qui a mis fin aux jours de l'héritier du trône de France. Cette affreuse catastrophe a produit sur l'empereur une profonde et douloureuse impression. Vous savez l'empire qu'exercent sur Sa Majesté les sentiments et les affections de famille. L'empereur est père, père tendrement dévoué à ses enfants ; c'est vous dire combien la perte qui vient de frapper le roi et la reine des Français s'adressait directement aux émotions les plus intimes de son cœur, combien il en a été affecté pour eux, et à quel point il s'associe du fond de l'âme aux déchirantes afflictions qu'ils éprouvent. Par une de ces fatalités qui dans la vie placent si souvent le bonheur des uns en contraste avec la douleur des autres, c'est le jour même où notre cour se préparait à célébrer la fête de madame la grande-duchesse Olga que nous est parvenue cette déplorable nouvelle. En présence d'un si grand malheur, toutes manifestations de joie devaient se taire. Immédiatement, le bal qui devait avoir lieu dans la soirée a été contremandé, et toute la cour a reçu l'ordre de prendre dès le lendemain le deuil pour le jeune prince.

« Veuillez, monsieur, témoigner au gouvernement français la part que prend notre auguste maître à un événement qu'indépendamment de la tristesse qu'il a répandue sur la famille royale, Sa Majesté envisage comme une calamité qui affecte la France entière. L'empereur vous charge plus particulièrement, tant en son nom qu'en celui de l'impératrice, d'être, auprès du roi et de la reine, l'interprète de ses sentiments. Ne pouvant leur offrir des consolations qui, en pareil cas, ne sauraient leur venir que d'une religieuse soumission aux volontés de la Providence, il espère que le roi trouvera dans sa fermeté, comme aussi la reine dans ses pieuses dispositions, les forces d'esprit suffisantes pour soutenir la plus cruelle douleur qu'il soit donné de ressentir.

« Vous exprimerez ces vœux au monarque français en lui portant les témoignages du regret de notre auguste maître. Votre langage sera celui d'une affectueuse sympathie, car le sentiment qui inspire en cette occasion Sa Majesté ne saurait être plus sincère. »

Quand la lettre de M. Guizot du 11 août arriva à Saint-Pétersbourg, elle n'y trouva plus M. Casimir Périer ; il en était parti aussitôt après l'arrivée du baron d'André, second secrétaire de l'ambassade de France en Russie, qui lui avait apporté son congé, et qui le remplaça comme chargé d'affaires. Bien connu à Saint-Pétersbourg, où il résidait depuis plusieurs années, M. d'André avait pour instruction de ne témoigner aucun empressement à y reprendre ses relations et ses habitudes, et de garder sans affectation la même attitude que M. Casimir Périer jusqu'à ce que la société russe en changeât elle-même. Ce changement s'accomplit peu à peu, avec un mélange de satisfaction et d'embarras, et à la fin de l'année 1842 il ne restait plus, entre la légation de France et la cour de Russie, aucune trace visible de l'incident du 18 décembre 1841 ; mais rien n'était changé dans l'attitude personnelle de l'empereur Nicolas envers le roi Louis-Philippe : les deux ambassadeurs demeuraient en congé, et personne ne paraissait plus s'inquiéter de savoir quand ils retourneraient, M. de Pahlen à Paris et M. de Barante à Saint-Pétersbourg, ni même s'ils y retourneraient un jour.

Le 5 avril 1843, le chargé d'affaires de Russie, M. de Kisseleff, vint voir M. Guizot et lui communiqua trois dépêches en date du 21 mars, qu'il venait de recevoir du comte de Nesselrode : deux de ces dépêches roulaient sur les affaires de Servie et de Valachie, alors vivement agitées ; la troisième, qui fut la première dont M. de Kisseleff donna lecture à M. Guizot, avait trait à la discussion que nous venions de soutenir dans les Chambres sur les fonds secrets.

« *Le comte de Nesselrode à M. de Kisseleff.*

Saint-Pétersbourg, 21 mars 1843.

« Monsieur,

« Je profite de l'occasion d'aujourd'hui pour vous accuser la réception de vos rapports jusqu'au n° 17 inclusivement et vous remercier de l'exactitude avec laquelle vous nous avez mis au courant des derniers débats des Chambres françaises. Nous attendions avec intérêt et curiosité l'issue de la discussion à laquelle était attaché le sort du ministère actuel, et nous voyons avec satisfaction, monsieur, que d'accord avec nos propres conjectures, le résultat de cette épreuve s'est décidé en faveur du gouvernement. Je dis avec satisfaction parce que, bien que M. Guizot en particulier n'ait peut-être point pour la Russie des dispositions très-favorables, ce ministre est pourtant, à tout considérer, celui qui offre le plus de garanties aux puissances étrangères par sa politique pacifique et ses principes conservateurs. Il a donné, dans la dernière lutte parlementaire, de nouvelles preuves de son talent oratoire, et rien ne s'oppose, monsieur, à ce que vous lui offriez à cette occasion les félicitations du cabinet impérial.

« Recevez, etc. »

Après avoir entendu la lecture de cette dépêche, M. Guizot dit à M. de Kisseleff :

« Je vous remercie de cette communication. Je prends la dépêche de M. de Nesselrode comme une marque de sérieuse estime, et j'y suis fort sensible ; mais, permettez-moi de vous le demander, qu'entend M. de Nesselrode par *mes dispositions peu favorables pour la Russie?* Veut-il parler de dispositions purement personnelles de ma part, de mes goûts, de mes penchants? Je ne puis le croire. Je n'ai point de penchant pour ou contre aucun État, point de dispositions favorables ou défavorables pour telle ou telle puissance. Je suis chargé de la politique de mon pays au dehors. Je ne consulte que ses intérêts politiques, les dispositions qu'on lui témoigne et celles qu'il lui convient de témoigner. Rien, absolument rien de personnel ne s'y mêle de ma part.

« M. de Kisseleff.— C'est ainsi, je n'en doute pas, que l'entend M. de Nesselrode.

« M. Guizot.— Je l'espère, et je ne comprendrais pas qu'il en pût être autrement; mais alors, en vérité, je comprends encore moins que M. de Nesselrode me taxe de dispositions peu favorables à la Russie. Rien dans la politique naturelle de mon pays ne me pousse à de telles dispositions. Les penchants publics en France, les intérêts français en Europe n'ont rien de contraire à la Russie. Et, si je ne me trompe, il en est de même pour la Russie ; ses instincts nationaux ne nous sont pas hostiles. D'où me viendraient donc les dispositions que me suppose M. de Nesselrode? Pourquoi les aurais-je? Je ne les ai point. Mais puisqu'il est question de nos dispositions, permettez-moi de tout dire : qui de vous ou de nous a témoigné des dispositions peu favorables? Est-ce que l'empereur ne fait pas, entre le roi des Français et l'empereur d'Autriche, une différence? Est-ce qu'il a, envers l'un et l'autre souverains, la même attitude, les mêmes procédés?

« M. DE KISSELEFF.— Pardonnez-moi, je ne saurais entrer dans une telle discussion.

« M. GUIZOT. — Je le sais. Aussi je ne vous demande point de discuter ni de me répondre ; je vous prie seulement d'écouter et de transmettre à M. de Nesselrode ce que j'ai l'honneur de vous dire. Je répondrai à l'estime qu'il veut bien me témoigner par une sincérité complète. Quand on touche au fond des choses, c'est le seul langage convenable et le seul efficace. Eh bien! sincèrement, n'est-ce pas témoigner pour la France des dispositions peu favorables que de faire, entre son roi et les autres souverains, une différence? Est-ce là un fait dont nous puissions, dont nous devions ne pas tenir compte? Nous en tenons grand compte. Il influe sur nos dispositions, sur notre politique. Si l'empereur n'avait pas reconnu ce que la France a fait en 1830, si même, sans entrer en hostilité ouverte et positive, il était resté étranger à notre gouvernement, s'il n'avait pas maintenu avec nous les rapports réguliers et habituels entre les États, nous pourrions trouver, nous trouverions qu'il se trompe, qu'il suit une mauvaise politique ; nous n'aurions rien de de plus à dire. Mais l'empereur a reconnu ce qui s'est fait chez nous en 1830. Je dis plus, je sais qu'il avait prédit au roi Charles X ce qui lui arriverait s'il violait la charte. Comment concilier une politique si clairvoyante et si sensée avec l'attitude que garde encore l'empereur vis-à-vis du roi? Je n'ignore pas ce qu'il y a au fond de l'esprit de l'empereur. Il croit qu'en 1830 on aurait pu garder M. le duc de Bordeaux pour roi et lui donner le duc d'Orléans pour tuteur et régent du royaume. Il croit qu'on l'aurait dû, et il veut témoigner son blâme de ce qu'on a été plus loin. Monsieur, je n'éluderai pas plus cette question-là que toute autre. J'ai servi la restauration. Je n'ai jamais conspiré contre elle. Il n'y avait de possible en 1830 que ce qui s'est fait. Toute autre tentative eût été vaine, parfaitement vaine; le duc d'Orléans s'y serait perdu, et perdu sans succès. Il a été appelé au trône parce que seul, à cette époque, il pouvait s'y asseoir. Il a accepté le trône parce qu'il ne pouvait le refuser sans perdre en France la monarchie. C'est la nécessité qui a fait le choix du pays et le consentement du prince. Et l'empereur Nicolas lui-même l'a senti lorsque sur-le-champ, sans hésiter, il a reconnu ce qui s'était fait en France. Lui aussi, comme nous, comme toute l'Europe, il a reconnu et accepté la nécessité, le seul moyen d'ordre et de paix européenne. Et certes nous avons le droit de dire que le roi et son gouvernement n'ont point manqué à leur mission. Quel souverain a défendu plus persévéramment, plus courageusement la cause de la bonne politique, de la politique conservatrice? En est-il un, en aucun temps, qui ait plus fait, qui ait autant fait pour la sûreté de tous les trônes et le repos de tous les peuples?

« M. DE KISSELEFF. — Personne ne le reconnaît plus que l'empereur; personne ne rend plus de justice au roi, à son habileté, à son courage; personne ne dit plus haut tout ce que lui doit l'Europe.

« M. GUIZOT. — Je le sais; mais permettez-moi un pas de plus dans la complète franchise. Ce roi à qui l'Europe doit tant, est-ce que les Russes qui viennent à Paris lui rendent, à lui, ce qui lui est dû? Est-ce qu'ils vont lui témoigner leur respect? L'empereur, qui sait si bien quels sont les droits de la majesté royale, pense-t-il qu'un si étrange oubli serve bien cette cause, qui est la sienne? Croit-il bien soutenir la dignité et la force des idées monarchiques en souffrant que ses sujets ne rendent pas tout ce qu'ils doivent au monarque qui les défend avec le plus de courage et de péril, et au profit de tous?

« M. DE KISSELEFF. — Nous aussi nous avons nos susceptibilités. Votre presse, votre tribune, d'autres manifestations encore, nous ont plus d'une fois offensés. Et nous n'avons, nous, point de presse, point de tribune pour repousser ce qui nous offense. Notre manière de manifester nos sentiments, c'est de nous identifier complétement avec l'empereur, de ressentir comme lui tout ce qui s'adresse à lui, de partager ses impressions, ses intentions, de nous y associer intimement. C'est là l'instinct, l'habitude, c'est le patriotisme de notre société, de notre peuple.

« M. Guizot. — Et je l'en honore. Je sais à quel incident vous faites allusion ; je suis le premier à dire que c'est quelque chose de grand et de beau que cette intime union d'un peuple avec son souverain. La société russe a raison d'être dévouée, et susceptible, et fière, pour l'empereur; mais s'étonnera-t-elle que je sois, moi aussi, susceptible et fier pour le roi? C'est mon devoir de l'être, et l'empereur, j'en suis sûr, m'en approuve, et je dois peut-être à cela quelque chose de l'estime qu'il me fait l'honneur de me témoigner. Quant à la presse, vous savez bien que nous n'en répondons pas, que nous n'en pouvons répondre.

« M. de Kisseleff. — Je le sais. Pourtant quand on voit, dans les journaux les plus dévoués au gouvernement du roi, les plus fidèles à sa politique, des choses blessantes, hostiles pour nous, il est impossible que cela ne produise pas quelque impression et une impression fâcheuse.

M. Guizot. — Je ne m'en étonne pas, et quand cela arrive, je le déplore; mais il n'y a pas moyen de tout empêcher. Comment voulez-vous d'ailleurs que les dispositions connues de l'empereur, son attitude, ses procédés, demeurent chez nous sans effet? Ce dont vous vous plaignez cesserait, nous aurions du moins bien meilleure grâce et bien meilleure chance à le réprimer, si vous étiez avec nous dans des rapports parfaitement réguliers et convenables, et agréables au public français. J'ai livré dans nos Chambres bien des batailles et j'en ai gagné quelquefois; mais pourquoi me compromettrais-je beaucoup et ferais-je de grands efforts pour faire comprendre que le paragraphe sur la Pologne est déplacé dans les adresses et qu'il convient de l'en ôter? On dit souvent, je le sais, que les procédés qui nous blessent de la part de l'empereur sont purement personnels, qu'ils n'influent en rien sur la politique de son gouvernement, et que les relations des deux États n'ont point à en souffrir. Quand cela serait, nous ne saurions, nous ne devrions pas nous en contenter. Est-ce qu'à part toute affaire proprement dite, les procédés personnels, les rapports personnels des souverains n'ont pas toujours une grande importance? Est-ce qu'il convient à des hommes monarchiques de les considérer avec indifférence? Quand nous y aurions été disposés, l'expérience de 1840 nous aurait appris notre erreur. Ce temps-là et ses affaires sont déjà loin ; on peut en parler en toute liberté; pouvons-nous méconnaître que vous avez pris alors bien du soin pour nous brouiller avec l'Angleterre? »

M. de Kisseleff interrompit M. Guizot répétant qu'il lui était impossible soit d'admettre, soit de dicuter ce que disait M. Guizot, et qu'il le priait de ne point considérer son silence comme une adhésion.

M. Guizot. —Soyez tranquille, je connais votre excellent esprit et je ne voudrais pas vous donner un moment d'embarras; mais, puisque nous avons touché, je le répète, au fond des choses, il faut bien que j'y voie tout ce qu'il y a. Pardonnez-moi mon monologue. Quand je dis que vous avez voulu nous brouiller avec l'Angleterre; j'ai tort; l'empereur a trop de sens pour vouloir en Europe une brouillerie véritable, un trouble sérieux, la guerre peut-être : non, pas nous brouiller, mais nous mettre mal, en froideur avec l'Angleterre, nous tenir isolés, au ban de l'Europe. Quand nous avons vu cela, quand nous avons reconnu là l'effet des sentiments personnels de l'empereur, avons-nous pu croire qu'ils n'influaient en rien sur la politique de son cabinet? N'avons-nous pas dû les prendre fort au sérieux? C'est ce que nous avons fait, c'est ce que nous ferons toujours. Et pourtant nous sommes demeurés parfaitement fidèles à notre politque, non-seulement de paix, mais de bonne harmonie européenne. L'occasion de suivre votre exemple de 1840 ne nous a pas manqué; nous aurions bien pu naguère, à Constantinople, à propos de la Servie, exploiter, fomenter votre mésintelligence naissante avec la Porte, cultiver contre vous les méfiances et les résistances de l'Europe; nous ne l'avons point fait, nous avons donné à la Porte les conseils les plus modérés, nous lui avons dit que ses bons rapports avec vous étaient, pour l'Europe comme pour elle, le premier intérêt. Nous avons hautement adopté, pratiqué la grande politique et laissé de côté la petite, qui n'est bonne qu'à jeter des embarras et des aigreurs au sein même de la paix qu'on maintient et qu'on veut maintenir.

« M. DE KISSELEFF.—Notre cabinet rend pleine justice à la conduite et à l'attitude que le baron de Bourqueney a tenues à Constantinople : il y a été très-sensible, et je suis expressément chargé de vous lire une dépêche où il en témoigne toute sa satisfaction.

« M. GUIZOT. — Je serai fort aise de l'entendre. »

Huit jours après cette communication, M. Guizot écrivit confidentiellement au baron d'André :

26º—13 avril 1843.

« Monsieur le baron,

« Je vous envoie le compte-rendu de l'entretien que j'ai eu avec M. de Kisseleff au sujet ou plutôt à l'occasion des communications qu'il m'a faites il y a quelques jours, et dont je vous ai déjà indiqué le caractère. Vous n'avez aucun usage faire de ce compte rendu. Je vous l'envoie pour vous seul, et pour que vous soyez bien au courant de nos relations avec Saint-Pétersbourg, de leurs nuances, des modifications qu'elles peuvent subir, et de mon attitude. Réglez sur ceci la vôtre, à laquelle du reste je ne vois, quant à présent, rien à changer. Ne témoignez pas plus d'empressement, ne faites pas plus d'avances ; mais accueillez bien les dispositions plus expansives qui pourraient se montrer, et répondez-y par des dispositions analogues.

« Si M. de Nesselrode vous parlait de mon entretien avec M. de Kisseleff et de ce que je lui ait dit, montrez-vous instruit de tous les détails, et, en gardant la réserve qui convient à votre position, donnez à votre langage le même caractère et portez-y la même franchise.

« Je n'ai parlé ici à personne, dans le corps diplomatique, de cet incident. J'ai lieu de croire que les plus légers symptômes de rapprochement entre Saint-Pétersbourg et nous sont, à Vienne, à Berlin et à Londres, un sujet de vive sollicitude, et qu'on n'épargnerait aucun soin pour en entraver le développement. Gardez donc, avec le corps diplomatique qui vous entoure, le même silence, et s'il vous revient qu'on y ait quelque connaissance des détails que je vous transmets, informez-moi avec soin de tout ce qu'on en pense et dit.

« Le rétablissement des bons rapports entre la France et l'Angleterre, le langage amical des deux gouvernements l'un envers l'autre, sont certainement pour beaucoup dans les velléités de meilleures dispositions qui paraissent à Saint-Pétersbourg. Observez bien ce point de la situation, et l'effet autour de vous de tout ce qui se passe ou se dit entre Paris et Londres. »

P.-S. 14 avril.

« Je rectifie ce que je vous ai dit au commencement de cette lettre. Je vous envoie une dépêche à communiquer à M. de Nesselrode en réponse à celle qui a amené mon entretien avec M. de Kisseleff. En lui en donnant lecture, dites-lui que j'ai développé à M. de Kisseleff, dans une longue conversation, les idées qui y sont exprimées, et ayez dans votre poche le compte rendu que je vous envoie de cette conversation, pour pouvoir vous y référer, si M. de Nesselrode vous en parle avec quelque détail.

« Conformez-vous du reste aux autres instructions que je vous ai données ci-dessus. »

La dépêche officielle que je chargeais M. d'André de communiquer au comte de Nesselrode était datée du 14 avril et conçue en ces termes :

27°—« Monsieur le baron,

« M. de Kisseleff m'a donné communication de trois dépêches que lui a adressées M. le comte de Nesselrode en date du 21 mars. Deux de ces dépêches ont trait aux affaires de Servie et de Valachie. Je vous en entretiendrai d'ici à peu de jours. La troisième exprime la satisfaction que le cabinet de Saint-Pétersbourg a éprouvée, en apprenant l'issue de la discussion sur les fonds secrets et l'affermissement du ministère. M. le comte de Nesselrode rend une pleine justice à notre politique pacifique et aux principes conservateurs que nous avons constamment soutenus. J'ai reçu cette manifestation du gouvernement impérial avec un réel contentement, comme une nouvelle preuve de son désir sincère de rendre durable le repos de l'Europe. M. le comte de Nesselrode a bien voulu y ajouter des compliments personnels auxquels je suis fort sensible, car ils me prouvent que le gouvernement impérial a pour ma conduite une estime qui m'est précieuse. Toutefois j'ai remarqué dans cette lettre une phrase conçue en ces termes : « Bien que M. Guizot n'ait peut-être point pour la Russie des dispositions très-favorables. » Ces paroles m'ont causé quelque surprise, et je ne saurais les accepter. Les intérêts et l'honneur de mon souverain et de mon pays sont pour moi la seule mesure des dispositions que j'apporte envers les gouvernements avec qui j'ai l'honneur de traiter. M. le comte de Nesselrode, qui a si bien pratiqué cette règle dans sa longue et glorieuse carrière, ne saurait la méconnaître pour d'autres, et les sentiments qu'il vient de nous témoigner, au nom du cabinet impérial, me rendent facile aujourd'hui le devoir que je remplis en repoussant la supposition qu'il a exprimée. »

Le baron d'André s'acquitta de sa commission et en rendit compte le 3 mai à M. Guizot.

28° *Le baron d'André à M. Guizot.*

3 mai 1843.

« Monsieur,

« M. de Nesselrode m'a écrit, il y a quelques jours, pour m'apprendre qu'il allait mieux et qu'il pourrait me recevoir. Je me suis rendu chez lui. Après m'avoir parlé de sa santé, le vice-chancelier m'a fait connaître en peu de mots les nouvelles qu'il venait de recevoir de Constantinople; puis il a ajouté : « Mon courrier de Paris est enfin arrivé. Il m'a apporté la conversation que M. de Kisseleff a eue avec M. Guizot. Je sais même que vous en avez le compte rendu ; vous voyez que je suis bien informé. » J'ai répondu que c'était la vérité. Comme il gardait le silence, je lui ai demandé alors la permission de lui donner lecture de votre dépêche du 14 avril. Lorsque je suis arrivé à la citation de la phrase que Votre Excellence a remarquée, M. de Nesselrode m'a interrompu en disant: « Cette dépêche adressée à M. de Kisseleff n'était pas faite pour être communiquée; elle n'aurait pas dû l'être. » — Mais, ai-je repris, cette supposition n'en a pas moins été faite, et M. Guizot ne saurait l'accepter. »

« Après avoir achevé cette lecture, M. de Nesselrode a fait de nouveau la même observation et m'a dit qu'il allait expédier un courrier à Paris qui porterait la réponse aux dépêches qu'il avait reçues de M. de Kisseleff et par conséquent à ce que je lui disais aussi.

« Il a pris ensuite une des dépêches de M. de Kisseleff qui se trouvait sur sa table et m'en a donné lecture. C'était le résumé de la conversation qu'il a eue avec Votre Excellence. Ce résumé est à peu près conforme, quant au fond, à ce que vous m'en avez écrit. Ayant cependant remarqué que le paragraphe où il est question de la politique que nous venons de suivre en Orient était fort abrégé dans son récit, et voyant d'ailleurs tout avantage à bien faire connaître à M. de Nesselrode toute la pensée de Votre Excellence sans en retrancher la couleur, je lui ai proposé de lui rendre communication pour communication. Il a écouté la lecture de votre compte rendu avec un visible intérêt, en me faisant plusieurs fois remarquer la coïncidence qui existait entre les deux rapports. Il m'a interrompu aussi pour me faire observer que vous aviez omis de rappeler que l'empereur s'était toujours tenu éloigné des complots carlistes, et qu'il n'avait jamais voulu faire accueil à Pétersbourg aux personnes de ce parti. Lorsque j'ai eu terminé, M. de Nesselrode m'a répété : « Vous voyez que c'est à peu près la même chose. — Oui, ai-je répondu; cependant ce que j'ai l'honneur de vous lire est plus complet, surtout en ce qui touche la Pologne et notre politique en Orient.— C'est juste, mais M. de Kisseleff m'en parle dans une autre dépêche. »

« Le silence a recommencé, et comme il était évident pour moi que M. de Nesselrode ne voulait pas prolonger cette entrevue, je me suis levé. Alors il m'a dit ces mots : « Quand on s'explique avec cette franchise et cette sincérité, c'est le moyen de s'entendre. »

« Voici, monsieur, tout ce que j'ai pu savoir de l'effet produit sur l'empereur et son cabinet par l'arrivée des dépêches de M. de Kisseleff.

« Le vice-chancelier a désiré savoir comment j'avais été reçu au cercle de la cour et ce que l'empereur m'avait dit. Je l'ai mis au courant. C'est la première fois que Sa Majesté m'a parlé de M. de Barante. Si elle avait jusqu'ici gardé le silence sur son compte, ce n'était point par indifférence :

Votre Excellence sait quelle estime l'empereur professe pour l'ambassadeur du roi.

« Enfin, monsieur, voici ce qui me paraît le plus important : hier une personne en qui j'ai confiance m'a parlé du départ de M. de Pahlen, qui aura lieu dans une semaine. Il passera quinze jours en Courlande et se rendra de là à Carlsbad vers la fin de mai. Cette personne m'a dit qu'elle savait, et elle peut le savoir, que l'empereur était dans de bonnes dispositions, que le retour des ambassadeurs dépendait maintenant beaucoup de nous, qu'on ne devait pas exiger que l'empereur fît des avances, mais que, si nous consentions à faire rencontrer à temps M. de Barante avec M. de Pahlen à Carlsbad, elle croyait pouvoir me dire qu'avant peu M. de Pahlen serait à Paris et M. de Barante à Pétersbourg.

« Comme j'ai demandé à cette personne si elle avait quelques données nouvelles pour me parler ainsi, elle m'a répondu affirmativement... »

P.-S. 3 mai, à deux heures.

« J'arrive du cercle de la cour tenu à l'occasion de la fête de Sa Majesté l'impératrice. L'empereur, en s'approchant de moi, m'a dit : « Bonjour, mon cher, avez-vous quelque chose de nouveau de Paris? — Rien, sire, depuis le courrier que j'ai reçu il y a huit jours. — Quand verrons-nous M. de Barante? » Un peu étonné de cette question si inattendue, j'ai regardé Sa Majesté; elle souriait, j'ai souri aussi, et après un moment d'hésitation je lui ai répondu que je n'en savais encore rien. Son sourire a continué, et l'empereur a passé en faisant un signe d'intelligence qui semblait dire que nous nous entendions.

« Il faut qu'il se soit opéré un bien grand changement pour que Sa Majesté m'ait adressé une pareille question pendant le cercle. De sa part, ce sont des avances, et sûrement c'est ainsi qu'il le considère. Probablement qu'en m'interrogeant ainsi l'empereur pensait que j'avais connaissance des conversations qu'il doit avoir eues avec M. de Nesselrode et des dépêches qu'il a fait écrire à Paris, tandis que M. de Nesselrode, que je venais de saluer, ne m'en avait rien dit.

« Maintenant si, comme je le crois, il s'imagine que la glace est rompue, il doit être impatient de connaître ce que nous ferons, comment nous accueillerons les dépêches qu'on envoie aujourd'hui à Paris. J'ignore ce qu'il a fait de son côté, j'ignore quels ordres sont donnés à M. de Pahlen ; mais il me paraît que votre conversation avec M. de Kisseleff a déterminé chez lui quelque résolution. L'impératrice m'a demandé aussi des nouvelles de M. de Barante. »

M. d'André se trompait, l'empereur Nicolas n'avait point pris de résolution nouvelle ; mais à en juger par le langage de son ministre, ses dispositions persistaient à se montrer favorables en même temps qu'immobiles. M. Guizot écrivit au baron d'André :

29° *M. Guizot au baron d'André.*

20 mai 1843.

« Les communications que m'avait faites M. de Kisseleff et la conversation que j'avais eue avec lui le 5 avril dernier en ont amené de nouvelles. Il est venu le 14 de ce mois me donner lecture de deux dépêches et d'une lettre particulière de M. le comte de Nesselrode en date du 2 mai.

« La première dépêche roule sur la conclusion des affaires de Servie. M. de Nesselrode nous remercie de nouveau de notre attitude impartiale et réservée. Il affirme que la Russie était pleinement dans son droit et nous envoie un mémorandum destiné à l'établir. En rendant justice à notre équité, il proteste d'ailleurs contre ce que j'avais dit le 5 avril à M. de Kisseleff sur les efforts du cabinet russe en 1840 pour nous brouiller avec l'Angleterre.

« J'ai accepté les remerciements de M. de Nesselrode, et j'ai maintenu mon dire sur 1840: « Permettez, ai-je dit, que je garde le mérite de notre impartialité en 1843. Je ne puis douter du travail de votre cabinet en 1840 pour amener ou aggraver notre dissidence avec l'Angleterre. L'empereur en a témoigné hautement sa satisfaction. M. de Barante me l'a mandé dans le temps. Nous n'avons pas voulu vous rendre la pareille en poussant à votre brouillerie avec la Porte. Nous n'avons pas imité 1840, mais nous ne l'avons pas oublié. »

« La seconde dépêche se rapporte aux affaires de Grèce. M. de Nesselrode se félicite du concert des trois cours, approuve complétement nos vues, et me communique les nouvelles instructions qu'il a adressées à M. de Catacazy pour lui prescrire de seconder en tout ses deux collègues et d'agir selon les ordres de la conférence de Londres.

« Je me suis félicité à mon tour de la bonne intelligence des trois cours, et j'ai témoigné mon désir que M. de Catacazy se conformât pleinement aux excellentes instructions qu'il recevait. Insistez sur ce point auprès de M. de Nesselrode. A Athènes plus que partout ailleurs, les relations personnelles des agents, leur manie de patronage, leur facilité à se laisser entraîner dans les passions et les querelles des coteries locales, ont bien souvent altéré la politique de leurs gouvernements et aggravé le mal qu'ils étaient chargés de combattre. Il ne conviendrait, je pense, à la Russie pas plus qu'à nous que la Grèce fût bouleversée et devînt le théâtre de désordres très-embarrassants d'abord et bientôt très-graves. Pour que l'action commune de nos représentants soit efficace, il est indispensable que leurs procédés de tous les moments, leurs conversations familières avec la clientèle grecque qui les entoure, soient en harmonie avec leur attitude et leurs paroles officielles. Quand trois grands cabinets se disent sérieusement qu'ils veulent la même chose, je ne comprendrais pas qu'ils ne vinssent pas à bout de l'accomplir, et qu'ils se laissassent détourner de leur but ou embarrasser dans leur route par des habitudes ou des manies d'agents secondaires. C'est pourtant là notre écueil à

Athènes. Je le signale aussi à Londres, et je prie qu'on adresse à sir Edmond Lyons les mêmes recommandations.

« Après ces deux dépêches, M. de Kisseleff m'a donné à lire une longue lettre particulière de M. de Nesselrode en réponse à notre conversation du 5 avril. J'ai tort de dire en réponse, car cette lettre ne répond point directement à ce que j'avais dit à M. de Kisseleff sur l'attitude et les procédés de l'empereur envers le roi et la France depuis 1830. M. de Nesselrode y commence par m'engager à ne plus revenir sur ce qui a eu lieu entre nos deux gouvernements avant la formation du cabinet actuel. C'est du passé, dit-il, et M. Guizot n'y est pour rien. M. de Nesselrode ne demande pas mieux, lui, que de n'en plus parler et de partir d'aujourd'hui comme d'une époque nouvelle. Il expose ensuite, avec détail et habilement, deux idées : 1° par quels motifs le cabinet russe ne nous a pas fait de plus fréquentes et plus intimes communications sur les affaires européennes; 2° quels changements sont survenus, depuis 1840, dans les relations des grandes puissances, notamment de la France et de l'Angleterre, et pourquoi nous faisons bien de suivre aujourd'hui la bonne politique, c'est-à-dire de ne chercher à brouiller la Russie avec personne, attendu que nous ne retrouverions pas, avec l'Angleterre, l'alliance intime que des circonstances particulières, entre autres la présence d'un cabinet whig, avaient amenée de 1830 à 1840, mais qui ne saurait se renouer aujourd'hui.

« M. de Nesselrode met beaucoup de soin à développer ceci : évidemment l'idée du rétablissement de l'intimité entre la France et l'Angleterre le préoccupe, et il désirerait nous en démontrer et s'en démontrer à lui-même l'impossibilité. Je n'ai fait aucune observation à ce sujet.

« Du reste, M. de Kisseleff, qui m'avait à peine interrompu deux ou trois fois par quelques paroles, m'a promis de transmettre, avec une scrupuleuse exactitude, à M. de Nesselrode ce que je venais de lui dire. Je ne saurais trop me louer du langage du vice-chancelier de l'empereur à mon égard : j'y ai trouvé ce qui m'honore, ce qui me touche le plus, une estime sérieuse, gravement et simplement exprimée. Je désire que vous témoigniez à M. de Nesselrode combien j'y suis sensible. »

Pendant que cette correspondance entre Paris et Saint-Pétersbourg suivait son cours, le baron Edmond de Bussierre, alors ministre du roi à Dresde, écrivit à M. Guizot, le 14 juin 1843.

30° *M. le baron de Bussierre à M. Guizot.*

. . . .
« M. le comte de Pahlen est à Dresde depuis trois jours. Il a mis un empressement obligeant à venir me chercher dès son arrivée. Il a dîné hier chez moi avec M. de Zeschau et tous mes collègues. Il part demain pour Carlsbad. Nous n'avons pas échangé un seul mot sur ses projets ultérieurs. Je sais toutefois que l'espoir de rencontrer M. de Barante en Bohême le préoccupe assez vivement ; plusieurs personnes, évidemment chargées par lui de me pressentir sur la probabilité de cette rencontre, m'ont fort inutilement assailli de questions ; on ne les a pas épargnées davantage à M. Ernest de Barante. Il est certain, d'après tout ce qui nous revient de Pétersbourg, qu'on y sent le besoin d'un retour à de meilleurs rapports, et que la situation actuelle pèse à l'empereur lui-même ; il n'en est pas encore au point de venir sincèrement à nous, mais il ne veut pas qu'on croie en Europe que la porte lui soit définitivement fermée : cette impossibilité trop éclatante d'un accord avec la France affaiblit les ressorts et fausse les combinaisons de sa politique ; il s'en trouve amoindri sur tous les points, et particulièrement dans ses relations avec la Prusse.

« Ce sera, sans aucun doute, un motif de plus aux yeux de Votre Excellence pour ne rien faire qu'à de très-bonnes conditions. Un rapprochement auquel le gouvernement du roi semblerait se prêter avec trop de facilité produirait un effet fâcheux en Allemagne. On y sait à merveille combien la Russie désire ce rapprochement; on trouve donc tout naturel qu'elle en fasse les frais. »

. . . .

« 31º *Le baron d'André à M. Guizot.*

« Monsieur,

« Dès que le courrier Alliot m'eut remis vos dépêches, je demandai à voir M. de Nesselrode. Je lui parlai du nouvel entretien que vous aviez eu avec M. de Kisseleff, et après avoir échangé quelques paroles, je laissai au vice-chancelier votre lettre particulière du 20 mai, afin qu'il pût la lire à loisir et la montrer à l'empereur. En la prenant, M. de Nesselrode me dit qu'il craignait que nous n'allassions un peu vite. Je répondis au vice-chancelier qu'il valait mieux s'expliquer et prévoir les conséquences de toute démarche avant de l'entreprendre, qu'il serait fâcheux, par exemple, de voir les ambassadeurs retourner à leur poste sans savoir préalablement sur quoi compter.

« — Mais remarquez, me dit M. de Nesselrode, qu'il n'a jamais été question du retour des ambassadeurs dans mes lettres, et que c'est M. Guizot qui, le premier, en a parlé à M. de Kisseleff.

« — Je sais très-bien, monsieur le comte, que chacun de nous a la prétention de ne point faire des avances; mais si M. Guizot a parlé des ambassadeurs à M. de Kisseleff, c'est parce qu'il a voulu répondre à ce que Sa Majesté m'a fait l'honneur de me dire au cercle de la cour lorsqu'elle m'a demandé quand reviendrait M. de Barante. »

« En quittant M. de Nesselrode, il m'a promis de me faire savoir quand il pourrait me rendre ma lettre. Douze jours se sont écoulés depuis. Pendant ce temps, j'ai cherché à connaître quelle avait été d'abord l'impression produite sur l'empereur par les dépêches venues de Paris. Ce que j'en ai appris m'a fait voir aussitôt qu'elles avaient modifié les dispositions de Sa Majesté. Vous voyez que les choses sont complétement changées.

« Maintenant, m'a-t-on dit, c'est une question qu'il faut laisser en repos, sauf à la reprendre plus tard. Les affaires générales doivent amener la solution des affaires personnelles. Si les ambassadeurs avaient repris leur poste, il est probable que l'empereur, abandonnant peu à peu ses préjugés, serait arrivé à une appréciation plus juste des convenances et de ses véritables intérêts.

« Mes informations et cette opinion n'avaient point cependant un caractère assez positif pour les communiquer à Votre Excellence avant d'avoir obtenu le second rendez-vous que m'avait annoncé M. de Nesselrode. Je savais qu'il avait vu l'empereur, qu'il devait le revoir encore, et j'attendais. Hier enfin, j'ai été prié de passer chez lui. Il m'a d'abord donné à lire une dépêche sur les affaires de Grèce dont vous aurez connaissance. Je lui ai demandé ensuite s'il n'avait rien de plus à m'apprendre. « Non, voilà tout. — Cependant?... — Je n'ai rien à vous dire. »

« Après un moment de silence, M. de Nesselrode m'a pourtant raconté qu'il allait écrire à M. de Kisseleff une lettre qui serait communiquée à Votre Excellence, et qui répondrait à votre lettre particulière du 20 mai. « Entre nous, a continué le vice-chancelier, rappelant ce qu'il m'avait dit dans mon premier entretien, je crois que votre gouvernement a été un peu trop vite. Pour le moment, il n'y a point à s'occuper de quelques-unes des questions qui ont été agitées dans les lettres particulières que vous m'avez données à lire. L'empereur a trouvé qu'on lui imposait des conditions, et cela a détruit le bon effet du premier compte rendu. Au reste, a-t-il ajouté, si les choses sont gâtées, elles sont loin de l'être à tout jamais, et à la première occasion on pourra les reprendre. »

« J'ai répondu à M. de Nesselrode que je regrettais beaucoup que l'empereur eût donné une aussi fausse interprétation aux intentions du gouvernement du roi en admettant qu'on voulait lui imposer des conditions, que j'affirmais que vous n'aviez eu d'autre pensée que celle de vous expliquer franchement et dignement, afin de ne point exposer à des mécomptes, faute de s'être mal compris, les souverains de deux grands États.

« M. de Nesselrode, qui ne peut assurément partager l'opinion de l'empereur, et qui connaît, tout comme nous, la vraie cause de cette si grande susceptibilité, a préféré ne rien dire de plus, et terminer ainsi notre entretien.

« Quelques confidences récentes me feraient supposer que l'empereur laissera croire à son entourage qu'on a voulu lui mettre le marché à la main, et que, s'il n'y a pas rapprochement entre les deux pays, c'est plutôt au gouvernement du roi qu'il faut en attribuer la cause. Je ne comprends pas comment de bonne foi on pourrait maintenir une pareille assertion qui ne saurait avoir été mise en avant, si elle l'a été réellement, que pour masquer un amour-propre excessif contre lequel, depuis douze ans, tout raisonnement vient se briser. »

. . . .

32° *M. Guizot à M. le baron d'André.*

8 juillet 1843.

« Monsieur le baron,

« Aussitôt après l'arrivée de M. de Breteuil, vous irez trouver M. le comte de Nesselrode et vous lui donnerez à lire la dépêche ci-jointe. Pour peu qu'il vous témoigne le désir de la faire connaître à l'empereur, vous prendrez sur vous de la lui laisser. Je désire qu'elle soit mise textuellement sous les yeux de l'empereur.

« Je n'ai rien à y ajouter pour vous-même. Si M. de Nesselrode engage avec vous quelque conversation, la dépêche vous indique clairement dans quel esprit et sur quel ton parfaitement simple, tranquille et froid, vous y devez entrer. Laissez sentir que, bien que la modération générale de notre conduite n'en doive être nullement altérée, il y a là cependant une question et un fait dont l'importance politique est grande et inévitable. »

« *M. Guizot à M. le baron d'André.*

Paris, 8 juillet 1843.

« Monsieur le baron,

« M. de Kisseleff est venu le 27 juin me donner communication d'une dépêche de M. le comte de Nesselrode, en date du 14 du même mois, qui répond à mes entretiens des 5 avril et 14 mai avec M. le chargé d'affaires de Russie, entretiens que je vous ai fait connaître par mes lettres particulières des 25 avril et 20 mai.

« M. le comte de Nesselrode paraît penser que j'ai pris l'initiative de ces entretiens et des explications auxquelles ils m'ont conduit, notamment en ce qui concerne le retour des ambassadeurs à Paris et à Saint-Pétersbourg. Je me suis arrêté en lisant ce passage de sa dépêche, et j'ai rappelé à M. de Kisseleff que la première origine de nos entretiens avait été la phrase par laquelle, dans sa dépêche du 21 mars, M. le comte de Nesselrode, en le chargeant de me féliciter du résultat de la discussion sur les fonds secrets, me supposait envers la Russie des dispositions peu favorables. Je ne pouvais évidemment passer sous silence cette supposition, et ne pas m'expliquer sur mes dispositions ainsi méconnues ou mal comprises. Si M. le comte de Nesselrode n'avait fait que m'adresser les félicitations par lesquelles se terminait sa dépêche, je n'aurais songé à rien de plus qu'à l'en remercier; mais, en m'attribuant envers la Russie des dispositions peu favorables, il m'imposait l'absolue nécessité de désavouer cette supposition, et de ne laisser lieu, sur mes sentiments et sur leurs motifs, à aucun doute, à aucune méprise. Ainsi ont été amenés mon premier entretien avec M. de Kisseleff et les explications que j'y ai données.

« Quant au retour des ambassadeurs, l'empereur vous ayant demandé le 3 mai au cercle de la cour : « Quand reverrons-nous M. de Barante? » je pouvais encore moins me dispenser de répondre, dans mon second entretien, à une question si positive, et je n'y pouvais répondre sans exprimer avec une complète franchise la pensée du gouvernement du roi à cet égard et ses motifs.

« Je n'ai rappelé ces détails à M. de Kisseleff, et je n'y reviens avec vous aujourd'hui que parce que M. de Nesselrode dit à deux ou trois reprises, dans sa dépêche, que j'ai pris l'initiative des explications, que je les ai données spontanément. J'aurais pu les donner spontanément, car elles n'avaient d'autre but que de mettre les relations des deux cours sur un pied de parfaite vérité et de dignité mutuelle; mais il est de fait que j'ai été amené à les donner, et par l'obligeant reproche que me faisait M. de Nesselrode dans sa dépêche du 21 mars, et par la bienveillante question que l'empereur vous a adressée le 3 mai. Je n'aurais pu, sans manquer à mon devoir et à la convenance, passer sous silence de telles paroles.

« M. le comte de Nesselrode pense qu'après être entrés dans les explications que je rappelle, nous avons été trop pressés d'en atteindre le but et trop péremptoires dans notre langage. Si les ambassadeurs étaient revenus à leur poste, l'amélioration des relations entre les deux cours aurait pu arriver successivement et sans bruit. Nous avons voulu une certitude trop positive et trop soudaine.

« Ici encore j'ai interrompu ma lecture : « Je ne saurais, ai-je dit à M. de Kisseleff, accepter ce reproche; à mon avis, ce que j'ai fait aurait dû être fait, ce que j'ai dit aurait dû être dit il y a douze ans. Dans les questions où la dignité est intéressée, on ne saurait s'expliquer trop franchement, ni trop tôt; elles ne doivent jamais être livrées à des chances douteuses, ni laissées à la merci de personne. Sans le rétablissement de bonnes et régulières relations entre les deux souverains et les deux cours, le retour des ambassadeurs eût manqué de vérité et de convenance. Le roi a mieux aimé s'en tenir aux chargés d'affaires. »

« L'empereur, poursuit M. le comte de Nesselrode dans sa dépêche, ne peut accepter des conditions ainsi péremptoirement indiquées. Puisque, dans l'état actuel des relations, le roi préfère des chargés d'affaires, l'empereur s'en remet à lui de ce qui convient à cet égard.

« Nous n'avons jamais songé, ai-je dit, à imposer des conditions. Quand on ne demande que ce qui vous est dû, ce ne sont pas des conditions qu'on impose, c'est son droit qu'on réclame. Nous avons dit simplement, franchement, et dans un esprit sincère, ce que nous regardons comme imposé, point à l'empereur, mais à nous-mêmes, par notre propre dignité. »

« La dépêche se termine par la déclaration que les dispositions du cabinet de Saint-Pétersbourg, quant aux relations et aux affaires des deux pays, demeureront également bienveillantes. J'ai tenu à M. de Kisseleff le même langage. Le gouvernement du roi a déjà prouvé qu'il savait tenir sa politique en dehors, je pourrais dire au-dessus de toute impression purement personnelle. Il continuera d'agir, en toute circonstance, avec la même modération et la même impartialité. Il ne voit, en général, dans les intérêts respectifs de la France et de la Russie, que des motifs de bonne intelligence entre les deux pays, et si, depuis douze ans, leurs rapports n'ont pas toujours présenté ce caractère, c'est que les relations des deux souverains et des deux cours n'étaient pas en complète harmonie avec ce fait essentiel. La régularité de ces relations, et M. le comte de Nesselrode peut se rappeler que nous l'avons souvent fait pressentir, est donc elle-même une question grave et qui importe à la politique des deux États. Le gouvernement du roi a accepté l'occasion, qui lui a été offerte, de s'en expliquer avec une sérieuse franchise, et dans l'intérêt de l'ordre monarchique européen, comme pour sa propre dignité, il maintiendra ce qu'il regarde comme le droit et la haute convenance des trônes. »

FIN DES PIÈCES HISTORIQUES DU TOME SIXIÈME.

TABLE DES MATIÈRES
DU TOME SIXIÈME.

CHAPITRE XXXIV.

LES OBSÈQUES DE NAPOLÉON.— LES FORTIFICATIONS DE PARIS.

Ma situation et ma disposition personnelles dans le cabinet du 29 octobre 1840.—Des amis politiques.—Des divers principes et mobiles de la politique extérieure.—Quelle politique extérieure est en harmonie avec l'état actuel et les tendances réelles de la civilisation. — Caractère de l'isolement de la France après le traité du 15 juillet 1840.—Débats de l'Adresse dans les deux Chambres à l'ouverture de la session de 1840-1841.—Arrivée à Cherbourg du prince de Joinville ramenant de Sainte-Hélène, sur la frégate *la Belle-Poule*, les restes de l'empereur Napoléon.—Voyage du cercueil du Havre à Paris. —État des esprits sur la route.—Cérémonie des obsèques aux Invalides.—Conduite du gouvernement de Juillet envers la mémoire de l'empereur Napoléon.—Fortifications de Paris.—Vauban et Napoléon. — Études préparatoires. — Divers systèmes de fortifications.—Comment fut prise la résolution définitive.—Présentation, discussion et adoption du projet de loi.—Opinion de l'Europe sur cette mesure............. 1

CHAPITRE XXXV.

AFFAIRES D'ORIENT.—CONVENTION DU 13 JUILLET 1841.

Situation de la France après le traité du 15 juillet 1840.—Caractère de son isolement et de ses armements.—Dispositions des cabinets européens. — Dépêche de lord Palmerston du

2 novembre 1840.—Son effet en France.—Prise de Saint-Jean d'Acre par les Anglais.—Méhémet-Ali est menacé en Égypte. —Mission du baron Mounier à Londres.—Paroles du prince de Metternich. — Le commodore Napier arrive devant Alexandrie, décide Méhémet-Ali à traiter, et conclut avec lui une convention qui lui promet l'hérédité de l'Égypte.—Colère du sultan et de lord Ponsonby en apprenant cette nouvelle. — La convention Napier est désavouée à Constantinople, quoique approuvée à Londres.—Conférence des plénipotentiaires européens à Constantinople avec Reschid-Pacha. — Hattishériff du 13 février 1841, qui n'accorde à Méhémet-Ali qu'une hérédité incomplète et précaire de l'Égypte.—Entretien de lord Palmerston avec Chékib-Effendi. — Notre attitude expectante et nos précautions.—Projet d'un protocole et d'une convention nouvelle pour faire rentrer la France dans le concert européen. — Conditions que nous y attachons. — J'autorise le baron de Bourqueney à parafer, mais non à signer définitivement les deux actes projetés.—Travail du prince de Metternich à Constantinople.—Changement du ministère turc. — Nouvelles hésitations de la Porte. — Elle cède enfin et accorde l'hérédité de l'Égypte à Méhémet-Ali, par un nouveau firman du 25 mai 1841.—Nouveau délai à Londres pour la signature du protocole et de la convention. — La chute du ministère whig est imminente.—Méhémet-Ali accepte le firman du 25 mai 1841.—J'autorise le baron de Bourqueney à signer la convention; elle est signée le 13 juillet 1841. — Résumé de la négociation et de ses résultats............ 37

CHAPITRE XXXVI.

LE DROIT DE VISITE.

Lord Palmerston me demande de signer le nouveau traité préparé en 1840 pour la répression de la traite des nègres.— Mon refus et ses causes.—Avénement du cabinet de sir Robert Peel et lord Aberdeen.—Je consens alors (le 20 décembre 1841) à signer le nouveau traité.—Premier débat dans la chambre des députés à ce sujet.—Amendement de M. Jacques Lefebvre dans l'adresse.—Vraie cause de l'état des esprits.— J'ajourne la ratification du nouveau traité.— Attitude du cabinet anglais.—Les ratifications sont échangées à Londres entre les autres puissances et le protocole reste ouvert pour la France.—Nouveaux débats dans les deux chambres contre le droit de visite et les conventions de 1831 et 1833.—Nous refusons définitivement la ratification du traité du 20 décembre 1841.—Modération et bon vouloir de lord Aberdeen.—Le protocole du 19 février 1842 est clos et le traité du 20 décembre 1841 est annulé pour la France.—A l'ouverture de la session 1843-1844, un paragraphe inséré dans l'adresse de la chambre des députés exprime le vœu de l'abolition du droit de visite.—Pourquoi je n'entre pas aussitôt en négociation avec le gouvernement anglais à ce sujet.—Visite de la reine Victoria au château d'Eu.—Son effet en France et en Europe.—Je prépare la négociation pour l'abolition du droit de visite.—Dispositions de lord Aberdeen et de sir Robert Peel.—Nouveaux débats à ce sujet dans les chambres à l'ouverture de la session de 1844.—Visite de l'empereur Nicolas en Angleterre.—Visite du roi Louis-Philippe à Windsor.—Je l'y accompagne.—Négociation entamée pour l'abolition du droit de visite.—Comment ce droit peut-il être remplacé pour la répression de la traite?—Le duc de Broglie et le docteur Lushington sont nommés pour examiner cette question.—Leur réunion à Londres.—Nouveau système proposé.—Il est adopté et remplace le droit de visite en vertu d'un traité conclu le 25 mai 1845.—Présentation, adoption et promulgation d'une loi pour l'exécution de ce traité... 130

CHAPITRE XXXVII.

AFFAIRES DIVERSES A L'EXTÉRIEUR.

(1840-1842.)

État de la Syrie après l'expulsion de Méhémet-Ali.—Guerre entre les Druses et les Maronites.—Impuissance et connivence des autorités turques.—Mes démarches en faveur des Maronites chrétiens.—Dispositions du prince de Metternich;— de lord Aberdeen.—Le baron de Bourqueney et sir Stratford Canning à Constantinople.—Résistance obstinée de la Porte à nos demandes pour les chrétiens.— Sarim-Effendi.—Plan du prince de Metternich pour le gouvernement du Liban.— Nous l'adoptons, faute de mieux.—La Porte finit par céder.— Mon opinion sur les Turcs et leur avenir.—État de la Grèce en 1841.—Mission de M. Piscatory en Grèce; son but.—Ce que j'en fais dire à lord Aberdeen.—Il donne à sir Edmond Lyons des instructions analogues.—Notre inquiétude et notre attitude envers le bey de Tunis.—Méfiances du cabinet anglais à ce sujet.—Mes instructions au prince de Joinville.—Mission de M. Plichon.—Affaires de l'Algérie.—Situation des consuls étrangers en Algérie.—Vues sur l'avenir de la France en Afrique.—Comptoirs établis sur la côte occidentale d'Afrique.—La côte orientale d'Afrique et Madagascar.—Prise de possession des îles Mayotte et Nossi-bé.—Traité avec l'Iman de Mascate.—Question de l'union douanière entre la France et la Belgique.—Négociations à ce sujet.—Mon opinion sur cette question.—Traités de commerce du 16 juillet 1843 et du 13 décembre 1845 avec la Belgique.—Affaires d'Espagne.—Rivalité et méfiance obstinée de l'Angleterre envers la France en Espagne.—La reine Christine à Paris.—Régence d'Espartero.—Insurrection et défaite des *christinos*.—Notre politique générale en Espagne.—M. de Salvandy est nommé ambassadeur en Espagne.—Accueil qu'il reçoit en route.—Question de la présentation de ses lettres de créance.—Espartero ne veut pas qu'il les remette à la reine Isabelle.—Attitude de M. Aston, ministre d'Angleterre à Madrid.—M. de Salvandy revient en France.—Instructions de lord Aberdeen à M. Aston.—Incident entre la France et la Russie.—Le comte de Pahlen quitte Paris en congé.—Par quel motif.—Mes instructions à M. Casimir Périer, chargé d'affaires de France en Russie.—Colère de l'empereur Nicolas.—Vaines tentatives de rapprochement.—Persévérance du roi Louis-Philippe.—Les ambassadeurs de France et de Russie ne retournent pas à leurs postes et sont remplacés par des chargés d'affaires...................... 242

CHAPITRE XXXVIII.

AFFAIRES DIVERSES A L'INTÉRIEUR.

(1840-1842)

Situation du cabinet du 29 octobre 1840 à l'intérieur. — Idées politiques et philosophiques accréditées et puissantes comme moyens d'opposition. — Appréciation sommaire de ces idées. — En quoi elles sont fausses et par quelle cause. — Comment elles devraient être combattues. — Insuffisance de nos armes pour cette lutte. — Attentat commis contre le duc d'Aumale et les Princes, ses frères, le 13 septembre 1841. — Entrée du duc d'Aumale et du 17ᵉ régiment d'infanterie légère dans la cour des Tuileries. — Complot lié à l'attentat. — M. Hébert est nommé procureur général près la cour royale de Paris. — Procès de Quénisset et de ses complices devant la cour des pairs. — Débats législatifs. — Lois sur le travail des enfants dans les manufactures ; — Sur l'expropriation pour cause d'utilité publique ; — Sur les grands travaux publics ; — Sur le réseau général des chemins de fer. —Propositions de M. Ganneron sur les incompatibilités parlementaires; de M. Ducos sur la réforme électorale. — Discussion et rejet de ces propositions. — Opération du recensement pour la contribution personnelle et mobilière et pour celle des portes et fenêtres. — Troubles à ce sujet. — Inquiétudes de M. Humann. — Il est fermement soutenu. — Sa mort subite. — Son remplacement par M. Lacave-Laplagne. — Le général Bugeaud est nommé gouverneur général de l'Algérie. — Ses relations et sa correspondance avec moi. — Ses premières campagnes. — Clôture de la session de 1841-1842.. 343

PIÈCES HISTORIQUES

I.

1º Protocole de clôture de la question d'Égypte, signé à Londres le 10 juillet 1841.............................. 407
2º Convention pour la clôture des détroits du Bosphore et des Dardanelles, signée à Londres le 13 juillet 1841.... 408

II.

Texte anglais de l'extrait du discours prononcé par lord Palmerston devant ses électeurs (*Morning-Chronicle* du 30 juin 1841)... 412

III.

Lettre de lord Palmerston à M. Bulwer, communiquée à M. Guizot (texte anglais)................................ 414

IV.

Pleins pouvoirs donnés à M. le comte de Sainte-Aulaire à l'effet de signer un traité relatif à la répression de la traite des noirs avec l'Autriche, la Grande-Bretagne, la Prusse et la Russie (20 novembre 1841)....................... 418

V.

M. Guizot à M. le comte de Sainte-Aulaire, ambassadeur de France à Londres................................... 420

VI.

Memento pour les ministres d'Autriche, de Prusse et de Russie. — Conférence du 19 février 1842..................... 422

VII.

1° Déclaration du comte de Sainte-Aulaire au comte d'Aberdeen que le gouvernement du roi n'ayant pas l'intention de ratifier le traité du 20 décembre 1841, le protocole ne doit plus rester ouvert pour la France............. 423

2° Protocole de la conférence, tenue au Foreign-office le 9 novembre 1842. Présents : les plénipotentiaires d'Autriche, de la Grande-Bretagne, de Prusse et de Russie...... 424

VIII.

M. Guizot à M. le comte de Sainte-Aulaire............... 426

IX.

Lord Aberdeen à lord Cowley............................ 430

X.

Note du duc de Broglie sur les motifs et la légitimité de l'abrogation des conventions de 1831 et 1833............... 434

XI.

Premier projet d'un nouveau mode de répression de la traite remis par le duc de Broglie au docteur Lushington. 442

XII.

Note du duc de Broglie sur le projet du docteur Lushington pour remplacer les conventions de 1831 et 1833..... 444

XIII.

Traité signé à Londres, le 29 mai 1845, pour l'abrogation des conventions de 1831 et 1833 et leur remplacement par un nouveau mode de répression de la traite des nègres 446

XIV.

1° Dépêche adressée par M. Guizot, le 11 mars 1841, aux ambassadeurs et ministres de France à Londres, Vienne, Berlin et Saint-Pétersbourg, sur les affaires de Grèce. 452
2° M. Guizot à M. de Lagrené, ministre de France à Athènes.. 455
3° M. Guizot à M. de Lagrené, ministre de France à Athènes.. 456

XV.

M. Guizot à Son Altesse Royale Monseigneur le prince de Joinville, commandant l'escadre française dans la Méditerranée.. 458

XVI.

1° M. Guizot, ministre des affaires étrangères, à M. le comte de Salvandy, ambassadeur de France en Espagne...... 461
2° M. Guizot, ministre des affaires étrangères, aux représentants du roi près les cours de Londres, Vienne, Berlin, etc. 462
3° Texte anglais de la lettre du comte d'Aberdeen à M. Aston, ministre d'Angleterre en Espagne................. 466

XVII.

Correspondance entre M. Guizot, ministre des affaires étrangères et M. Casimir Périer, chargé d'affaires à Saint-Pétersbourg.

1° M. Guizot à M. Casimir Périer........................ 469
2° M. Casimir Périer à M. Guizot........................ 470
3° M. Casimir Périer à M. Guizot........................ 474
4° M. Casimir Périer à M. Guizot........................ 475
5° M. Guizot à M. Casimir Périer........................ 477
6° M. Guizot à M. Casimir Périer........................ 479
7° M. Guizot à M. le comte de Flahault, ambassadeur à Vienne.. 480
8° M. Guizot à M. Casimir Périer........................ 481
9° M. Casimir Périer à M. Guizot........................ 483
10° Le même au même.................................... 483
11° Le même au même.................................... 485
12° Le même au même.................................... 485

13° Le même au même...	486
14° Le même au même...	487
15° Le même au même...	487
16° M. Guizot à M. Casimir Périer............................	488
17° Le même au même...	489
18° M. Casimir Périer à M. Guizot............................	490
19° M. Guizot à M. Casimir Périer............................	492
20° M. Guizot à M. le comte de Flahault.....................	492
21° M. Guizot à M. Casimir Périer............................	494
22° M. Casimir Périer à M. Guizot............................	495
23° Le même au même...	496
24° Le même au même...	498
25° M. Guizot à M. Casimir Périer............................	499
Copie d'une dépêche de M. le comte de Nesselrode à M. de Kisseleff..	500
Le comte de Nesselrode à M. de Kisseleff....................	502
26° 13 avril 1843...	508
27° Lettre à M. le baron d'André, chargé d'affaires à Saint-Pétersbourg..	510
28° Le baron d'André à M. Guizot.............................	511
29° M. Guizot au baron d'André...............................	514
30° M. le baron de Bussierre à M. Guizot....................	517
31° Le baron d'André à M. Guizot.............................	518
32° M. Guizot à M. le baron d'André.........................	520
33° M. Guizot à M. le baron d'André.........................	521

FIN DE LA TABLE DU TOME SIXIÈME.

PARIS.—IMPRIMÉ CHEZ BONAVENTURE ET DUCESSOIS.